ACCESO GRATIS *a la Lectura en la Nube*

Para visualizar el libro electrónico en la nube de lectura envíe junto a su nombre y apellidos una fotografía del código de barras situado en la contraportada del libro y otra del ticket de compra a la dirección:

ebooktirant@tirant.com

En un máximo de 72 horas laborables le enviaremos el código de acceso con sus instrucciones.

La visualización del libro en **NUBE DE LECTURA** excluye los usos bibliotecarios y públicos que puedan poner el archivo electrónico a disposición de una comunidad de lectores. Se permite tan solo un uso individual y privado.

ESTADO AUTONÓMICO
Y DERECHOS FUNDAMENTALES
EN LA ERA POST-CORONAVIRUS

ESTADO AUTONÓMICO Y DERECHOS FUNDAMENTALES EN LA ERA POST-CORONAVIRUS

VICENTE GARRIDO MAYOL
JUAN MARÍA MARTÍNEZ OTERO
Directores

tirant lo blanch
Valencia, 2024

En caso de erratas y actualizaciones, la Editorial Tirant lo Blanch publicará la pertinente corrección en la página web www.tirant.com.

EDITA: TIRANT LO BLANCH
C/ Artes Gráficas, 14 - 46010 - Valencia
TELFS.: 96/361 00 48 - 50
FAX: 96/369 41 51
Email:tlb@tirant.com
www.tirant.com
Librería virtual: www.tirant.es
DEPÓSITO LEGAL: V-1673-2024
ISBN: 978-84-1056-504-3
MAQUETA: Tink Factoría de Color

Si tiene alguna queja o sugerencia, envíenos un mail a: *atencioncliente@tirant.com*. En caso de no ser atendida su sugerencia, por favor, lea en *www.tirant.net/index.php/empresa/politicas-de-empresa* nuestro procedimiento de quejas.

Responsabilidad Social Corporativa: http://www.tirant.net/Docs/RSCTirant.pdf

Autores

Vicente Bellver Capella
Francesco Biondo
Alexandre H. Català i Bas
Félix Crespo Hellín
Fernando García Mengual
Vicente Garrido Mayol
Luis I. Gordillo Pérez
Elena Juaristi-Besalduch
Juan María Martínez Otero
Cecilia Rosado-Villaverde
Pedro Talavera Fernández
Mariano Vivancos Comes
Isabel Zafrilla López

Índice

Presentación

La explosión global de la pandemia del SARS-CoV-2 ha supuesto en todos los Estados un conjunto de desafíos totalmente inédito, tanto por su magnitud como por su heterogeneidad. Una vez superadas las peores fases de la pandemia, son muchos los estudios que han ido apareciendo para tratar de explicar las razones del surgimiento y extensión de la pandemia, analizar sus consecuencias, valorar críticamente su gestión y sacar enseñanzas para el futuro.

En esta línea de estudios se encuadra el presente libro colectivo, que tiene como objeto realizar un análisis jurídico de algunos aspectos relativos a la gestión de la pandemia en nuestro país, evaluando qué se hizo bien, qué se hizo mal, que podría haberse hecho mejor y, sobre todo, qué podemos hacer para afrontar crisis futuras con unos mimbres jurídicos más robustos.

Somos conscientes de que el tema es prácticamente inagotable, por lo que en ningún caso esta obra colectiva tiene pretensiones de completitud. Nuestro objetivo no es otro que analizar bajo el prisma del Derecho algunos aspectos de la gestión de la pandemia, que tan violentamente sacudió los fundamentos de nuestro sistema jurídico y de convivencia, para plantear alternativas regulatorias que en el futuro nos permitan encarar crisis análogas con mayor efectividad y seguridad jurídica.

Este libro es fruto del Congreso "Estado Autonómico y Derechos Fundamentales en la era postcovid", que tuvo lugar en la Facultad de Derecho de la Universitat de Valencia el 24 de octubre de 2022, con el apoyo de la Generalitat Valenciana[1]. Tanto aquél congreso como la presente publicación son continuación de dos congresos precedentes bajo el título "La respuesta del Estado Autonómico ante la crisis del coronavirus", celebrados en octubre de 2020 y de 2021, financiados también por el Gobierno valenciano, y que tuvieron como resultado la publicación "Anomalías jurídicas durante la pandemia del

---

[1] Resolución 2022/7625, 9 de agosto de 2022. TSPUNI/2022/46/15.

Covid-19. Un análisis constitucional", editado por Tirant lo Blanch en el año 2023. Este conjunto de actividades ha permitido conformar un equipo consolidado de investigación, compuesto por diferentes juristas dedicados al estudio de diversas ramas del ordenamiento jurídico (Derecho Constitucional, Administrativo, Filosofía del Derecho, etc.).

La obra que el lector tiene entre sus manos se articula en tres grandes ejes temáticos: desafíos constitucionales y bioéticos relacionados con los derechos fundamentales que la gestión de la pandemia ha puesto sobre la mesa; la gestión de la pandemia en diferentes autonomías, con particular atención a la Comunidad Valenciana; y escenarios de futuro para los poderes públicos en la regulación y gestión de crisis de gran magnitud.

En el primer capítulo de la obra, el profesor Català i Bas reflexiona desde una perspectiva constitucional sobre la limitación y suspensión de derechos durante la gestión de la pandemia, analizando de forma crítica los conceptos de estado de alarma y orden público que se manejaron desde los poderes públicos. El estudio resulta pertinente para encuadrar debidamente el resto de capítulos de la primera parte, ya que los diferentes gobiernos autonómicos tomaron sus decisiones dentro del marco general de estado de alarma declarado por el Gobierno de España.

Tras este necesario encuadre, el libro aborda dos debates bioéticos relacionados con los derechos fundamentales que se presentaron en la gestión de la pandemia y a las que el ordenamiento no ha ofrecido una respuesta suficientemente clara. La primera de ellas es la cuestión de la obligatoriedad de las vacunas. Sobre el particular, ofrecemos dos estudios. El primero, del profesor Talavera Fernández, analiza el caso Djokovic, tenista de fama mundial que se negó a vacunarse y por cuya decisión tuvo que arrostrar diferentes consecuencias negativas, la más destacada de las cuales fue su deportación de Australia, a donde había viajado para disputar uno de los torneos más prestigiosos del circuito profesional. Con dicho telón de fondo, el capítulo se cuestiona la proporcionalidad de ciertas medidas adoptadas para frenar la pandemia, particularmente aquellas las relativas al derecho a la libertad ideológica, a la movilidad y al trabajo de los ciudadanos. Un segundo estudio sobre la libertad o el deber de vacunarse, a cargo del profesor Francesco Biondo, aborda cómo se ha tratado esta cuestión en Italia, analizando tanto las principales decisiones normativas y políticas como la interpretación que de las mismas ha realizado la jurisprudencia.

Por su parte, el profesor Bellver Capella ofrece una reflexión sobre cómo deberían conciliarse los esfuerzos por combatir una futura pandemia con la salvaguarda de los derechos humanos en el ámbito de la asistencia sanitaria y de las políticas de salud pública, prestando una atención particular a la cuestión de la priorización de recursos sanitarios escasos en los momentos más críticos de la lucha contra el virus. Como es sabido, en esos días particularmente dramáticos los servicios sanitarios se vieron obligados a decidir qué pacientes podían contar con un respirador y cuáles no, estableciendo una serie de criterios indudablemente problemáticos con una clara afectación de ciertos derechos fundamentales.

El segundo eje del libro lo constituye la gestión de la pandemia por diferentes Administraciones autonómicas. Esta parte se abre con tres capítulos dedicados a la gestión de la pandemia en la Comunidad Valenciana. El profesor Vivancos Comes ofrece en su capítulo una visión general de la gestión gubernamental de pandemia. Este análisis se complementa con un estudio acerca del control parlamentario de Les Corts durante la pandemia (a cargo del letrado de Cortes García Mengual) y con un trabajo sobre las disposiciones normativas emanadas por el Consell y su control jurisdiccional (a cargo de Zafrilla López, alta funcionaria en la Administración valenciana). Los trabajos de los profesores Rosado-Villaverde y Gordillo Pérez abordan, respectivamente, la gestión de la pandemia por las instituciones autonómicas de la Comunidad de Madrid y del País Vasco. Todavía respecto de la gestión de la pandemia, el profesor Crespo Hellín se ocupa de la importante labor de las Fuerzas y Cuerpos de Seguridad del Estado durante esos meses, que resultó crucial tanto en sus tareas más específicas de policía, como en otras igualmente importantes, como logísticas, de apoyo y de información a la ciudadanía.

Como es casi inevitable, en la gestión de la pandemia los poderes públicos adoptaron algunas decisiones erróneas e incurrieron en ciertas negligencias, algunas de las cuales ocasionaron perjuicios a los administrados. En este sentido, resulta pertinente cuestionarse acerca de la hipotética responsabilidad patrimonial de la Administración por los daños ocasionados a algunos ciudadanos. A esta delicada cuestión se dedica un capítulo específico, preparado por el profesor Garrido Mayol, en el que se aborda si los daños ocasionados constituyen verdaderas "lesiones resarcibles", si pueden imputarse a la Administración y si existe una relación de causalidad entre el daño y el quehacer administrativo.

La tercera parte de la presente obra se centra en los desafíos futuros que la gestión de la pandemia —con sus aciertos y errores— ha puesto ante nuestros ojos. Por un lado, la profesora Juaristi Besalduch analiza en su capítulo la importancia de la autorregulación, la corregulación y el Derecho Administrativo global para dar respuesta a crisis de carácter global, cuyas causas y consecuencias no se circunscriben en los márgenes del tradicional Estado nacional. En efecto, la existencia de riesgos globales exige la búsqueda de respuestas asimismo globales, en las que participen no solo los Estados y las organizaciones internacionales, sino también las grandes empresas y multinacionales que operan en contextos supranacionales, creando y gestionando esos mismos riesgos. Por su parte, el profesor Martínez Otero se ocupa de la cuestión de la hipervigilancia administrativa y su potencial impacto en los derechos de los ciudadanos. La gestión de la pandemia ha evidenciado una capacidad de supervisión pública muy incisiva, mediante el recurso a poderosos instrumentos de captación de información como drones, cámaras de vigilancia o aplicaciones móviles. Este tipo de instrumentos, junto a innegables ventajas en términos de eficacia y efectividad, entraña indudables riesgos para ciertos derechos fundamentales y principios del Derecho Administrativo tradicional, que es preciso conocer y conjurar.

La gestión de la pandemia ha estirado las costuras de nuestro ordenamiento de forma dramática. Esta "prueba de estrés" ha revelado ciertas fallas e ineficiencias de nuestro sistema jurídico e institucional, muchas de las cuales son presentadas en las páginas sucesivas. La más elemental prudencia nos invita a aprovechar la ocasión para modificar o ajustar mejor nuestro sistema ahora, en lugar de pasar página y esperar a que la siguiente crisis —sea sanitaria o de otra índole— nos encuentre sin los deberes hechos, con un edificio jurídico e institucional todavía poco robusto, confuso, ineficaz.

Como directores de la presente obra, consideramos que la variedad de autores, temas y enfoques recogidos en los siguientes capítulos contribuye a dicha tarea constructiva, que no debemos posponer. Con esa ilusión la damos a la imprenta, esperando que será de interés para un público amplio de operadores jurídicos, representantes políticos, y estudiosos y estudiantes de ciencias sociales y jurídicas.

VICENTE GARRIDO MAYOL
JUAN MARÍA MARTÍNEZ OTERO
Directores de la obra

La redefinición del concepto de orden público durante la crisis del Covid-19: una amenaza para los derechos fundamentales

ALEXANDRE H. CATALÀ I BAS
Profesor titular de derecho constitucional
Universitat de València
Correo de contacto: acatala@uv.es

I. INTRODUCCIÓN

El covid-19 ha sido sin duda una de las mayores crisis de nuestra democracia pero nunca puso en jaque nuestro modelo de convivencia aunque sí puso al límite determinados servicios, especialmente la sanidad. Al respecto cabe decir que esta crisis no supuso una crisis de la democracia sino en la democracia. Nuestro sistema sanitario en ningún momento colapsó. Durante la pandemia los servicios sanitarios aunque fuertemente tensionados nunca fueron sobrepasados en el sentido de no poder dar respuesta de forma permanente a las necesidades de la población[1]. Así, por ejemplo, en fecha 18 de enero de 2021, uno de los momentos más críticos, el número de hospitalizaciones en los hospitales de la Comunitat Valenciana fue de 4.378, y el número de pacientes ingresados en UCI de 602, lo que supuso una ocupación del 37,28% de las camas de agudos y del 52,76% de

---

1 Sobre el derecho a la salud en tiempo de crisis vide, entre otros, Mínguez Plasencia, C. (2020), "La legislación sanitaria y de salud pública frente al Covid-19. Competencia y suficiencia de las medidas contempladas por la legislación pública" en Morote Sarrión, J.V. (dir.) *El impacto del covid-19 en las instituciones de derecho administrativo*, Tirant lo Blanch, Valencia; y Cierco Seira, C. y Salamero Teixidó, L, (2022), "La protección de la salud en tiempos de excepción", Revista de Derecho Administrativo, nº 61.

camas UCI, frente a una ocupación del 20,57% y del 34,04%, respectivamente, del 4 de enero de 2020.

Por Real Decreto 463/2020, de 14 de marzo, el Gobierno declaró el estado de alarma para la gestión de la situación de crisis sanitaria ocasionada por el covid-19 en aplicación del artículo cuarto, apartado b), de la Ley Orgánica 4/1981, de 1 de junio, de los estados de alarma, excepción y sitio. El Real Decreto 465/2020, de 17 de marzo, modificó el anterior; los Reales Decretos 476/2020, de 27 de marzo; 487/2020, de 10 de abril, y 492/2020, de 24 de abril, se prorrogó el estado de alarma declarado por el Real Decreto 463/2020. Recurridos por inconstitucionalidad estos decretos, el Tribunal Constitucional resolvió en STC 148/2021, de 14 de julio.

Por Real Decreto 900/2020, de 9 de octubre, se declaró el estado de alarma para responder ante situaciones de especial riesgo por transmisión no controlada de infecciones causadas por el SARS-CoV-2. El estado de alarma declarado por el presente Real Decreto resultó de aplicación en el territorio de los siguientes municipios de la Comunidad Autónoma de Madrid: Alcobendas, Alcorcón, Fuenlabrada, Getafe, Leganés, Madrid, Móstoles, Parla y Torrejón de Ardoz. Este segundo estado de alarma concluyó el 24 de octubre de 2020.

Por Real Decreto 926/2020, de 25 de octubre se declaró el tercer estado de alarma para contener la propagación de infecciones causadas por el SARS-CoV-2. El Consejo de Ministros aprobó el 3 de noviembre, Real Decreto 956/2020, una prórroga del Estado de alarma por un periodo de 6 meses desde las 00:00 horas del 9 de noviembre de 2020 hasta las 00:00 horas del 9 de mayo de 2021. El Tribunal Constitucional resolvió el recurso de inconstitucionalidad interpuesto contra estos Real Decreto en la sentencia 183/2021, de 27 de octubre

Para el Tribunal Constitucional, STC 148/2021, de 14 de marzo que resolvía el recurso de inconstitucionalidad interpuesto contra el Real Decreto 463/2020, de 14 de marzo, por el que el Gobierno declaró el estado de alarma, la prestación de los servicios sanitarios se vio tan gravemente amenazada que debería haberse decretado un estado de excepción a partir de una interpretación evolutiva pero discutible del concepto de orden público transformándolo en orden público constitucional. Caber recordar que el estado de excepción permite la suspensión de derechos, cosa que le está vedado al estado de alarma e impide una descentralización o cogobernanza en la gestión de la crisis.

El primer estado de alarma supuso una fuerte recentralización en favor del gobierno de la nación. Más coherente con nuestro modelo descentralizado fue el establecido por el Real Decreto 926/2020 por el que se declarara el segundo estado de alarma a nivel nacional[2]. "Aparece claramente enmarcado en la "cogobernanza" como oportunidad para el protagonismo de las comunidades autónomas en la lucha contra la pandemia". A diferencia del primer estado de alarma en éste no prima la verticalidad sino la horizontalidad[3]. Ya en su exposición de motivos se destaca que "resulta (...) preciso ofrecer una respuesta inmediata, ajustada y proporcional, en un marco de cogobernanza, que permita afrontar la gravedad de la situación con las máximas garantías constitucionales", es decir, que, a diferencia del primer estado de alarma, en éste se tuvo en cuenta la estructura territorial del estado. De ahí que se nombraran autoridades delegadas "a quienes ostenten la presidencia de la comunidad autónoma o ciudad con Estatuto de autonomía que quedan habilitadas para dictar, por delegación del Gobierno de la Nación, las órdenes, resoluciones y disposiciones para la aplicación de lo previsto en el propio Real Decreto en relación a los derechos que quedan afectados". También se indicaba que las medidas restrictivas de derechos serían eficaces en el territorio de cada comunidad autónoma o ciudad con Estatuto de autonomía cuando la autoridad competente delegada respectiva lo determinase, a la vista de la evolución de los diferentes indicadores, teniendo la facultad dichas

---

2 Sobre las diferentes fases vide Carmona Contreras, A. (2021) "De la recentralización de competencias a su progresiva devolución a las Comunidades autónomas durante el estado de alarma: las fases de desescalada" y Biglino Campos, P. (2021), "El impacto de la Covid en la distribución de competencias", ambos artículos en Tudela Aranda, J. (Coord.), *Estado Autonómico y covid-19: un ensayo de valoración general*, Fundación Manuel Giménez Abad, Zaragoza.

3 Solozábal Echevarría, J.J. (2021), "La crisis del coronavirus tras el primer estado de alarma (2021) en Tudela Aranda, José (Coord.), *Estado Autonómico y covid-19...*, op. cit. p. 65.

autoridades delegadas de modular, flexibilizar e, incluso, suspender la aplicación de dichas medidas a la vista de la evolución de los diferentes indicadores.

Cada Administración conservaba las competencias que le otorgaba la legislación vigente, así como la gestión de sus servicios y de su personal, para adoptar las medidas que estimara necesarias y, con la finalidad de garantizar la necesaria coordinación en la aplicación de las medidas contempladas en este Real Decreto, el Consejo Interterritorial del Sistema Nacional de Salud, bajo la presidencia del ministro de Sanidad, podía adoptar a estos efectos cuantos acuerdos procediesen. Por último, se señalaba que el ministro de Sanidad comparecería quincenalmente ante la Comisión de Sanidad y Consumo del Congreso de los Diputados para dar cuenta de la aplicación de las medidas previstas en el propio Real Decreto. Ello, no obstante, este sistema fue declarado inconstitucional en virtud de la sentencia 183/2021, de 27 de octubre. Defendía en este caso el Abogado del Estado que la gestión de la pandemia debería atender o respetar dos principios: el principio autonómico y el principio de eficacia. Efectivamente ambos están presentes, ahora bien, no con idéntica importancia. La mayor eficacia en la gestión de la pandemia pasaba por mantener el principio autonómico por razón de la mayor proximidad, y consiguiente mayor capacidad, de las autoridades autonómicas a la hora de valorar la situación en cada territorio y adoptar las decisiones correspondientes. Sin embargo, la realidad de nuestra estructura territorial no es tenida en cuenta por el Alto Tribunal que se aferra a una interpretación absolutamente literal del término "exclusivamente" del artículo 7 LOAES. Sin embargo, cabe recordar la jurisprudencia constitucional contenida, entre otras, en la STC 4/1981, de 2 de febrero en el sentido de que "es necesario apurar todas las posibilidades de interpretar los preceptos de conformidad con la Constitución y declarar tan solo la inconstitucionalidad de aquellos cuya incompatibilidad con ella resulte indudable por ser imposible llevar a cabo dicha interpretación"[4] y traer a colación la opinión del presidente del Tribunal Constitucional ma-

4 FJ 1.

nifestada en su voto particular en el sentido de que es conforme con el artículo 7 de la LOAES "aquel decreto de estado de alarma que, sin transferir la titularidad de la competencia de aplicación a ningún sujeto distinto del Gobierno, contemple las técnicas de reparto competencial que afecten únicamente al ejercicio de la competencia y no a su titularidad, puesto que estas técnicas no privan ni merman la condición del Gobierno como autoridad competente, en tanto que éste conserva intacta la posición de responsable último del ejercicio de las funciones extraordinarias previstas en el decreto de alarma y en la medida que las decisiones de las autoridades competentes delegadas, en tanto que deben reputarse como si fueran adoptadas por el delegante, continúan sujetas al régimen jurídico y a los controles propios de la autoridad delegante, que no es otra que el Gobierno". Es decir, la clave reside en que en todo momento se mantenga la titularidad de la competencia independientemente del número de presidentes de comunidad autónoma que se nombre como autoridad delegada.

El presente capítulo analiza algunas de las cuestiones más controvertidas de las sentencias del Tribunal Constitucional en lo concerniente a los derechos fundamentales En primer lugar, la redefinición de los conceptos de estado de alarma y orden público que se contienen en la sentencia 148/2021 en la medida que a partir de ellos en caso de pandemia puede declararse un estado de excepción que conlleva una mayor recentralización de poderes en favor del estado central y la posibilidad de suspender determinados derechos fundamentales; en segundo lugar, la delgada línea roja que separa la suspensión de la limitación de derechos; y, por último, el papel a desempeñar por las comunidades autónomas en caso de estado de alarma de acuerdo con la sentencia 183/2021. Se presta especial atención al cambio de criterio interpretativo del Alto Tribunal y sus consecuencias. En la primera sentencia un criterio evolutivo; en la segunda, un criterio originalista.

II. REDEFINICIÓN DEL CONCEPTO DE ESTADO DE ALARMA. INTERPRETACIÓN EVOLUTIVA QUE DESDIBUJA ESTE CONCEPTO

Para dar una respuesta eficaz a la grave situación provocada por la pandemia, el Gobierno en uso de sus prerrogativas declaró el 14 de marzo de 2020 el estado de alarma en todo el territorio nacional.

El Tribunal Constitucional en la STC 148/2021, considerará que el estado que debería haberse declarado era el de excepción y no el de alarma que, sobre el papel, se ajustaba más a las circunstancias que daban lugar a la declaración del estado de emergencia. El argumento esgrimido por el Alto Tribunal es que "nuestra Constitución establece una distinción entre estados (alarma, excepción y sitio) desconocida en otros sistemas; y que, pudiendo fundamentarse en los supuestos habilitantes para declararlos, se basó sin embargo en otros criterios: por un lado, en sus mecanismos de adopción y control; por otro, en sus efectos"[5]. Esta será la base argumentativa para considerar inconstitucional el Real Decreto 900/2020, de 9 de octubre que declaró el estado de alarma. Esta afirmación tan rotunda merece ser detenidamente analizada.

De entrada, el propio Tribunal la matiza hasta casi desvirtuarla al afirmar que: "la mayor parte de la doctrina[6] (y, en el seno de este proceso, la Abogacía del Estado) han subrayado que, según resulta de los debates constituyentes, "tal diferencia no responde solo a un criterio gradual, de distinta intensidad; sino que se fundamenta en la distinta naturaleza de los presupuestos de hecho que provocan la declaración del estado constitucionalmente adecuado" imponiéndose la tesis de que "el estado de alarma [...] no es una figura política, es la forma de capacitar al Gobierno, a todo Gobierno, para una rápida reacción ante catástrofes naturales o tecnológicas"[7] para terminar reconociendo que "esta interpretación "originalista" parece reforzada, (...), por la literalidad del artículo 4 b) de la Ley Orgánica 4/1981 (y por los debates parlamentarios sobre la misma), cuando autoriza

---

5 FJ 3.

6 Vide en este sentido Cruz Villalón, P (1984), *Estados excepcionales...*, op. cit. p. 52.

7 FJ 11.

al Gobierno para "declarar el estado de alarma, en todo o parte del territorio nacional", si se producen, entre otras "alteraciones graves de la normalidad" posibles, "crisis sanitarias, tales como epidemias y situaciones de contaminación graves"[8].

En este sentido, podemos traer a colación las intervenciones de varios diputados en los debates constituyentes de las que se deriva que estos estados de emergencia se estructuran a partir de situaciones o circunstancias y no de efectos o medidas. Así, por ejemplo la intervención del Diputado Sole Tura: "Nos parece innecesario constitucionalizar el estado de alarma, o se explica para *circunstancias* excepcionales, en casos de cataclismos, etc. en cuyo caso el gobierno tiene poderes suficientes para hacerle frente, y si no es así, y se mantiene el estado de alarma, sin especificar, además, ni a qué derecho se refiere puesto que en definitiva no se dice nada al respecto, puede ocurrir que ese estado sirva para limitar derechos sin decirlo"[9]. Igualmente, el diputado Apostua Palos en contra de la enmienda que proponía suprimir de la Constitución la referencia al estado de alarma mantenía la necesidad de su permanencia porque "es la forma de capacitar al gobierno, a todo Gobierno, para una rápida reacción ante *catástrofes naturales o tecnológicas*"[10].

Consecuente con ello, en la elaboración del proyecto de Ley Orgánica de los estados de alarma, excepción y sitio se mantuvo claramente este criterio tal como se deduce de los debates parlamentarios. De esta manera, en la presentación del proyecto de Ley Orgánica reguladora de los estados de alarma, excepción y sitio, el Ministro del interior Rosón Pérez habló en todo momento de supuestos y hechos: "los supuestos que determinan su promulgación no son hechos inventados o que no puedan nunca producirse. Son hechos cuya realidad nos enseña la historia de los pueblos, la historia de los sistemas políticos, y nos muestra, con alguna frecuencia, la experiencia. La

---

8 FJ 11.

9 Diario de Sesiones del Congreso de los Diputados. Comisión de asuntos constitucionales y libertades públicas, número 84, sesión número 17, de 8 de junio de 1978, p. 3074. Constitución española, Trabajos parlamentario vol. II, Cortes Generales, 1980, p. 1356.

10 Diario de Sesiones del Congreso de los Diputados, núm. 109, 13 de julio de 1978, p. 4238.

Constitución ha tenido en cuenta esta necesidad, y ha considerado que podían producirse la suma de hechos que da lugar al proyecto de ley que hoy se va a debatir"; y refiriéndose al estado de alarma en concreto señaló que: "la novedad más importante que implica el artículo 116 de la Constitución, respecto a la normativa vigente, es la inclusión del estado de alarma como una de las situaciones que han de ser contempladas dentro de ésta más general de la excepcionalidad de los tres estados. La contemplación de esta nueva situación excepcional se basa en la necesidad de proteger a la sociedad frente a una suma de riesgos donde, bien por producir los hechos naturales, bien por circunstancias sociales, se encuentra en grave riesgo la seguridad o la vida de las personas, y se encuentra en dificultad el mantenimiento de las condiciones necesarias para la comunidad pueda desenvolver su vida colectiva normal. De esta manera, el proyecto recoge, en la enumeración de los supuestos determinantes de la declaración del estado de alarma, las catástrofes, calamidades o desgracias públicas; las epidemias o situaciones de contaminación grave; paralización de servicios públicos esenciales para la vida de la comunidad, y las situaciones de desabastecimiento de productos de primera necesidad"[11]. Nótese que el ministro se refería tanto a hechos naturales como a circunstancias sociales lo que parecer respaldar la argumentación del Alto Tribunal. Y en este sentido es pertinente traer aquí su intervención en relación al estado de excepción pues de ésta se desprende que este estado se construye no tanto sobre supuestos sino sobre los elementos que destaca el Tribunal Constitucional. Así el ministro del Interior señalaba que: "el proyecto pretende configurar el de excepción desde una doble óptica: la formal, en cuanto al procedimiento para la declaración y cese del mismo, y la material, por lo que respecta a las facultades de las autoridades gubernativas y a las limitaciones de los derechos individuales y colectivos"[12].

---

11 Diario de Sesiones, núm. 160, de 21 de abril de 1981, p. 9875-9876.

12 Diario de Sesiones del Congreso de los Diputados núm. 160, 21 de abril de 1981 p. 9876. Así lo entiende el propio Tribunal Constitucional que en su sentencia 148/2021 destaca que "al prever en el art. 13.1 las circunstancias justificativas de la declaración del estado de excepción, el mismo legislador omite cualquier referencia a las motivaciones, centrándose en los efectos perturbadores provocados en la sociedad para invocar dicho estado" (FJ 11).

Contundente es, sin embargo, la intervención del diputado Pons Irazazábal, del Grupo Parlamentario Socialista del Congreso en el sentido de que la diferenciación entre estados se realiza a partir de la consideración de hechos de diferente naturaleza: "Nos hemos esforzado también para que quedase claro que los estados de alarma, de excepción y de sitio *no eran situaciones que respondiesen a distintos grados de un mismo fenómeno. No se trata de distintos estados, de intensidad diferente, sino de situaciones cualitativamente distintas.* Hemos conseguido que esa filosofía básica, absolutamente básica para un correcto enfoque de todo el proyecto de ley, fuese aceptada. El estado de alarma para unas situaciones, el estado de excepción para situaciones que afectan al orden público, que no pueden atajarse por los medios ordinarios, con las potestades ordinarias, y el estado de sitio para amenazas graves al orden constitucional, a la convivencia en libertad y en democracia"[13].

En conclusión, la Ley Orgánica 4/1981 estructura y describe los tres estados en función no tanto de los mecanismos de adopción y control y de sus efectos sino de los supuestos, circunstancias o causas habilitantes para declararlos. En este sentido, el artículo 1 de la ley señala que: "Procederá la declaración de los estados de alarma, excepción o sitio cuando *circunstancias extraordinarias*[14] hiciesen imposible el mantenimiento de la normalidad mediante los poderes ordinarios de las Autoridades competentes". Estas circunstancias son descritas con mayor o menor extensión y claridad en la Ley como pórtico a cada uno de los estados que pueden ser declarados, con carácter previo, pues, a la fijación de la autoridad competente y de las medidas que pueden adoptarse en cada uno de ellos.

Se hicieron notables esfuerzos para despolitizar el estado de alarma como la redacción del supuesto c) del artículo 4 en el que la paralización de servicios públicos esenciales para la comunidad, debía ir acompañada de la no garantía de lo dispuesto en los artículos veintiocho, dos, y treinta y siete, dos, de la Constitución, y de la concurrencia de alguna de las demás circunstancia o situaciones conteni-

---

13 Diario de Sesiones del Congreso de los Diputados, núm. 160, 21 de abril de 1981, p. 9888.

14 La cursiva en es mía. N del A.

das en dicho precepto[15]. Ello, no obstante, este objetivo no se alcanzó por completo y el factor conflictividad social sigue presente en el estado de alarma. El ejemplo más claro lo tenemos, tal como lo advierte el Tribunal Constitucional, en la declaración del estado de alarma en 2010 por la huelga de controladores aéreos. Esta distinción entre crisis por causas naturales y crisis de naturaleza política no puede entenderse como absoluta[16] atribuyéndose al estado de alarma una "confusa y contradictoria naturaleza mixta"[17]. Efectivamente, una separación absoluta entre uno y otro estado es imposible. El punto de engarce más destacado es el anormal funcionamiento de los servicios públicos esenciales que aparece como supuesto para la declaración del estado de alarma (artículo 4.c) LOAES) y para la del estado de excepción (artículo 13.1 LOAES) que será justamente al que se hizo referencia para justificar la declaración de este segundo estado. Para llegar a esta conclusión el Tribunal se ve obligado a apartarse de una interpretación originalista, seguida por la mayoría de la doctrina, de la Constitución y de la Ley orgánica 4/1981 y llevar a cabo una interpretación evolutiva e integradora que "se acomoda a las realidades de la vida" y que pasa por considerar que los tres estados no "constituyen compartimentos estancos e impermeables" por lo que se ha de "de superar una distinción radical entre tales circunstancias habili-

---

15 Cruz Villalón, P (1984), Estados excepcionales..., op. cit. p. 69 y ss.

16 Tajadura Tejada J. ((2021), "El Estado de Derecho frente al COVID: reserva de ley y derechos fundamentales", *Revista Vasca de Administración Pública*, núm. 2021, p. 164. Vide igualmente Solozábal Echevarría, J.J., "algunas consideraciones constitucionales sobre el estado de alarma" en Biglino Campos, P. y Durán Alba, J.F. (dirs.) (2021), *Los efectos horizontales de la Covid-19 sobre el sistema constitucional: estudios sobre la primera oleada*, Fundación Manuel Giménez Abad, Zaragoza, p. 2.
Garrido López, C. (2021), "Las limitaciones como derecho del derecho constitucional de excepción", *Excepcionalidad y derecho: el estado de alarma en España*, Fundación Manuel Giménez Abad, p. 25 para quien "la realidad (...) se ha encargado de evidenciar el error cometido y el vano intento de pretender anular la lógica gradualista consustancial a los estados excepcionales de menor gravedad"; Díaz Revoiro, F.J. (2021), "desactivando conceptos constitucionales: la suspensión de derechos y los estados excepcionales", en Garrido López, C (coord.), Excepcionalidad y derecho..., op. cit. p. 152.

17 García Cuadrado, A. M. (1984), "El estado de alarma y su ambigua naturaleza" *Cuadernos de la Cátedra Fabrique Furió*, núm. 8, pp. 81 y 82.

tantes ("naturales o tecnológicas", para la alarma; políticas o sociales, para la excepción)"[18].

El Tribunal prestará especial atención a las medidas adoptadas que en su opinión suponían una auténtica suspensión de derechos, para llegar a la conclusión de que el estado que debería haber declarado era el de excepción. Las medidas estaban justificadas; sin embargo, erraron Gobierno y Congreso en el instrumento para implantarlas. Así, "la inconstitucionalidad parcial del Real Decreto 463/2020, de 14 de marzo, no deriva del contenido material de las medidas adoptadas, cuya necesidad, idoneidad y proporcionalidad hemos aceptado, sino del instrumento jurídico a través del cual se llevó a cabo la suspensión de ciertos derechos fundamentales"[19]. Sin embargo, como veremos, su conclusión también se basa en el análisis de los supuestos habilitantes. Para el Alto Tribunal eran circunstancias que entraban de lleno en los supuestos que permitían declarar el estado de excepción. Argumenta que si bien la pandemia inicialmente justificó la declaración del estado de alarma, adecuándose así a la interpretación "originalista" y mayoritaria en la doctrina, al "alcanzar dimensiones desconocidas y, desde luego, imprevisibles" que no fueron contempladas en" los debates constituyentes y de los trabajos parlamentarios que configuraron el régimen vigente en esta materia", ese estado de alarma quedó rebasado y "la situación que el poder público debía afrontar se ajustaba también a los efectos perturbadores que justificarían la declaración de un "estado de excepción". Cuando una circunstancia natural, como es una epidemia, alcanza esas "dimensiones desconocidas y, desde luego, imprevisibles" (...), puede decirse que lo cuantitativo deviene cualitativo: lo relevante pasan a ser los efectos, y no su causa"[20]. Los términos en que está redactado este párrafo no dejan de llamar la atención cuando el Alto Tribunal señala que la situación se ajustaba *también*[21] a los efectos perturbadores que justificarían un estado de excepción. La utilización del adverbio "también" no niega lo anterior, sino que indica que una oración o un sintagma quedan incluidos en una afirmación

18 FJ. 11.
19 FJ. 11.
20 FJ 11.
21 La cursiva es mía N. del A.

hecha con anterioridad de tal manera que las dos son posibilidades eran válidas por lo que ante esos hechos se podía optar por uno u otro estado. Ese párrafo viene acompañado de otro también redactado en términos problemáticos: "*puede decirse*[22] que lo cuantitativo deviene cualitativo". Una interpretación evolutiva precisa, como dice el Tribunal, de una realidad social cambiante. Sin ir más lejos, tenemos un claro ejemplo en la sentencia 198/2012, de 6 de noviembre por la que se resuelve el recurso de inconstitucionalidad interpuesto contra la modificación del Código Civil que permitía el matrimonio de personas del mismo sexo"[23]. Los constituyentes no se posicionaron en contra del matrimonio de personas del mismo sexo, sino que no contemplaron este supuesto. En ese contexto, la Constitución, como árbol vivo, puede ser objeto de una interpretación evolutiva que contemple cuestiones que no habían sido tenidas en cuenta en el momento de su redacción, como es el caso de contraer matrimonio personas del mismo sexo. Pero en el caso que nos ocupa, en mi opinión, el legislador constituyente y, con posterioridad, el legislador orgánico contemplaron todas las circunstancias y se decantaron por una opción: estado de alarma para circunstancias desposeídas de connotaciones políticas; estado de excepción para circunstancias de esta índole en cuanto alteran el orden público.

---

22 La cursiva es mía. N. del A.

23 "Como reconoce el propio Tribunal: "En el año 1978, cuando se redacta el art. 32 CE era entendido mayoritariamente como matrimonio entre personas de distinto sexo, también en el seno de los debates constituyentes. Lo que el constituyente se planteaba en el año 1978 respecto del matrimonio no tenía nada que ver con la orientación sexual de los contrayentes, sino con la voluntad de desligar el matrimonio y la familia, de proclamar la igualdad de los cónyuges en el seno de la institución, y de constitucionalizar la separación y la disolución. Estas cuestiones, así como la determinación de la edad para contraer, protagonizaron casi en exclusiva los debates constituyentes sobre el actual art. 32 CE, que fuera el 27 del Anteproyecto constitucional, y que no encontró su redacción definitiva hasta la Comisión Mixta Congreso-Senado. Dicho de otro modo, en el año 1978, en que se delibera y aprueba el texto constitucional, los problemas que ocuparon al constituyente a la hora de regular la institución matrimonial fueron básicamente, tal y como se deduce de los trabajos parlamentarios, la cuestión del divorcio, la diferenciación conceptual entre matrimonio y familia, y la garantía de la igualdad entre el hombre y la mujer en el matrimonio, una igualdad que, en aquel momento, estaba todavía construyéndose" FJ 8.

En este sentido puede traerse a colación, la intervención del Diputado Apostua Palos, del Grupo parlamentario de Unión del Centro Democrático en la Constituyente: "En efecto, el concepto y alcance del estado de alarma (...) no es una figura política, es una forma de capacitar al gobierno (...) para una rápida reacción ante catástrofes naturales o tecnológicas. La afirmación de que el estado de alarma no es un hecho político no procede de una interpretación personalista o de partido, sino de la contemplación del conjunto de la Constitución..."[24].

Así lo reconoce el Tribunal Constitucional en la propia sentencia 148/2021: "es cierto que el legislador de 1981 incluyó, a título de ejemplo, en el art. 4 LOAES una serie de circunstancias fácticas como causas que legitimaban la declaración del estado de alarma (catástrofes naturales, crisis sanitarias, paralización de servicios públicos, desabastecimientos), y que todas ellas tienen en común —en línea con los argumentos expuestos en los debates constituyentes— la ausencia de motivación política"[25]. El Diputado Olarte Cullen, del Grupo Parlamentario Centrista con ocasión del debate sobre el proyecto de ley orgánica de los estados de alarma, excepción y sitio señalará en la misma dirección que: "se queda absolutamente despojado el estado de alarma de cualquier connotación política que pudieran ponerle los reparos que, desde luego, no estaban en el ánimo de nuestro legislador en el momento en que se elaboró la Constitución"[26]. Por último, podemos hacer referencia a la intervención del diputado Sartorius Alvarez De Bohorquez: "En la propia discusión que hubo en su momento sobre este tema, en el debate constitucional, yo recordaría aquí algunas palabras de dignos representantes del Partido del Gobierno, como, por ejemplo, el señor Cisneros, que dijo, el 8 de julio de 1978, que con la figura del estado de alarma estamos contemplando propiamente, más que situaciones de conflictividad política o social, eventos catastróficos, naturales o no (pensemos en un ejemplo dramático, próximo en aquel tiempo, como el del escape de gas tóxi-

---

24 Diario de Sesiones del Congreso de los Diputados, núm. 109, 13 de julio de 1978, p. 4238.

25 FJ 11.

26 Diario de Sesiones del Congreso de los Diputados, núm. 162, 23 de abril de 1981, página 9997.

co en Seveso); o el señor Apostua, que también hizo la afirmación de que el estado de alarma no es un hecho político, no procede de una interpretación personalista, sino de la contemplación del conjunto de la Constitución, de la voluntad objetiva de la ley. Nosotros creemos que las afirmaciones de los representantes del Grupo Centrista no eran arbitrarias, sino que eran justas y respondían a una sólida argumentación jurídica constitucional"[27].

Es cierto que esta distinción no fue plasmada de forma tajante como hemos visto *supra,* pero fue la que guio la elaboración de la norma. En mi opinión, nada en la realidad social ha cambiado desde entonces para justificar una interpretación evolutiva. Las pandemias existen ahora y existían entonces. Es más, la humanidad ha sufrido pandemias terribles a lo largo de su historia. Así la peste negra o muerte negra fue la pandemia de peste más devastadora de la historia de la humanidad, que afectó a Eurasia en el siglo XIV o el cólera en el Siglo XIX. La llamada Gripe española en el siglo XX es considerada una de las pandemias más terribles de la historia humana, ya que en solo un año acabó con la vida de entre 20 y 40 millones de persona. Incluso el pasado más reciente había dado avisos al respecto. La crisis de la gripe aviar en 2004 o la del ébola en España en 2014 son dos claros ejemplos.

El Tribunal se encuentra ante un dilema. Por una parte, un hecho claro (una pandemia) que constituye uno de los supuestos previstos expresamente en el artículo 4.b) de la ley 4/1981; por otra, la necesidad de adoptar una serie de medidas que el estado de alarma no permite y si el estado de excepción (la suspensión de derechos). La interpretación evolutiva pasa por considerar una pandemia una cuestión de orden público, justamente lo que a toda costa querían evitar el legislador constitucional y el legislador orgánico. Es más que cuestionable que una interpretación evolutiva permita llegar a conclusiones diametralmente contrarias a las expresamente mantenidas a la hora de redactar la norma en cuestión. En este caso no hay evolución sino más bien ruptura y el único camino es la modificación de la norma cosa, por otra parte, que el propio Tribunal recomienda.

---

27 Diario de Sesiones del Congreso de los Diputados, núm. 160, 21 de abril de 1981, p. 9894

El Alto Tribunal refuerza su argumentación afirmando que en nuestro ordenamiento teníamos ya un precedente que desdibujaba la teoría de los compartimientos estancos que parecía desprenderse de la Constitución y de la Ley orgánica 4/1981. Hablamos del Real Decreto 1673/2010, de 4 de diciembre, por el que se declaró el estado de alarma para la normalización del servicio público esencial del transporte aéreo[28]. En ese caso, y como advierte el Tribunal Constitucional en la propia sentencia 148/2021, merced a esa interpretación integradora, se superó la distinción radical entre circunstancias habilitantes de carácter natural o tecnológica para la alarma y políticas y sociales para la excepción. De alguna manera se hizo el camino inverso al del presente caso. En el 2010, un conflicto sociopolítico, una huelga de controladores aéreos, que afectaba, por tanto, al orden público, supuso una paralización de un servicio esencial que impedía el ejercicio del derecho fundamental de circulación se convirtió en la circunstancia habilitante contemplada en el punto c) en combinación con el punto a) del artículo 4 de la Ley orgánica

---

28 El Real Decreto no fue objeto de recurso de inconstitucionalidad. Las medidas no fueron analizadas por el Tribunal Constitucional pues solo fueron impugnadas indirectamente a través del recurso de amparo resuelto por STC 83/2016, de 28 de abril. Señala el Alto Tribunal en la STC 148/2021 que éstas "fueron "relativamente" modestas, aunque incisivas: "se encomendaron transitoriamente al Ministerio de Defensa las facultades de control de tránsito aéreo atribuidas a [...] AENA", y los controladores "pasaron a tener, durante la vigencia del estado de alarma, la consideración de personal militar, sometidos, en consecuencia, a las autoridades [...] y a las leyes penales y disciplinarias militares" (FJ 11). Realmente fueron incisivas pues suspendieron el derecho de huelga de los controladores aéreos. Este era el gran peligro que se puso de manifiesto tanto en el debate constituyente como en el debate con ocasión del proyecto de ley de los Estados de alarma, excepción y sitio. En este sentido la intervención del Diputado Sole Tura del Grupo Parlamentario Comunista, con ocasión del proyecto de Ley Orgánica reguladora de los estados de alarma, excepción y sitio el estado de alarma no está visto en la Constitución como un estado en el que se pueda suspender el ejercicio de determinados derechos. Sin embargo, tal como está hoy el estado de alarma, (...) permite suspender derechos fundamentales, entre ellos el derecho de huelga. Así está en el artículo 4.", letra c), en relación, sobre todo, con los artículos I 1 y 12 del propio proyecto. Diario de Sesiones del Congreso de los Diputados, núm. 160, 21 de abril de 1981, p. 9886. En el mismo sentido el Diputado Álvarez De Bohorquez, del Grupo Parlamentario Comunista. Diario de sesiones del Congreso de los Diputados, núm. 160, de 21 de abril de 1981, p. 9895.

4/1981: "una calamidad pública de enorme magnitud" que permitió la declaración del estado de alarma. En el caso aquí analizado, una pandemia se convierte, por su gravedad y extensión, en una cuestión político-social, afectante el orden público entendido "en un sentido amplio, comprensivo no solo de elementos políticos, sino también del normal desarrollo de los aspectos más básicos de la vida social y económica"[29].

Para el Alto Tribunal debería haberse declarado el estado de excepción, que de acuerdo con el artículo 13 de la LO 4/1981 es el pertinente "cuando el libre ejercicio de los derechos y libertades de los ciudadanos, el normal funcionamiento de las instituciones democráticas, el de los servicios públicos esenciales para la comunidad, o cualquier otro aspecto del orden público, resulten tan gravemente alterados que el ejercicio de las potestades ordinarias fuera insuficiente para restablecerlo y mantenerlo" Y ello a partir de una interpretación "no originalista" sino "evolutiva" e "integradora" "que permite leer el texto constitucional a la luz de los problemas contemporáneos", de "las realidades de la vida" De esta manera una interpretación integradora permite no contemplar como compartimientos estancos las dos situaciones: una, las del estado de alarma, más de carácter natural o tecnológico, la otra, la del estado de excepción, más de carácter político y social sino analizar la situación desde la graduación de los efectos. Sin embargo, sigue siendo necesario establecer cuál de entre los supuestos previstos en el artículo 13 LEOAES es el habilitador para declarar el estado de excepción, cuál se ha visto tan gravemente alterado que permite dicha declaración. El Tribunal sin mayor motivación considera que todos: "Cuando la gravedad y extensión de la epidemia imposibilitan un normal ejercicio de los derechos, impiden un normal funcionamiento de las instituciones democráticas, saturan los servicios sanitarios (hasta temer por su capacidad de afrontar la crisis) y no permiten mantener con normalidad ni las actividades educativas ni las de casi cualquier otra naturaleza es difícil argüir que el orden público constitucional no se ve afectado; y su grave altera-

---

[29] FJ 11.

ción podría legitimar la declaración del estado de excepción"[30]. Con esta mínima argumentación no respaldada por ningún dato, el Alto Tribunal cierra esta cuestión tan trascendental.

III. REDEFINICIÓN DEL CONCEPTO DE ORDEN PÚBLICO. INTERPRETACIÓN EVOLUTIVA QUE DESDIBUJA ESTE CONCEPTO

Lo relevante pasan a ser los efectos y no las causas. De esta manera y a partir de un entendimiento "evolutivo", por la gravedad de sus efectos, la situación se había convertido en una cuestión de orden público redefinido "en un sentido amplio, comprensivo no solo de elementos políticos, sino también del normal desarrollo de los aspectos más básicos de la vida social y económica"[31].

---

30 FJ 11. Acertadamente señala Garrido Mayol que "mientras la situación provocada por la COVID-19 encaja en las previsiones del estado de alarma (...) ha faltado el presupuesto para la declaración del estado de excepción". Garrido Mayol, V. (2020). "Limitaciones y suspensiones de derechos. Muchos puntos controvertidos" en RECUERDA GIRELA, M.A.(Coord.) *Antes de la próxima pandemia*, Aranzadi, p. 169.
Aragón Reyes considera que se debería haber declarado el estado de excepción residenciándolo en el supuesto abierto que cierra el artículo 13: "cualquier otro aspecto del orden público". Aragón Reyes, M. (2020) "Epílogo" en Biglino Campos, P. y Durán Alba, J.F. (dirs.) (2021), *Los efectos horizontales de la Covid-19...*, op. cit. p. 2. Con ello, en mi opinión, solo aumenta la inseguridad jurídica. Se asumen una inevitable visión gradualista en cuanto a los efectos sobre los derechos, una discutida y discutible visión gradualista de los estados excepcionales que en sí misma, es indeterminada, un concepto, discutido y discutible, de orden público amplio e indefinido y, como colofón, se hace descansar la declaración en un supuesto abierto e indefinido.

31 Vide en este sentido Fernández de Casadavante P. (2021) "los derechos fundamentales en estado de alarma: una suspensión inconstitucional" *Revista Vasca de Administración Pública*, núm. 119, pp. 82 y ss. que con anterioridad a la sentencia del Tribunal Constitucional mantuvo que la pandemia podía derivar en un grave problema de orden público entendido de forma amplia englobante del "orden público social y económico" por lo que debería haberse decretado por el hecho habilitante y por las medidas adoptadas, que vaciaban de contenido el derecho a la libertad de circulación, un estado de excepción. No son de esta opinión entre otros, Cruz Villalón, P (2020)., "La Constitución bajo el estado de alarma", en *El País*, 17 de abril de 2020, De La Quadra-Salcedo Fernández Del

En la STC 66/1995, de 8 de mayo con ocasión de una posible vulneración del derecho de reunión en el espacio público consagrado en el artículo 21 CE el Alto Tribunal hace referencia a dos conceptos de orden: uno, orden público anudado a seguridad ciudadana contenido en dicho precepto en el que se hace referencia al "peligro para personas y bienes", y otro anudado al respeto a los valores y principios constitucionales: "ese concepto de orden público con peligro para personas y bienes a la luz de los principios del Estado social y democrático de Derecho consagrado por la Constitución, debe entenderse que esa noción de orden se refiere a una situación de hecho, el mantenimiento del orden en sentido material en lugares de tránsito público, no al orden como sinónimo de respeto a los principios y valores jurídicos y metajurídicos que están en la base de la convivencia social y son fundamento del orden social, económico y político"[32]. Por lo tanto, pueden manejarse dos conceptos de orden público: "el concepto de orden público puede entenderse según una idea amplia, consistiendo en los valores del sistema constitucional; o según una idea más limitada, equiparándolo a aquellas condiciones que aseguran el ejercicio de los derechos por ausencia de perturbaciones, o lo que es lo mismo, el "normal desarrollo de la convivencia ciudadana"[33].

La cuestión es cuál utilizar en el estado de excepción. En la STC 148/2021, el Tribunal Constitucional se decanta por el concepto amplio: "el orden público constitucional (en un sentido amplio, comprensivo no solo de elementos políticos, sino también del normal desarrollo de los aspectos más básicos de la vida social y económica)"[34]. Esta definición es totalmente abierta e indeterminada.

Hay que ser consciente del peligro que supone esa interpretación que amplía y desnaturaliza un concepto utilizado tradicionalmente para restringir derechos fundamentales, interpretación que no casa con el principio *favor libertate* que ha de presidir toda interpretación

---

Castillo, T, (2020). "Límite y restricción, no suspensión", en *El País*, 8 de abril de 2020.

32 FJ 3.

33 Solozábal Echevarría, J.J. (2021), "algunas consideraciones constitucionales..., op. cit. p. 13.

34 FJ 11.

concerniente a los derechos fundamentales: el derecho interpretado de forma lo más amplia posible y el límite, más si tiene connotaciones políticas, de forma lo más estricto posible. Ahora el límite se interpreta de forma amplia para justificar una mayor restricción de derechos. Además, utilizar conceptos vagos e imprecisos para mantener que se había visto gravemente afectado ese orden público constitucional como que la pandemia había alcanzado "dimensiones desconocidas e imprevisibles" y así justificar la declaración de un estado de excepción añade mayores dosis de inseguridad jurídica.

Argumenta el Alto Tribunal, que "tal interpretación responde a la desconfianza ante la posibilidad de que el poder pudiera recurrir al estado de alarma para restringir indebidamente los derechos que la Constitución reconocía. Una desconfianza enteramente lógica en el contexto histórico de la transición española a la democracia, que llevó a subrayar explícitamente (en los debates y en la letra de la ley) la naturaleza no política de este estado, vinculándolo a supuestos de hecho carentes de dimensión política propia"[35]. Señala Aragón Reyes que "no podemos estar presos de la imagen del pasado sobre los estados de excepción preconstitucionales" por lo que "no hay por qué tener reparos en decretar el estado de excepción si se dan las circunstancias que lo habilitan y si las medidas cuya adopción sea necesaria para hacer frente con eficacia así los requieren"[36]. Sin embargo, cabe recordar el enorme revuelo que se ocasionó con la difusión de la noticia de una posible declaración del estado de excepción con motivo de los atentados perpetrados el 11 de marzo de 2004 tildada, incluso, de intento de golpe de estado. Los reparos, por tanto, si están presentes a la hora de decantarse por uno u otro estado de emergencia.

Frente a lo anterior cabe decir: primero, el problema, una pandemia, no es contemporáneo. Las pandemias son tan antiguas como la humanidad misma. Los presentes acontecimientos son los que se previeron a la hora de redactar la Constitución y la Ley Orgánica 4/1981. Basa el Alto Tribunal su interpretación evolutiva de estos

---

35 FJ 11.

36 Aragón Reyes, m. (2021), Epílogo, en Biglino Campos, P. y Durán Alba, J.F. (dirs.) (2021), *Los efectos horizontales de la Covid-19...*, op. cit. p. 2.

textos en que se acomoda a los "problemas contemporáneos" o a nuevas "realidades de la vida", en la aparición, pues, de situaciones o circunstancias no previstas en aquellos momentos viniendo a cubrir esa interpretación evolutiva un vacío en la legislación vigente, pero, en mi opinión, ni los acontecimientos son contemporáneos, ni las realidades de la vida distintas a las que se tuvieron en cuenta a la hora redactar dichos textos por lo que esa interpretación evolutiva pierde, en gran parte, su razón de ser.

Segundo, en una cuestión tan trascendental (pasar de un estado de alarma que solo permite limitar derechos a uno de excepción que permite la suspensión de derechos) el Alto Tribunal ni tan siquiera pergeña qué criterios han de ser tenidos en cuenta para dar ese paso, en este caso, para que una pandemia sea considerada una cuestión de orden público. La Ley Orgánica 4/1981 por supuesto no los prevé pues no se redactó pensando en este salto gradual. Una cosa es que la pandemia tenga efectos muy graves, otra que con ocasión de la misma se produzcan graves desórdenes públicos. En este segundo caso podría decretarse un estado de excepción, pero no por los efectos de la pandemia sino como consecuencia de los desórdenes (tales como asaltos a establecimientos de alimentación, a hospitales, farmacias, robos, etc.). Ahora declarar uno u otro o pasar de uno a otro se convierte en una cuestión meramente fáctica y no política. ¿Cómo se fija el grado de gravedad para pasar de un estado a otro?, ¿en qué momento una pandemia se convierte en una cuestión de orden público? ¿Cómo saben gobierno y parlamento que están ante una dimensión desconocida e imprevisible? Los bienes jurídicos afectados que justificarían el paso de un estado a otro, "normal desarrollo de los aspectos más básicos de la vida social y económica" a los que el Tribunal Constitucional hace referencia ya están afectados en el estado de alarma. La cuestión es que habría que establecer una serie de criterios para fijar un grado de afectación que rebasado hiciera necesario pasar de uno a otro estado. Se introducen una serie de elementos abiertos, indeterminados y casuísticos que de no objetivarse mínimamente en la ley abocan a una peligrosa inseguridad jurídica.

Tercero, el apoderamiento extraordinario al ejecutivo que permite esta doctrina es exorbitante. Se le otorga un poder casi absoluto y discrecional. La peligrosa deriva que este fallo conlleva permite que una crisis sanitaria u otra de las situaciones previstas en el artículo 4 de la LO 4/1981 pueda justificar la suspensión de los derechos que contempla el artículo 55.1 CE[37].

Cuarto, se advierte por el propio Tribunal que este concepto de orden público es más acorde con un concepto democrático del mismo lo que, como mantienen sectores doctrinales, lo alejan del concepto, represor del mismo. Frente a ello, cabe aducir que el concepto de orden público unido al de seguridad ciudadana no es más represor que el propuesto por el Tribunal pues el nuevo concepto no anula el anterior, sino que lo subsume. Ahora junto a esa dimensión represora se unen otras dimensiones que nada tienen que ver con la seguridad pública como el de la salud pública. Con esta postura todo o casi todo al final puede ser reconducido a orden público. El concepto de orden público está recogido en los artículos 16 y 21 CE anudados a los conceptos de seguridad ciudadana y evitación de desórdenes; el concepto de salud pública está presente en el artículo 43 CE. De este precepto se deduce que el Estado también puede imponer restricciones y deberes para preservar este bien jurídico. Son dos cosas distintas. Si acudimos al Convenio Europeo de Derechos Humanos, los artículos 8, 9, 10 y 11 están redactados en dos párrafos. El primero garantiza el derecho, el segundo establece los límites a su ejercicio. El artículo 11 CEDH, por ejemplo, que garantiza el derecho de reunión y manifestación establece como límites a su ejercicio: "la seguridad nacional, la seguridad pública, la defensa del orden y la prevención del delito, la protección de la salud o de la moral, o la

---

[37] En ese hipotético estado de excepción podría haberse suspendido, por ejemplo, el derecho a la inviolabilidad del domicilio. En este sentido la noticia de El País: "Los policías imputados por irrumpir en una fiesta con una patada en la puerta durante la pandemia". https://elpais.com/espana/2021-09-17/los-policias-imputados-por-irrumpir-en-una-fiesta-con-una-patada-en-la-puerta-durante-la-pandemia-era-la-unica-forma-de-poner-fin-al-delito.html. 17 SEPT 2021-16:01 CEST. Con esta interpretación del Alto Tribunal, estos hechos tendrían cobertura legal. A ello hace referencia el magistrado Xiol Rius en su voto particular a la STC 148/2021: "carece de justificación que para afrontar una crisis en la que no se encuentra afectada la seguridad ciudadana puedan suspenderse algunos de los derechos a los que se refiere el art. 55.1 CE, por ejemplo, los que garantizan la inviolabilidad domiciliaria, el secreto de las telecomunicaciones o el que impide el secuestro de los medios de información, entre otros".

protección de los derechos y libertades ajenos". Son límites distintos. Como afirma Coussirat-Coustere, al fijar cual es el límite que ha entrado en juego "se escoge el terreno sobre el que la discusión de la necesidad de la injerencia se situará"[38]. Con la interpretación del Tribunal Constitucional todos o casi todos estos límites pueden ser reconducidos al de orden público. Todos los límites no restringen de igual manera el ejercicio de un derecho fundamental. La defensa del orden o la seguridad pública permiten una mayor restricción en el ejercicio del derecho de reunión o manifestación (o en el de la libertad de expresión del artículo 10) que la moral o la protección de la salud, por ejemplo.

Quinto y último, y como señala el magistrado Xiol-Rius en su voto particular: "tanto el art. 24.2 LOAES como el art. 29 LOAES se refieren a los "perturbadores del orden público", lo que pone de manifiesto que el concepto del orden público es algo más que un indebido funcionamiento del orden institucional, sino que exige una actuación deliberada que altere el orden establecido. Dicho de otro modo, que tiene que haber desórdenes públicos. Por ello, una interpretación sistemática de la ley conduce a interpretar este concepto vinculándolo a la idea de seguridad pública o seguridad ciudadana o a actuaciones que afecten de modo grave a la convivencia pacífica.".

Aceptando la gradualidad en los estados excepcionales y el concepto de orden público amplio manejados por el Alto Tribunal, la cuestión es si los supuestos del artículo 13 LOAES ("libre ejercicio de los derechos y libertades de los ciudadanos, el normal funcionamiento de las instituciones democráticas, el de los servicios públicos esenciales para la comunidad, o cualquier otro aspecto del orden público") fueron tan gravemente alterados que debería haberse declarado *ab initio* el estado de excepción. Hasta la declaración del estado excepcional, los ciudadanos no vieron gravemente limitado el ejercicio de sus derechos. Las instituciones democráticas (parlamentos, ejecutivos central y autonómicos, tribunales, ayuntamientos, Defensor del Pueblo, el propio Tribunal Constitucional, etc.) funcionaron con relativa normalidad. En cuanto a

---

38 COUSSIRAT-COUSTERE, Vincent (1999), "Artícle 8.2.", en PETTITI, Louis-Edmond (Director), *La Convention européenne des Droits de l'Homme*, Económica, 2ª Edición, p. 337.

los servicios esenciales, el Alto Tribunal introduce una breve motivación referida exclusivamente a los sanitarios: saturación "hasta temer por su capacidad de afrontar la crisis"[39]. El resto, como, por ejemplo, los transportes o los servicios educativos funcionaban con relativa normalidad (el paso de una docencia presencial a una *on line*, no puede tildarse ni de disfuncionalidad pues ambas son modalidades reconocidas legalmente y generalizadas de impartición de la docencia).

Realmente los focos estaban puestos en los servicios sanitarios y en su capacidad de respuesta ante la crisis. En el momento de decretarse el estado de alarma, los servicios sanitarios estaban muy tensionados, pero no colapsados. Soportaron una enorme carga, pero, en ningún momento, ello supuso quiebra de un servicio esencial. Hechos aislados de saturación momentánea de determinados servicios en determinados hospitales no fueron la regla sino la excepción. ¿Justificaba esa situación nada más ni nada menos que un estado de excepción? Comparto la afirmación de que "el virus no provocó un terremoto social o político ni desestabilizó las instituciones" por lo que "declarar el estado de excepción hubiese sido inconstitucional"[40]. Si se acepta que entre estado de alarma y estado de excepción puede establecerse un criterio gradual, y habida cuenta de que esa graduación ya venía siendo aplicada antes de la declaración del estado de alarma pues se fueron adoptando gradualmente un gran número de medidas para frenar la pandemia, lo pertinente, como así se hizo, era, una vez constatado que se había rebasado la normalidad y se entraba en una situación excepcional, subir un peldaño y decretar el primer estado "gradual", el de alarma, y si éste hubiera sido insuficiente por haber sido también sobrepasado, subir un segundo peldaño decretando el estado de excepción; pero con todos los servicios sanitarios a pleno rendimiento, con habilitación de nuevos hospitales y otros espacios, con una vacunación masiva, con contratación de más personal, con la compra de material sanitario, etc., etc., en mi opinión, los servicios sanitarios nunca estuvieron en una situación de colapso indefinido que justificara el paso al estado de excepción. Pero es que la gravedad debería haber sido extrema. El punto c) del artículo 4 LOAES

---

39 FJ 11.

40 Revenga Sánchez, M. y López Ulla, J.M. (2021), "El dilema limitación/suspensión del derecho y otras "distorsiones" al hilo de la pandemia" *Teoría y Realidad Constitucional*, núm. 48, p. 229.

tiene una redacción compleja con el objeto de "despolitizar" el supuesto[41] pero, de entrada, exige la paralización o colapso del servicio público esencial. En ningún momento se dio tal circunstancia, todo lo contrario, los servicios sanitarios funcionaban al cien por cien de su capacidad y atendían a todos los pacientes. A partir de una interpretación amplía del término paralización podríamos incluir aquí el desbordamiento como incapacidad permanente y generalizada de dar respuesta a la demanda de atención. Por lo tanto, para decretar un estado de excepción basado en el funcionamiento anormal de los servicios públicos, partiendo de la gradualidad, la afectación del servicio público debería haber sido más grave que las situaciones descritas. Sin que se dé esta circunstancia, decretar un estado de excepción que puede conllevar suspender los derechos enumerados en el artículo 55.1 CE me parece desorbitado. La postura del Tribunal Constitucional abre, incluso, la puerta a la declaración *ex ante* de un estado excepcional, es decir, cuando todavía no se ha producido el hecho habilitante, pero hay serias probabilidades de que se produzca. El estado excepcional ha de decretarse *ex post* del hecho habilitante. No hacerlo así se traduce en una gran incertidumbre jurídica y en una mayor discrecionalidad del gobierno. La LOAES es clara. El artículo 4 establece que se declarará el estado de alarma "cuando se produzca" el hecho habilitante, el artículo 13 señala que se declarará el de excepción cuando los supuestos descritos "resulten tan gravemente alterados…". Los términos son inequívocamente asertivos.

IV. LA DELGADA LÍNEA ROJA QUE SEPARA LA LIMITACIÓN DE LA SUSPENSIÓN DE DERECHOS FUNDAMENTALES

La cuestión se centra en establecer si las medidas adoptadas por el gobierno en un primer lugar y luego por el Gobierno y el Congreso (La prórroga debe autorizarla el Congreso) suponían una limitación o una auténtica suspensión de derechos. Esta cuestión ha sido objeto

41 Cruz Villalón P. (1984), *Estados excepcionales…*, op. cit. p. 69 y ss.

de especial debate doctrinal[42]. Como se ha advertido por la doctrina, suspensión no es desaparición del derecho[43].

El Alto Tribunal perfila estos dos conceptos especialmente en la STC 148/2021, partiendo de un hecho: el decreto declarativo de un estado de alarma podrá llegar a establecer restricciones o "limitaciones" de los derechos fundamentales que excedan las ordinariamente previstas en su régimen jurídico, pues de lo contrario carecería de sentido la previsión constitucional de este específico estado de crisis. esas restricciones, aunque extraordinarias, no son ilimitadas, y no pueden llegar hasta la suspensión del derecho. el concepto de "limitación" (o "restricción") es más amplio que el de "suspensión": toda suspensión es una limitación, pero no toda limitación implica

---

42 Opinan que nos encontramos ante una auténtica suspensión del derecho a la libre circulación y de otros conexos, entre otros, Cotino Hueso, L. (2020), "Los derechos fundamentales en tiempos de coronavirus. Régimen general y garantías y especial atención a las restricciones de excepcionalidad ordinaria", *El cronista del Estado social y democrático de Derecho*, núm. 86-87, 2020, p. 92; Fernández de Casadavante P. (2021) "los derechos fundamentales en estado de alarma: una suspensión inconstitucional" *Revista Vasca de Administración Pública*, núm. 119, pp. 82 y ss.; Tajadura Tejada J., (2021), "El Estado de Derecho… op.cit., p. 163; Aragón Reyes, M. (2021), "Epílogo", en Biglino Campos, P. y Durán Alba, J.F. (dirs.) (2021), *Los efectos horizontales de la Covid-19 sobre el sistema* constitucional…, op. cit.; Díaz Revoiro, F.J. (2021), "desactivando conceptos constitucionales: la suspensión de derechos y los estados excepcionales", en Garrido López, C (coord.), Excepcionalidad y derecho…, op. cit. p. 149; Revenga Sánchez, M. y López Ulla, J.M. (2021), "El dilema limitación/suspensión del derecho, op.cit. p. 224. Por contra, opinan que lo que hubo fue una limitación, entre otros: Bastida, Freijedo, F.J. (2020), "La cuarentena de los derechos" *La Nueva España*, 5 de abril de 2020. https://www.lne.es/noticias-suscriptor/opinion/2020/04/05/cuarentena-derechos/2621251.html; Carrillo, M. (2020), "Derecho de excepción y garantía de los derechos en tiempos de pandemia", *Revista del Parlamento Vasco*, núm. 1, p. 77; Cruz Villalón, P (2020)., "La Constitución bajo el estado de alarma", en *El País*, 17 de abril de 2020; Solozábal Echevarría, J.J. (2021), "algunas consideraciones constitucionales…, op. cit. p. 13.

43 Requejo Rodríguez, P. (2001); "¿Suspensión o supresión de los derechos fundamentales", *Revista de Derecho Político*, núm. 51, p. 111; De la Cuadra-Salcedo y Fernández del Castillo T., "La naturaleza de los derechos fundamentales en situación de suspensión", *Anuario de Derechos Humanos*, núm. 2, 1983, pp. 459; Díaz Revoiro, F.J. (2021), "desactivando conceptos constitucionales…, op cit. p. 135? Efectivamente, solo cabe acudir al derecho a la inviolabilidad del domicilio cuya suspensión de acuerdo con el artículo 17 LOAES está rodeada de una serie de garantías que impiden hablar de verdadera desaparición.

una suspensión[44]. Al respecto hay que distinguir entre el primer y el segundo estado de alarma.

La suspensión es una cesación, aunque temporal, del ejercicio del derecho y de las garantías que protegen los derechos (constitucional o convencionalmente) reconocidos. El Tribunal Constitucional para referirse a la suspensión habla, incluso, de vaciamiento del derecho. La "limitación" o "restricción" hacen referencia, en última instancia, a la "acción y efecto" de "reducir a menores límites" algún "derecho o facultad"; mientras que la "suspensión" implica una "cesación" o privación "temporal", que "impide temporalmente el ejercicio de un derecho"[45].

El Real Decreto 463/2020 por el que se declaraba el primer estado de alarma prohibía la circulación de personas por vías o espacios públicos salvo en una serie de casos enumerados en el artículo 7: desplazamientos a centros sanitarios, entidades bancarias, seguros, farmacias, asistencia a mayores, menores, dependientes, adquisición de alimentos y otros productos de primera necesidad, etc. cerrándose esta enumeración con dos clausura abiertas: "por causa de fuerza mayor o situación de necesidad" y "cualquier otra actividad de análoga naturaleza". Para el Alto Tribunal esta medida supuso una auténtica suspensión, un vaciamiento del derecho pues a pesar de su dicción, establecían como regla general la prohibición de circular y como excepción la posibilidad de circular doblemente condicionada: de forma individual y para acudir a alguno de los lugares taxativamente fijados por el Real Decreto. La inconstitucionalidad parcial del Real Decreto 463/2020, de 14 de marzo, no derivó del contenido material de las medidas adoptadas, que para el Alto Tribunal fueron necesarias, idóneas y proporcionales sino del instrumento jurídico a través del cual se aplicaron. Como se ha dicho, se acertó en las medidas se erró en el instrumento para implantarlas.

El Tribunal Constitucional trata de justificar o, al menos, disculpar la actuación de Gobierno y Congreso de los Diputados alterando el método lógico del análisis. Primero se debería haber analizado si se trataba de una suspensión o limitación y, en segundo lugar, en caso de

44 FJ 3.
45 FJ 3.

tratarse de una limitación, analizar si reunía los requisitos de adecuación, necesidad y proporcionalidad. No tiene mucho sentido analizar primero esta última cuestión y luego concluir que nos encontrábamos ante una suspensión del derecho. El análisis queda desubicado y es ocioso llevarlo a cabo. Concluido que la medida es una suspensión no ha lugar a análisis posterior al igual que hace el Tribunal de Estrasburgo cuando analiza si la injerencia en el derecho cumple con los requisitos exigidos especialmente en preceptos como el 8, 9, 10 u 11[46]. Ahora se llega al absurdo de considerar la medida proporcionada pero inconstitucional por su desproporción al tratarse de una suspensión y no una limitación y haberse decretado el estado de alarma en vez del de excepción. En definitiva, lo que viene a decir el Alto Tribunal es que la medida hubiese sido constitucional (era idónea, necesaria y proporcional) en un estado de excepción, cuestión que no es el objeto del debate.

El Tribunal realiza un test *ad hoc* para enjuiciar las medidas en cuestión en relación únicamente con el derecho a la libre circulación y no en relación al resto de derechos afectados; y así analiza si las medidas: 1. Encontraban cobertura jurídica en la LOEAES, 2. Si eran o no suspensivas de derechos fundamentales y 3. Si eran proporcionadas (idóneas, necesarias y proporcionadas), de tal suerte que introduce el segundo elemento en lo que viene siendo el test tradicional que permite enjuiciar la licitud de las medidas controvertidas a partir de los puntos primero y tercero[47].

Pero, ¿realmente estábamos ante una suspensión o simplemente era una limitación, eso sí, muy severa, de derecho de libre

---

[46] Así el TEDH analiza sucesivamente si la injerencia está prevista por la ley, si persigue un objetivo legítimo, descrito en el segundo párrafo de dichos preceptos, y, por último, si es necesaria en una sociedad democrática (en la que analiza la proporcionalidad), de tal manera que si concluye de forma negativa el análisis de uno de estos apartados, sin pasar al siguiente apartado, concluye que el Convenio ha sido violado. Vide a título de ejemplo SSTEDH Huvig y Kruslin c. Francia de 24 de abril de 1990 y Prados Bugallo c. España de 18 de febrero de 1993.

[47] Presno Linera, M. Á. (2022), "Derechos fundamentales, derecho de excepción y derecho administrativo de excepción", *Revista General de Derecho Administrativo*, núm. 61, 2022, p. 18.

circulación?[48]. El Real Decreto 463/2020 permitía la circulación en la vía pública para un gran número de supuestos, que venían a cubrir las cuestiones más esenciales, e, incluso, otras no merecedoras de este calificativo. Esta enumeración se cierra, como hemos dicho, con dos clausulas abiertas. Estas cláusulas hacen, Tribunal Constitucional *dixit*, que "la relación de "actividades" excluidas de la limitación no constituya, conforme al propio real decreto, un exhaustivo *numerus clausus*"[49]. Es más, lo configura como un *numerus apertus* pues poco después afirma que: "no cabe pues interpretar este artículo 7.1 en unos términos excluyentes que resultarían contrarios a la Constitución; tanto más cuanto el mismo incluye una mención a "cualquier otra actividad de análoga naturaleza" a las especificadas con anterioridad [punto h)]"[50]

Se podía acudir, de acuerdo con el artículo 10 del Real Decreto a: establecimientos comerciales minoristas de alimentación, bebidas, productos y bienes de primera necesidad, establecimientos farmacéuticos, sanitarios, centros o clínicas veterinarias, ópticas y productos ortopédicos, productos higiénicos, prensa y papelería, combustible para la automoción, estancos, equipos tecnológicos y de telecomunicaciones, alimentos para animales de compañía, comercio por internet, telefónico o correspondencia, tintorerías, lavanderías y el ejercicio profesional de la actividad de peluquería a domicilio". Se prohibía la libre circulación para ir a museos, archivos, bibliotecas, monumentos, locales y establecimientos en los que se desarrollen espectáculos públicos bares, tabernas o restaurantes, ni para realizar "actividades deportivas y de ocio". Las posibilidades, por tanto, de circular en la vía pública eran muchas A lo anterior hay que añadir que se podía acceder a la vía pública para acudir a lugares de culto y para ejercer el derecho de reunión y manifestación que, en todo caso y de acuerdo con el Alto Tribunal fueron derechos altamente limitados pero no suspendidos[51]. Como no podía ser de otro modo,

---

48 La conclusión de que el derecho de libre circulación había sido suspendido conllevó considerar también suspendido el derecho a las reuniones privadas, (familiares, amistad, domésticas) amparado por el artículo 18.1 CE

49 Fj5.

50 FJ 7.

51 FJ 6.

estaban permitidas las reuniones orgánicas de partidos políticos, sindicatos y asociaciones empresariales que en ningún momento quedaron suspendidas. Es más el número 1 bis, introducido por la disposición final 1.1 del Real Decreto 514/2020, de 8 de mayo, dispuso que la vigencia del estado de alarma "no supondrá obstáculo alguno al desenvolvimiento y realización de las actuaciones electorales precisas para el desarrollo de elecciones convocadas a parlamentos de comunidades autónomas"[52]. Al final es una cuestión fáctica, casuística de difícil precisión.

Una delgada línea roja separa la suspensión de la limitación. Como se ha puesto de relieve con ocasión de las medidas establecidas por el Real Decreto 463/2020, "en situaciones como la que se presentaban en el momento de la Declaración de marzo de 2020, en abstracto puede intentarse separar los supuestos del estado de excepción y de alarma, en atención a la afectación de los derechos, pero en la práctica es más difícil"[53]. Es una cuestión, como advierte la magistrada Balaguer Callejón en su voto particular en la STC 148/2021, totalmente subjetiva. Estamos de acuerdo con ello. En último término, es "una cuestión de intensidad en la afectación del derecho de que se trate"[54] De hecho el Alto Tribunal termina por reconocer en la STC 148/2021 que es igualmente precisa "la observación de la realidad social jurídicamente relevante, sin que esto signifique otorgar fuerza normativa directa a lo fáctico"[55] y así en la STC 183/2021 a la hora de concluir si la limitación de entrada y salida de personas en comunidades y ciudades autónomas o en ámbitos territoriales inferiores supuso una auténtica suspensión o una mera limitación del derecho a la libre circulación analiza si se "estableció de facto una suspensión del ejercicio de la libertad de entrada y salida de personas de los ámbitos territoriales reseñados"[56]. En mi opinión no estábamos ante "actividades excepcionales" que posibilitaran el acceso a la vía pública

---

52 FJ 7.

53 Solozábal Echevarría, J.J. (2021), "algunas consideraciones constitucionales..., op. cit. p. 11.

54 Presno Linera, M. Á. (2022), "Derechos fundamentales, derecho de excepción..., op.cit. p. 19.

55 FJ 11.

56 FJ 11.

sino ante un amplio elenco de actividades ordinarias permitidas (ir a comprar, acudir a los centros de salud, a las farmacias, a los lugares de culto, tintorerías, quioscos, peluquerías[57], etc., etc.).

Todo ello pone en cuestión que estuviéramos ante un verdadero confinamiento que supusiera la suspensión o cese temporal del derecho a la libre circulación, salvo que consideremos determinante para llegar a esta conclusión la imposibilidad de ir a museos, restaurantes o fiestas. De llegar a la conclusión, en mi opinión, razonable de que las medidas suponían una limitación y no una suspensión de derechos no hubiese necesitado reelaborar de la forma que hizo los conceptos de estado de alarma y orden público.

En opinión del Alto Tribunal, el segundo estado de alarma de ámbito nacional declarado por Real Decreto 926/2020, de 25 de octubre no contenía medidas tan invasivas en el disfrute de los derechos fundamentales. La libre circulación quedó solo limitada y la limitación fue adecuada, necesaria y proporcionada. El artículo 5 del Real Decreto prohibía la circulación en horario nocturno (entre las 23.00 a las 6.00 h.). Durante dicha franja horaria, las personas únicamente podían circular por las vías o espacios de uso público para la realización de las actividades taxativamente señaladas en el precepto: Adquisición de medicamentos, productos sanitarios y otros bienes de primera necesidad, Asistencia a centros, servicios y establecimientos sanitarios, Cumplimiento de obligaciones laborales, profesionales, empresariales, institucionales o legales, etc. Cerraba el listado un supuesto abierto que podría ser aplicado con mayor o menor flexibilidad por los cuerpos de seguridad: "Cualquier otra actividad de análoga naturaleza, debidamente acreditada". Por su parte, el artículo 6 del Real Decreto restringía por circunstancias similares la entrada y salida en las comunidades autónomas y ciudades con Estatuto de autonomía.

Para el Tribunal Constitucional hay una clara diferencia cuantitativa y cualitativa entre estas medidas y las contenidas en el artículo 7 del Decreto 463/2020 que declaró el primer estado de alarma. La

---

57 Cuesta mucho pensar que estemos ante una auténtica suspensión (cese) del derecho si a una persona se le permite, entre otras muchas cosas, ir a comprar la prensa, ir cortarse el cabello o ir a limpiar un traje.

medida fue adecuada para "revertir el progreso de transmisión del virus y evitar el colapso" asistencial, necesaria para conseguir la evolución de la epidemia y proporcionada al fin legítimo y de interés social como era la preservación de la vida. Al igual que sucede con el Tribunal de Estrasburgo, el Tribunal analiza de forma parca si se cumplen estos requisitos no diferenciándose especialmente el juicio de adecuación al de necesidad. Si bien la restricción fue "particularmente intensa" en las horas de la noche "hasta el punto de alcanzar la prohibición general" al tratarse de un horario reducido en relación con el total de la jornada (siete horas) en el que la vida diaria de la mayoría de la población es de menor intensidad por tratarse de un horario dedicado generalmente al descanso y teniendo en cuenta que el objetivo de la medida era evitar el ocio nocturno que había sido identificado como uno de los principales factores de riesgo de incremento de contagios, ésta suponía una restricción que no suspensión del derecho en cuestión.

No deja de llamar la atención la argumentación del Alto Tribunal. Por una parte, reconoce que la medida supuso una prohibición general, por lo tanto, una suspensión, pero, por otra, la rebaja a limitación por el horario en el que se aplica en el que la mayoría de la población está durmiendo y por su objetivo que era evitar un factor de riesgo como era el ocio nocturno. Evitar factores de riesgo era lo que pretendían también las medidas contempladas en el artículo 7 del real Decreto 463/2020. Por otra parte, el argumento de que la prohibición se aplicó a unas horas en la que la mayoría de las personas está en sus casas descansando es discutible pues la suspensión o limitación no está en función de lo que las personas suelen hacer sino de lo que realmente la norma les permite o no hacer. Que se dediquen al descanso de forma mayoritaria no es determinante. Lo determinante es si en el ejercicio de su libertad pueden o no circular por la vía pública en esa franja horaria. La conclusión no puede depender ni del horario, ni del clima o estación en la que la ciudadanía se encuentre. Si la medida hubiese sido adoptada en el mes de agosto, habría que convenir que una gran parte de la población no se encuentra recogida en su casa a las once de la noche. Por lo tanto, en mi opinión si aplicamos la doctrina del Alto Tribunal, la medida era merecedora de ser catalogada como de suspensión.

En cuanto al "cierre fronterizo", el Alto Tribunal consideró que el artículo 6 Real Decreto supuso "unas limitaciones intensas", una "medida de restricción del ejercicio del derecho" pero adecuadas para la finalidad legítima de "reducir sustancialmente la movilidad del Virus", necesarias para hacer frente a las mutaciones del virus, su creciente mutación, el previsible incremento de la presión asistencial y hospitalaria, y limitar las posibilidades de que el virus se extendiera a otros territorios; y proporcionadas a los derechos fundamentales y fines de interés general que se pretendía preservar[58]. Llama la atención un tanto este argumento pues recuerda el mantenido por el Alto Tribunal en la STC 148/2021 para defender que la medida en aquel caso fue una suspensión. En dicha sentencia el Tribunal concluyó que la posibilidad de circular no era la regla sino la excepción doblemente condicionada por su finalidad y las circunstancias. Para el Tribunal estábamos ante una prohibición de circular por las vías de uso público y la "única" salvedad admitida era que tal circulación respondiera a alguna de las finalidades concretas, sin perjuicio de las dos cláusulas más o menos abiertas de las letras g] y h]). "Se configura así una restricción de este derecho que es, a la vez, general en cuanto a sus destinatarios, y de altísima intensidad en cuanto a su contenido"[59].

En mi opinión, si aplicamos la doctrina del propio Tribunal, la situación ahora analizada iba más allá de una mera limitación extraordinaria del derecho en cuestión. La medida de restricción extrema, la prohibición de circular entre comunidades autónomas, era la regla general y la excepción la posibilidad de hacerlo. Es más, las causas que permitían esa movilidad, recogidas en el artículo 6 del Real Decreto 926/2020 son básicamente las mismas que las establecidas en el artículo 7 del Real Decreto 463/2020 por las que se declaró el primer estado de alarma. Con similares causas en un caso concluye que nos encontramos ante una suspensión y en otro una limitación. La única diferencia y que recoge el Tribunal era que en el segundo caso "la totalidad de la población disponía de libertad para desplazarse dentro de su ámbito territorial". Es discutible el recurso a este argumento pues el Tribunal analiza de forma separada las restricciones a la libertad de circulación

---

58 FJ 5.
59 FJ 4.

en el ámbito de la comunidad autónoma (Fundamento jurídico 4) y entre comunidades y ciudades autónomas o ámbitos territoriales inferiores (Fundamento jurídico 5). Ahora el objeto de análisis se centra única y exclusivamente en la movilidad entre comunidades autónomas, sin embargo, la conclusión se basa en un hecho que no es objeto de análisis que es la movilidad en la comunidad autónoma, considerada una limitación. De esta manera, la primera conclusión arrastra a la segunda. La argumentación del Tribunal es un tanto contradictoria pues admitiendo que lo que hubo *intra* comunidad autónoma fue una limitación del derecho a la libertad de circulación, lo que hubo entre comunidades autónomas fue una suspensión del derecho a la luz de lo mantenido en la STC 148/2021.

V. LA INTERPRETACIÓN ORIGINALISTA QUE DILUYE LA COGOBERNANZA EN EL ESTADO DE ALARMA

Son varias las notas que caracterizan el derecho de emergencia, entre ellas el apoderamiento excepcional en favor del ejecutivo central. El derecho de emergencia no es un derecho al margen de la Constitución, sino que es un derecho que tiene cabida en ella. Lo contrario supondría que durante la declaración de alguno de los estados de emergencia quedaría en suspenso el Estado de Derecho. Existe un desplazamiento de las normas que rigen en tiempos de normalidad por un conjunto normativo excepcional con el objeto de retornar a esa normalidad perdida. Como todo derecho excepcional ha de ser interpretado y aplicado de forma restrictiva de manera que se adopten solo las medidas estrictamente necesarias, idóneas y proporcionales para ese fin.

El estado de alarma, como el resto de estados de emergencia, supone una recentralización del poder. Es el gobierno de la nación quien lo declara. Es éste quien solicita al Congreso su prórroga y éste quien la concede. Y es el Congreso ante quien el Gobierno ha de rendir cuentas. El papel de las Comunidades autónomas es, en principio, secundario pero no inexistente[60]. El presidente de una Co-

60 Durante la tramitación del proyecto de ley orgánica de los estados de alarma, excepción y sitio, quedo patente el papel totalmente secundario que se otor-

munidad Autónoma puede solicitar al gobierno la declaración del estado de alarma cuando los hechos que dan lugar al mismo se produzcan en su territorio y el gobierno puede nombrar al Presidente de la Comunidad Autónoma cuando la declaración afecte exclusivamente a todo o parte del territorio de una Comunidad. La crisis del covid fue esencialmente una crisis sanitaria aunque afectó a otros ámbitos: educación, economía, etc. Pueden alegarse los títulos competenciales que la Constitución otorga al Estado para justificar su situación de preeminencia[61].

Hoy por hoy el gobierno central no gestiona directamente ni un hospital ni un centro de salud ni un colegio ni un instituto ni un centro de mayores. Ni gestiona ni tiene capacidad para hacerlo por lo que es inviable un "mando y ordeno" del estado central ante una crisis de este tipo. "la Administración General del Estado no es ya una administración de gestión sino eminentemente de planificación"[62]. Desde estas premisas ha de leerse el punto 1 del

---

gaba a las Comunidades Autónomas. A título de ejemplo, la intervención del diputado Vizcaya Retama en las que enumera las razones del voto negativo del grupo parlamentario vasco: "En primer lugar, el desconocimiento de la existencia de las Comunidades Autónomas en la declaración del estado de alarma. En segundo lugar, ese mismo desconocimiento a la hora de la declaración del estado de excepción. Y, en tercer lugar, una nula participación de las Comunidades Autónomas en la ejecución de las medidas que conlleva el estado de excepción, lo cual deja en una postura difícil, en una postura de meros testigos, de meros espectadores, a las autoridades de las Comunidades Autónomas" Diario de Sesiones del Congreso de los diputados, núm. 162, 23 de abril de 1981, p. 9995

61 Con Aragón Reyes puede afirmarse que es completamente errónea la afirmación de que el Estado ordinariamente "carece de competencias en sanidad y educación porque ambas están transferidas por completo a las comunidades autónomas". En este sentido cita el artículo 149.1. 16ª (competencias del Estado en materia de Sanidad) y 30ª (competencias del estado en materia de educación). Aragón Reyes, M. (2021), "Covid-19 y Estado Autonómico" en Tudela Aranda, J. (Coord.), *Estado autonómico y covid-19: un ensayo de valoración general*, Fundación Manuel Giménez Abad, Zaragoza.

62 Pomed Sánchez, L. (2021). "Algunas notas sobre los sucesivos estados de alarma declarados en 2020", en Tudela Aranda, J. (Coord.), *Estado Autonómico...*, op. cit. p. 187. En este sentido señala el magistrado Conde-Pumpido en su voto particular a la STC 183/2021: "la administración general del Estado carece, hoy día, de estructuras organizativas, medios personales y materiales para gestionar de forma centralizada una crisis de esta envergadura".

artículo 12 del Real Decreto 463/2020 que declara el primer estado de alarma, a cuyo tenor: "Todas las autoridades civiles sanitarias de las administraciones públicas del territorio nacional, así como los demás funcionarios y trabajadores al servicio de las mismas, quedarán bajo las órdenes directas del Ministro de Sanidad". Es de pura lógica que una estructura descentralizada como los actuales servicios sanitarios, educativos o asistenciales no puede centralizarse a golpe de Real Decreto de un día para otro. Cuestión totalmente diferente sería en relación a las fuerzas armadas y a los cuerpos y fuerzas de seguridad pues están bajo la directa dirección del gobierno central (salvo policías autonómicas y policía local). El gobierno central manda de los cuarteles, pero las comunidades autónomas lo hacen de los hospitales. Esta es la realidad.

La gestión ha de abordarse desde la única perspectiva posible en un estado de derecho y que no es otra que salvaguardar de forma rápida y eficaz los derechos de las personas comprometidos por la crisis, en este caso: la vida, la integridad, la salud, la educación, etc. de la forma menos traumática posible para el conjunto de derechos fundamentales que deben sufrir restricciones excepcionales. Y lo que dicta la lógica es que si un servicio con su propia estructura funciona correctamente se introduzcan los menores cambios organizativos posibles que, en todo caso, han de ir encaminados a mejorar su eficacia. Todo cambio que no repercuta en una mayor eficacia compromete los derechos más fundamentales de las personas de forma innecesaria, de ahí que esa recentralización que deriva de la declaración de un estado de emergencia nunca ha de menoscabar la capacidad de respuesta de los servicios públicos en cuestión.

El intento fallido de centralizar la compra de material sanitario en los primeros días de la crisis por parte del Estado se pone como ejemplo de la defectuosa gestión consecuencia de la recentralización. La experiencia no fue positiva[63] pero era lógico que el Estado centraliza-

---

63 "La centralización del material sanitario. El gran fiasco de la crisis del coronavirus". https://www.elmundo.es/espana/2020/03/28/5e7fbdd4fc6c83ea6a8b457b.html.
Las autonomías compran material sanitario por su cuenta. https://elpais.com/sociedad/2020-03-23/las-autonomias-compran-material-por-su-cuenta.html

ra las compras y acudiera a los mercados internacionales en busca de dicho material. Esa era una misión que correspondía principalmente al Estado no en vano posee un entramado institucional a nivel internacional (embajadas, consulados, representación en organismos internacionales, etc.) del que no disponen las comunidades autónomas. No tenía mucho sentido que cada comunidad autónoma, o incluso ayuntamientos, adquirieran material sanitario por su cuenta. Como se vio, resultado de esta segunda opción tampoco fue del todo satisfactorio[64].

Más coherente con nuestro modelo descentralizado fue el establecido por el Real Decreto 926/2020 por el que se declarara el segundo estado de alarma a nivel nacional[65]. "Aparece claramente enmarcado en la "cogobernanza" como oportunidad para el protagonismo de las comunidades autónomas en la lucha contra la pandemia". A diferencia del primer estado de alarma ahora no prima la verticalidad sino la horizontalidad[66]. Ya en su exposición de motivos se destaca que "resulta (…) preciso ofrecer una respuesta inmediata, ajustada y proporcional, en un marco de cogobernanza, que permita afrontar la gravedad de la situación con las máximas garantías constitucionales", es decir, que, a diferencia del primer estado de alarma, en éste se tuvo en cuenta la estructura territorial del estado. De ahí que se nombraran autoridades delegadas "a quienes ostenten la presidencia de la comunidad autónoma o ciudad con Estatuto de autonomía que quedan habilitadas para dictar, por delegación del Gobierno de la Nación, las órdenes, resoluciones y disposiciones para la aplicación de lo previsto en el propio Real Decreto en relación a los derechos que quedan afectados". También se indicaba que las medidas restric-

---

64 https://www.elmundo.es/espana/2022/04/17/625afe98e4d4d834678b4572.html

65 Sobre las diferentes fases vide Carmona Contreras, A. (2021) "De la recentralización de competencias a su progresiva devolución a las Comunidades autónomas durante el estado de alarma: las fases de desescalada" y Biglino Campos, P. (2021), "El impacto de la Covid en la distribución de competencias", ambos artículos en Tudela Aranda, J. (Coord.), *Estado Autonómico…*, op. cit.
Sáenz Royo, E. (2021), "Estado autonómico y covid-19", Teoría y Realidad Constitucional, núm. 48, pp. 374 y ss.

66 Solozábal Echevarría, J.J. (2021), "La crisis del coronavirus tras el primer estado de alarma (2021) en Tudela Aranda, José (Coord.), *Estado Autonómico y covid-19…*, op. cit. p. 65.

tivas de derechos serían eficaces en el territorio de cada comunidad autónoma o ciudad con Estatuto de autonomía cuando la autoridad competente delegada respectiva lo determinase, a la vista de la evolución de los diferentes indicadores, teniendo la facultad dichas autoridades delegadas de modular, flexibilizar e, incluso, suspender la aplicación de dichas medidas a la vista de la evolución de los diferentes indicadores. Cada Administración conservaba las competencias que le otorgaba la legislación vigente, así como la gestión de sus servicios y de su personal, para adoptar las medidas que estimara necesarias y, con la finalidad de garantizar la necesaria coordinación en la aplicación de las medidas contempladas en este real decreto, el Consejo Interterritorial del Sistema Nacional de Salud, bajo la presidencia del ministro de Sanidad, podía adoptar a estos efectos cuantos acuerdos procedan. Por último, se señalaba que el ministro de Sanidad comparecería quincenalmente ante la Comisión de Sanidad y Consumo del Congreso de los Diputados para dar cuenta de la aplicación de las medidas previstas en el propio Real Decreto.

El Real Decreto 956/2020, de 3 de noviembre prorrogaba este segundo estado de alarma a nivel nacional. Este Real Decreto fijaba una prórroga de seis meses (desde las 00:00 horas del día 9 de noviembre de 2020 hasta las 00:00 horas del día 9 de mayo de 2021). Básicamente atribuía a los presidentes de comunidades autónomas y ciudades autónomas las mismas competencias en cuanto a la adopción, modulación y flexibilización y suspensión de las medidas e introducía como principal novedad profundizando en esta idea de cogobernanza otro instrumento de colaboración y cooperación como es la conferencia de presidentes. Este planteamiento a la hora de hacer frente a la crisis sanitaria es la más coherente con nuestra realidad no solo territorial sino asistencial. Esta crisis solo puede abordarse con probabilidades de éxito si todas las administraciones trabajan al consuno desde el ámbito competencial que le es propio, desde la colaboración, cooperación y coordinación todo ello presidido por la lealtad institucional, como parece que sucedió durante la crisis aviar de 2004[67]. Cada territorio necesita la respuesta adecuada a su concre-

---

67 En este sentido la intervención de la ministra de Sanidad en la Comisión de Sanidad y Consumo, sesión del miércoles 14 de octubre de 2009: "expresar mi

ta situación. Cada Comunidad Autónoma posee unos recursos distintos en sanidad, educación, servicios sociales, etc. que han sufrido una tensión desigual con una población con características singulares (edad, dispersión, etc.), con una incidencia de la pandemia en cada territorio distinta, etc. Los máximos conocedores de cada situación y de la capacidad de respuesta de los servicios sanitarios, asistenciales, etc. de cada territorio son las autoridades autonómicas. Disponen de primera mano de los indicadores a tener en cuenta y tienen los medios para analizarlos prontamente y dar una respuesta pronta y eficaz a la situación que se deduce de dicho análisis, medios de los que no dispone el Estado central. Estar sobre el terreno en contacto directo con centros de salud, hospitales, ayuntamientos, etc. disponer de centros directivos especializados, etc. permite tener de forma rápida un conocimiento fiable de las necesidades del territorio en cuestión y ajustar las medidas a dichas necesidades.

Es difícil que el gobierno de la Nación, con sus medios, decida de forma rápida y eficaz lo más conveniente para los 17 territorios. Veamos unos ejemplos: vigentes los estados de alarma y durante las desescaladas las comunidades autónomas en aplicación, en su caso, de la normativa de excepción o la legislación sanitaria aplicaron restricciones a la movilidad como el cierre perimetral de determinadas poblaciones. Por Decreto de 5 de enero de 2021, vigente, por tanto, el segundo estado de alarma, se decretó el cierre perimetral y otras medidas en 31 municipios de la Comunitat Valenciana[68]. Por Decreto de 24 de enero se hizo lo propio en relación a 14 municipios[69].

---

agradecimiento y, sobre todo, la lealtad institucional manifestada por la totalidad; y quiero insistir en que es la totalidad de los consejeros y consejeras de todas las comunidades autónomas. Esta lealtad nos ha permitido alcanzar una posición de unanimidad en el conjunto de las decisiones acordadas, contribuyendo —(…)— a dar una mayor seguridad y tranquilidad a la ciudadanía". Diario de sesiones del Congreso de los Diputados, núm. 390, 2009, p. 3.

68 DECRETO 1/2021, de 5 de enero, del president de la Generalitat, por el que se modifica el horario nocturno de limitación de la libertad de circulación de las personas, se prorroga la medida de restricción de la entrada y la salida de personas del territorio de la Comunitat Valenciana, y se declara el confinamiento perimetral de diversos municipios.

69 DECRETO 2/2021, de 24 de enero, del president de la Generalitat, por el que se limita la permanencia de grupos de personas en espacios públicos y privados, se prorroga la medida de restricción de la entrada y la salida de personas del

No vigente el estado de alarma, el 12 de julio de 2021 se restringió la movilidad en 32 municipios de esta Comunidad Autónoma[70] y el 22 de julio se amplió el número de municipios afectados hasta alcanzar la cifra de 77[71]. Como cualquier otra limitación y más en estados de alarma o de pre-alarma este tipo de medidas debe establecerse cuando sea idónea, necesaria y proporcional y por el tiempo estrictamente necesario. Más allá de ello se convierte en una medida vulneradora de derechos fundamentales. Dudo que desde el gobierno central se pudieran implantar y, en su momento, levantar medidas tales atendiendo a dichos criterios de forma más rápida y eficaz que la comunidad autónoma.

La territorialización de la crisis permite mayor flexibilidad y un alto grado de eficacia[72] lo que redunda en una protección más eficiente de los derechos fundamentales afectados. Sin embargo, el Tribunal Constitucional fue muy crítico con esta gestión descentralizada, de la crisis a partir de una rigurosa interpretación originalista de la Constitución y de la Ley Orgánica 4/1981 que, sin embargo, rechazó de forma contundente en la sentencia 148/2021. Si en esta sentencia defendía que tanto una como otra debían ser interpretadas en atención a las nuevas realidades de la vida, en este caso, el Tribunal rechaza una interpretación evolutiva conforme a nuestro

---

territorio de la Comunitat Valenciana y se limita, durante los fines de semana y los días festivos, la entrada y la salida de los municipios y grupos de municipios con población superior a 50.000 habitantes.

70 RESOLUCIÓN de 12 de julio de 2021, de la consellera de Sanidad Universal y Salud Pública, por la que se publica la Resolución de 9 de julio de 2021, de la consellera de Sanidad Universal y Salud Pública, una vez autorizada por Auto 271/2021, de la Sala de lo Contencioso-administrativo del Tribunal Superior de Justicia de la Comunitat Valenciana, y durante un periodo de 14 días a contar desde el día de su publicación en el Diari Oficial de la Generalitat Valenciana.

71 RESOLUCIÓN de 22 de julio de 2021, de la consellera de Sanidad Universal y Salud Pública, por la que se publica la Resolución de 21 de julio de 2021, de la consellera de Sanidad Universal y Salud Pública, una vez autorizada por el Auto 299/2021, de la Sala de lo Contencioso-Administrativo del Tribunal Superior de Justicia de la Comunitat Valenciana, durante el periodo comprendido entre el 26 de julio y el 16 de agosto de 2021.

72 En este sentido vide Tudela Aranda, J (2021), "El estado autonómico y la Covid-19· en Tudela Aranda, José (Coord.), *Estado Autonómico y covid-19...*, op. cit. pp. 203 y ss.

estado autonómico consolidado, no existente en el momento de redactar aquellas y se aferra a la literalidad de los preceptos. Afirma en este sentido que el constituyente confió "a dos poderes del Estado, el Ejecutivo encarnado por el Gobierno de la Nación, y el Legislativo, representado por el Congreso de los Diputados, la gestión y control respectivos de los supuestos en que, apreciándose aquella grave alteración de la normalidad, se obligara a la declaración de alguno de los estados previstos en el art. 116.1 CE."[73]. La afirmación es acertada, ahora bien, el Constituyente no pudo hacer otra cosa pues en ese momento no existían las comunidades autónomas. Cuando se aprobó la LOAES tal como recuerda el magistrado Conde-Pumpido en su voto particular "el Estado autonómico estaba dando sus primeros pasos, su incipiente desarrollo impedía que estuvieran perfilados de forma definitiva los elementos configuradores de la organización territorial del Estado"[74].

El Abogado del Estado, que defendía la constitucionalidad de la medida, hace referencia a dos principios a la hora de abordar la crisis: el principio autonómico y el principio de eficacia. Efectivamente los dos están presentes pero no con idéntica importancia. El principio autonómico tiene un menor peso, aunque debe ser tenido en cuenta: las medidas buscaban la menor afectación del principio autonómico; el principio de eficacia tiene, sin duda, mayor peso: las medidas buscaban la mayor eficacia. Este es el criterio fundamental porque la mayor eficacia se traduce en la mejor protección de los derechos más fundamentales como la vida, la salud o la integridad. Por eso, el principio autonómico debe supeditarse en todo momento a la eficacia. Pero es que en este caso ambos principios iban de la mano. La mayor eficacia en la gestión de la pandemia pasaba por mantener el principio autonómico "por razón de la mayor proximidad, y consiguiente mayor capacidad, de las autoridades autonómicas a la

---

[73] FJ 10.

[74] Y el Abogado del Estado: Es un hecho notorio que las competencias en materia de salud pública corresponden a las comunidades autónomas, así como, salvo en Ceuta y Melilla, la gestión de los servicios sanitarios, importante hecho que no podía ser considerado en 1981, cuando el desarrollo del Estado autonómico era incipiente y no se preveían las asunciones estatutarias de la prestación de los servicios sanitarios. (antecedentes de Hecho núm. 6)

hora de valorar la situación en cada territorio y adoptar las decisiones correspondientes. No cabe olvidar que en un escenario de normalidad constitucional dichas autoridades serían las competentes para aprobar las medidas de contención sanitaria"[75].

VI. ALGUNOS DE LOS DEBATES ABIERTOS POR LAS SENTENCIAS DEL TRIBUNAL CONSTITUCIONAL

Las sentencias del Alto Tribunal abren debates de muy diversa índole, algunos de ellos a tener en cuenta en una futura reforma de la legislación de emergencia que se presenta como más que conveniente habida cuenta de las cuatro sentencias del Tribunal Constitucional desfavorables a las medidas adoptadas por legislador y ejecutivo durante esta crisis. Estas sentencias son un claro ejemplo de discordancia entre realidad social y realidad jurídica que solo puede ser superada con una reforma legislativa. Aquí simplemente haremos referencia a tres cuestiones.

El primero de los debates que suscitan las sentencias, sin duda, es la redefinición o, mejor dicho, la indefinición de los conceptos estado de alarma, estado de excepción y orden público. Estado de alarma y estado de excepción no son compartimientos absolutamente estancos pero, como se ha visto, su razón de ser no responde *ab initio* a un criterio gradualista, sino a distintos supuestos de hecho. Así lo quisieron el legislador constituyente y el legislador orgánico y una interpretación evolucionista no puede cambiar esta realidad. Por otra parte, en una democracia el orden público no puede ser objeto de una interpretación extensiva pues es un concepto, tal como lo demuestra nuestra Constitución y el Convenio Europeo de Derechos Humanos utilizado para restringir derechos. Viene a decir nuestro Tribunal Constitucional que el concepto de orden público anudado al de seguridad ciudadana es un concepto no democrático y que en una democracia este término debería ser interpretado como orden constitucional de manera que también es orden público aquello que afecte a instituciones o a los derechos de las personas. Hay que tener

75 Antecedente de Hecho 6.

en cuenta, sin embargo, que, este concepto omnicomprensivo de orden público puede justificar o, lo que es peor, servir de excusa para suspender gran número de derechos en infinidad de situaciones, lo que no se adecúa a nuestro sistema democrático. Cabe diferenciar orden público de salud pública, por ejemplo. Si el legislador orgánico considera que un hecho natural como un terremoto o una pandemia necesitan para su eficaz combate de la suspensión de determinados derechos, la solución pasa por modificar la LOAES en este sentido separándose así de la voluntad del legislador orgánico de 1981 pues nada obliga a serle fiel. La reforma debería ir en el sentido de modificar el estado de excepción a partir de un enfoque gradualista de tal manera que una gravedad extrema en los supuestos que dan lugar al estado de alarma permitiera declarar el estado de excepción. En último término quedaría en manos del Tribunal Constitucional apreciar la constitucionalidad del estado declarado desde los criterios de necesidad, idoneidad y proporcionalidad. Ello, no obstante, no deja de ser peligroso subsumir los supuestos del estado de alarma en los que dan lugar a un estado de excepción que es realmente lo que hace el Alto Tribunal para quien, en definitiva, una pandemia especialmente grave puede motivar la declaración de un estado de excepción quedando a discreción del Gobierno y del Congreso controlado por éste, apreciar la gravedad y declarar uno u otro estado.

El segundo, es relativo a los criterios aplicados a la hora de interpretar la legislación de emergencia. En unos casos el Tribunal es evolucionista justamente para interpretar de forma amplia un término, orden público, que se aplica para restringir derechos (STC 148/2021), en otro originalista para interpretar de forma rigurosa el papel de las comunidades autónomas en un estado de alarma (183/2021).

En tercer lugar, hay que tener presente a la hora de abordar una reforma de la legislación de emergencia que ésta contiene necesariamente conceptos abiertos. "La realidad excepcional es inaprensible e imprevisible". "La previsión de las situaciones excepcionales no puede realizarse, por ello, sino genéricamente mediante la utilización de conceptos jurídicos indeterminados"[76]. Sin embargo, deberán fijarse

[76] Garrido López, C. (2021), "Las limitaciones como derecho..., op. cit. p. 15

criterios objetivos a tener en cuenta necesariamente a la hora de valorar la declaración de un estado excepcional, más si se introducen criterios gradualistas. La misión del Tribunal Constitucional, en su caso, será cerrar o acotar dichos conceptos abiertos a fin de evitar extralimitaciones, cosa que, en mi opinión, no hizo el Alto Tribunal en la STC 148/2021.

BIBLIOGRAFÍA

Aragón Reyes, M. (2020) Aragón Reyes, M. (2020) "Epílogo", en Biglino Campos, P. y Durán Alba, J.F. (dirs.) *Los efectos horizontales de la COVID sobre el sistema constitucional*, Fundación Giménez Abad, Zaragoza.

Aragón Reyes, M. (2021). "Covid-19 y Estado autonómico" en Tudela Aranda, José (Coord.), *Estado Autonómico y covid-19: un ensayo de valoración general*, Fundación Manuel Giménez Abad, Zaragoza;

Bastida, Freijedo, F.J. (2020), "La cuarentena de los derechos" *La Nueva España*, 5 de abril de 2020. https://www.lne.es/noticias-suscriptor/opinion/2020/04/05/cuarentena-derechos/2621251.html;

Biglino Campos, P. (2021), "El impacto de la Covid en la distribución de competencias", en Tudela Aranda, José (Coord.), *Estado Autonómico y covid-19: un ensayo de valoración general*, Fundación Manuel Giménez Abad, Zaragoza.

Carmona Contreras, A. (2021) "De la recentralización de competencias a su progresiva devolución a las Comunidades autónomas durante el estado de alarma: las fases de desescalada, en Tudela Aranda, José (Coord.), *Estado Autonómico y covid-19: un ensayo de valoración general*, Fundación Manuel Giménez Abad, Zaragoza.

Carrillo, M. (2020), "Derecho de excepción y garantía de los derechos en tiempos de pandemia", *Revista del Parlamento Vasco*, núm. 1

Cotino Hueso, L. (2020), "Los derechos fundamentales en tiempos de coronavirus. Régimen general y garantías y especial atención a las restricciones de excepcionalidad ordinaria", *El cronista del Estado social y democrático de Derecho*, núm. 86-87, 2020.

Coussirat-Coustere, V. (1999), "Artícle 8.2.", en PETTITI, Louis-Edmond (Director), *La Convention européenne des Droits de l' Homme*, Económica, 2ª Edición.

Cruz Villalón, P (2020)., "La Constitución bajo el estado de alarma", en *El País*, 17 de abril de 2020.

Cruz Villalón. P. (1984). *Estados excepcionales y suspensión de garantías*, Tecnos, Madrid.

De la Cuadra-Salcedo y Fernández del Castillo T. (1983). "La naturaleza de los derechos fundamentales en situación de suspensión", *Anuario de Derechos Humanos*, núm. 2,

De la Quadra-Salcedo Fernández Del Castillo, T, (2020). "Límite y restricción, no suspensión", en *El País*, 8 de abril de 2020.

De la Quadra-Salcedo Janini, T. (2021), "Estado autonómico y lucha contra la pandemia", en Biglino Campos, P. y Durán Alba, J.F. (dirs.) (2021), *Los efectos horizontales de la COVID sobre el sistema constitucional*, Fundación Giménez Abad, Zaragoza

Díaz Revoiro, F.J. (2021), "desactivando conceptos constitucionales: la suspensión de derechos y los estados excepcionales", en Garrido López, C (coord.), *Excepcionalidad y derecho: el estado de alarma en España*, Fundación Manuel Giménez Abad, Zaragoza.

Fernández de Casadavante P. (2021) "los derechos fundamentales en estado de alarma: una suspensión inconstitucional" *Revista Vasca de Administración Pública*, núm. 119.

García Cuadrado, A. M. (1984), "El estado de alarma y su ambigua naturaleza" *Cuadernos de la Cátedra Fabrique Furió*, núm. 8,

García-Escudero Marques, P. (2013) "Voto parlamentario no presencial y sustitución temporal de los parlamentarios, *Corts Anuario de Derecho Parlamentario*, núm. 24.

García-Escudero Marqués, P. (2020). "La ductilidad del derecho parlamentario en tiempo de crisis: actividad y funcionamiento de los parlamentos durante el estado de alarma por Covid-1", *Teoría y Realidad Constitucional*, núm. 46.

García Mahamut, R. (2021), "La problemática jurídico-constitucional que plantea el segundo Estado de alarma y el final de su vigencia: ¿una vulneración reiterada de derechos fundamentales en la España autonómica", *Teoría y Realidad Constitucional*, nº 48.

Garrido López, C. (2021), "Las limitaciones como derecho del derecho constitucional de excepción", en Garrido López, C (coord.), *Excepcionalidad y derecho: el estado de alarma en España*, Fundación Manuel Giménez Abad.

Garrido Mayol, V. (2020). "Limitaciones y suspensiones de derechos. Muchos puntos controvertidos" en RECUERDA GIRELA, M.A.(Coord.) *Antes de la próxima pandemia*, Aranzadi.

Garrido Mayol, V. (2021). "La COVID-19 también llegó al parlamento: la excepcionalidad como excusa del estado de derecho", *Corts, Anuari de Dret Parlamentari*, núm. 34.

Jiménez Blanco, A. El tercer estado de alarma, https://www.globalpoliticsandlaw.com/2020/11/11/tercer-estado-alarma/.

Jiménez de Parga, M. (1993). *La Ilusión política*, Alianza, Madrid.

Martínez Corral, J.A. (2021). *Les Corts Valencianes* y el Coronavirus Covid-19, *Cuadernos Manuel Jiménez Abad*, núm. 8 extra.

Pomed Sánchez, L. (2021). "Algunas notas sobre los sucesivos estados de alarma declarados en 2020", en Tudela Aranda, José (Coord.), *Estado Autonómico y covid-19: un ensayo de valoración general*, Fundación Manuel Giménez Abad, Zaragoza.

Presno Linera, M. Á. (2022), "Derechos fundamentales, derecho de excepción y derecho administrativo de excepción", *Revista General de Derecho Administrativo*, núm. 61, 2022.

Requejo Rodríguez, P. (2001); "¿Suspensión o supresión de los derechos fundamentales", *Revista de Derecho Político*, núm. 51

Revenga Sánchez, M. y López Ulla, J.M. (2021), "El dilema limitación/suspensión del derecho y otras "distorsiones" al hilo de la pandemia" *Teoría y Realidad Constitucional*, núm. 48.

Ridao Martín, J. (2021). "Virtualizando el parlamento (hasta donde se puede). El régimen de contingencia del parlamento de Cataluña durante la crisis de la Covid-19 y las reformas tecnológicas y reglamentarias operadas para regular la actividad no presencial en el futuro" *Cuadernos Manuel Jiménez Abad*, núm. 8 extra.

Ridao Martín. Joan (2021), "Carencias y problemáticas de las relaciones de colaboración entre el Estado y las Comunidades durante la gestión de la Covid-19", *Revista iberoamericana de relaciones intergubernamentales*, núm. 2, p. 1.

Rubio Llorente, F. (1985), "El Parlamento y la representación política", *Jornadas de derecho parlamentario*, Congreso de los Diputados, Madrid.

Sáenz Royo, E. (2021), "Estado autonómico y covid-19", *Teoría y Realidad Constitucional*, núm. 48.

Sartori, G. (1999), "La ingeniería constitucional y sus límites", *Teoría y Realidad Constitucional*, núm. 3.

Solozábal Echevarría, J.J. (2021), "La crisis del coronavirus tras el primer estado de alarma (2021) en Tudela Aranda, José (Coord.), *Estado Autonómico y covid-19: un ensayo de valoración general*, Fundación Manuel Giménez Abad, Zaragoza.

Solozábal Echevarría, J.J., "Algunas consideraciones constitucionales sobre el estado de alarma" en Biglino Campos, P. y Durán Alba, J.F. (dirs.) (2021), *Los efectos horizontales de la Covid-19 sobre el sistema constitucional: estudios sobre la primera oleada*, Fundación Manuel Giménez Abad, Zaragoza.

Tajadura Tejada, J. (2021), "El Estado de derecho frente al Covid: reserva de ley y derechos fundamentales", *Revista Vasca de Administración Pública,* núm. 120, 2021.

Teruel Lozano, G. Desconcierto jurídico ante el rebrote de la pandemia: pinceladas aclaratorias. https://www.hayderecho.com/2020/08/26/desconcierto-juridico-ante-el-rebrote-de-la-pandemia-pinceladas-aclaratorias/

Vidal Prado, C. (2021), "Herramientas jurídicas frente a situaciones de emergencia sanitaria", *Teoría y Realidad Constitucional,* nº 48.

Sobre la (dudosa) constitucionalidad de exigir una vacunación obligatoria para entrar en un país. Algunas consideraciones sobre el caso Novak Djokovic

PEDRO TALAVERA FERNÁNDEZ
Catedrático de Filosofía del Derecho
Universitat de València
Correo electrónico: pedro.talavera@uv.es

I. EL CASO NOVAK DJOKOVIC

El caso Novak Djokovic es de sobra conocido, en particular por la repercusión mundial que tuvo, tanto su negativa a vacunarse contra la COVID-19, como por las consecuencias que esa negativa tuvo para impedir su participación en algunos de los principales torneos de tenis del mundo. El problema eclosionó cuando Novak Djokovic, número 1 indiscutible del tenis mundial, acudió a disputar —y a intentar ganar por décima vez— el *Open de Australia*, y a su llegada al aeropuerto de Melbourne, el 5 de enero de 2022, fue detenido, posteriormente liberado y confinado en un hotel y, finalmente, expulsado del país, por no acreditar haberse vacunado contra la COVID-19 tal y como exigía la legalidad vigente de Australia; y todo ello pese a contar con una exención médica acreditada por las autoridades sanitarias de su país (Serbia) que le eximía de tener que vacunarse por haber, supuestamente, contraído la enfermedad en las semanas previas[1]. Con posterioridad a esa expulsión, Novak Djokovic —que insistió en no querer vacunarse contra la COVID— se vio obligado a renunciar también al *US Open* (celebrado en agosto de

---

[1] Para un estudio pormenorizado del caso vid. GARCÍA RUÍZ, L., "Vacunas, certificados *covid* y control de fronteras: reflexiones en torno al caso Djokovic", *Revista Chilena de Derecho*, vol. 49 nº 3 [2022] pp. 89-108.

2022 y que finalmente ganó Rafael Nadal), porque la legislación estadounidense era similar a la australiana en este punto. Sin embargo, sí pudo ingresar en Francia, donde no se exigía vacunación obligatoria, para participar en *Roland Garros* (mayo-junio de 2022, que también gano Rafael Nadal) y pudo participar en el torneo de *Wimbledon* (junio-julio de 2022 y ganarlo) ya que el Reino Unido tampoco exigía la vacunación obligatoria para ingresar al país.

La primera cuestión que se planteaba en este caso era la siguiente: ¿Establecer la vacunación obligatoria, en el caso de una pandemia como el COVID-19, es algo que depende de la soberanía de cada estado o es algo que está más allá y que puede afectar a derechos fundamentales como la intimidad o la integridad física? Ese es el escenario en el que se encontraba Djokovic cuando aterrizó en Melbourne el mes de enero de 2022, y el de todos los que se vieron abocados a viajar fuera de su país por motivos profesionales, académicos o personales. Elevando esta cuestión a un plano universal, el interrogante de fondo al que debía responder el Derecho era el siguiente: ¿Debería una persona poder traspasar las fronteras de un Estado sin estar vacunado, pero acreditando estar libre de COVID-19, o la soberanía de cada estado puede decidir legítimamente las reglas de entrada a su territorio, incluyendo la de estar vacunado?

Aquí procede hacer una primera precisión. No es lo mismo vacunación *obligatoria* que vacunación *forzosa.* En el primer caso, se trata de una obligación jurídica cuyo incumplimiento generaría una sanción de cualquier índole: pérdida de empleo y sueldo, como pasó en Italia con los funcionarios públicos; multas, prohibición de ingresar a determinados espacios, etc. Cuando se trata de vacunación *forzosa* estamos ante la posibilidad de utilizar la fuerza para ser vacunado. Resulta evidente que *la fuerza se ha utilizado para los confinamientos,* pero no se ha utilizado para suministrar las vacunas en ninguna parte del planeta.

II. SOBERANÍA FRENTE A DERECHOS FUNDAMENTALES

Una primera posición es la de quienes sostienen que los requisitos de acceso de los extranjeros al territorio de un Estado soberano los establece el Estado. Es decir, que las decisiones sobre este tema son una cuestión de soberanía y no es un tema de derechos humanos, máxime cuando un bien fundamental como la salud pública está en juego. Siendo así, cada Estado determinará legítimamente cuáles son las medidas preventivas que estime convenientes para asegurar la salud pública de sus ciudadanos, incluyendo la prohibición de ingresar al país a quienes no estén vacunados. Apoyado en este presupuesto, Australia exigía el certificado de vacunación a los que quisieran entrar en su territorio, como también lo hicieron USA o Canadá. Por otra parte, el acceso a la vacunación es universal y apenas comporta efectos secundarios, lo cual convierte la negativa en algo poco razonable. Además, Australia siempre ha sido restrictiva con su política inmigratoria, mucho antes de la pandemia del COVID-19, y nadie la ha cuestionado. Para los defensores de la soberanía, la respuesta es sencilla: quien no quiera vacunarse solo tiene que abstenerse de viajar a ese país mientras la prohibición esté en vigor. Esa fue la postura del otro gran tenista, Rafael Nadal, que la hizo pública al contestar a una pregunta sobre el tema que se le hizo en una rueda de prensa previa al comienzo del *Australian Open*. Rafael Nadal afirmó que Novak Djokovic conocía las exigencias de las autoridades australianas para ingresar al país, y también conocía las consecuencias de no seguirlas.

En principio, una posición de este tipo aparece como jurídicamente correcta, porque las sociedades occidentales tenemos muy interiorizado el positivismo formalista: cualquier norma jurídica, formalmente válida, emitida por la autoridad competente merece acatamiento. En otras palabras, hay una máxima que funciona siempre en los sistemas jurídicos: las leyes democráticas deben obedecerse. Pero esta máxima no es absoluta, porque también hay otra máxima que completa la anterior: no cualquier norma merece ser obedecida, solo porque se haya promulgado válidamente. En otras palabras, *no todas las normas formalmente válidas son legítimas y dignas de obediencia* y, si no aceptamos esto, entonces la idea de derechos humanos se volatiliza.

De ahí la existencia de instancias nacionales e internacionales para reivindicar la protección de los derechos fundamentales cuando han sido vulnerados por las autoridades de un Estado, aun apoyándose en normas democráticas, y la exigencia de derogación de esas normas cuando no son acordes con los derechos básicos.

¿Es eso lo que reivindicaba Novak Djokovic? En realidad, no fue esa su argumentación.

Djokovic, en sus declaraciones a la BBC y en otras vertidas a través de sus redes sociales, afirmó que la decisión de vacunarse era algo absolutamente personal y que nadie se lo podía imponer: *es mi cuerpo, son mis reglas,* vino a decir. Este es un argumento que conecta bastante bien con la sensibilidad 'libertaria' de la sociedad posmoderna (nadie puede imponerme nada que yo no acepte; o sea, una especie de consentimiento informado absoluto). Pero esta posición, aunque suene muy bien al sujeto posmoderno, no se puede sostener de manera absoluta. Como cualquier estudiante de Derecho sabe perfectamente, ningún derecho es absoluto. Tampoco los que afectan a la salud o a la integridad física. Así pues, en lo que aquí respecta, no existe el derecho a disponer *absolutamente* del propio cuerpo; de ahí que exista la prohibición *absoluta* de vender los propios órganos, o de automutilarse. En otras palabras, Djokovic reivindicaba un derecho *absoluto* a decidir sobre su propia salud, con independencia de las consecuencias que eso pudiera reportarle personalmente (los efectos del virus) o las consecuencias que su conducta pudiera tener sobre otros (posible contagio de quienes estuvieran cerca). Y en esto Djokovic estaba equivocado. El Derecho, por supuesto, debe garantizar y respetar la libertad y autodeterminación de la persona, también con respecto a la salud, pero puede limitar esa libertad, cuando existe una razón de orden público que así lo exige, o cuando lo reclama la protección del propio bien de que es objeto el derecho. Lo que no puede hacer el Derecho, obviamente, es limitar la libertad del sujeto de forma arbitraria o injustificada.

Así pues, la cuestión radicaba en determinar si en el caso de Novak Djokovic la exigencia de vacunarse limitaba injustificadamente su libertad y, por tanto, estaba vulnerando ilegítimamente su derecho a decidir sobre su salud y sobre la vacunación.

III. PREVALENCIA DE LAS CUESTIONES DE FORMA FRENTE A LAS CUESTIONES DE FONDO

Lamentablemente, en este caso hubo ciertas cuestiones formales, relacionadas con defectos de acreditación de la situación sanitaria del tenista, que enredaron el asunto y lo desviaron del dilema jurídico de fondo que se planteaba y sobre el que los jueces australianos deberían, en su caso, haberse pronunciado; es decir, determinadas cuestiones de forma impidieron evaluar la situación en clave de garantía de derechos frente al poder estatal; esto es, si a la hora de decidir sobre la vacunación debía prevalecer la soberanía del Estado o debía prevalecer el respeto a los derechos fundamentales. En lugar de eso el debate se centró en si Djokovic había dicho la verdad o no respecto a su infección con el virus y a su cuarentena. Veamos resumidamente cuál fue el *iter* jurídico del tema[2].

En primer lugar, lo hiciera o no deliberadamente, Djokovic proporcionó información errónea en su formulario de viaje con relación a su positivo por COVID: no quedó claramente acreditada la secuencia temporal de las pruebas a las que supuestamente se sometió y constaba fehacientemente, por grabaciones de video difundidas en todo el mundo, que no guardó el debido aislamiento en las fechas en que debería haberlo hecho de acuerdo a su documentación sanitaria.

En segundo lugar, la *Federación Australiana de Tenis* le permitió jugar en el torneo concediéndole una exención, tras examinar su situación sanitaria por parte de médicos externos e imparciales, pero esos trámites se hicieron fuera del plazo inicialmente establecido para los demás participantes en el torneo. Es decir, atendiendo a las propias directrices del torneo, dicha exención médica era irregular y no debería haberse tramitado, al menos, sin que se hubiera justificado, con razones de peso, el hecho de hacerlo fuera del plazo establecido.

En tercer lugar, la exención había sido avalada por el Estado de Victoria, en cuya capital, Melbourne, se celebra el torneo. Esto se hizo así porque en Australia las cuestiones de salud pública son *a*

---

2 El expediente completo del caso *Djokovic v Minister for Inmigración* [2022, FCAFC 3] puede consultarse en: https://www.fedcourt.gov.au/services/access-to-files-and-transcripts/online-files/djokovic. Fecha de consulta: 24/03/2023.

priori competencia de los diferentes estados. Pero las cuestiones relativas al COVID-19 desbordaron el marco jurídico de los estados y fueron asumidas por leyes federales que rigen en todo el país. En consecuencia, la vacunación obligatoria la había establecido una ley federal, y afectaba al ingreso en el país porque la competencia de fronteras pertenece al Gobierno Federal de Australia. Este conflicto de competencias fue el que provocó la detención inicial de Djokovic en el aeropuerto cuando trató de pasar la Aduana y la que dio lugar a su recurso por indefensión (vulneración del derecho a la defensa), que luego reconoció *Tribunal Federal* australiano, poniéndole en libertad provisional, aunque decretando su confinamiento hasta que se hubiera resuelto la cuestión jurídica sobre su entrada en el país.

Estas irregularidades de corte administrativo proyectaron sobre el tenista una sombra de sospecha sobre su verdadera situación sanitaria. Es decir, estaba claro que se negaba a vacunarse, pero ya no estaba tan claro que hubiera pasado el COVID y por tanto que estuviera realmente inmunizado. No obstante, estas dudas eran absolutamente irrelevantes de cara a la exigencia de vacunarse como condición legal necesaria para entrar en el país. Sin embargo, esa confusa situación (la sospecha de haber mentido) provoco que el debate jurídico ya no se planteara en términos de prevalencia del derecho a no vacunarse frente a la soberanía del Estado para exigirlo, sino que se centrara sobre la legalidad o no de la exención que le había otorgado la federación, ya que dicha exención se había basado sobre la documentación que Djokovic había enviado (ahora en duda), acreditando que estaba inmunizado.

Es evidente que Djokovic se equivocó por completo en su estrategia: el tenista debería haber acreditado, sin ningún género de dudas, que había pasado el COVID y que, por tanto, estaba inmunizado. Eso hubiera propiciado que el tribunal reconociera la validez de la exención y, con mucha probabilidad, en atención a sus méritos deportivos como máximo campeón del torneo y número uno mundial, el tribunal también habría podido subsanar la irregularidad del plazo. Sin embargo, las dudas sobre la veracidad de su infección y las subsiguientes sobre el incumplimiento del plazo provocaron que unos simples requisitos formales tuvieran más peso en el tribunal que la finalidad material que la ley perseguía con la vacunación obligatoria, que no era otra que evitar la entrada en el país de alguien enfermo de COVID que pudiera contagiar la enfermedad a la población. De manera que la argumentación de los jueces que determinaron su expulsión del país no radicó en lo que parecía lógico (imposibilidad de acreditar fehacientemente que estuviera inmunizado) sino en una cuestión de mera ejemplaridad. En efecto, no pareció importarles demasiado que Djokovic pudiera estar o no contagiado de COVID, el núcleo central del fallo fue que no se podía enviar a la población el nocivo mensaje de que una persona, por ser famosa y poderosa (en este caso una estrella del deporte), pudiera burlarse impunemente de la ley.

En definitiva, la sentencia de 16 de enero del *Tribunal Federal* australiano, haciendo suyas las razones de corte ejemplarizante empleadas por el Ministro de Inmigración, Alex Hawcke, acudiendo a la cobertura legal del art. 133 C (3) de la *Migration Act* de 1958, no aludió al expediente médico del tenista o a su estatus migratorio —sobre los que no expresó ningún reparo— tan sólo invocó su condición de estrella deportiva, en virtud de la cual el tenista serbio constituiría un mal ejemplo en la población (los poderosos pueden burlar la ley) que, además, podría frenar la vacunación juvenil en el país, y añadía que su presencia permanente en los medios y su posición sobre el tema podría alentar los movimientos antivacunas.

No hace falta decir que en el argumento del tribunal se aprecian con bastante claridad dos sesgos. Por un lado, un sesgo utilitarista y consecuencialista: con un presupuesto de esta índole (el fin justifica los medios) estaría justificada la vulneración de los derechos de una persona para garantizar el supuesto bien de la salud pública de la mayoría de la población. Desde la perspectiva de que la salud pública justifica toda acción del Estado, la no vacunación de Djokovic (con independencia de que esté o no inmunizado) justificaría su expulsión y la posible vulneración de su legítimo derecho a no vacunarse, aun acreditando que no estaba infectado de COVID. En segundo lugar, el argumento de la 'ejemplaridad' nos sitúa ante un exponente del denominado '*Derecho penal de autor*'. En efecto, la fundamentación del tribunal no pivota sobre principios jurídicos objetivos y generales, sino sobre los elementos subjetivos que determinan la condición de la persona. La decisión del tribunal responde a la máxima:

"dime de quién estamos hablando y te diré si le castigo o no". En este caso concreto el tribunal viene a decir: "como Djokovic es una estrella deportiva y su actitud puede influir en otros, entonces debe ser castigado y no debe entrar en el país, ni siquiera con exención médica". Avalar este tipo de justificación constituye una grave anomalía jurídica, porque el castigo se basa, en primer lugar, en su condición de extranjero —conviene recordar que los nacionales australianos no tenían ni tienen obligación estricta de vacunarse— y, en segundo lugar, en la infracción de un supuesto deber de ejemplaridad frente a la comunidad, algo que se hace depender de la apreciación subjetiva del tribunal y no de un hecho objetivo que esté tipificado como delito.

IV. ¿ES LEGÍTIMO IMPONER UNA VACUNACIÓN OBLIGATORIA?

Desde un punto de vista científico, la vacuna se define como un tratamiento médico de eficacia probada para prevenir una patología (gripe, sarampión, viruela, tétanos, hepatitis...). Partiendo de este presupuesto, la jurisprudencia de la mayoría de los países occidentales determina que cualquier tratamiento médico requiere del consentimiento informado del paciente para someterse a él. Aceptar o no someterse a una terapia es una manifestación del derecho fundamental a la integridad física[3]. Así pues, el consentimiento expresa la facultad del paciente de aceptar o rechazar un tratamiento médico, algo que en la legislación española se reconoce expresamente en el art. 2 de la Ley 41/2002 de 14 de noviembre, de derechos de autonomía del paciente. En consecuencia, si las vacunas son calificadas como un tratamiento médico, entonces, *a priori*, cabría tanto aceptarlas como rechazarlas. En España y en muchos otros países esto es

3 Sobre el consentimiento informado y el rechazo de tratamientos médicos como forma de expresión del derecho fundamental a la integridad física, véase, por ejemplo, STC 37/2011, 28/03/2011. Ver también GARCÍA LLERENA V., *Una concepción iusfundamental del consentimiento informado: la integridad física en investigación y medicina*, Sociedad Internacional de Bioética-Junta General del Principado de Asturias, Oviedo-Gijón 2012.

así. Las vacunas contra la COVID-19, más allá de la notable presión mediática y gubernativa que se produjo para conseguir un alto porcentaje de vacunaciones, el presupuesto de la voluntariedad y del consentimiento informado fue absolutamente respetado. De hecho, en algunos países hubo personas que pretendieron demandar a las compañías farmacéuticas por los efectos adversos de las vacunas, pero los tribunales rechazaron esa pretensión alegando que la vacunación había sido libre y voluntaria[4].

Pero, desde un punto de vista político y jurídico, la vacuna es, además de un tratamiento médico, una medida de salud pública. Y, en su dimensión de política pública relativa a la salud, podría, llegado el caso, imponerse de forma obligatoria si la situación del país lo demandara. Y aquí radica el *quid* de la cuestión. ¿Es legítimo limitar la autonomía de las personas cuando la salud pública lo requiere? La respuesta es afirmativa. En el caso de las vacunas existe una sentencia de 2021 del *Tribunal Europeo de Derechos Humanos* (caso Vavřička y otros *versus* República Checa), que avala la posibilidad de convertir la vacunación en una medida obligatoria siempre que concurran razones suficientes[5].

Es evidente que justificar la obligatoriedad de la vacunación como medida de salud pública no es, en absoluto, comparable al uso del cinturón de seguridad o del casco en los vehículos a motor, como algunos han planteado. Cierto que comparten su carácter de medida preventiva en aras a la defensa de la vida y la integridad física. Sin embargo, en el caso de las vacunas, habría que considerar al menos dos elementos diferenciales con esos otros casos: por una parte, no son la única forma en la que las personas pueden protegerse de una patología; por otra parte, no siempre garantizan una eficacia abso-

---

4 DE LORENZO APARICIO, O., "Responsabilidad por efectos adversos de las vacunas contra la COVID-19", *New Medical Economics*, marzo, 2021; p. 6-8.

5 Vavřička y otros *versus* República Checa, *Tribunal Europeo de Derechos Humanos*, nº. 47621/13, 8 de abril de 2021. Ver también, GONZÁLEZ HERNÁNDEZ, E., "COVID-19, vacunación obligatoria y derechos fundamentales al hilo de la sentencia del Tribunal Europeo de Derechos Humanos Vavricka y otros c. República Checa: un falso dilema", *Anuario Iberoamericano de Justicia Constitucional*, vol. 25, nº 2 (2021), p. 373-402.

luta para inmunizarse frente a la patología, ni tampoco son el único modo de evitar la propagación de un virus[6].

Por consiguiente, la salud pública —como bien básico que debe ser protegido por el Estado— puede justificar que se imponga una vacunación obligatoria, pero para que pueda pasar por encima del derecho de autonomía del paciente manifestado en el consentimiento informado, deben darse dos condiciones:

a) La enfermedad que se pretende prevenir debe ser grave y contagiosa.

b) Que la vacuna se presente como el único medio adecuado para erradicarla, o al menos para contener su avance. O sea, que la vacuna sea claramente necesaria, segura y eficaz.

De este modo se logró erradicar la viruela y hoy se justifican vacunaciones obligatorias, sobre todo para niños, para ciertas categorías de trabajadores o para quienes desean viajar a determinadas zonas del planeta con enfermedades endémicas y regresar después. En este sentido, aunque en el Derecho español rige el principio general de voluntariedad en la vacunación, se permite obligatoriedad en determinadas situaciones, fundamentalmente en caso de epidemias. Así puede deducirse del art. 43 de la *Constitución española*; del art. 4 de la L.O. 4/1981, de 1 de junio, *de Estados de alarma, excepción y sitio*; de los art. 1 a 3 de la L.O. 3/1986, de *Medidas Especiales en Materia de Salud Pública*, y del art. 8.2 del *Convenio Europeo de Derechos Humanos* de 1950. En esa línea se mostraba también el informe sobre cuestiones ético-legales asociadas al rechazo a las vacunas, que emitió en 2016 el *Comité de Bioética de España*[7]. De todos estos documentos se deduce que la obligatoriedad de la vacunación se justificaría atendiendo a cualquiera de estos dos elementos:

a) Evitar el riesgo de epidemia

---

6 CIERCO SEIRA, C., "La vacunación obligatoria y su eventual proyección sobre la COVID-19", *El Cronista del Estado social y democrático de Derecho*, vols. 93-94, p. 18-31.

7 Comité de Bioética de España, "Cuestiones ético-legales del rechazo a las vacunas y propuestas para un debate necesario", *Informe de 19 de enero de 2016*, Disponible en: http://assets.comitedebioetica.es/files/documentacion/es/cuestiones-etico-le-gales-rechazo-vacunas-propuestas-debate-necesario.pdf.

b) Razones de '*urgencia sanitaria*' (concepto indeterminado que solo puede ser concretado por el gobierno y, en su caso, por los jueces).

V. ¿HABRÍA SIDO LEGÍTIMO EXIGIR LA VACUNACIÓN OBLIGATORIA CONTRA EL COVID-19?

En el momento álgido de la pandemia la vacuna contra la COVID-19 no constituyó ni un medio absolutamente eficaz y seguro para inmunizarse, ni un medio absolutamente eficaz para prevenirla o erradicarla. En ningún caso la vacuna contra el COVID-19 puede compararse con vacunas tradicionales como la de la viruela, la polio, el sarampión o la varicela. El asunto Vavřička *versus* República Checa planteado ante el TEDH en 2015 y resuelto en 2021, se refiere precisamente a la vacunación de niños frente a enfermedades bien conocidas como polio, hepatitis B, sarampión, paperas y rubeola, con vacunas de probada eficacia inmunizadora y preventiva. No ha sido ese el caso de la COVID-19 (cuyo conocimiento científico continúa siendo muy escaso en comparación con esas otras enfermedades) ni tampoco ha sido el caso de las vacunas contra esa enfermedad (cuya eficacia continúa siendo bastante limitada en tiempo y efectos). Por tanto, no considero que la decisión de haber impuesto la vacunación obligatoria contra el COVID en los momentos álgidos de la pandemia hubiera sido legítima, dado que no se cumplía ninguna de las dos condiciones que hemos señalado anteriormente. En esto coincido con la defensa de la libertad y voluntariedad de vacunarse sostenida por el *Comité de Bioética de España* y respaldada por el Gobierno español[8], coherente con la *Resolución 2361 del Consejo de Europa* que, a principios de 2021, ya desaconsejaba la obligatoriedad estricta de la vacuna contra la COVID-19 y alertaba contra su uso como medio de discriminación de los no vacunados[9].

---

[8] Gobierno de España, "Estrategia de vacunación COVID-19. Preguntas y respuestas: ¿Es obligatorio vacunarse contra el COVID-19?", Disponible en: https://www.vacunacovid.gob.es/preguntas-y-respuestas/es-obligatorio-vacunarse-contra-el-covid-19.

[9] *Consejo De Europa (Asamblea Parlamentaria),* Resolución 2361 de 27 de enero de (202): "Covid-19 vaccines: ethical, legal and practical considerations", §7.3.1 y

Mucho menos considero que sea legítimo imponerla ahora, en ningún país del mundo, cuando la enfermedad tiene un índice mínimo de letalidad y puede afirmarse, como sostienen las autoridades sanitarias, que se ha '*gripalizado*'.

Muy pocos gobiernos llegaron a imponer *de iure* la vacunación obligatoria para todos sus ciudadanos. Austria, Turkmenistán o Indonesia lo hicieron para los mayores de edad. Ecuador lo exigió a partir de los 5 años. Costa Rica lo impuso para todos los menores de edad. Italia lo exigió para los mayores de 50 y Grecia para los mayores de 60. No me consta que en ningún otro país del mundo se haya impuesto la obligatoriedad.

Por otra parte, las vacunas contra la COVID-19, a pesar de que la tecnología de ARNm haya mejorado la estabilidad del fármaco y facilite la producción, la distribución y las condiciones de almacenamiento, todavía no han pasado el plazo mínimo necesario de experimentación en humanos para poder obtener una información clara sobre los posibles efectos adversos. Sobre esta cuestión se han silenciado bastante los datos y apenas se ha ofrecido información, aunque sí hemos conocido casos de vacunados con efectos secundarios graves como trombosis, miocarditis o pericarditis... riesgos que todo el mundo debería conocer bien de cara a prestar el consentimiento.

En definitiva, siendo las vacunas contra la COVID-19 un tratamiento médico preventivo, cuyos ensayos clínicos están lejos todavía de ser definitivos y cuya administración no garantiza de manera absoluta los resultados de inmunidad deseados, no deberían ser im-

---

§7.3.2. En España y en muchos otros países, no ha hubo obligación legal de vacunarse contra la COVID-19. Esa decisión de los Gobiernos favorable a la voluntariedad no estuvo causada por existir riesgos para las personas por la abreviación de los procedimientos, o por no estar probada la eficacia de las nuevas vacunas, sino que fue una estrategia de persuasión basada en una gran presión social y mediática, evitando así convertir la vacunación en una obligación odiosa y alentar movimientos de resistencia basados en el riesgo y en la falta de eficacia probada. El propio presidente del *Comité de Bioética de España*, Federico de Montalvo, declaró que la vacunación obligatoria contra la COVID-19 en España podría haber sido ética y legalmente posible sobre el papel, pero no necesaria ni conveniente en la práctica, dado el alto porcentaje de vacunados. La obligación de vacunarse sería, a su juicio, más moral que legal. Vid. *Declaraciones Europa Press*, 2021.

puestas como una medida de salud pública obligatoria. Eso no está en contra de que quepa legítimamente realizarse todo el esfuerzo publicitario posible para favorecer que los grupos de riesgo se vacunen, pero siempre voluntariamente y con conocimiento claro de los riesgos aparejados a los efectos secundarios, en función de su estado de salud.

VI. ¿ERA RAZONABLE EXIGIR A DJOKOVIC ESTAR VACUNADO PARA ENTRAR EN AUSTRALIA?

Como principio general, entiendo que *no era razonable* exigir a Djokovic haberse vacunado contra la COVID-19 para entrar en el país, por cuatro razones fundamentales:

a) Porque lo que la organización de un torneo de tenis de primer nivel, como el Open de Australia, pretende garantizar en los deportistas de élite que entran en el país tan solo para disputar ese torneo, es que están libres de COVID y que no pueden contagiarlo. Para garantizar que no se tiene COVID, no es necesario estar vacunado, basta con acreditar que se está inmunizado. Es más, se puede estar vacunado y estar incubando la enfermedad. La vacuna solo garantiza que su expresión sintomática será más leve. Sin embargo, acreditar que se está inmunizado es mucho más seguro.

b) Estar libre de COVID se puede justificar mediante un test PCR, o mediante un certificado de haber pasado la enfermedad, acreditando con una prueba clínica el nivel de anticuerpos que indica el nivel inmunológico

c) Para un deportista de élite, la obligación de vacunarse, incluso cuando ya se ha pasado la enfermedad, puede suponer la aparición de efectos adversos en su metabolismo que perjudiquen directamente su rendimiento deportivo. Luego es razonable que esos deportistas intenten evitar la vacuna y pretendan demostrar que están libres del virus por otro medio diferente a la vacuna.

d) Los deportistas de élite, que tienen un equipo médico constantemente atento a controlar su salud y su metabolismo de cara a obtener el máximo rendimiento, es obvio que pueden acreditar cada día, a través de un test PCR, su inmunidad. Así se ha hecho en otras competiciones deportivas de tipo ciclista, futbolista o atléticas.

En consecuencia, para el caso Djokovic (como pasó en Roland Garros o Wimbledon) o para cualquier deportista de élite entiendo que lo razonable hubiera sido permitir que fuera el propio deportista quien decidiera el medio para acreditar estar libre del virus: bien sea vacunación, test negativo o inmunización natural.

Lo que resulta completamente irracional es lo que exigía el Departamento de Salud australiano: la estricta obligación de vacunarse para entrar al país, incluso cuando se hubiera contraído el COVID y se pudiera acreditar la inmunidad frente al virus. Si existe la evidencia científica de que haber pasado la COVID produce una inmunidad natural aún mayor que la producida por la vacuna, no hay razón para que no pueda aceptarse una certificación de inmunidad como medio de acreditar que se está libre del virus, sin necesidad de estar vacunado.

En este sentido, como principio general para poder entrar en un país o acceder a determinados ámbitos dentro de un país en caso de una pandemia como el COVID-19, considero que lo más razonable y compatible con la garantía de los derechos fundamentales de las personas, es una prueba fehaciente de que se está inmunizado, no de que se está vacunado. De manera que esa prueba puede acreditarse por medio de la vacunación, del diagnóstico negativo mediante prueba PCR reciente, o bien por inmunización natural acreditando el nivel de anticuerpos. Y eso es lo que se ha venido exigiendo en la mayor parte de países occidentales, mientras ha durado la alarma sanitaria. El mejor ejemplo de ello fue el certificado COVID digital que puso en marcha la Unión Europea y que podía obtenerse atendiendo a tres modalidades: vacunación, diagnóstico negativo por PCR o test de antígenos, o inmunización natural tras recuperación de la enfermedad. (72 horas en el caso de las pruebas PCR, y 24 horas para los test de antígenos). Ese modelo de certificado respetaba lo esencial en esta situación: demostrar que no se tiene el virus por cualquier medio que permita acreditarlo.

No obstante, es cierto que dadas las circunstancias y ante la urgencia de tener que viajar, trabajar o acceder a determinados servicios, la eventualidad de iniciar una reclamación administrativa o judicial para reivindicar derechos fundamentales era una opción completamente inviable, por lo cual una gran mayoría de personas ha terminado por aceptar la vacunación como el medio más eficaz para evitar problemas en aeropuertos y fronteras, aunque fueran reticentes a vacunarse, y aun pudiendo tener derecho a no hacerlo.

VII. ¿FUE INJUSTA LA EXPULSIÓN DE DJOKOVIC DEL PAÍS?

Podría pensarse, por todo lo expuesto anteriormente, que la respuesta a la pregunta formulada en este último epígrafe debería ser positiva, es decir, que considero una injusticia flagrante la expulsión de Djokovic del país, porque dicha expulsión constituyó una vulneración de su derecho legítimo a no vacunarse. Sin embargo, mi posición al respecto coincide con la decisión adoptada por el Gobierno australiano, pero por razones muy distintas a las invocadas en la sentencia del Tribunal federal que convalidó su decreto de expulsión. No era una cuestión de soberanía ni de ejemplaridad. ¿Dónde estaba la clave del problema? Contesto brevemente.

Las irregularidades detectadas en los medios de prueba que Djokovic aportó para demostrar que estaba libre del COVID privaban de credibilidad a esos documentos (había evidencias de que no había guardado cuarentena y dudas fundadas sobre el certificado médico aportado de haber pasado la enfermedad y de su actual nivel de inmunidad). Puesto que dichas pruebas ya no eran fiables y no permitían acreditar la inmunidad requerida frente a la enfermedad, la única garantía constatable y fiable de que Djokovic cumplía con la exigencia (legítima) de estar libre de COVID, era la vacuna. Y, por ello, considero razonable que el gobierno la exigiera, puesto que no tenía otro medio para hacerlo. Aunque luego se organizara una gran campaña propagandística en Serbia denunciando el presunto agravio, Djokovic y sus abogados sabían que carecían de argumentos para recurrir esa decisión.

En definitiva, si apelando a su legítimo derecho a la integridad física y a la intimidad, Djokovic no estuvo dispuesto a vacunarse, y tampoco aportó pruebas fiables de su inmunidad, considero absolutamente razonable y justificado que el gobierno le expulsara. Y, de facto, en la presente edición de 2023 del Open de Australia, tampoco se ha permitido la entrada a Djokovic al país por no estar vacunado, pero en esta ocasión el tenista no ha solicitado ni exención ni ha aportado pruebas de inmunidad, acatando la decisión sin tormenta jurídica ni mediática.

BIBLIOGRAFÍA CITADA

Cierco Seira, C., "La vacunación obligatoria y su eventual proyección sobre la COVID-19", *El Cronista del Estado social y democrático de Derecho*, vols. 93-94, p. 18-31.

Consejo de Europa (Asamblea Parlamentaria), *Resolución 2361 de 27 de enero de 2021*: *"Covid-19 vaccines: ethical, legal and practical considerations"*, §7.3.1 y §7.3.2.

Comité de bioética de España, "Cuestiones ético-legales del rechazo a las vacunas y propuestas para un debate necesario", *Informe de 19 de enero de 2016*, Disponible en: http://assets.comitedebioetica.es/files/documentacion/es/cuestiones-etico-le-gales-rechazo-vacunas-propuestas-debate-necesario.pdf.

De Lorenzo Aparicio, O., "Responsabilidad por efectos adversos de las vacunas contra la COVID-19", New Medical Economics, marzo, 2021; p. 6-8.

García Ruíz, L., "Vacunas, certificados COVID y control de fronteras: reflexiones en torno al caso Djokovic", *Revista Chilena de Derecho*, vol. 49 n.º 3 (2022) p. 89-108.

García Llerena V., *Una concepción iusfundamental del consentimiento informado: la integridad física en investigación y medicina*, SIB-Principado de Asturias, Oviedo-Gijón 2012.

González Hernández, E., "COVID-19, vacunación obligatoria y derechos fundamentales al hilo de la sentencia del Tribunal Europeo de Derechos Humanos Vavricka y otros c. República Checa: un falso dilema", *Anuario Iberoamericano de Justicia Constitucional*, vol. 25, n.º 2 (2021), p. 373-402.

Gobierno de España, "Estrategia de vacunación COVID-19. Preguntas y respuestas: ¿Es obligatorio vacunarse contra el COVID-19?", Disponible en: https://www.vacunacovid.gob.es/preguntas-y-respuestas/es-obligatorio-vacunarse-contra-el-covid-19.

Jurisprudencia

Djokovic v Minister for Inmigración [2022, FCAFC 3]: Disponible en: https://www.fedcourt.gov.au/services/access-to-files-and-transcripts/onlinefiles/djokovic.

Vavřička y otros versus República Checa, Tribunal Europeo de Derechos Humanos, n.º 47621/13, 8 de abril de 2021.

Sentencia del Tribunal Constitucional 37/2011, de 28 de marzo de 2011.

La obligación vacunal según la jurisprudencia más reciente del Tribunal Constitucional Italiano

FRANCESCO BIONDO
Profesor Titular de Filosofía del Derecho
Dipartimento di Giurisprudenza. Università di Palermo
Correo de contacto: Francesco.biondo@unipa.it

I. INTRODUCCIÓN

Como es bien sabido, Italia ha sido el primer país europeo en sufrir el embate de la pandemia de Coronavirus. Además, el Gobierno Italiano ha puesto en marcha una legislación particularmente restrictiva en materia de vacunas, imponiendo lo que ha sido llamado una forma "encubierta" de obligación vacunal, a través de una serie de decretos ley que han sido convalidados por el Parlamento.

Como es natural en cualquier democracia constitucional, la promulgación de estos decretos ha sido acompañada de muchas polémicas, de tono más elevado conforme se reducían las posibilidades de continuar con la vida corriente sin someterse al calendario vacunal establecido. Muchas actividades cotidianas —entrar en un restaurante, viajar en tren, en barco o en avión y, sobre todo, acudir al puesto de trabajo—, se convirtieron, en nombre de la lucha contra la enfermedad, en un sinfín de presentaciones del pasaporte covid (el conocido "*green pass*"). Y para obtener este certificado había que someterse a vacunación según el calendario dispuesto por parte de las autoridades sanitarias[1].

---

[1] La literatura es muy extensa. Véase IANNELLO, C., *Interpretatio abrogans dell'art. 32 della Costituzione*, Editoriale Scientifica ed., Napoli 2022; VELO DAL BRENTA D., "Correlazioni pericolose. Come il Covid 19 sta minacciando l'Occidente delle libertà vane", *Teoria e Critica della regolazione sociale*, n.2 2022; CAPOLUPO

La jurisprudencia, administrativa y ordinaria, ha empezado entonces a dictar autos de remisión (Ordinanze di remissione) a la Corte Costituzionale[2] acerca de varias normas que condicionaban por aquel entonces el desarrollo de las actividades laborales con presencia de público a la recepción de la vacuna. Hay que poner de relieve, por otra parte, que todas estas obligaciones han perdido vigencia desde el 31 octubre de 2022, según el decreto ley 162 de 2022, en anticipo respecto a la fecha dispuesta en la ley anterior que era del 31 diciembre de 2022. Estos recursos han sido todos rechazados por parte del Tribunal Constitucional Italiano (Corte Costituzionale) con tres sentencias: la 14, 15 y 16 de 2023, que analizaremos a continuación. El presente capítulo pretende determinar cómo la Corte Costituzionale admite la constitucionalidad de la vacunación obligatoria, en qué supuestos y condiciones. Para ello, expondremos las tres sentencias según el orden dispuesto por parte del Tribunal. El estudio se cierra refiriendo el curioso caso de un juez de Florencia que en una sentencia argumenta que estos fallos de la Corte Costituzionale no son de obligatorio cumplimiento para el juez ordinario.

II. LA SENTENCIA N. 14: ¿ES SEGURA LA VACUNA? ¿ES RACIONAL PEDIR UN CONSENTIMIENTO INFORMADO SI LA VACUNA ES OBLIGATORIA?

La primera sentencia surge a partir de un recurso de constitucionalidad presentado por parte de la Alta Corte di Giustizia Am-

---

C., "Uso e abuso dell'articolo 32 della costituzione", en *Emergenza pandemica, disciplina dell'emergenza e sospensione delle garanzie costituzionali. Un primo bilancio*, C. Capolupo, R. Manfrellotti (a cura di), Editoriale Scientifica, Napoli 2022, pp. 12-58.

2 "[E]l juez dicta una resolución expresa (auto de remisión) que tiene un doble efecto: a) el de suspender el proceso en curso a la espera de una decisión de la Corte constitucional en lo que se refiere a la duda de constitucionalidad expuesta por el juez, y b) el de abrir el proceso que se desarrollará ante la Corte constitucional". ROMBOLI R., "La tipología de las decisiones de la Corte constitucional en el proceso sobre la constitucionalidad de las leyes planteado en via incidental", traducido por Ignacio Torres Muro, *Revista Española de Derecho Constitucional,* Año 16. Núm. 48, 1996 p. 40.

ministrativa della Regione Siciliana (el tribunal superior de justicia administrativa de la Comunidad Autónoma de Sicilia, desde ahora CGARS)[3]. La Corte pide al Tribunal Constitucional que se pronuncie acerca dos cuestiones.

1) Acerca de la compatibilidad entre los artículos 3, 4, 32, 33, 34 y 97 de la Constitución y el artículo 4 apartados 1 y 2 del Decreto Ley 1 de abril 2021 n. 44 (convertido en Ley 28 de mayo 2021 n. 76) que impone la suspensión del trabajo y de la retribución del personal sanitario que no haya recibido la vacunación Covid obligatoria para ejercer las profesiones sanitarias.

2) si resultan conformes con los artículos 3 y 21 de la Constitución otras dos disposiciones: a) el artículo 1 de la Ley 22 diciembre 2017 n. 219, que no prevé expresamente la exclusión del consentimiento informado en los tratamientos sanitarios obligatorios; y b) el art. 4 del Decreto ley n. 44 ya citado en cuanto que no excluye el deber de firma de la declaración de consentimiento informado en el caso de vacunación obligatoria.

La cuestión más relevante, como está claro, es la primera (resumida en la Sentencia 14, fundamento jurídico desde ahora FJ. 1.2). Según el tribunal remitente la legislación vigente no tiene en consideración el aumento de efectos adversos que el sitio de vigilancia EudraVigilance había constatado. En este caso, el número de episodios adversos supera, según el tribunal siciliano, la cantidad de "episodios (*eventi*) que aparecen normales en el tratamiento y por lo tanto tolerables", principio declarado por parte de la misma Corte Constitucional en las sentencias 308/1990 y 258/1994 acerca de las indemnizaciones después de la vacunación. Por lo tanto, el tribunal siciliano no sigue deliberadamente la jurisprudencia del Consejo de Estado (Consiglio di Stato) que con las sentencias 1381 y 7045 de 2022 había declarado como proporcional, según los datos por aquel entonces disponibles, la obligación vacunal según el Decreto ley n. 44 (Sentencia CGARS, 22 de marzo 2022, n. 351, FJ.18.1). Además, el

---

3 Consiglio di Giustizia Amministrativa per la Regione Sicilia, 22 marzo 2022, n. 351. El texto se encuentra en URL https://ilgiuslavorista.it/system/files/articoli/allegati/Cons.%20giust.%20amm.%20rg.%20sic.%2C%20ord.%2022%20marzo%202022%2C%20n.%20351.pdf [consultado el 23 de abril de 2023]

tribunal pone de relieve la insuficiencia del proceso de acceso (triaje) a la vacunación masiva: hubiera sido necesario a) implicar en la campaña a los médicos de cabecera, en cuanto que ellos mejor conocen el estado de salud de sus pacientes; b) presentar los exámenes de laboratorio para hacer antes de la vacunación, incluyendo exámenes genéticos; y c) pedir una prueba acerca de una posible presencia del Coronavirus.

En cuanto a la segunda cuestión debatida (Sentencia 14 Corte Costituzionale FJ. 1.3), el tribunal administrativo considera irracional pedir un consentimiento informado, es decir una declaración de voluntaria aceptación del tratamiento, cuando este tratamiento es condición necesaria para ejercer el derecho al trabajo, que es un derecho fundamental.

El Tribunal Constitucional se detiene en la primera cuestión (F.F. J.J. 6-14) mucho más que sobre la segunda (FJ. 16), utilizando una serie de argumentos.

En primer lugar la Corte pone de relieve el hecho de que el acta de remisión del tribunal administrativo otorga un papel de filtro a la jurisdicción constitucional acerca del umbral de riesgo aceptable en Constitución, mientras que "esta Corte nunca ha introducido esta forma de umbral, sino se ha siempre permanecido conforme a los datos científicos relativos a la seguridad de la vacuna", ni se puede pedir que las vacunas, tal y como ocurre a todos los tratamientos sanitarios, sean carentes de riesgos (FJ. 5.3). Es decir, la Corte constitucional no es un tribunal de instancia acerca de la seguridad de las vacunas, ni se puede pedir un riesgo cero (si no fuera así, ¿de qué servirían las indemnizaciones?)[4].

---

[4] Creo que detrás de muchos casos de rechazo de cualquiera vacuna obligatoria hay la idea de que los tratamientos sanitarios obligatorios sean seguros en manera absoluta, es decir con un riesgo de eventos adversos igual a zero; evidentemente es una petición absurda para la ciencia biológica y médica pero esta exigencia ha sido antes de la epidemia de Covid el eslogan que ha determinado una bajada significativa de la cobertura vacunal contra el sarampión en Italia y en otros países. Me permito de reenviar a BIONDO, F., "Obiezione di coscienza e vulnerabilità. Il lato oscuro dei movimenti di resistenza alle vaccinazioni obbligatorie", *Ragion Pratica,* 1, 2019, 169-186.

En segundo lugar, el juicio de proporcionalidad acerca de la obligación vacunal depende de dos factores: las condiciones de hecho (es decir las condiciones epidemiológicas) y la eficacia y seguridad de las vacunas. Sin embargo, siempre hay que asumir que no hay una primacía de los derechos individuales frente a los deberes hacia la colectividad, ni siquiera en periodos de normalidad. El artículo 32 cost., antes citado, declina una ponderación entre deberes y derechos, entre los intereses de la colectividad y los derechos individuales; estos pueden ser limitados en nombre de una "solidaridad horizontal que une a cada miembro de la comunidad los demás miembros"; a la Corte toca vigilar que esta ponderación sea correcta (FJ. 7)[5].

Sobre las condiciones de hecho, la Corte declara que la discrecionalidad del Legislador está limitada por estas condiciones que es tarea de los científicos determinar. Mientras tanto, es tarea del Legislador decantarse por una de las opciones ofrecidas por parte de los científicos. Naturalmente estos conocimientos pueden modificarse en el tiempo, y pueden cambiar las situaciones sanitarias, y por esto el legislador, discrecionalmente, ha anticipado el fin de la obligación vacunal (FJ. 8.2).

Acerca de la seguridad de las vacunas, la Corte asume una posición tajante: las vacunas no son "experimentales" (y por lo tanto con una autorización "condicionada" a su uso[6]) y sus efectos adversos tienen que ser investigados por parte de las autoridades sanitarias del sector, y no por los "expertos" que las partes presentan, y que los *mass media* difunden sin previo control (FJ. 11). Y según estos datos oficia-

---

5 La Corte se refiere a la sentencia 288 de 2019. No hay que olvidar el nexo entre solidaridad y obligación vacunal está también presente en la sentencia Grande Cámara EDU Vavricka v. Republica Checa del 8 de abril de 2021. Sobre la sentencia me permito de renviar a BIONDO, F., "Obiezione di coscienza ai vaccini, solidarietà e margine di apprezzamento. A proposito della sentenza Vavricka c. Repubblica ceca", *Il Foro Italiano*, vol. 146, n. 7-8, 2021, 357-362.

6 Sobre el tema de la condicionalidad de la autorización han hecho hincapié muchos autores críticos con la legislación italiana, un ejemplo MANGIA, A., "Si caelum digito tetigeris. Osservazioni sulla legittimità degli obblighi vaccinali", *Rivista AIC Associazione Italiana dei Costituzionalisti*, n. 3, 2021, 432-454; un planteamiento contrario se encuentra en AZZOLINI V., MORELLI M., "Romanzo emergenziale. Notazioni sulla disciplina in materia di Covid", *Consulta on line*, 2021, fasc. 3, 749-757.

les la obligación vacunal impuesta a los profesionales sanitarios no resulta irracional, sobre todo cuando se trata de mantener en pie un sistema de salud pública (FJ. 12.3). Así lo acredita el hecho de que la vacuna sea obligatoria también en Francia, Alemania, Reino Unido y Estados Unidos (FJ. 12.4). Sobre este punto, a nuestro parecer, la Corte podría haber tenido un talante más decidido, tal y como veremos en la sentencia n. 15 (FJ. 11.1), en cuanto es evidente cómo el Tribunal remitente ni siquiera analiza el objeto de la fuente de los datos sobre los cuales fundamenta su recurso de inconstitucionalidad. La circunstancia de considerar come fuente fiable (que demuestra unos peligros acerca de un tratamiento sanitario) una particular base de datos (que explícitamente, tal y como veremos, no está puesta en marcha para demostrar la inseguridad de las vacunas, sino recoge el número de casos adversos denunciados por parte de las autoridades sanitarias) manifiesta un prejuicio negativo hacia el sistema de fármaco-vigilancia, expresado en los F.F.J.J. 18.2 y 18.4 del auto del Tribunal siciliano. Allí el Tribunal administrativo considera como relevante el sistema EudraVigilance por una razón: teniendo en cuenta la naturaleza "condicionada" de la vacuna (naturaleza "condicionada" que la Corte Costituzionale niega) hay que considerar no solo las relaciones de causa y efecto, sino también aquello casos que no resultan probados, pero que (se sospecha) puedan ser relativos a la inoculación de la vacuna. Pero en una cuestión de salud pública, es preferible que la autoridad que desarrolla una tarea tan relevante fundamente su decisión sobre el consenso de los expertos, y no sólo sobre la ocurrencia de casos, sin determinación de relaciones de causa-efecto. Es decir, al juez hay que pedir argumentos jurídicos, pero las relaciones de causa efecto se determinan a través de las proposiciones científicas[7], a menos de pedir al juez una cultura "hercúlea" jurídica y científica a la vez y no solo la presentación de datos "brutos", de eventos adversos que se sospecha sean determinado por un medicamento. Además, y esto resulta sorprendente, el mismo sitio internet del sistema Eudra-

---

7 Sobre el tema, se remite a UBERTONE M., *Il giudice e l'esperto: deferenza epistemica e deferenza semantica nel processo*, Giappichelli Torino 2022; Di Capua V., "Spigolature del rapporto tra scienza e diritto nella pandemia Covid 19", en Capolupo, Manfrelotti, cit. pp. 59-86. No es por casualidad que la parte de la doctrina más crítica con las medidas legislativas haya considerado positivamente la decisión del Tribunal administrativo siciliano, por ej. Capolupo, cit. pp. 47 sgg.

Vigilance niega que las vacunas sean causas de los eventos adversos allí presentados en cuanto que pone de manifiesto que

"Case reports of suspected adverse reactions alone are rarely sufficient to confirm that a certain effect in a patient has been caused by a specific medicine. The fact that a suspected adverse reaction has been reported does not necessarily mean that the medicine has caused the observed effect as this could have also been caused by the disease being treated, a new disease the patient developed, or by another medicine that the patient is taking. Case reports need therefore to be assessed by an expert"[8].

Es decir, el Tribunal parece asumir la tarea de un "peritus peritorum", la labor de un Juez "hercúleo" (es decir un juez que es jurista y científico a la vez) que sabe cuánto peligroso es un tratamiento sanitario, más que el mismo Ministerio de la salud, pero no tiene en cuenta las advertencias de las autoridades europeas de vigilancia citadas cuando estas no suportan los argumentos del Tribunal mismo.

Volvemos a la sentencia 14. Sobre las posibles medidas de precaución presentadas por el Tribunal remitente, la Corte rechaza en su totalidad las observaciones. En primer lugar, en ninguno de los procedimientos ordinarios de vacunación son los médicos de cabecera o los pediatras quienes determinan las condiciones de accesibilidad de los destinatarios, sino que esta tarea se encomienda al personal médico del servicio de vacunación. Naturalmente, el médico de cabecera puede participar en la anamnesis (art. 4, c.2 d.l. 44 de 2021); por lo tanto, la ley misma, censurada por el Tribunal remitente, tiene en cuenta esta posibilidad. En segundo lugar, son las autoridades internacionales las que no recomiendan ningún test pre-vacunal, entre ellas la misma Organización Mundial de la Salud y los Centers for Disease Prevention and Control (FJ. 14.2). Finalmente, el eventual efecto adverso imputable a culpa está cubierto a través del sistema de responsabilidad civil (sentencias 307/1990, y 258/1994).

---

8 El texto es de la European medical Agency del 22 junio de 2011 y se encuentra en https://www.ema.europa.eu/en/documents/report/guide-interpretation-spontaneous-case-reports-suspected-adverse-reactions-medicines_en.pdf, p. 1 [consultado el 21 de abril 2023]. No hay que olvidarse que el sistema EudraVigilance forma parte de la European Medical Agency.

Pero, si una vacuna es obligatoria, ¿por qué pedir el consentimiento informado? De acuerdo con la Corte Constitucional, existen dos razones para ello. En primer lugar, el consentimiento es necesario para que salgan a la luz los datos necesarios para la anamnesis requerida para determinar si el sujeto puede vacunarse. Además, la propia Ley 219/2017 sobre el consentimiento informado, art. 1 c.1, declara que todos los tratamientos sanitarios, excluidos los dispuestos por ley, tienen que ser objeto de consentimiento informado, sin hacer alguna referencia a las vacunas como excepciones. Sea de ello lo que fuera, el consentimiento informado puede ser rechazado si el sujeto opta por no someterse a la vacunación, aceptando así las consecuencias de su decisión. Esta posibilidad siempre existe, ya que aunque existe una vacunación obligatoria, ésta no se impone por medios coercitivos[9].

III. LA SENTENCIA N. 15: NINGÚN DERECHO A MANTENER EL TRABAJO Y LA RETRIBUCIÓN SIN SER VACUNADOS (EXCEPTO POR RAZONES DE SALUD)

La sentencia n. 15 responde a diez autos de remisión a la Corte Constitucional presentados por parte de tribunales de toda Italia. Los autos versan sobre las siguientes cuestiones:

a) Si los que rechazan la vacunación tienen derecho a mantener su puesto de trabajo (y la retribución) con tareas diferentes que no implican contacto con el público (cuestión presentada por el Tribunal de Brescia, Tribunal Administrativo Regional [TAR] Lombardía);

---

9 Sobre esta relevante diferencia véase BELLVER CAPELLA V. y DE MONTALVO JÄÄSKELÄINEN F. "Sobre la obligatoriedad de las vacunas en tiempos de covid-19: Aproximación contextual y análisis desde el Derecho y las políticas comparadas", *Relaciones Internacionales*, nº 52, 2023 pp. 153-171. Naturalmente para los críticos de la legislación, la obligación puede condicionar actividades básicas como ir a trabajar que está amparada por derechos individuales, que se quedan sin protección. En este caso hablar de consentimiento informado es un oxímoron, aunque la obligación fuera constitucionalmente correcta. PAPA G., "Riflessioni sul consenso libero e informato per i vaccini obbligatori alla luce della sentenza n. 14 del 2023 della Corte costituzionale", *Diritti Fondamentali*, 1, 2023, p. 443; BECCHI P., "Tre spunti di teoria generale del diritto sull' "obbligo" vaccinale", *ivi*, pp. 423-424.

b) Si el trabajador que no se vacuna pierde el derecho a la conocida como "pensión alimenticia" (*assegno alimentare*) que se reconoce al personal bajo procedimiento disciplinario o penal (cuestión presentada por el Tribunal de Catania, Tribunal de Brescia);

c) Si se puede acceder al puesto de trabajo sin estar vacunado pero presentando un test diagnóstico, tal y como estaba previsto antes del Decreto ley 44/2021, dada la evidente, para el juez, ineficacia de las vacunas en limitar el contagio y la difusión de la enfermedad (cuestión presentada por el Tribunal de Padua[10]);

d) Si la sanción de la suspensión del trabajo, dispuesta por la Ley 44 2021, vulnera un interés legítimo y por lo tanto puede ser anulada por un Tribunal administrativo (cuestión presentada por el TAR de Lombardía).

La Corte empieza por distinguir entre las cuestiones admisibles, cuyo mérito se va a discutir, y las cuestiones inadmisibles (por defecto de jurisdicción). El Tribunal administrativo [Cuestión (d)] carece de competencia según la Corte Costituzionale (FJ. 5). La falta de admisibilidad es evidente en cuanto que el acto de la administración con el que se suspende del servicio y de la retribución está determinada por aplicación de una norma de ley sin margen de discrecionalidad, tal y como prevé la ley 44 2021 art. 4 (se citan las sentencias Corte Costituzionale 79/2022, 65 y 57/2021). Además, sobre este tema la Suprema Corte (Sezioni Unite) con el auto 28429 de 2022 ha reconocido que la anulación de la suspensión del servicio por violación de la obligación vacunal es competencia del juez ordinario[11].

---

10 El auto de remisión (n. 76 de 28 de abril 2022) ha producido un gran debate en cuanto que el juez argumenta que la eficacia de la vacuna es igual a zero, en cuanto a reducción de los contagios. El texto se encuentra en URL https://www.gazzettaufficiale.it/atto/corte_costituzionale/caricaDettaglioAtto/originario?atto.dataPubblicazioneGazzetta=2022-07-06&atto.codiceRedazionale=22C00122. No es por causalidad de que este auto ha sido elogiado por parte de la doctrina más crítica de las medidas de vacunación: IANNELLO, cit., 74-81.

11 El auto se encuentra en la URL https://olympus.uniurb.it/index.php?option=com_content&view=article&id=28825:cassazione-civile,-sez-unite,-29-settembre-2022,-n-28429-esercizio-della-professione-sanitaria-di-fisioterapista-nonostante-l-inadempimento-all-obbligo-vaccinale-conflitto-negativo-di-giurisdizione&catid=16&Itemid=138 [consultado el 23 de abril 2023]

Antes de examinar las cuestiones de constitucionalidad de las normas impugnadas, la Corte realiza una relevante reconstrucción del contexto histórico en el que han ocurrido los cambios en la normativa, según el desarrollo de la campaña vacunal. Hay que distinguir dos fases de la producción legislativa. En la primera, con el Decreto ley 44 de 2021 (de primero de abril de 2021), se consideraba la posibilidad en apartado 6 del artículo 4 de que el empleador pudiera encontrar una tarea diferente para el trabajador no vacunado, aunque fuera una tarea de inferior nivel. En la segunda, iniciada con el Decreto ley 172 de 2021 (del 26 de noviembre 2021), el legislador ha limitado el deber del empleador solamente a los casos de trabajadores que no pueden recibir la vacuna por motivos de salud (art. 5 apartado 7 Decreto ley 172). Hubo también cambios en la legislación acerca de la vigencia de la obligación vacunal. El primer plazo (según el plan vacunal establecido en la Ley 178/2020 art. 1 apartado 457) fijaba come límite de vigencia de la obligación de vacunarse el 31 diciembre de 2021, límite que ha sido prorrogado en dos ocasiones: hasta el 15 de junio de 2022 (por efecto del art. 1 apartado 1 del Decreto ley 172 de 2021) y hasta el 31 de diciembre de 2022 (Decreto Ley 24 de 24 marzo de 2022, art. 8). Sin embargo, en vista de la disminución del número de contagios, el Decreto ley n. 162 de 31 de octubre de 2022 ha dispuesto la anticipación del fin de la vigencia de la obligación vacunal contra el Covid. Por lo tanto, si de verdad hubo una obligación que producía una "dictadura sanitaria", esta ha terminado antes de lo previsto según la misma ley.

La Corte empieza su argumentación recordando que según su jurisprudencia los tratamientos vacunales son obligatorios solo si concurren tres presupuestos: a) que el tratamiento sea eficaz para proteger la salud colectiva, y no solo la individual; b) que el tratamiento no incida negativamente en la salud del obligado salvo que los efectos adversos sean normales y tolerables; y c) en el caso de que se produzcan daños ulteriores a la salud, estos sean debidamente indemnizados (tal y como prevé la Ley 210/1992).

El tribunal de Padua duda acerca de la eficacia de la vacunación para prevenir la difusión de la enfermedad, en comparación con medidas alternativas como el recurso a test antigénicos, con un coste a cargo del trabajador [cuestión (c)]. Es interesante subrayar cómo en el auto de remisión el juez *a quo* interpreta los datos ofrecidos por el *Instituto Superiore di Sanità* (ISS) de 21 de enero y 6 de abril de 2022, señalando que "la garantía de que un trabajador vacunado no se infecte y no infecte a los demás es nula", mientras que el recurso a una prueba diagnóstica con resultado negativo tiene una fiabilidad evidentemente mayor.

Contra esta posición radical del juez de Padua, que parece asumir el cargo de juez y científico a la vez, la Corte opone lo que considera un error de interpretación de los datos de la autoridad sanitaria: "los mismos datos expuestos en los informes del ISS mencionados en la ordenanza de remisión, lejos de evidenciar la ineficacia de las vacunas, demuestran cómo, en la fase inicial de la campaña de vacunación, la eficacia de la vacuna —entendida como reducción porcentual del riesgo respecto a los no vacunados— ha sido altamente significativa, tanto para prevenir la infección por SARS-CoV-2, como para evitar casos de enfermedad severa; al tiempo que evidencian cómo esta eficacia ha aumentado en relación con la terminación del ciclo vacunal" (FJ. 11.1)[12]. Junto con ello, la Corte Constitucional tilda de inaceptable la opción de condicionar la entrada al lugar de trabajo de personal sanitario a la realización de una prueba diagnóstica, ya que en dicho escenario podría colapsar el sistema sanitario público que tiene la tarea de gestionar estas pruebas (tal y como recuerda la sentencia 171 de 2022), en cuanto a que el número de pruebas aumentaría exponencialmente (FJ. 11.3).

Acerca de la cuestión (a), la Corte Costituzionale afirma que no hay ninguna violación del derecho al trabajo (artt. 4 y 35 Constitución), ya que la decisión de no vacunarse es voluntaria, de modo que la prohibición de trabajar es una consecuencia de un acto libre del trabajador. Junto con ello, es preciso tener en cuenta que el emplea-

---

12 La idea de que la vacuna no es eficaz depende de la finalidad del uso. Si la finalidad es la reducción del número de contagiados, entonces es preciso concluir que no es eficaz; pero si su finalidad es la de reducir las consecuencias mortales de la infección, entonces no creo que se pueda negar que su eficacia haya sido demostrada. De esta confusión adolece el texto de VECCHIO G., "Riflessioni sulla sospensione della retribuzione a favore dei lavoratori obiettori dopo le sentenze della Corte costituzionale n. 14 e 15 del 2023", *Diritti Fondamentali*, 1, 2023 pp. 434-436.

dor tiene la obligación legal (*ex* art. 2087 Código civil y art. 18 Decreto legislativo 9 de abril 2008 n. 81) de mantener las condiciones de seguridad en los lugares de trabajo establecidas por ley (FJ. 12.1). Además, no hay ninguna discriminación del personal sanitario, que no puede pedir de ser empleado en tareas diferentes si no se vacuna, respecto a otros empleados que sí tienen esta posibilidad (el personal educativo). En este caso, la decisión del legislador viene determinada por las diferentes categorías profesionales implicadas (personal educativo, sanitario, de policía), diferencias que excluyen la oportunidad de reconocer un derecho de mantenimiento del puesto de trabajo, con tareas diferentes, para el personal que ha decidido no vacunarse (FJ. 13.4). Afirmar, como hacen el Tribunal de Brescia Ordenanza n. 77 de 31 de mayo 2022, y Tar Lombardia, previamente citados, que hay un derecho similar, implica imponer al empleador un factor de rigidez organizativa que hubiera dañado las estructuras sanitaria y asistencial (FJ. 13.6).

La Corte termina con la cuestión (b), analizando si la suspensión de la pensión alimenticia, dispuesta por los artículos 4 apartado 5 y 4ter apartado 3 del Decreto ley 44 de 2021, discrimina algunas categorías de trabajadores que eligen no vacunarse. Según los Tribunales de Catania y de Brescia, esta medida es discriminatoria en cuanto que la pensión es prevista en los casos de trabajadores que están suspendidos por procedimientos disciplinarios o penales. Según la Corte no hay ningún deber del legislador de imponer a cargo del empleador el pago de una pensión asistencial a favor de un empleado que voluntariamente decide de no conformarse con una obligación legal (FJ. 14.5), dado que no se trata de una suspensión cautelar, sino de otra justificada por la negativa del trabajador a someterse a las condiciones de trabajo legítimamente impuestas por el empleador[13].

---

13 Sobre este punto, se cita la opinión crítica de VECCHIO G., "Riflessioni sulla sospensione della retribuzione a favore dei lavoratori obiettori dopo le sentenze della Corte costituzionale n. 14 e 15 del 2023", cit. pp. 432-433, que habla de "chantaje de Estado". Una exageración a nuestro parecer, en cuanto que asume lo que hay que probar: que el Estado no sea legitimado de imponer ninguna obligación vacunal para acceder a los lugares de trabajo. Por su parte, BALDINI V., "L'emergenza sanitaria: tra stato di eccezione, trasformazione della costituzione e garanzie del pluralismo democratico. Aspetti problematici (e poco convincenti...) della più recente giurisprudenza costituzionale", *Diritti fonda-*

IV. LA SENTENCIA N. 16: NO HAY JURISDICCIÓN DEL TRIBUNAL ADMINISTRATIVO EN EL CASO DE SUSPENSIÓN DEL ORDEN PROFESIONAL POR DECRETO LEY 44

En esta sentencia la Corte analiza el auto de remisión de 30 de marzo 2022 n. 42 presentado por el Tribunal administrativo Regional de Lombardía, un auto anterior al antes citado 16 de junio 2022 n. 86 del mismo Tribunal. La diferencia con el segundo auto consiste en el hecho de que en el segundo caso se trataba de un acta de suspensión de una empleada de una empresa sanitaria, mientras que ahora se trata de la suspensión del colegio de los psicólogos de un miembro que no se había vacunado, según cuanto dispuesto por el art. 4 apartado 4 del decreto ley 44. Según el juez remitente, la norma no es conforme a la Constitución, en cuanto exige a los colegios profesionales imponer a sus miembros una vacuna para ejercer actividades que, como en caso de la psicología, pueden tener lugar de forma remota, sin contacto personal. La Corte, sin embargo, no entra al fondo de la cuestión en cuanto que declara —tal y como hizo en el supuesto del auto de remisión n. 86, que recordamos ha formado parte de la sentencia n. 15—, que hay un defecto de admisibilidad por falta de jurisdicción. Frente a la objeción, que el colegio profesional de los psicólogos tiene potestades de ordenación de la profesión, tal y como ha sostenido el Tribunal administrativo, se aplica, otra vez, el auto de la Corte di Cassazione, el n. 28429 ya citado, que afirma que "pertenece a la competencia del juez ordinario la controversia en el que está en juego un derecho subjetivo —en este caso, el de ejercer la profesión sanitaria— sin la intermediación por el ejercicio del poder administrativo". La suspensión de la actividad profesional es determinada por una ley, no por un poder administrativo, por lo tanto el auto de remisión a la Corte Constitucional tenía que ser dictado por un juez ordinario.

---

mentali, 1 2023, p. 398-399, habla de incoherencia de la Corte en cuanto que si la elección de no vacunarse es legítima, entonces no hay que negar la pensión alimenticia. Creo, por el contrario, que se trata en este caso de una cuestión de falta de entendimiento por parte del interprete, en cuanto que la noción de legitimidad utilizada en la sentencia implica su ser objeto de una coacción, no su ser objeto de un deber de asistencia por parte del Estado.

V. SENTENCIAS CLARAS, PERO JUEZ RECALCITRANTE

Las sentencias parecen cerrar la cuestión legal acerca del alcance y validez de las normas sobre la vacunación contra el Covid, pero una reciente ordenanza del Tribunal de Florencia del 27 de marzo de 2023 (Seconda Sezione civile, n. 2022/11334[14]) abre un nuevo interrogante: ¿qué ocurre si un juez no aplica las sentencias de la Corte Constitucional y abiertamente las considera equivocadas?

Este es el caso de esta sentencia que surge a raíz de una causa[15] en la que la misma jueza había ya dejado temporalmente sin efecto la medida de suspensión de la licencia de ejercer como psicólogo, en cuanto que se suspendía su pertenencia al colegio, de un miembro paciente oncológico, motivando que: 1) la vacuna era experimental y peligrosa para el sujeto, que había denunciado varios efectos colaterales; 2) la obligación vacunal violaba no solo el derecho constitucional, sino también las normas del Convenio Europeo de Derechos Humanos.

Ahora, finalizada como hemos visto la vigencia de la obligación, la jueza condena el Colegio de los psicólogos al pago de los gastos legales de la defensa y envía la sentencia a la Fiscalía (Procura de la República) de Roma y a la Fiscalía Contable (Corte dei Conti) para determinar eventuales violaciones de normas penales y el eventual daño al erario.

Más allá del contenido concreto de la resolución judicial, lo llamativo es el hecho de que una jueza afirme abiertamente que las sentencias son equivocadas, en cuanto que las vacunas son experimentales, que causan daños a la salud y que la obligación de vacunarse no era necesaria para mantener la salud pública[16]. Y que, por consiguien-

---

14 El texto de la sentencia se encuentra en URL https://www.ilgiornaleditalia.it/userUpload/ORDINANZA_CAUTELARE_TRIBFIRENZE_27323.pdf [consultado el 20 de abril de 2023]

15 Tribunal de Florencia, segunda sección civil, Auto de 6 de julio 2022, R.G. 7360/2022, URL https://www.biodiritto.org/Biolaw-pedia/Giurisprudenza/Tribunale-di-Firenze-ord.-6-luglio-2022-sospensione-in-via-cautelare-del-divieto-di-esercitare-la-professione-di-psicologo-per-mancata-sottoposizione-al-vaccino-anti-CoViD [consultado el 20 de abril de 2023]

16 BALDINI cit., pp. 392-393 notas 2 y 3, afirma que las conclusiones opuestas de las sentencias se fundamentan "sulla base di diversa e più adeguata pondera-

te, los jueces no tienen obligación de seguir la doctrina de la Corte Constitucional, ya que tienen el deber de aplicar el Derecho conforme a la Constitución, al Convenio Europeo de Derechos Humanos y a los Tratados de la UE. Este poder de desaplicación por la jueza está además ya presente en la decisión de suspensión antes citada, que forma parte de la causa. Un curioso caso de una jueza que cita su misma jurisprudencia para justificar una decisión contraria a jurisprudencia reciente de la Corte Costituzionale.

Hay, por lo tanto, un juez "en Berlin", y seguramente en Florencia si se comparten los argumentos de esta sentencia, pero conviene preguntarse entonces de qué sirve la Corte Constitucional y si aún vivimos en una democracia constitucional con separación de poderes. Y antes de todo, si en este caso la jueza ha "conocido" un derecho por aplicar, o ha "construido" un derecho a partir de su personal interpretaciones del enorme material normativo disponible (y de sus planteamientos morales e ideológicos), desafiando unas sentencias claras, a nuestro parecer, de la Corte Costituzionale. Unas cuestiones que ya no tocan la dogmática constitucional, sino la filosofía del derecho[17].

BIBLIOGRAFÍA

Azzolini V., Morelli M., "Romanzo emergenziale. Notazioni sulla disciplina in materia di Covid", Consulta on line, 2021, fasc. 3, 749-757.

Baldini V., "L'emergenza sanitaria: tra stato di eccezione, trasformazione della costituzione e garanzie del pluralismo democratico. Aspetti problematici (e poco convincenti...) della più recente giurisprudenza costituzionale", *Diritti fondamentali,* 1 2023.

Becchi P., "Tre spunti di teoria generale del diritto sull' obbligo vaccinale", *Diritti fondamentali,* 1, 2023.

---

zione dei dati anche ufficiali". Por lo tanto, en doctrina la cuestión no parece zanjada, al menos para los que no comparten los fundamentos jurídicos de las sentencias de la Corte Costituzionale.

17 Sobre el tema de la naturaleza del conocimiento del derecho y de las imágenes de los juristas se reenvia a SCHIAVELLO A., *Conoscere il diritto,* Mucchi, Parma, 2023.

Bellver Capella, V. y De Montalvo Jääskeläinen, F. "Sobre la obligatoriedad de las vacunas en tiempos de covid-19: Aproximación contextual y análisis desde el Derecho y las políticas comparadas", *Relaciones Internacionales*, nº 52, 2023.

Biondo, F., "Obiezione di coscienza e vulnerabilità. Il lato oscuro dei movimenti di resistenza alle vaccinazioni obbligatorie", *Ragion Pratica*, 1, 2019, 169-186.

Biondo, F., "Obiezione di coscienza ai vaccini, solidarietà e margine di apprezzamento. A proposito della sentenza Vavricka c. Repubblica ceca", *Il Foro Italiano*, vol. 146, n. 7-8, 2021, 357-362.

Capolupo C., "Uso e abuso dell'articolo 32 della costituzione", en *Emergenza pandemica, disciplina dell'emergenza e sospensione delle garanzie costituzionali. Un primo bilancio*, C. Capolupo, R. Manfrellotti (a cura di), Editoriale Scientifica, Napoli 2022, pp. 12-58.

Di Capua, V., "Spigolature del rapporto tra scienza e diritto nella pandemia Covid 19", en *Emergenza pandemica, disciplina dell'emergenza e sospensione delle garanzie costituzionali. Un primo bilancio*, C. Capolupo, R. Manfrellotti (a cura di), Editoriale Scientifica, Napoli 2022 pp. 59-86.

Iannello, C., "Interpretatio abrogans" dell'art. 32 della Costituzione, Editoriale Scientifica ed., Napoli 2022.

Mangia, A., "Si caelum digito tetigeris. Osservazioni sulla legittimità degli obblighi vaccinali", *Rivista AIC Associazione Italiana dei Costituzionalisti*, n. 3, 2021, 432-454.

Papa G., "Riflessioni sul consenso libero e informato per i vaccini obbligatori alla luce della sentenza n. 14 del 2023 della Corte costituzionale", Diritti Fondamentali, 1, 2023.

Romboli R., "La tipología de las decisiones de la Corte constitucional en el proceso sobre la constitucionalidad de las leyes planteado en via incidental", traducido por Ignacio Torres Muro, *Revista Española de Derecho Constitucional*, Año 16. Núm. 48, 1996.

Schiavello A., *Conoscere il diritto*, Mucchi, Parma, 2023.

Ubertone M., *Il giudice e l'esperto: deferenza epistemica e deferenza semantica nel processo*, Giappichelli Torino 2022.

Vecchio G., "Riflessioni sulla sospensione della retribuzione a favore dei lavoratori obiettori dopo le sentenze della Corte costituzionale n. 14 e 15 del 2023", *Diritti Fondamentali*, 1, 2023.

Velo Dal Brenta D., "Correlazioni pericolose. Come il Covid 19 sta minacciando l'Occidente delle libertà vane", *Teoria e Critica della regolazione sociale*, n.2 2022.

Cuestiones biojurídicas en tiempos pandémicos: una mirada al futuro

VICENTE BELLVER CAPELLA
Catedrático de Filosofía del Derecho. Universitat de València
Correo de contacto: vicente.bellver@uv.es

I. INTRODUCCIÓN

El 11 de marzo de 2020 la Organización Mundial de la Salud (OMS) declaró el brote por coronavirus pandemia global, el nivel más alto de alerta que puede declarar. Tres años después, el 5 de mayo de 2023 la misma OMS anunció el fin de la emergencia la sanitaria por la pandemia de Covid-19. El impacto de la pandemia ha sido global pero extraordinariamente desigual. Su expresión más virulenta no tuvo lugar simultáneamente en todo el mundo, sino que se fue repartiendo por regiones y por oleadas. Así, por ejemplo, cuando entre marzo y mayo de 2021 Europa vivía una cuarta oleada de la pandemia con un porcentaje alto de vacunación entre las personas mayores, gracias a lo cual no tuvo mayores consecuencias en términos de saturación de los servicios sanitarios o de contagios, en la India se manifestaba una nueva variante del coronavirus, que se extendió a gran velocidad entre la población, disparando el número de fallecidos y colapsando por completo los servicios sanitarios. En todo caso, como decíamos, el impacto de la pandemia ha sido muy desigual. Las personas mayores y en situación de especial vulnerabilidad han sido las más castigadas por el virus, pero también por la respuesta que se dio a sus necesidades: muchos de ellos fueron aislados en las residencias de mayores en condiciones de completa indignidad; o no recibieron asistencia sanitaria cuando se contagiaron. Se puede decir que, en general, las personas vulnerables han sufrido de forma más intensa las devastadoras consecuencias sanitarias, sociales y económicas de la Covid-19. Y no solo a escala nacional sino también, o más, a nivel internacional. Es cierto que en regiones del mundo como África, donde la población es más joven y la tasa de contagios fue sensiblemente inferior a los demás continentes, el porcentaje de muertos fue mucho menor que en Europa. Pero también lo es que los sistemas sanitarios de esos países habrían sido incapaces de responder a unas tasas de contagio como las europeas, y que la vacunación llegó mucho más tarde que a Europa. Una vez más, la posición económica y social ha determinado el impacto de la pandemia en la población. Ante esta lamentable constatación cabe preguntarse si es inevitable que siempre sea así o cabe articular respuestas frente a amenazas a la salud pública global que garanticen unos niveles de protección más justos. No debemos perder de vista tampoco que en el desigual impacto social de la pandemia un perjuicio particularmente grave lo han sufrido los jóvenes, quienes han visto cómo, siendo el grupo de menor riesgo ante un eventual contagio, han sufrido el mismo confinamiento que el resto de la población, lo que ha tenido impacto muy alto sobre su desarrollo.

Pero más allá del gran reto de justicia distributiva en que consiste garantizar una protección igual de la salud frente a las pandemias, la crisis de la Covid-19 nos ha enfrentado a otros desafíos de semejante entidad. Si ya sentíamos que nuestra vida estaba presidida por el cambio continuo, en buena medida inducido por desarrollos tecnológicos que impactan de forma cada vez más profunda en la naturaleza, la sociedad y el ser humano, la pandemia nos ha obligado a dar respuesta, en unos plazos exiguos, a problemas que se suelen acometer a lo largo de generaciones. ¿Debemos profundizar en la globalización o construir un mundo postglobal que redescubra la relevancia de las distintas esferas de justicia y solidaridad? ¿Debemos aceptar que el mundo virtual está llamado a sustituir el mundo real o que no puede ser más que un instrumento para garantizar unas condiciones de vida digna a todos? ¿Debemos dar por obsoleta la condición corporal humana y buscar un dispositivo de la existencia humana más eficiente que nuestro cuerpo o debemos afirmar la grandeza humana en su frágil corporeidad? Las respuestas que demos a estas preguntas estarán condicionadas por la respuesta a dos preguntas preliminares: ¿quién es el ser humano? ¿Y qué debe hacer con su poder tecnológico a la hora de desarrollar su vida y afrontar los riesgos que la vida misma le depara?

No pretendemos ofrecer en este trabajo ni una propuesta sobre la justa distribución de los recursos en casos de pandemia, ni tampoco la respuesta a las dos preguntas acerca del ser humano y de la tecnología. En este capítulo presumimos (conscientes de que es mucho presumir) que existe un amplio consenso en la respuesta a esas dos preguntas. Con respecto a la primera pregunta (¿quién es el ser humano?), presumimos que existe una mayoría social que reconoce que el ser humano es un ser frágil e interdependiente y que alcanza su plenitud en la medida en que contribuye a que todos sus congéneres puedan disponer de los medios para desarrollar su propia vida[1]. Con respecto a la segunda (¿qué debe hacer con su poder tecnológico?), presumimos que esa mayoría social concibe la tecnología como una herramienta que debe ponerse al servicio de todos los seres humanos, presentes y futuros. Y que para que cumpla esa función, es imprescindible que los diseños tecnológicos, y no solo los usos de la tecnología, estén informados por principios éticos y no por intereses espurios[2].

Dando por supuestas esas respuestas, este capítulo trata de responder a la pregunta acerca de cómo deberíamos encarar una futura pandemia de forma respetuosa con la bioética y los derechos humanos. Porque también partimos de la convicción de que debe existir una estrecha relación entre la bioética y los derechos humanos[3]. Cuando ambas perspectivas se reconocen entre sí como complementarias, se evita que los discursos bioéticos se construyan al margen del reconocimiento de los derechos humanos y se logra, en cambio, que la bioética ayude a concretar las exigencias de los derechos humanos en los ámbitos de la asistencia sanitaria, la salud pública, las investigaciones en salud, y las políticas socio-sanitarias. La necesidad de integrar ambas perspectivas, como veremos en el trabajo, se ha visto reforzada con ocasión de la pandemia. Aunque conta-

---

1 Macintyre, A., *Animales racionales y dependientes*, Paidós, Barcelona, 2001.

2 Bellver Capella, V., "Transhumanismo, discurso transgénero y digitalismo: ¿exigencias de justicia o efectos del espíritu de abstracción?", *Persona y Derecho*, vol. 84, n. 1, 2021, pp. 17-53.

3 Andorno R. "A Human Rights Approach to Bioethics", en: Serna P., Seoane JA. (eds), *Bioethical Decision Making and Argumentation*, International Library of Ethics, Law, and the New Medicine, vol 70, Springer, Cham (2016).

mos con la Declaración Universal de Derechos Humanos y Bioética (2005), lo cierto es que esa integración de perspectivas ha tenido escasa repercusión en la bioética hegemónica en el mundo, que es la anglosajona, dominada por planteamientos utilitaristas y autonomistas. Autores tan representativos de ese universo bioético, como Joseph Fins[4], han reconocido la urgencia de adoptar una perspectiva social en la bioética, que no solo salvaguarde la autonomía del sujeto sino también la igualdad y las condiciones de vida digna para todos. Donald Berwick, por su parte, propuso no hace mucho en el *JAMA* unos determinantes morales de salud, que todos los profesionales de la sanidad deberían abrazar como objetivo último de su actividad profesional. En la lista de siete condicionantes que propone, los dos primeros se refieren a los derechos humanos: que Estados Unidos ratifique los convenios internacionales más importantes en materia de derechos humanos, y que reconozca la asistencia sanitaria como un derecho humano[5].

En este trabajo ofrecemos, en definitiva, una reflexión sobre cómo deberían conciliarse los esfuerzos por combatir una futura pandemia con la salvaguarda de los derechos humanos en el ámbito de la asistencia sanitaria y de las políticas de salud pública. Para ello desarrollaremos tres puntos: el marco normativo que justifica la restricción o suspensión de derechos por razón de la pandemia; las declaraciones de los comités internacionales de bioética sobre el modo en que se deberían proteger los derechos humanos durante la crisis de salud pública que vivimos; y un repaso de los principales derechos amenazados por la crisis como consecuencia de los medios adoptados para combatirla. De una u otra manera, en cada uno de estos puntos se manifiesta no solo la idoneidad sino la excelencia de una concepción de la bioética amplia, inspirada en los derechos humanos. Pero antes de entrar en cada uno de esos puntos, ofrecemos una nota preliminar para subrayar la necesidad de superar

---

4 Fins, J., "Covid-19 Makes Clear that Bioethics Must Confront Health Disparities" [en línea], (2020), https://www.thehastingscenter.org/covid-19-makes-clear-that-bioethics-must-confront-health-disparities/ [Consulta: 21/07/2020].

5 Berwick DM. "The Moral Determinants of Health", *JAMA* [en línea], 2020. https://jamanetwork.com/journals/jama/fullarticle/2767353 [Consulta: 21/07/2021].

los planteamientos disyuntivos en la consideración de los derechos humanos[6]. Durante la pandemia se centró la atención en el dilema entre la lucha efectiva contra el virus o la salvaguarda de los derechos humanos, entre proteger la salud de las personas o respetar su libertad, entre la economía o la salud. Ese planteamiento disyuntivo, que aboca a decisiones trágicas, se sostiene sobre el error de pensar que salud y derechos son bienes que tienden a ser incompatibles en una pandemia, cuando la contemplación sosegada de la realidad nos los presenta, más bien, como complementarios.

II. LOS DERECHOS HUMANOS EN TIEMPOS DE COVID: ENTRE LA PARADOJA Y LA PRUDENCIA

Antes de entrar en el fondo del trabajo parece oportuno reflexionar sobre el carácter problemático, pero no dilemático, de los derechos humanos.

Igual que se dice que los derechos pueden colisionar entre sí, lo mismo sucede entre los derechos y los bienes comunes o de interés social, y también entre bienes comunes entre sí. Esos conflictos entre derechos o entre derechos y bienes comunes se suelen articular en clave dilemática: o prevale uno o prevalece otro. Es cierto que se ha afinado mucho el discurso y que se tiende a aceptar que existe en cada derecho un contenido esencial que no puede ser vulnerado, y que existen derechos que de ninguna manera pueden ser suspendidos. Pero ello no evita que el marco de resolución sea dilemático. Así, con ocasión de la pandemia, se planteó con frecuencia el dilema entre la libertad de expresión (derecho) y la lucha por evitar los bulos que generan infundadas alarmas sociales (bien común), entre primar la actividad económica (bien común) o la salud pública (bien común), entre permitir la libre deambulación (derecho) y adoptar confinamientos para evitar el riesgo de contagios y proteger la salud pública (bien común).

---

6 Ballesteros, J., *Postmodernidad: decadencia o Resistencia*, Tirant lo Blanch, Ciudad de México, 2019, pp. 69 ss.

A nuestro parecer, en lugar de subrayar el carácter trágico de esas decisiones, parece más adecuado insistir en la interrelación y complementariedad que existe entre derechos y bienes comunes, puesto que los primeros no se pueden realizar sin los segundos y los segundos dejan de ser verdaderos bienes comunes cuando se alcanzan en contra del respeto a los derechos. En la Declaración Universal de Derechos Humanos (DUDH) encontramos, al menos, dos referencias a presuntos conflictos entre derecho humano y bien común, y ambos los resuelve en clave de integración y no de conflicto. Así, el art. 29.2 dice "2. En el ejercicio de sus derechos y en el disfrute de sus libertades, toda persona estará solamente sujeta a las limitaciones establecidas por la ley con el único fin de asegurar el reconocimiento y el respeto de los derechos y libertades de los demás, y de satisfacer las justas exigencias de la moral, del orden público y del bienestar general en una sociedad democrática". Destaca que las limitaciones a los derechos solo se pueden hacer mediante ley, y que su finalidad es posibilitar el ejercicio de los derechos por parte de todos y crear las condiciones para el desarrollo de sociedades democráticas. En la misma línea, el art. 28 proclama: "Toda persona tiene derecho a que se establezca un orden social e internacional en el que los derechos y libertades proclamados en esta Declaración se hagan plenamente efectivos". Ambos artículos nos vienen a decir que si las personas no contamos con determinados bienes comunes (como la seguridad ciudadana o la salud pública) los derechos humanos no pueden quedar garantizados. Y, a su vez, si los bienes comunes no se ponen al servicio de los derechos humanos, dejan de ser tales y se convierten en pretextos para el ejercicio de la violencia contra las personas.

Es cierto que la defensa de determinados bienes comunes puede exigir la adopción de medidas excepcionales, que restrinjan notablemente los derechos de las personas. Es lo que sucedió con la pandemia en muchas partes del mundo. Evidentemente, esas medidas limitadoras de derechos solo se pueden acordar mediante ley. Pero no basta con eso. Es imprescindible que sean sometidas al control permanente tanto del poder legislativo, en el que están representados todos los ciudadanos, como de la opinión pública, a través de la libertad de expresión y comunicación. Se trata de que el ejercicio del poder político, incluso en las circunstancias en las que se le habilita para adoptar medidas drásticas que limiten los derechos de todos para proteger bienes comunes esenciales, sea objeto permanente del control ciudadano para evitar que incurra en abusos. Este equilibrio de poderes y contrapoderes solo funciona si cuenta con instituciones consolidadas (el parlamento, los jueces, los medios de comunicación) y existe una cultura social que sea, al mismo tiempo, capaz de confiar en las instituciones del poder político y de controlar el ejercicio de ese poder para que no se extralimite.

Finalmente, conviene recordar que esa visión conflictivista también se proyecta en la relación entre derechos y deberes. Con frecuencia se presentan enfrentados los unos y los otros cuando, en realidad, existe una estrecha relación entre ambos porque para que unos puedan disfrutar de unos derechos otros tienen que cumplir con sus deberes y, al revés[7]. Tanto unos como otros habrán de ser ejercidos desde la responsabilidad que emana de la conciencia de solidaridad. Así, los derechos habrán de ejercerse con responsabilidad y los deberes cumplirse por responsabilidad. La *Pontificia Academia per la Vita*, en su declaración sobre "Pandemia y fraternidad universal" de 30 de marzo de 2020 subraya la necesidad de superar esa visión individualista de los derechos: "Dos formas de pensar bastante burdas, que se han convertido en sentido común y puntos de referencia en lo que respecta a la libertad y los derechos, están siendo cuestionadas. La primera es "Mi libertad termina donde comienza la del otro". La fórmula, ya peligrosamente ambigua en sí misma, es inadecuada para la comprensión de la experiencia real y no es casualidad que sea afirmada por quienes están en posición de fuerza: nuestras libertades siempre se entrelazan y se superponen, para bien o para mal. Es necesario, más bien, aprender a hacerlas cooperar, en vista del bien común y superar las tendencias, que incluso la epidemia puede alimentar, de ver en el otro una amenaza "infecciosa" de la que distanciarse y un enemigo del que protegerse. La segunda: "Mi vida depende única y exclusivamente de mí". Esto no es así. Somos parte de la humanidad y la humanidad es parte de nosotros: debemos aceptar estas dependencias y apreciar la responsabilidad que nos hace participantes y protagonistas. No hay derecho alguno que no tenga como

---

7 Bea Pérez, E., "Derechos y deberes. El horizonte de la responsabilidad", *Derechos y libertades: Revista de Filosofía del Derecho y derechos humanos*, n. 29, 2013, pp. 53-92.

implicación un deber correspondiente: la coexistencia de lo libre e igual es un tema exquisitamente ético, no técnico"[8].

Para acabar con estas reflexiones preliminares, conviene recordar que la lucha contra la amenaza global para la salud pública que vivimos en estos tiempos parte del conocimiento científico y exige adoptar decisiones que, como ya he dicho, en muchos casos pueden ser drásticas. Sin embargo, y en contra de lo que a veces se pretende hacer creer, no existe una relación lógica y directa entre conocimiento científico y toma de decisiones. Y ello por tres razones. En primer lugar, porque la ciencia proporciona un conocimiento imprescindible pero insuficiente porque es provisional e incierto. En segundo lugar, porque las decisiones deben tomar en consideración muchos otros elementos además de los que ofrece cada área científica en particular. Y, en tercer lugar, porque la instancia competente para tomar decisiones que afectan a la vida y la libertad de las personas, en definitiva a sus derechos, es la política[9]. Resulta imprescindible tomar decisiones, pero es inevitable hacerlo en un contexto de mayor o menor incertidumbre. Esas decisiones no pueden hacerse al margen del conocimiento científico, pero no pueden sustentarse ni justificarse únicamente en él: primero porque, siendo un conocimiento necesario, nunca será suficiente; y, segundo, porque no compete a los científicos, sino a los representantes del pueblo, ordenar la vida de las personas[10].

A la vista de todo lo anterior, cabe llegar a dos conclusiones, una cognitiva y otra ética. Primera, es fundamental descubrir que el conocimiento de lo real tiene un carácter paradójico. Lo que inicialmente

---

[8] Pontificia Academia Per La Vita, *Pandemia y Fraternidad Universal,* [en línea], (2020), http://www.academyforlife.va/content/pav/it/notizie/2020/pandemia-e-fraternita-universale.html [Consulta: 21/07/2020].

[9] De Lucas, J., "Variaciones sobre un tópico weberiano. Acerca del lugar de la ciencia en la decisión política", *Revista de las Cortes Generales*, n. 111, 2021, pp. 75-96.

[10] De Montalvo Jääskeläinen, Federico, "La incertidumbre jurídica como respuesta del derecho a los dilemas del avance biotecnológico ¿paradoja o única solución posible?", *Pensamiento: Revista de investigación e Información filosófica,* Vol. 78, n. Extra 298 (Mejora y extensión tecnológica de la mente), 2022, pp. 689-736; Bellver Capella, V., "El quehacer político entre las limitadas certezas de la ciencia y el Derecho: consideraciones a propósito de algunos trabajos de Javier de Lucas", *Cuadernos electrónicos de filosofía del derecho,* nº. Extra 49, 2023, pp. 177-189.

se aparece como contrario suele ser, más bien complementario[11]: la libertad no es lo contrario al confinamiento cuando existe un riesgo máximo de una infección grave que amenaza de forma inmediata la vida y la salud de todas las personas. ¿De qué sirve mantener la libertad deambulatoria si las personas se contagiarán de una enfermedad grave por la que muchos morirán y muchos otros tendrán problemas importantes de salud?

Segunda, la decisión sobre la eventual limitación de las libertades y derechos de las personas no solo debe darse en el marco de la ley y ser adoptada por los representantes del poder político. Debe ser fruto también de la prudencia, aquella virtud que es capaz de identificar el curso de acción más idóneo para el momento en que se ha de tomar la decisión. Y para ello, deberá tener presente la complejidad de lo real y asumir los amplios márgenes de incertidumbre que siempre trae consigo la decisión. En la medida en que se trata de una decisión libre, y no la conclusión de una secuencia lógica, podrá ser objeto de revisión cuando se adviertan errores o cambien las circunstancias.

III. LA JUSTIFICACIÓN Y ALCANCE DE LA SUSPENSIÓN DE DERECHOS

Como se ha indicado, la DUDH prevé la posibilidad de limitar los derechos, o para que los demás también los puedan ejercer, o para proteger bienes esenciales en una democracia. Ahora bien, el modo y alcance en que esa limitación pueda llevarse a cabo viene regulado por el art. 4 del Pacto Internacional de Derechos Civiles y Políticos (1966)[12]: "1. En situaciones excepcionales que pongan en peligro la

---

11 Ballesteros, J., *Postmodernidad...* cit.

12 Los instrumentos regionales sobre derechos humanos también recogen disposiciones análogas. El Convenio Europeo de Derechos Humanos (1950), en su art. 15 regula la suspensión de derechos. En abril de 2020 la Secretaría General del Consejo de Europa emitió una nota detallando las exigencias que comporta esa regulación con relación a la pandemia: Council Of Europe, *Respecting democracy, rule of law and human rights in the framework of the COVID-19 sanitary crisis. A toolkit for member states* [en línea], (2020), https://rm.coe.int/sg-inf-2020-11-respecting-democracy-rule-of-law-and-human-rights-in-th/16809e1f40 [Consulta: 21/07/2020]. La Convención

vida de la nación y cuya existencia haya sido proclamada oficialmente, los Estados Partes en el presente Pacto podrán adoptar disposiciones que, en la medida estrictamente limitada a las exigencias de la situación, suspendan las obligaciones contraídas en virtud de este Pacto, siempre que tales disposiciones no sean incompatibles con las demás obligaciones que les impone el derecho internacional y no entrañen discriminación alguna fundada únicamente en motivos de raza, color, sexo, idioma, religión u origen social. 2. La disposición precedente no autoriza suspensión alguna de los artículos 6, 7, 8 (párrafos 1 y 2), 11, 15, 16 y 18".

De acuerdo con la interpretación del Comité de Derechos Humanos, en su Observación General n. 29 sobre los Estados de Emergencia[13], el párrafo 2 del artículo 4 del Pacto impide suspender: el derecho a la vida (art. 6); el derecho a no estar sometido a torturas y las penas o tratos crueles, inhumanos o degradantes, o a experimentos médicos o científicos de no mediar libre consentimiento (art. 7); el derecho a no estar sujeto a la esclavitud, la trata de esclavos y la servidumbre (art. 8, 1 y 2); el derecho a no ser encarcelado por el solo hecho de no poder cumplir una obligación contractual (art. 11); el principio de legalidad en materia penal, esto es, el requisito de que la responsabilidad penal y la pena vengan determinadas exclusivamente por disposiciones claras y concretas de la ley en vigor y aplicable en el momento de cometerse el acto o la omisión, salvo que por ley posterior se imponga una pena más leve (art. 15); el derecho a la personalidad jurídica (art. 17); y la libertad de pensamiento, de conciencia y de religión (art. 18)[14].

Americana sobre Derechos Humanos (también llamada Pacto de San José de Costa Rica, 1969) se ocupa de esta materia en su artículo 27.

13 Comité de Derechos Humanos. Naciones Unidas, *Observación General n. 29, sobre los Estados de Emergencia* [en línea], (2001), https://www.acnur.org/fileadmin/Documentos/BDL/2003/1997.pdf [Consulta: 21/07/2020]

14 La mencionada Observación General recuerda que el hecho de que ciertos derechos no puedan ser suspendidos no significa que no puedan limitarse o restringirse en ningún caso. La referencia contenida en el párrafo 2 del artículo 4 al artículo 18 del Pacto Internacional, cuyo párrafo 3 establece una cláusula específica sobre limitaciones a la libertad religiosa, demuestra que pueden permitirse las restricciones incluso de aquellos derechos cuya suspensión está vetada por el pro-

A la hora de interpretar el art. 4, además de tomar en consideración la mencionada Observación General, conviene también tener en cuenta los Principios de Siracusa. Este documento fue aprobado por algunas organizaciones no gubernamentales relacionadas con el mundo del Derecho, con el objeto de perfilar el alcance del art. 4 del Pacto. En la medida en que la Comisión de Derechos Humanos de Naciones Unidas lo adoptó como un documento oficial, no puede desconocerse a la hora de interpretar la mencionada norma. Pues bien, estos principios contienen un párrafo pensado para una situación como la que hemos vivido con ocasión de la pandemia: "la salud pública puede invocarse como motivo para limitar ciertos derechos a fin de permitir a un Estado adoptar medidas para hacer frente a una grave amenaza a la salud de la población o de alguno de sus miembros. Estas medidas deberán estar encaminadas específicamente a impedir enfermedades o lesiones o a proporcionar cuidados a los enfermos y lesionados"[15].

La Observación General Nº 14 sobre el derecho al disfrute del más alto nivel posible de salud (artículo 12) hizo en su momento una precisión muy pertinente a propósito del objetivo que persigue el art. 4: "Los Estados suelen utilizar las cuestiones relacionadas con la salud pública para justificar la limitación del ejercicio de otros derechos fundamentales. El Comité desea hacer hincapié en el hecho de que la cláusula limitativa —el artículo 4— tiene más bien por objeto proteger los derechos de los particulares, y no permitir la imposición de limitaciones por parte de los Estados"[16]. Es decir, que el objetivo

---

pio Pacto. El art. 18.3 del Pacto dice: "La libertad de manifestar la propia religión o las propias creencias estará sujeta únicamente a las limitaciones prescritas por la ley que sean necesarias para proteger la seguridad, el orden, la salud o la moral públicos, o los derechos y libertades fundamentales de los demás".

15 Comité de Derechos Humanos. Naciones Unidas, *Principios de Siracusa sobre las disposiciones de limitación y derogación del Pacto Internacional de Derechos Civiles y Políticos* [en línea], (1984), https://undocs.org/pdf?symbol=es/E/CN.4/1985/4 [Consulta: 21/07/2020]

16 Comité de Derechos Económicos, Sociales y Culturales, *Observación general Nº 14: El derecho al disfrute del más alto nivel posible de salud (artículo 12)* [en línea], (2000), https://www.acnur.org/fileadmin/Documentos/BDL/2001/1451.pdf?file=fileadmin/Documentos/BDL/2001/1451 [Consulta: 21/07/2020]

de esta cláusula no es habilitar al Estado para restringir los derechos sino para garantizar, incluso en las situaciones más críticas, los derechos de los individuos.

IV. LA POSICIÓN DE LOS COMITÉS INTERNACIONALES DE BIOÉTICA SOBRE LA SUSPENSIÓN DE DERECHOS HUMANOS COMO CONSECUENCIA DE LA PANDEMIA

Son tres los comités internacionales de bioética más relevantes que existen en el mundo: el Comité Internacional de Bioética (IBC) de la UNESCO, el Comité de Bioética del Consejo de Europa (DH-BIO), y el Grupo Europeo sobre Ética de las Ciencias y las Nuevas Tecnologías (EGE)[17]. Los tres se manifestaron sobre el modo correcto en que debía afrontarse la pandemia y las consiguientes medidas restrictivas de derechos.

El primero fue el EGE, el 2 de abril de 2020. El título de su manifestación es toda una declaración de intenciones: la solidaridad europea y la protección de los derechos fundamentales ante la pandemia de COVID-19[18]. En efecto, el punto de partida es la afirmación del principio de solidaridad, en un sentido fuerte e inclusivo, que reconozca que el respeto se debe a todos y no solo a quienes viven en nuestra propia ciudad, región o país. Reconoce que el impacto de la pandemia y de las medidas para combatirla es muy distinto y afirma la necesidad de que las medidas adoptadas atiendan preferentemente a los grupos más afectados y vulnerables. Para lograr esa solidaridad es fundamental que los poderes políticos se granjeen la confianza de sus ciudadanos, para lo que deberán someter su actuación a

---

17 Bellver Capella, V., "International Bioethics Committees: Conditions for a Good Deliberation"; En: Serna P., Seoane JA. (eds), *Bioethical Decision Making and Argumentation*, International Library of Ethics, Law, and the New Medicine, vol 70, Springer, Cham, 2016.

18 European Group of Ethics in Science and New Technologies, *Statement on European Solidarity and the Protection of Fundamental Rights in the COVID-19 Pandemic* [en línea], (2020), https://ec.europa.eu/info/sites/info/files/research_and_innovation/ege/ec_rtd_ege-statement-covid-19.pdf [Consulta: 21/07/2020]

los principios de transparencia y rendición de cuentas. Insisten en la vigilancia que debe acompañar la adopción de cualquier política que suspenda o limite los derechos fundamentales. Esas medidas siempre serán temporales y ajustadas a la necesidad y proporcionalidad: "El mayor peligro —durante y después del final de cualquier "estado de emergencia" formal— es una "nueva normalidad" en la que los derechos y libertades queden erosionados". La declaración del EGE se sintetiza en dos poderosos mensajes: esta crisis nos enfrenta de forma inapelable a nuestra vulnerabilidad y dependencia mutua, a las que debemos responder con la solidaridad; y la emergencia de salud pública que vivimos no debe servir nunca para abusar del poder o suspender permanentemente los derechos y libertades.

Pocos días después, el Comité Internacional de Bioética (IBC) de la UNESCO y la Comisión Mundial de Ética del Conocimiento Científico y la Tecnología (COMEST) de la UNESCO publicaron una declaración conjunta sobre la COVID-19. Parte del reconocimiento de la incertidumbre que rodea la pandemia y la dificultad de su gestión. Ante ello aboga por el diálogo interdisciplinar entre los agentes científicos, éticos y políticos, así como en evitar cualquier decisión que no se sustente en un conocimiento científico sólido.

Reconoce que la gravedad de la situación se acrecienta en la medida en que el acceso a la asistencia sanitaria es muy desigual, entre otras razones porque los sistemas sanitarios cuentan con unos recursos humanos y materiales también muy desiguales. Para tratar de paliar esas diferencias urge a los Estados a invertir recursos en salud y a reforzar la coordinación internacional. Este es el único de los tres documentos que expresamente trata de la asignación de recursos cuando resulten insuficientes para la asistencia: "En el caso de la selección de pacientes cuando hay escasez de recursos, debe primar la necesidad clínica y la efectividad del tratamiento. Los procedimientos deben ser transparentes y respetuosos con la dignidad humana". No contempla ningún criterio basado en el valor social de las personas; al contrario, reafirman la responsabilidad colectiva en materia de protección de las personas vulnerables y la necesidad de evitar toda forma de estigmatización y discriminación.

Precisamente la responsabilidad es uno de los principios más importantes sobre los que pivota la declaración, al entender que el derecho a la salud solamente se puede garantizar si cumplimos con nuestro deber para con la salud, tanto a escala individual como colectiva. Es, por tanto, una prioridad reconocer nuestras responsabilidades y plasmarlas en actos. También se habla de las condiciones en las que debe facilitarse la información y en las que desarrollar la investigación científica dirigida a acabar con la pandemia. Un apartado especial se dedica a la tecnología digital. Si bien reconoce que es un instrumento imprescindible en la lucha contra la COVID-19, recuerda que, en ese campo, “los derechos humanos deben respetarse en todo momento y los valores de privacidad y autonomía deben equilibrarse cuidadosamente con los valores de seguridad y protección”. Este enunciado puede resultar ambiguo porque trata de abarcar marcos normativos sobre la protección de datos personales tan distantes como los de Europa, Estados Unidos o China[19].

El documento concluye con un “llamamiento a la cooperación y la solidaridad internacionales, en lugar de intereses nacionales de corto alcance, subrayando la responsabilidad de los países ricos de ayudar a las naciones pobres en este momento de emergencia de salud pública internacional” para proveerlas de los recursos necesarios para prevenir y curar la COVID-19.

Finalmente, el Comité de Bioética del Consejo de Europa publicó una declaración el 14 de abril de 2020 con unas consideraciones sobre derechos humanos relacionadas con la pandemia de COVID-19[20]. Partiendo de los principios y derechos consagrados en el Convenio Europeo sobre Derechos Humanos y Biomedicina (CEDHyB), único instrumento vinculante en el mundo sobre derechos humanos y biomedicina, destaca los siguientes aspectos relacionados con la lucha contra la pandemia y la protección de los derechos humanos:

– El acceso a la asistencia sanitaria, en particular en un contexto de escasez de recursos como el vivido durante la pandemia, debe ser

---

19 BELLVER CAPELLA, V., de MONTALVO, F., “El diseño del entorno digital como presupuesto de los Derechos Digitales”, *Diario La Ley*, n. 49 [en línea], (2021), https://diariolaley.laleynext.es/Content/Inicio.aspx [Consulta: 21/07/2023].

20 COMMITTEE ON BIOETHICS (DH-BIO), *DH-BIO Statement on human rights considerations relevant to the COVID-19 pandemic* [en línea], (2020), https://rm.coe.int/inf-2020-2-statement-covid19-e/16809e2785 [Consulta: 21/07/2020]

igual para todos (tal como dispone el art. 3 CEDHyB) y estará guiado por criterios médicos, de modo que garantice que las personas más vulnerables, como las personas con discapacidad, las personas mayores, los refugiados y migrantes, no sean víctimas de discriminación.

– La recopilación y el procesamiento de datos relacionados con la salud (esenciales para la prevención, curación e investigación para combatir la COVID-19) deben llevarse a cabo desde el respeto al derecho a la privacidad sobre los datos personales de salud (art. 10 CEDHyB).

– Toda restricción al ejercicio de los derechos debe ser prescrita por la ley, estar dirigida a proteger los intereses colectivos (de forma particular la salud pública) y se ajustará a los principios de necesidad y proporcionalidad.

– En todo caso se protegerán los derechos de las personas sometidas a investigación con el fin de conseguir medidas terapéuticas y preventivas apropiadas (arts. 16 17 CEDHyB).

– El Protocolo Adicional al Convenio de Oviedo sobre Investigación Biomédica define las condiciones bajo las cuales se puede realizar la investigación sobre personas en situaciones clínicas de emergencia.

– La declaración subraya la importancia del Preámbulo del CEDHyB y, en particular, el vínculo fundamental e indisociable entre derechos humanos, solidaridad y responsabilidad.

La lectura conjunta de estos tres documentos muestra una enorme coincidencia en los aspectos considerados prioritarios: los principios de solidaridad y la responsabilidad, de los que se derivan la equidad en el acceso y la atención a los grupos vulnerables; la importancia de desarrollar investigaciones que contribuyan a combatir la pandemia y hacerlo de forma respetuosa co los derechos humanos; el carácter limitado y siempre supervisado de toda suspensión temporal de los derechos; y la íntima relación entre derechos y deberes. La única grieta que quizá pueda advertirse entre ellas tenga que ver con la posición ante el uso de la tecnología digital para luchar contra la pandemia. Mientras que los dos comités europeos remiten al marco regulador que rige en Europa sobre el derecho a la intimidad con relación a los datos personales, la declaración de UNESCO hace una mención más genérica, que permite dar por válidos regímenes regulatorios de la intimidad digital menos proteccionistas que el europeo.

Aunque no sea un comité internacional de bioética, este repaso de las respuestas internacionales a la pandemia desde una perspectiva bioética quedaría incompleto si no se hiciera al menos una sucinta referencia a dos documentos de la Organización Mundial de la Salud que abordan estas cuestiones. Ambos fueron publicados con anterioridad a la declaración de la pandemia, aunque están pensados para ofrecer una orientación ética sobre el modo de afrontarla; y tienen un nivel de detalle que no ofrece ninguna de las declaraciones ya aludidas.

En 2007 la OMS publicó las Consideraciones éticas en el desarrollo de una respuesta de salud pública a la gripe pandémica. El documento comienza precisamente refiriéndose al conflicto entre intereses privados y colectivos que genera la lucha contra las pandemias. "La planificación de la preparación para una pandemia de gripe implica equilibrar intereses individuales y comunitarios potencialmente conflictivos. En situaciones de emergencia, las libertades civiles y los derechos humanos individuales pueden tener que limitarse en beneficio del interés público. Sin embargo, los esfuerzos para proteger los derechos individuales deberían formar parte de cualquier política. Las medidas que limitan los derechos individuales y las libertades civiles deben ser necesarias, razonables, proporcionales, equitativas, no discriminatorias y estar en plena conformidad con las leyes nacionales e internacionales"[21]. La novedad en este informe la encontramos en la apelación que hace para que esos potenciales conflictos se resuelvan inspirándose en los principios éticos "como herramientas para sopesar exigencias contrapuestas y llegar a decisiones apropiadas". Pero, a su vez, "todas las deliberaciones éticas deben tener lugar en el contexto de los principios de los derechos humanos, y todas las políticas han de ser congruentes con leyes apli-

21 ORGANIZACIÓN MUNDIAL DE LA SALUD, *Consideraciones éticas en el desarrollo de una respuesta de salud pública a la gripe pandémica* [en línea], (2007), https://www.who.int/ethics/WHO_CDS_EPR_GIP_2007.2_spa.pdf [Consulta: 21/07/2020]

cables de derechos humanos". Al concretar esta exigencia, subraya que las medidas de salud pública deben estar en conformidad con las leyes internacionales de derechos humanos y los requisitos jurídicos nacionales, y los gobiernos prestarán atención especial a la protección de los intereses de las poblaciones vulnerables. Se consagran, pues, dos principios de gran trascendencia: que las normas que regulan la suspensión de derechos deben ser siempre respetadas; y que, en momentos de crisis humanitaria, se prestará atención preferente a los más desfavorecidos.

En 2016 la OMS, publicó la Guidance for Managing Ethical Issues in Infectious Disease Outbreaks[22]. Se trata de un documento minucioso en el que se concretan las exigencias éticas ante brotes de enfermedades infecciosas, partiendo del marco de los derechos humanos que solo serán limitados por las razones y de conformidad con las leyes mismas sobre derechos humanos. Se trata, como no podía ser de otra manera, de una guía que sanciona los mismos criterios aprobados en las consideraciones de 2007.

V. EL IMPRESCINDIBLE TEST DE LOS DERECHOS HUMANOS PARA EVALUAR LAS POLÍTICAS SOCIO SANITARIAS CONTRA LAS PANDEMIAS

Teniendo en cuenta que la inmensa mayoría de los profesionales de la salud orientan su actividad a la asistencia y cuidado de la salud de personas concretas, es lógico que su perspectiva ética resulte insuficiente en contextos de emergencias sanitarias, en los que es imprescindible integrar los deberes de cuidado centrados en el paciente con los deberes hacia el público, que promueven tanto la igualdad entre las personas como la equidad en la distribución de los riesgos y beneficios en la sociedad[23]. Cuando, en momentos como el de la pa-

---

22 Organización Mundial de la Salud, *Guidance for Managing Ethical Issues in Infectious Disease Outbreaks* [en línea], (2016), https://apps.who.int/iris/handle/10665/250580 [Consulta: 21/07/2020]

23 BERLINGER, N., ET ALT., *Ethical Framework for Health Care Institutions Responding to Novel Coronavirus SARS-CoV-2 (COVID-19). Guidelines for Institutional Ethics*

sada pandemia por Covid-19, esos profesionales se vieron necesariamente compelidos a hacerlo, no solo se sintieron angustiados, sino que sufrieron un auténtico daño moral[24]. En lo que sigue presentaré los principales desafíos en el ámbito sociosanitario que la lucha contra la pandemia plantea a los derechos humanos. Aunque ciertamente corresponde afrontarlos en primer lugar a las autoridades, también los profesionales de la salud estarán interpelados en muchos casos. De ahí la urgencia de que refuercen su formación bioética desde las perspectivas de la salud pública y los derechos humanos. La garantía de los derechos corresponde en primera instancia a la Constitución y al resto del ordenamiento jurídico, pero si no existe una cultura profesional que destile una praxis asistencial respetuosa con los derechos de las personas será muy difícil que esas garantías sean realmente efectivas en el ámbito sociosanitario.

1. *Suspensión de la libertad de movimientos.* Es una de las primeras medidas que se suele tomar para contener el avance de la pandemia. La vigilancia de la población y el control de sus movimientos, o el aislamiento coercitivo en el domicilio son algunos ejemplos notorios de esa restricción. La distancia entre las personas, el uso de la mascarilla o los pasaportes pandémicos son también otras medidas que se imponen o recomiendan. Más allá del apoyo coercitivo con que son respaldadas para que resulten eficaces es importante difundir una información fiable entre la población, que dé razón de las medidas, y una educación sanitaria[25], que haga comprender a los ciudadanos que esas medidas no son restricciones a sus derechos sino ejercicios de responsabilidad personal para el logro de un bien común primario[26].

Services Responding to COVID-19. Managing Uncertainty, Safeguarding Communities, Guiding Practice, Hastings Center, 2020.

24 Williamson, V. et al. "COVID-19 and experiences of moral injury in front-line key workers." *Occupational medicine*, vol. 70,5, 2020, pp. 317-319; Bellver Capella, V., "Problemas bioéticos en la prestación de los cuidados enfermeros durante la pandemia del COVID-19", *Index de Enfermería*, vol. 29, n.1-2 [en línea], (2020), http://ciberindex.com/c/ie/e12909 [Consulta: 27/07/2023]

25 Bellver Capella, V., "Educar para la salud en tiempos de pandemia", *Cadernos Ibero-Americanos Direito Sanitário*, vol. 10, n. 2, 2021, pp. 233-52.

26 Baylis, F., et alt., "A Relational Account of Public Health Ethics", *Public Health Ethics*, Vol. 1, n. 3, 2008, pp. 196-209.

La limitación de la libertad deambulatoria afecta directamente a las condiciones en las que se desenvuelve la asistencia sanitaria. El acompañamiento a las personas mayores en las residencias[27] y a los pacientes en los hospitales tiende a suspenderse para reducir el riesgo de contagios. Pero, al hacerlo, se les deja en una situación de máxima vulnerabilidad al encontrarle solos en ámbitos en los que les resultan poco familiares. El modo en que se informa y recaba el consentimiento del paciente pasa de ser presencial a virtual, con lo que se dificulta la comunicación efectiva con él. La asistencia espiritual y religiosa tiende a prestarse de forma también virtual, cuando no a recortarse o incluso a suspenderse, justo cuando las personas pueden tener mayor necesidad de este auxilio. La despedida de un familiar tras su fallecimiento se lleva a cabo en condiciones sumamente restrictivas, con todo el perjuicio que ello supone para el duelo de las personas que pierden a sus seres queridos. A la vista del enorme impacto que tienen estas medidas sobre la vida y libertad de las personas, solo deberían permitirse esas limitaciones en el futuro cuando resulten imprescindibles para evitar graves riesgos de infección que, a su vez, supongan una amenaza cierta para la vida de las personas o para impedir el colapso del sistema sanitario[28].

2. *Atenuación de las medidas de protección de los sujetos de investigación.* La pasada pandemia evidenció la urgencia de disponer vacunas seguras y eficaces para evitar contagios, y de tratamientos para curar a los infectados. Pero los tiempos de la investigación no se ajustan con los de la necesidad de desarrollar remedios para combatir el virus o prevenirlo. Dos razones poderosas justifican esos tiempos más dilatados: de una parte, garantizar los derechos de las personas que se presten como sujetos de la investigación; de otra, alcanzar un umbral alto de

---

27 Comité de Bioética de España, *Informe sobre el cuidado de las personas mayores en el marco del sistema socio-sanitario* [en línea], (2022), http://assets.comitedebioetica.es/files/documentacion/CBE_Informe%20sobre%20el%20cuidado%20de%20las%20personas%20mayores%20en%20el%20marco%20del%20sistema%20sociosanitario.pdf [Consulta: 27/07/2023].

28 Comité de Bioética de España, *Declaración sobre el derecho y deber de facilitar el acompañamiento y la asistencia espiritual a los pacientes con Covid-19 al final de sus vidas y en situaciones de especial vulnerabilidad* [en línea], (2020), http://assets.comitedebioetica.es/files/documentacion/CBE_Declaracion_sobre_acompanamiento_COVID19.pdf [Consulta: 21/07/2020].

certidumbre acerca de la seguridad y efectividad del producto. Tanto la posibilidad de relajar las garantías de protección de los sujetos de investigación con el objeto de conseguir cuanto antes la vacuna o los medicamentos, como la de aprobar alguno de esos productos sin la total certidumbre de que es efectivo y carece de efectos secundarios relevantes son arriesgadas. Pero no debemos perder de vista que el mantenimiento de los estándares ordinarios acarrea la pérdida de muchas vidas. Tampoco se puede desconocer la dificultad de integrar el abordaje coordinado de la investigación (para lograr mejores resultados con un empleo más eficiente de los recursos) y la libertad de investigación de los científicos[29].

Un dilema particular se suscita entre la protección de los datos personales y su uso para investigaciones que puedan mejorar la asistencia de las personas afectadas por la pandemia. El derecho a la intimidad personal debe conciliarse adecuadamente con la consecución de un bien colectivo, como es el progreso en el conocimiento de la enfermedad y en el modo de prevenirla y tratarla[30]. La seudonimización de los datos es una opción que, al tiempo que protege la intimidad de los sujetos fuente, permite el uso de datos de salud sin consentimiento cuando existe una razón de interés colectivo de gran relevancia que lo justifique.

3. *Priorización en la asignación de recursos, ante la insuficiencia para atender a todos los pacientes.* Aunque tanto desde instancias científicas como bioéticas se han defendido criterios de priorización basados en la utilidad social, como puede ser el criterio de los años de vida ganados, o los años de vida con calidad, afortunadamente la inmensa mayoría de los comités de bioética nacionales[31] e internacionales han

---

29 Savulescu, J., "Is it right to cut corners in the search for a coronavirus cure?" [en línea], (2020), https://www.theguardian.com/commentisfree/2020/mar/25/search-coronavirus-cure-vaccine-pandemic [Consulta: 1/12/2022].

30 Comité de Bioética de España, *Informe sobre los requisitos ético-legales en la investigación con datos de salud y muestras biológicas en el marco de la pandemia de COVID-19* [en línea], (2020), http://assets.comitedebioetica.es/files/documentacion/Informe%20CBE%20investigacion%20COVID-19.pdf [Consulta: 21/07/2020].

31 Entre los comités nacionales, Comité de Bioética de España, *Informe sobre los requisitos ético-legales en la investigación con datos de salud y muestras biológicas en el marco de la pandemia de COVID-19* [en línea], (2020), http://assets.comitedebioe-

subrayado los principios de equidad y de atención a la vulnerabilidad a la hora de establecer la priorización. El derecho a la asistencia sanitaria no puede prestarse con criterios que desconozcan el igual valor de todos los seres humanos. Este es probablemente uno de los mayores desafíos que tendrá que afrontar la humanidad ante la irrupción de nuevas pandemias: establecer unos criterios de priorización en el acceso a recursos sanitarios vitales escasos que no resulten discriminatorios.

4. *Los deberes exigibles a los profesionales sanitarios en tiempos de pandemia.* ¿En qué medida los profesionales sanitarios tienen un deber de "excederse" frente a una pandemia: dedicando más horas al trabajo que las establecidas por su contrato; asumiendo un nivel de riesgo superior al ordinario; trabajando con insuficiencia de medios para preservar su seguridad o desempeñando tareas para las que no están específicamente formados? Por un lado, el compromiso de los profesionales sanitarios incluye un nivel de dedicación y asunción de riesgo mayor. Ahora bien, es deber de las autoridades sanitarias procurarles los medios de protección personal que les prevengan de riesgos de contagio, proporcionar los cuidados que precisen para poder seguir trabajando en las condiciones adecuadas, y asignarles los puestos y responsabilidades en los que sean más necesarios y para los que estén mejor formados[32]. En todo caso, deben ser protegidos de agresiones o de la estigmatización causada por quienes los ven como vectores de transmisión de la enfermedad.

5. *Controles preventivos de los movimientos de la población.* Cuando, como sucedió en un momento determinado de la anterior pandemia por Covid, empezaba a estar controlada, pero se mantenía el riesgo de un rebrote, se planteó la posibilidad de adoptar medidas de prevención basadas en el control de movimientos de la población. El seguimiento de las personas puede ayudar a evitar contagios, pero el modo de hacerlo puede ser más o menos invasivo. Los principios

---

tica.es/files/documentacion/Informe%20CBE-%20Priorizacion%20de%20recursos%20sanitarios-coronavirus%20CBE.pdf [Consulta: 21/07/2020].

32 Novoa, A., "¿Deben los profesionales sanitarios correr riesgos en la epidemia del COVID-19?", [En línea], (2020), http://www.nogracias.org/2020/03/15/deben-los-profesionales-sanitarios-correr-riesgos-en-la-epidemia-del-covid-19-por-abel-novoa/ [Consulta: 21/07/2020].

de proporcionalidad y minimización en el acceso a datos personales conducen a la adopción de aquellas medidas que sean necesarias y mínimamente invasivas.

En lugar de controlar los movimientos, también se planteó la posibilidad de expedir pasaportes inmunitarios que permitieran a sus titulares gozar de unas libertades que estarían vedadas a quienes no pudieran acreditar su inmunidad. Aunque algunos autores defendieron su pertinencia ética[33], otros los denunciaron no solo por los riesgos que implicaban para la igualdad entre las personas, sino también por razones de índole puramente práctica[34].

6. *La desigual capacidad de respuesta de los sistemas nacionales de salud y la equidad en el acceso a la protección de la salud.* Mientras que algunos estados cuentan con sistemas de salud bien dotados y organizados, capaces de garantizar a su población unos niveles aceptables de protección y asistencia, la cobertura sanitaria de muchos otros resulta insuficiente para llegar a la mayoría de los ciudadanos. En situaciones de crisis sanitarias esa desigualdad de recursos resulta trágica. Si aceptamos que las pandemias son un desafío global, y que debe ser globalmente afrontado, deberá prestarse atención preferente a esta desigualdad; por una elemental razón de justicia, en primer lugar, pero también para evitar que los focos de contagio se mantengan vivos en algunos países, con el consiguiente riesgo que entrañan para todos.

Este problema, sin embargo, no se puede resolver siempre con una cooperación más estrecha entre estados porque en no pocas ocasiones el problema va mucho más allá de la insuficiencia del sistema sanitario en determinados países y alcanza al conjunto de la estructura del estado. Nos referimos al problema de los estados fallidos, en los que ni siquiera la seguridad y el funcionamiento de las instituciones está garantizado en todo su territorio; o el de los estados corrup-

---

33 De Miguel, I., "Immunity Passports", [En línea], (2020) https://blogdroiteuropeen.com/2020/06/27/immunity-passports-by-inigo-de-miguel-beriain/ [Consulta: 2/03/2023].

34 Baylis, F., Kofler, N., "COVID-19 Immunity Testing: A Passport to Inequity", *Issues in Science and Technology*, [En línea], (2020) https://issues.org/covid-19-immunity-testing-passports/ [Consulta: 14/02/2021].

tos, en los que resulta sumamente difícil establecer mecanismos de cooperación o desarrollar instituciones que garanticen los derechos a los ciudadanos. Por si fuera poco, también se debe contemplar el problema de que los gobernantes de un país en un momento determinado desconozcan el alcance y los riesgos de la pandemia, o adopten unas directrices de lucha contra ella notoriamente contrarias a cualquier evidencia científica.

7. *El derecho a la información y la libertad de expresión durante las crisis sanitarias.* El término infodemia, término acuñado por el periodista David Rothkopf en una columna que publicó en *The Washington Post* el 11 de mayo de 2003[35], designa no solo la rápida difusión de informaciones erróneas, muchas con intereses espurios o burdamente manipuladores, sino también el exceso de informaciones sobre un problema que tiende a agravar su solución. Este modo de proceder no fue una novedad de la crisis del coronavirus sino una característica propia sobre el modo de informar acerca de las epidemias y otros fenómenos sociales. La novedad, en este caso, tiene que ver con las plataformas de la tecnología digital y su capacidad de diseminar errores hasta el lugar más recóndito en tiempo real[36], pero también de aportar una sobreabundancia de información que impide que el ciudadano llegue a disponer de una información completamente fiable y útil para orientarse[37]. Determinar la responsabilidad de todos los agentes, y en especial de los estados y de los medios de comunicación tradicionales, es una cuestión de ética de la información, pero directamente imbricada con la bioética y los derechos humanos. No hay que perder de vista que, si bien la difusión de informaciones erróneas siembra la confusión y dificulta la respuesta eficaz contra la pandemia, el excesivo control de la información atenta contra un de-

---

35 Rothkopf, D., "When the Buzz Bites Back", [En línea], (2003), https://www.washingtonpost.com/archive/opinions/2003/05/11/when-the-buzz-bites-back/bc8cd84f-cab6-4648-bf58-0277261af6cd/ [Consulta: 15/03/2023].

36 Zarocostas, J., "How to fight an infodemic", *The Lancet*, vol. 395, n. 10225, 2020, p. 676.

37 Obviamente, las redes sociales también pueden ser expresión de solidaridad ciudadana, difundiendo información valiosa para el público, organizando la asistencia, dando voz a la gente o rastreando la difusión de la pandemia; Nuffield Council on Bioethics, *Solidarity: reflections on an emerging concept in bioethics*, 2011, p. 75.

recho humano y crea un clima de desconfianza hacia las autoridades igualmente negativo para luchar contra la pandemia.

No es fácil separar la información y la opinión. Por ello, no es infrecuente que los gobiernos, invocando la necesidad de combatir la desinformación, adopten medidas que lo que verdaderamente restrinjan sea la libertad de expresión. Y es precisamente esta libertad uno de los mecanismos principales de control de las medidas limitadoras de derechos que los estados adoptan ante crisis sanitarias como la de la COVID-19[38].

8. *El derecho de acceso a internet.* Los medios de comunicación son un servicio indispensable para que los ciudadanos estemos informados, podamos adoptar medidas de protección, nos forjemos una opinión sobre lo que acontece y participemos en la vida pública. Las redes sociales y el acceso a internet son imprescindibles para recibir esa información, pero también para facilitar aspectos esenciales de la vida ordinaria que no pueden hacerse de forma presencial durante el confinamiento decretado por una pandemia: la comunicación entre las personas, la participación en la vida pública, la educación en todos sus niveles, el acceso a la cultura y al entretenimiento, la asistencia a servicios religiosos. El derecho universal de acceso a un internet seguro en condiciones aceptables no solo emerge como un derecho principal en tiempos de confinamiento, sino que se convierte en bien colectivo primario que permite disfrutar de muchos otros derechos. En diciembre de 2018 se celebró que el 50% la humanidad tenía acceso a internet[39]. En 2023, el número de personas con acceso a internet en el mundo asciende a 5200 millones, el 65% de la población mundial. Eso quiere decir que, a fecha de hoy, todavía hay más de 3000 millones de personas que no lo tienen. La consecuencia es grave: millones de personas se han quedado sin posibilidad de seguir sus estudios (derecho a la educación), trabajar (derecho al trabajo), acceder a asistencia sanitaria online (derecho a la protección de la

---

38 Article 19, "Coronavirus: Impacts on freedom of expression" [en línea], (2020), https://www.article19.org/coronavirus-impacts-on-freedom-of-expression/ [Consulta: 21/07/2020].

39 World Wide Web Foundation, *Statement: reaching the 50/50 moment* [en línea], (2018), https://webfoundation.org/2018/12/statement-reaching-the-50-50-moment/[Consulta: 23/02/2022].

salud) recibir una información fiable (derecho a la información), formarse una opinión y darla a conocer (libertad de expresión). Justo quienes se encontraban en situaciones de mayor vulnerabilidad o exclusión social son más duramente golpeados por la crisis.

Pero no todo lo que tiene que ver con el acceso a internet merece una valoración positiva. El impacto en la vida de las personas en general, de los niños y jóvenes en particular, en las condiciones en las que se desenvuelve la vida política y social de los países está siendo devastador en muchos aspectos[40]. El problema no tiene tanto que ver con la existencia de esta tecnología como con su diseño, que genera adictos digitales, irresponsables políticos, confusión informativa, liquidación de virtudes cívicas elementales, etc[41]. Por ello, entiendo que sería fundamental convencerse de que el futuro no debe ser digital, aunque se haya extendido la idea de que fue el entorno digital el que nos salvó de la pandemia. El mundo que hemos vivido hasta hace nada era un mundo físico, de cuerpos sintientes y vulnerables. Si queremos preservar esa condición, debemos controlar el diseño y alcance de la tecnología digital para que no arrumbe al mundo físico, sino que se convierta en una eficaz herramienta para su pleno desarrollo.

9. *Los derechos de las personas reclusas durante la pandemia.* Los estados tienen la obligación de garantizar la atención médica de los presos, al menos la equivalente a la que reciba la población en general: "los Estados tienen la obligación de respetar el derecho a la salud, en particular absteniéndose de denegar o limitar el acceso igual de todas las personas, incluidos, los presos o detenidos, los representantes de las minorías, los solicitantes de asilo o los inmigrantes ilegales, a los servicios de salud preventivos, curativos y paliativos"[42]. También tienen

---

[40] Pigem, J., *Pandemia y postverdad*, Barcelona, Fragmenta, 2021.

[41] Entre la abundantísima literatura que advierte de los efectos letales de internet, mencionaré las siguientes: Hidalgo, D., *Anestesiados. La humanidad bajo el imperio de la tecnología*, Catarata, Madrid, 2021; Han, B.CH., *Infocracia*, Taurus, Madrid, 2021; Ballesteros, A. (ed.), *La digitocracia a debate*, Aranzadi, Pamplona, 2022.

[42] Comité de Derechos Económicos, Sociales y Culturales, *Observación general Nº 14 (2000) El derecho al disfrute del más alto nivel posible de salud (artículo 12 del Pacto Internacional de Derechos Económicos, Sociales y Culturales)*, n. 34 [en línea], (2000), https://www.refworld.org.es/publisher,CESCR,GENERAL,,47ebcc492,0.html [Consulta: 21/07/2020].

el deber de proteger la salud del personal que trabaja en los centros penitenciarios, que están sujetos a una mayor y continua exposición al contagio al resultarles imposible o sumamente difícil mantener la distancia de seguridad durante su trabajo[43]. Las Reglas Mandela sobre trato a las personas reclusas confirman la obligación de ese modo de proceder: "La prestación de servicios médicos a los reclusos es una responsabilidad del Estado. Los reclusos gozarán de los mismos estándares de atención sanitaria que estén disponibles en la comunidad exterior y tendrán acceso gratuito a los servicios de salud necesarios sin discriminación por razón de su situación jurídica"[44]. Las Reglas prevén el manejo en las cárceles de las enfermedades contagiosas como la de Covid-19: "Se procurará en especial: (…) facilitar a los reclusos de quienes se sospeche que sufren enfermedades contagiosas aislamiento médico y un tratamiento apropiado durante el período de infección"[45]. Desafortunadamente, estas proclamaciones, aunque parezcan de elemental sentido común, están lejos de cumplirse incluso en los países más desarrollados del mundo, como España. Si la asistencia sanitaria ordinaria ya es sumamente deficiente en las cárceles, en tiempos de pandemia esa deficiencia se agrava hasta límites inhumanos[46]. Todas las medidas propuestas para la población penitenciaria son igualmente aplicables a las personas que por unas u otras razones viven institucionalizadas: inmigrantes, refugiados, menores sin familia, etc.

---

43 Oficina de las Naciones Unidas contra la droga y el delito, *Documento de posición. Preparación y respuestas para la COVID-19 en las cárceles*, [en línea], (2020), https://www.unodc.org/documents/justice-and-prison-reform/COVID-19/20-02218_Position_paper_ES.pdf [Consulta: 15/10/2021].

44 Oficina de las Naciones Unidas contra la droga y el delito, *Reglas Mínimas de las Naciones Unidas para el Tratamiento de los Reclusos (Reglas Nelson Mandela)*, aprobadas por la Asamblea General de Naciones Unidas, Resolución 70/175, 17 de diciembre de 2015, n. 24, 1 [en línea], (2015), https://www.unodc.org/documents/justice-and-prison-reform/Nelson_Mandela_Rules-S-ebook.pdf [Consulta: 15/10/2021].

45 Ibidem, n. 30, d.

46 Wainwright, L., Senker, S., Canvin, K., Sheard, L., "It was really poor prior to the pandemic. It got really bad after": A qualitative study of the impact of COVID-19 on prison healthcare in England", *Health & Justice*, vol. 11, [en línea], (2023), https://healthandjusticejournal.biomedcentral.com/articles/10.1186/s40352-023-00212-1#citeas [Consulta: 29/07/2023].

10. *El derecho a la salud y sus determinantes sociales y ambientales.* La crisis de la Covid-19 nos enfrenta, con renovadas perspectivas y mayor urgencia, ante dos grandes cuestiones de las que se viene tratando desde hace décadas: la pertinencia del concepto de salud de la OMS y la relevancia de los condicionantes ambientales y sociales de salud. ¿Tiene sentido mantener un concepto de salud prácticamente inalcanzable cuando pandemias como la recién vivida nos señalan que el genuino objetivo de salud individual y colectiva debería estar en garantizar unas condiciones ambientales y sociales que permitan aspirar a una expectativa de vida razonable, en la que sea posible aspirar al pleno desarrollo personal?[47] La falta de saneamiento y de acceso al agua potable hacen prácticamente imposible que poblaciones enteras puedan llevar a cabo una elemental y eficaz medida profiláctica frente a la pandemia. Por otro lado, la contaminación del aire[48] así como el modo en que nos relacionamos con los animales salvajes e intervenimos en los espacios naturales, parece tener una relación directa con el origen y difusión de la pandemia[49]. El propio Programa de Naciones Unidas para el Medio Ambiente (PNUMA) insistió en este punto a inicios de la pandemia: "La actividad humana ha alterado prácticamente todos los rincones de nuestro planeta, desde la tierra hasta el océano. Y a medida que continuamos invadiendo implacablemente la naturaleza y degradando los ecosistemas, ponemos en peligro la salud humana. De hecho, 75% de todas las enfermedades infecciosas emergentes son zoonóticas, es decir, se transmiten de los animales (ya sean domésticos o silvestres) a los humanos"[50].

---

47 Talavera, P., "Las dificultades que el actual paradigma subjetivista de la salud comporta en su configuración como derecho humano universal", *Revista Boliviana de Derecho*, n. 21, 2016, pp. 16-47.

48 Dominici, F., et alt., *Exposure to air pollution and COVID-19 mortality in the United States*, [en línea], (2020), https://www.medrxiv.org/content/10.1101/2020.04.05.20054502v1 [Consulta: 1/04/2022].

49 Quammen, D., *Contagio. La evolución de las pandemias*, Debate, Madrid, 2020; Francis, L., "Pandemics in the Era of the Anthropocene", *Encyclopedia of the Anthropocene*, Elsevier, Amsterdam, vol. 6, 2018, pp. 305-311.

50 Pnuma, Declaración del Programa de la ONU para el Medio Ambiente sobre la COVID-19 [En línea], (2020), https://www.unenvironment.org/es/noticias-y-reportajes/declaraciones/declaracion-del-programa-de-la-onu-para-el-medio-ambiente-sobre [Consulta: 15/02/2023].

11. *La cooperación internacional, imprescindible para contener la desigualdad que acrecienta la pandemia.* Cabe preguntarse si la protección de la salud frente a estos riesgos exige principalmente de una respuesta global efectiva, si depende de que cada estado alcance una plena soberanía sanitaria[51] o si exige la acción complementaria de la comunidad universal y de cada estado. Por el momento, asistimos a una campaña de descrédito de la Organización Mundial de la Salud, que dificultó enormemente su papel para liderar y coordinar los esfuerzos de los estados en la lucha contra la pandemia[52]. Al mismo tiempo, se estableció un ranking sobre la eficiencia de los estados para combatir la pandemia, en cuyos primeros puestos aparecían los que se presentaban como referencia para todos los demás. Finalmente, la pandemia puso de manifiesto que, en los momentos más críticos, los países velaron por sus propios intereses sin andarse con contemplaciones con relación a los demás. Las tres tendencias abonan las tendencias nacionalistas, pero evidencian su insuficiencia. Una OMS independiente de intereses políticos es imprescindible para afrontar las crisis sanitarias globales; y la cooperación internacional es imprescindible si no queremos que esas crisis disparen la desigualdad entre los pueblos[53]. Esta situación adquirió su más llamativa y lamentable manifestación en la carrera entre estados por producir, distribuir y administrar las vacunas. Lejos de primar los criterios de justicia y cooperación, se impuso la lógica de los intereses particulares[54].

12. *Los derechos sociales no son susceptibles de suspensión.* Los derechos económicos y sociales no pueden ser nunca suspendidos, mucho me-

---

51 Werkhseiser, I., "Food Sovereignty, Health Sovereignty, and self-organised community viability", *Interdisciplinary Environmental Review*, Vol. 15, Nos. 2/3, 2014, pp. 134-145.

52 Tufekci, Z., "The WHO Shouldn't Be a Plaything for Great Powers", *The Atlantic* [en línea], (2020), https://www.theatlantic.com/health/archive/2020/04/why-world-health-organization-failed/610063/ [Consulta: 14/05/2023].

53 Caldera, A., Koirala, S., "Eight priorities to strengthen international cooperation against Covid-19" [en línea], (2020), https://voxeu.org/article/eight-priorities-strengthen-international-cooperation-against-covid-19 [Consulta: 3/1/2023].

54 Bellver Capella, V., De Montalvo Jääskeläinen, F., "Sobre la obligatoriedad de las vacunas en tiempos de covid-19: aproximación contextual y análisis desde el Derecho y las políticas comparadas", *Relaciones Internacionales*, n. 52, 2023, pp. 153-171.

nos en tiempo de pandemia. Si bien el Pacto de Derechos Civiles y Políticos prevé la suspensión de derechos en circunstancias excepcionales, sin embargo, el Pacto de Derechos Económicos, Sociales y Culturales no dispone de una medida de esas características. Es lógico que así sea pues los servicios que garantizan los medios de la vida de las personas (desde la alimentación al acceso a la energía para calentarse, desde la asistencia sanitaria hasta los servicios sociales más esenciales) son los que no pueden fallar cuando se restringe la libertad individual para buscar esos medios.

Aunque la amenaza del contagio y la reclusión forzosa que puede llevar consigo nos afectan a todos, no nos afectan a todos por igual. Las personas en situación de pobreza y aquellas que corren más riesgo de sufrir daños, perjuicio y discriminación suelen ser las más afectadas: tienen mayor riesgo de contagio, menos opciones de acceder a una asistencia sanitaria adecuada, y más dificultades para cubrir sus necesidades básicas. Entre ellas deben mencionarse las personas mayores que viven en residencias. Por ello, se ha propuesto que, de la misma manera que en su momento se aprobaron los "Principios de Siracusa" (que detallan las obligaciones de los gobiernos cuando limitan o derogan derechos civiles y políticos en circunstancias excepcionales), deberían aprobarse otros principios que definieran las obligaciones específicas y positivas de los gobiernos para proteger y realizar los derechos económicos y sociales en tiempos de emergencia[55].

13. *El derecho a un ingreso mínimo vital.* En aquellos países con economías suficientemente avanzadas, las autoridades deberían garantizar un ingreso adecuado para quienes pierden su empleo y, en su caso, una renta básica de emergencia. Evidentemente, esas medidas deben concebirse con un carácter temporal pues el objetivo es lograr que todas las personas recuperen el puesto de trabajo cuanto antes. Las ayudas sociales no pueden demorarse en el tiempo, ni sujetarse a condiciones que dificulten el acceso a ellas de quienes las necesitan imperiosamente. La provisión de agua potable y saneamiento, gas y electricidad debe ser garantizada de forma incondicional.

---

55 Casla, K., "New policies for a new crisis" [En línea], (2020), https://www.openglobalrights.org/new-policies-for-a-new-crisis/ [Consulta: 21/07/2020].

14. *El derecho de propiedad y su función social.* Para garantizar esos derechos, que tienen un alto coste para las arcas públicas, los gobiernos deben estar dispuestos a movilizar todos los recursos disponibles. En tiempos de emergencia, puede estar justificado el disponer de forma temporal de bienes y servicios de propiedad privada, como hoteles y hospitales privados. Los desalojos deben ser suspendidos, y hay que facilitar el aplazamiento del pago de alquiler e hipoteca de los hogares de las personas.

VI. CONCLUSIÓN

La crisis de sanitaria y de salud pública desencadenada por el virus SARS-CoV-2 constituyó un reto inmenso para la bioética, no solo por la entidad de la crisis sino por la escasa consideración que había prestado a estas situaciones a lo largo de su historia. Para superar estas crisis es tan necesario limitar temporalmente el ejercicio de algunos derechos como garantizar que otros no dejen de estar atendidos en ningún momento. Ese ejercicio de limitación y garantía de los derechos no se debe plantear como un conflicto, resuelto a favor de una parte y en contra de otra, sino como un reto de conciliación entre bienes colectivos y personales. Si la bioética incorpora este discurso de los derechos humanos como punto de partida, las orientaciones que ofrecerá en los campos de la asistencia sanitaria, las políticas de salud pública, y la investigación en salud resultarán mucho más respetuosas con los pacientes, los sujetos de la investigación, los ciudadanos y los grupos sociales.

Durante los meses más duros de la pandemia y el confinamiento, fueron muchas las llamadas que se hicieron a una reflexión general sobre la necesidad de revisar a fondo el modo de vida que nos habíamos dado y que, según muchos, eran la causa última de la pandemia que había asolado al mundo. También se insistió en la necesidad de establecer unos criterios y protocolos claros de actuación para futuras situaciones de emergencia sanitaria. Solo así se conseguiría evitar que llegáramos a tantas situaciones trágicas que vivimos durante la pandemia, y que acabaron con la vida de tantas personas de forma completamente injusta.

Estos buenos deseos se esfumaron con rapidez en cuanto la pandemia empezó a estar controlada. Es cierto que las urgencias del presente siempre tienden a distraernos de aquellos problemas que, siendo mucho más graves, no se manifiestan con tintes alarmantes en la situación actual. Sería deseable, más aún, imprescindible, ahora que la amenaza del virus ya no está en su versión más amenazante en el horizonte, que se iniciara un proceso de reflexión colectiva, que desembocara en la adopción de un marco de acción ante futuras emergencias sanitarias. Este proceso debería promoverse tanto a escala nacional como internacional y contar con una amplia participación ciudadana. En particular, se debería escuchar la voz de dos colectivos: las víctimas de la pandemia y los agentes que tuvieron un papel protagonista durante la misma. Solo si lo llevamos a cabo ahora tendremos opciones de dar una respuesta más eficaz y, sobre todo, más justa en una eventual pandemia futura que, según todas las voces autorizadas, no es nada improbable que vuelva a tener lugar. Las personas que murieron en las residencias de mayores porque fueron indebidamente dejadas a su suerte, las personas vulnerables (institucionalizadas o no) que murieron o sufrieron desproporcionadamente los efectos secundarios de la pandemia, los jóvenes que vieron en buena medida ralentizado su desarrollo personal durante las distintas olas de la pandemia, las personas que sufrieron las consecuencias más graves del Covid-19, y los profesionales sanitarios y tantos otros que sostuvieron a los demás en los momentos más críticos de la pandemia se merecen que lo hagamos. Es una cuestión de previsión y de justicia reparadora. El repaso de algunas de las más sangrantes amenazas para la dignidad y los derechos humanos en el ámbito sociosanitario que hemos hecho en las páginas anteriores pretende ser una modesta contribución a ese objetivo.

BIBLIOGRAFÍA

Article 19, "Coronavirus: Impacts on freedom of expression" [en línea], (2020), https://www.article19.org/coronavirus-impacts-on-freedom-of-expression/ [Consulta: 21/07/2020].

Andorno R. "A Human Rights Approach to Bioethics", en *Bioethical Decision Making and Argumentation*, International Library of Ethics, Law, and the New Medicine, vol 70, Springer, Cham (2016).

Ballesteros, A. (ed.), *La digitocracia a debate*, Aranzadi, Pamplona, 2022.

Ballesteros, J., *Postmodernidad: decadencia o Resistencia,* Tirant lo Blanch, Ciudad de México, 2019, pp. 69 ss.

Baylis, F., et alt., "A Relational Account of Public Health Ethics", *Public Health Ethics,* Vol. 1, n. 3, 2008, pp. 196-209.

Baylis, F., Kofler, N., "COVID-19 Immunity Testing: A Passport to Inequity", *Issues in Science and Technology,* [en línea], (2020) https://issues.org/covid-19-immunity-testing-passports/ [Consulta: 14/02/2021].

Bea Pérez, E., "Derechos y deberes. El horizonte de la responsabilidad", *Derechos y libertades: Revista de Filosofía del Derecho y derechos humanos,* n. 29, 2013, pp. 53-92.

Bellver Capella, V., "International Bioethics Committees: Conditions for a Good Deliberation", en *Bioethical Decision Making and Argumentation,* International Library of Ethics, Law, and the New Medicine, vol 70, Springer, Cham, 2016.

Bellver Capella, V., "Problemas bioéticos en la prestación de los cuidados enfermeros durante la pandemia del COVID-19", *Index de Enfermería,* vol. 29, n.1-2 [en línea], (2020), http://ciberindex.com/c/ie/e12909 [Consulta: 27/07/2023].

Bellver Capella, V., "Educar para la salud en tiempos de pandemia", *Cadernos Ibero-Americanos Direito Sanitário,* vol. 10, n. 2, 2021, pp. 233-52.

Bellver Capella, V., De Montalvo Jääskeläinen, F., "El diseño del entorno digital como presupuesto de los Derechos Digitales", *Diario La Ley,* n. 49 [en línea], (2021), https://diariolaley.laleynext.es/Content/Inicio.aspx [Consulta: 21/07/2023].

Bellver Capella, "Transhumanismo, discurso transgénero y digitalismo: ¿exigencias de justicia o efectos del espíritu de abstracción?", *Persona y Derecho,* vol. 84, n. 1, 2021, pp. 17-53.

Bellver Capella, V., De Montalvo Jääskeläinen, F., "Sobre la obligatoriedad de las vacunas en tiempos de covid-19: aproximación contextual y análisis desde el Derecho y las políticas comparadas", *Relaciones Internacionales,* n. 52, 2023, pp. 153-171.

Bellver Capella, V., "El quehacer político entre las limitadas certezas de la ciencia y el Derecho: consideraciones a propósito de algunos trabajos de Javier de Lucas", *Cuadernos electrónicos de filosofía del derecho,* nº. 49 extraordinario, 2023, pp. 177-189.

Berlinger, N., et al., *Ethical Framework for Health Care Institutions Responding to Novel Coronavirus SARS-CoV-2 (COVID-19). Guidelines for Institutional Ethics Services Responding to COVID-19. Managing Uncertainty, Safeguarding Communities, Guiding Practice,* Hastings Center, 2020.

Berwick DM. "The Moral Determinants of Health", *JAMA* [en línea], 2020. https://jamanetwork.com/journals/jama/fullarticle/2767353 [Consulta: 21/07/2021].

Caldera, A., Koirala, S., "Eight priorities to strengthen international cooperation against Covid-19" [en línea], (2020), https://voxeu.org/article/eight-priorities-strengthen-international-cooperation-against-covid-19 [Consulta: 3/01/2023].

Casla, K., "New policies for a new crisis" [en línea], (2020), https://www.openglobalrights.org/new-policies-for-a-new-crisis/[Consulta: 21/07/2021].

Comité de Bioética de España, *Declaración sobre el derecho y deber de facilitar el acompañamiento y la asistencia espiritual a los pacientes con Covid-19 al final de sus vidas y en situaciones de especial vulnerabilidad* [En línea], (2020), http://assets.comitedebioetica.es/files/documentacion/CBE_Declaracion_sobre_acompanamiento_COVID19.pdf [Consulta: 21/07/2020].

Comité de Bioética de España, *Informe sobre los requisitos ético-legales en la investigación con datos de salud y muestras biológicas en el marco de la pandemia de COVID-19* [en línea], (2020), http://assets.comitedebioetica.es/files/documentacion/Informe%20CBE-%20Priorizacion%20de%20recursos%20sanitarios-coronavirus%20CBE.pdf [Consulta: 21/07/2020].

Comité de Bioética de España, *Informe sobre el cuidado de las personas mayores en el marco del sistema socio-sanitario* [en línea], (2022), http://assets.comitedebioetica.es/files/documentacion/CBE_Informe%20sobre%20el%20cuidado%20de%20las%20personas%20mayores%20en%20el%20marco%20del%20sistema%20sociosanitario.pdf [Consulta: 27/07/2023].

Comité de Derechos Económicos, Sociales y Culturales, *Observación general nº 14: El derecho al disfrute del más alto nivel posible de salud (artículo 12)* [en línea], (2000), https://www.acnur.org/fileadmin/Documentos/BDL/2001/1451.pdf?file=fileadmin/Documentos/BDL/2001/1451 [Consulta: 21/07/2020].

Comité de Derechos Económicos, Sociales y Culturales, *Observación general Nº 14 (2000) El derecho al disfrute del más alto nivel posible de salud (artículo 12 del Pacto Internacional de Derechos Económicos, Sociales y Culturales)*, n. 34 [en línea], (2000), https://www.refworld.org.es/publisher,CESCR,GENERAL,47ebcc492,0.html [Consulta: 21/07/2020].

Comité de Derechos Humanos de Naciones Unidas, *Observación General n. 29, sobre los Estados de Emergencia* [en línea], (2001), https://www.acnur.org/fileadmin/Documentos/BDL/2003/1997.pdf [Consulta: 12/07/2023].

Comité de Derechos Humanos. Naciones Unidas, *Principios de Siracusa sobre las disposiciones de limitación y derogación del Pacto Internacional de Derechos Civiles y Políticos* [en línea], (1984), https://undocs.org/pdf?symbol=es/E/CN.4/1985/4 [Consulta: 15/02/2022].

Committee On Bioethics (DH-BIO), *DH-BIO Statement on human rights considerations relevant to the COVID-19 pandemic* [en línea], (2020), https://rm.coe.int/inf-2020-2-statement-covid19-e/16809e2785 [Consulta: 21/07/2020].

Council of Europe, Respecting democracy, rule of law and human rights in the framework of the COVID-19 sanitary crisis. A toolkit for member states [en línea], (2020), https://rm.coe.int/sg-inf-2020-11-respecting-democracy-rule-of-law-and-human-rights-in-th/16809e1f40 [Consulta: 11/07/2023].

De Lucas, J., "Variaciones sobre un tópico weberiano. Acerca del lugar de la ciencia en la decisión política", *Revista de las Cortes Generales*, n. 111, 2021, pp. 75-96.

De Miguel, I., "Immunity Passports", [En línea], (2020) https://blogdroiteuropeen.com/2020/06/27/immunity-passports-by-inigo-de-miguel-beriain/ [Consulta: 2/03/2023].

De Montalvo Jääskeläinen, Federico, "La incertidumbre jurídica como respuesta del derecho a los dilemas del avance biotecnológico ¿paradoja o única solución posible?", *Pensamiento: Revista de investigación e Información filosófica*, Vol. 78, n. Extra 298 (Mejora y extensión tecnológica de la mente), 2022, pp. 689-736.

Dominici, F., et alt., *Exposure to air pollution and COVID-19 mortality in the United States*, [en línea], (2020), https://www.medrxiv.org/content/10.1101/2020.04.05.20054502v1 [Consulta: 1/04/2022].

European Group of Ethics in Science and New Technologies, *Statement on European Solidarity and the Protection of Fundamental Rights in the COVID-19 Pandemic* [en línea], (2020), https://ec.europa.eu/info/sites/info/files/research_and_innovation/ege/ec_rtd_ege-statement-covid-19.pdf [Consulta: 23/06/2020].

Fins, J., "Covid-19 Makes Clear that Bioethics Must Confront Health Disparities" [en línea], (2020), https://www.thehastingscenter.org/covid-19-makes-clear-that-bioethics-must-confront-health-disparities/ [Consulta: 21/07/2020].

Francis, L., "Pandemics in the Era of the Anthropocene", *Encyclopedia of the Anthropocene*, Elsevier, Amsterdam, vol. 6, 2018, pp. 305-311.

Macintyre, A., *Animales racionales y dependientes*, Paidós, Barcelona, 2001.

Novoa, A., "¿Deben los profesionales sanitarios correr riesgos en la epidemia del COVID-19?", [en línea], (2020), http://www.nogracias.org/2020/03/15/deben-los-profesionales-sanitarios-correr-riesgos-en-la-epidemia-del-covid-19-por-abel-novoa/ [Consulta: 21/07/2020].

Nuffield Council on Bioethics, *Solidarity: reflections on an emerging concept in bioethics*, 2011, p. 75.

Oficina de las Naciones Unidas contra la droga y el delito, *Documento de posición. Preparación y respuestas para la COVID-19 en las cárceles*, [en línea], (2020), https://www.unodc.org/documents/justice-and-prison-reform/COVID-19/20-02218_Position_paper_ES.pdf [Consulta: 15/10/2021].

Oficina de las Naciones Unidas contra la droga y el delito, *Reglas Mínimas de las Naciones Unidas para el Tratamiento de los Reclusos (Reglas Nelson Mandela)*, aprobadas por la Asamblea General de Naciones Unidas, Resolución 70/175, 17 de diciembre de 2015, n. 24, 1 [en línea], (2015), https://www.unodc.org/documents/justice-and-prison-reform/Nelson_Mandela_Rules-S-ebook.pdf [Consulta: 15/10/2021].

Organización Mundial de la Salud, *Consideraciones éticas en el desarrollo de una respuesta de salud pública a la gripe pandémica* [en línea], (2009), https://www.who.int/ethics/WHO_CDS_EPR_GIP_2007.2_spa.pdf [Consulta: 3/04/2022].

Organización Mundial de la Salud, *Guidance for Managing Ethical Issues in Infectious Disease Outbreaks* [en línea], (2016), https://apps.who.int/iris/handle/10665/250580 [Consulta: 3/04/2022].

Pigem, J., *Pandemia y postverdad*, Barcelona, Fragmenta, 2021.

Pnuma, Declaración del Programa de la ONU para el Medio Ambiente sobre la COVID-19 [En línea], (2020), https://www.unenvironment.org/es/noticias-y-reportajes/declaraciones/declaracion-del-programa-de-la-onu-para-el-medio-ambiente-sobre [Consulta: 15/02/2023].

Pontificia Academia Per La Vita, *Pandemia y Fraternidad Universal*, [en línea], (2020), http://www.academyforlife.va/content/pav/it/notizie/2020/pandemia-e-fraternita-universale.html [Consulta: 21/07/2020].

Quammen, D., *Contagio. La evolución de las pandemias*, Debate, Madrid, 2020;

Rothkopf, D., "When the Buzz Bites Back", [en línea], (2003), https://www.washingtonpost.com/archive/opinions/2003/05/11/when-the-buzz-bites-back/bc8cd84f-cab6-4648-bf58-0277261af6cd/ [Consulta: 21/07/2020].

Savulescu, J., "Is it right to cut corners in the search for a coronavirus cure? [en línea], (2020), https://www.theguardian.com/commentisfree/2020/mar/25/search-coronavirus-cure-vaccine-pandemic [Consulta: 1/12/2022].

Talavera, P., "Las dificultades que el actual paradigma subjetivista de la salud comporta en su configuración como derecho humano universal", *Revista Boliviana de Derecho,* n. 21, 2016, pp. 16-47.

Tufekci, Z., "The WHO Shouldn't Be a Plaything for Great Powers", *The Atlantic* [en línea], (2020), https://www.theatlantic.com/health/archive/2020/04/why-world-health-organization-failed/610063/ [Consulta: 14/05/2023].

Wainwright, L., Senker, S., Canvin, K., Sheard, L., "It was really poor prior to the pandemic. It got really bad after": A qualitative study of the impact of COVID-19 on prison healthcare in England", *Health & Justice,* vol. 11, [en línea], (2023), https://healthandjusticejournal.biomedcentral.com/articles/10.1186/s40352-023-00212-1#citeas [Consulta: 29/07/2023].

Werkhseiser, I., "Food Sovereignty, Health Sovereignty, and self-organised community viability", *Interdisciplinary Environmental Review,* Vol. 15, Nos. 2/3, 2014, pp. 134-145.

Williamson, V. et al. "COVID-19 and experiences of moral injury in frontline key workers." *Occupational medicine,* vol. 70,5, 2020, pp. 317-319.

World Wide Web Foundation, *Statement: reaching the 50/50 moment* [en línea], (2018), https://webfoundation.org/2018/12/statement-reaching-the-50-50-moment/[Consulta: 24/02/2022].

Zarocostas, J., "How to fight an infodemic", *The Lancet,* vol. 395, n. 10225, 2020, p. 676.

La gestión de la pandemia de la Covid-19 por el Gobierno valenciano. Eficacia, cogobernanza y lealtad federal

MARIANO VIVANCOS COMES
Profesor Contratado Doctor de Derecho Constitucional
Universitat de València
Correo de contacto: mariano.vivancos@uv.es

I. INTRODUCCIÓN

El Consejo de Ministros, en su reunión del día 4 de julio de 2023[1] (a propuesta del Ministro de Sanidad) aprobaba un Acuerdo por el que se declara la finalización de la situación de crisis sanitaria ocasionada por la COVID-19. Cerrándose un periodo de algo más de tres años, desde que el 11 de marzo de 2020 la Organización Mundial de la Salud (OMS) alertó de que la emergencia causada por el coronavirus constituía una pandemia global, que no sólo ha exigido enormes esfuerzos, tanto a gobiernos como instituciones internacionales, sino que ha tensionado, también, las estructuras de bienestar y salud pública de numerosos países.

El caso español se observó con interés, no sólo debido a que se trata de uno de los modelos más acusados en cuanto a la descentralización territorial y política, algo que hacía más compleja la coordinación de la gestión de la crisis pandémica (Coller, Pamies y Mota, 2023), al menos frente a Estados fuertemente centralizados; sino más bien por el papel que corresponde a las Comunidades Autónomas en la provisión de los grandes servicios de bienestar (educación, sani-

---

1 Orden SND/726/2023, de 4 de julio, por la que se publica el Acuerdo del Consejo de Ministros de 4 de julio de 2023, por el que se declara la finalización de la situación de crisis sanitaria ocasionada por la COVID-19 (BOE núm. 159, de 5 de julio de 2023, pp. 93379 a 93387).

dad, servicios sociales, dependencia...), y el protagonismo asumido por éstas, especialmente, en la segunda y tercera fases pandémicas.

El presente capítulo desea analizar la gestión desplegada por el Gobierno valenciano del Botànic (denominación que recibe el gobierno de coalición tripartito) de la pandemia, a partir de los distintos estadios temporales en que se ha sucedido. En particular, se han tratado, fundamentalmente, los siguientes aspectos: la respuesta a las sucesivas olas de transmisión del virus y las características más acusadas que estas presentan en la experiencia valenciana, prestando especial atención a las medidas adoptadas; la eficiencia de la coordinación interdepartamental (horizontal) e intergubernamental (vertical), especialmente buscando las innovaciones organizativas que ha traído consigo la gestión de la crisis y el resultado de las acciones "coordinadas", básicamente a través de la presencia de la Comunitat en el Consejo Interterritorial del Sistema Nacional de Salud o, incluso, en un ámbito como la Conferencia de Presidentes; o, por último, la actividad normativa desplegada por el Gobierno autonómico evaluando tanto su intensidad como los ámbitos materiales en que se ha plasmado. Toda una serie de elementos que nos permitirán evaluar en su conjunto cual ha sido la "vía valenciana" en la gestión de la crisis sanitaria y cómo de eficaz ha resultado su articulación; prestando una especial a los elementos diferenciales de esta, tanto respecto de la colaboración intergubernamental como de las relaciones internas en el sistema de poder autonómico de autogobierno.

II. FASES DE LA PANDEMIA Y PRINCIPALES ACTUACIONES DEL BOTÀNIC

De acuerdo con el Ministerio de Sanidad y la mayor parte de los estudios publicados en torno a la pandemia de la Covid-19, desde que se detectan las primeras personas infectadas a finales de febrero de 2020 (el primer fallecido como resultado de una patología asociada al coronavirus es un paciente ingresado en el Hospital Arnau de Vilanova de Valencia el 13 de febrero[2]) hasta el momento actual, donde se

---

2 Salguero, Ángel (2020): "Sanidad admite que el primer muerto con coronavirus en España falleció el 13 de febrero en Valencia". *El Mundo*, de 3 de marzo.

ha dado por concluida la misma, se han producido hasta seis oleadas de la pandemia. Sin que pueda advertirse al ser una pandemia global ningún elemento diferencial respecto de la crisis en el caso valenciano; lo que no supone una plena coincidencia en cuanto a los principales momentos críticos en la gestión, como ahora veremos.

1. *Primera oleada: centralización de la respuesta y repercusión de la pandemia en la actividad político-institucional*

En este sentido, la primera oleada arroja una cifra de 1218 fallecidos y alcanza el periodo temporal que media desde marzo a julio de 2020, coincidiendo con el confinamiento decretado por el Gobierno de la Nación a través del Real Decreto 463/2020, de 14 de marzo, por el que se declara el estado de alarma para la gestión de la situación de crisis sanitaria ocasionada por el COVID-19[3]. Como ha señalado Ridaura "dicha declaración inicial, y sus posteriores prórrogas[4], (condicionarán) toda la actividad política e institucional del Botànic II, así como de les Corts, cuya agenda (política) se (verá) completamente alterada, al tener que dirigir todos los esfuerzos, básicamente, a hacer frente a la pandemia" (2021: 183).

En previsión de que la evolución de la pandemia en territorio valenciano pudiese originar una emergencia general de las contempladas en la Ley 13/2010, de 23 de noviembre, de Protección Civil y Gestión de Emergencias[5] (marco que había actualizado el sistema de gestión de emergencias de 2002), el 14 de marzo la Generalitat ac-

---

3 BOE núm. 67, de 14 de marzo de 2020, pp. 25390 a 25400.

4 Mediante los Acuerdos del Consejo de Ministros de 24/03, 7 y 21/04, 5 y 19/05 y 3/06, el Gobierno solicitó del Congreso de los Diputados autorización para prorrogar hasta en cinco ocasiones el estado de alarma declarado, así como la vigència de sus medidas. De este modo, mediante los Reales Decretos 476/2020, de 27 de marzo (BOE núm. 86, de 28/03/2020); 487/2020, de 10 de abril (BOE núm. 101, de 11/04/2020); 492/2020, de 24 de abril (BOE núm. 115, de 25/04/2020); 514/2020, de 8 de mayo (BOE núm. 129, de 9/05/2020; 537/2020, de 22 de mayo (BOE núm. 145, de 23/05/2020); y 555/2020, de 5 de junio (BOE núm. 159, de 06/06/2020), se prorrogó sucesivamente la vigencia del estado de alarma decretado gubernativamente.

5 DOCV núm. 6405, de 25 de noviembre de 2010; y BOE núm. 300, de 10 de diciembre de 2010.

tivaba el Plan territorial de emergencia de la Comunitat Valenciana (PTE-CV), instrumento organizativo general de respuesta que debía darse a una situación de especial intensidad (calificada de inmediato de "gran emergencia" y donde las epidemias aparecían dentro del catálogo de riesgos), fijando las bases de su organización (el Consell como órgano superior de dirección y coordinación y la conselleria responsable en la materia como "mando único" en la gestión frente a la emergencia, según los arts. 10 y 12) y permitiendo adoptar alguna de las primeras decisiones estratégicas como el acopio de material sanitario[6]. Organización que sería tempranamente desactivada[7] tras la declaración del estado de alarma y la del Gobierno de la Nación como "autoridad competente" frente a la pandemia (y algunos de sus departamentos ministeriales "delegadas" de aquella, art. 4.1 y 2 del Real Decreto 463/2020). Siendo desde una perspectiva jurídica, el desplazamiento del Derecho (sectorial) de Emergencias por el Derecho de Excepción, una de las consecuencias de la fase que se inicia entonces. Optándose, en una dimensión ordinaria por una respuesta sanitaria frente a la crisis frente a las posibilidades abiertas que habría ofrecido un enfoque más securitario de la pandemia (que sólo se materializará a través del régimen sancionador de la Ley Orgánica 4/2015, de 30 de marzo, de protección de la seguridad ciudadana[8]).

El ejercicio del mando único (Vivancos, 2022: 137-144), que sólo quiso verse como una suerte de recentralización por aquellos gobiernos que buscaron tapar su ineficacia inicial en la gestión de la crisis, no supondrá sin embargo una alteración del régimen ordinario de las competencias pero sí, por el contrario, desplazará impor-

---

6 Durante 2020 la Generalitat gastó 305 millones en contratos de emergencia, según los datos recopilados por la Fundación Civio (2021), extraídos de las distintas plataformas de contratación públicas existentes, frente a los 2955 millones de euros del conjunto de las CCAA y del Estado (6.445 millones). Los primeros pagos obligaron a comparecer en la Comisión de Economía de las Corts valencianes a la secretaria autonómica de Economía Sostenible, Sectores Productivos, Comercio y Consumo para informar de la gestión de la logística de los suministros para la crisis sanitaria de la Covid-19. Diario de Sesiones de les Corts Valencianes núm. 11/X, de 9 de julio de 2020.

7 Una previsión legal contemplada por la Ley 13/2010, de 23 de noviembre (art. 12.4).

8 BOE núm. 77, de 31 de marzo de 2015.

tantes decisiones al ámbito estatal, necesitando valerse de una profusión normativa muy acusada (incrementada en más de un 22%). Un ejemplo de lo señalado lo podemos encontrar con lo sucedido con las residencias de mayores y centro socio-sanitarios en donde el nombramiento del vicepresidente segundo y ministro de Derechos Sociales y Agenda 2030 como "autoridad competente delegada" favorecerá una normativa estatal específica[9] que concretará medidas organizativas y de salud pública (protección del personal asistencial; priorización en la identificación e investigación epidemiológica de los contagios y su posterior aislamiento; continuidad de la actividad asistencial... y, también, llegado el caso, la intervención y ocupación pública de sus instalaciones) e, incluso, de coordinación (diagnóstico, seguimiento y derivación). Posibilitando, también, la adopción de medidas extraordinarias, como la desinfección o el traslado de fallecidos, en colaboración con otros agentes estatales (Unidad Militar de Emergencias o Delegaciones de Gobierno). Pese a todo, ni el Real Decreto-ley 8/2020, de 17 de marzo (mediante el cual se aprobaba una partida extraordinaria de 300 millones para financiar las prestaciones básicas vinculadas a los servicios sociales) ni, tampoco, las órdenes citadas, autorizarían la intervención estatal de los centros pese a la alta mortalidad registrada (1.951 en la Comunitat, lo que representaba un 38% del total de fallecidos) siendo el ámbito de la institucionalización residencial[10] donde se adoptarán las primeras medidas dentro de los departamentos "sociales" del Consell, junto a sanidad[11]. Siguiendo en este ámbito hasta cuatro causas y una demanda civil abiertas a la espera de los pronunciamientos judiciales;

---

[9] Órdenes SND/265/2020, de 19 de marzo (BOE núm. 78, de 21 de marzo de 2020). y SND/275/2020, de 23 de marzo (BOE núm. 81, de 24 de marzo de 2020).

[10] Resolución de la Conselleria de Igualdad y Políticas Inclusivas, sobre medidas extraordinarias en residencias de mayores y sobre medidas de gestión de los servicios sociales y sociosanitarios en el marco de la pandemia de Covid-19 (DOCV núm. 8765, de 18 de marzo de 2020, pp. 16040-10642).

[11] Resolución de 18 de marzo de 2020, de la consellera de Sanidad Universal y Salud Pública, por la que se acuerdan medidas excepcionales en relación con las actuaciones sanitarias en las residencias para personas mayores dependientes, independientemente de su titularidad y tipología de gestión, en salvaguarda de la salud pública a causa de la pandemia por coronavirus SARS-CoV (Covid-19) (DOCV núm. 8765, de 18 de marzo de 2020, pp. 10645-10646).

mientras las familias cargan contra la falta de investigación, habiéndose llegado a solicitar por parte de la Asociación de personas afectadas en la gestión de las residencias de mayores la creación de una Comisión de Investigación sobre lo ocurrido que no llegaría nunca a recibir los apoyos parlamentarios necesarios en las Corts valencianes.

Pero si hay algún ámbito en donde con mayor nitidez se plasmase dicho refuerzo estatal este es el de la salud pública, ámbito autonómico por excelencia que se materializa en la gestión asistencial y/o sanitaria. En este caso su ejercicio se vería absolutamente comprometido con las llamadas actuaciones coordinadas acordadas en el Consejo Interterritorial del Sistema Nacional de salud, que registraría en esta fase un número muy intenso de sesiones (sólo en 2020 82, de las cuáles 32 bajo la vigencia del primer estado de alarma); intensidad que también se trasladará a la frecuencia en la convocatoria de las conferencias sectoriales, incrementada en un 200%[12]. Así, los principales esfuerzos de esta etapa se materializarán en el ámbito sanitario aunque no en exclusiva, siendo el educativo uno de los pocos ámbitos de decisión autonómicos que se verán finalmente reforzados[13].

Como es bien conocido, muchas de las medidas restrictivas de libertades y derechos adoptadas para contener el avance del virus en esta primera fase serán, finalmente, declaradas inconstitucionales[14] un año más tarde por el Tribunal Constitucional (Álvarez Vélez,

---

12 Al pasar de una media anual de 56 (2019) a un total de 163 sólo en 2020.

13 La suspensión de la actividad presencial (art. 9.2, Real Decreto 463/2020, de 14 de marzo) y la fijación de las directrices [Orden EFP/365/2020, de 22 de abril, por la que se establecen el marco y las directrices de actuación para el tercer trimestre del curso 2019-2020 y el inicio del curso 2020-2021, ante la situación de crisis ocasionada por el COVID-19. (BOE núm. 114, de 24/04/2020. Orden/EFP/365/2020, de 22 de abril)] del curso que finalizaba (2019-2020) dejaría en manos autonómicas los criterios de promoción de curso y titulación, aún a costa de contravenir la legislación básica estatal vigente.

14 Pleno. Sentencia 148/2021, de 14 de julio de 2021. Recurso de inconstitucionalidad 2054-2020. Interpuesto por más de cincuenta diputados del Grupo Parlamentario Vox del Congreso de los Diputados en relación con diversos preceptos del Real Decreto 463/2020, de 14 de marzo, por el que se declaró el estado de alarma para la gestión de la situación de crisis sanitaria ocasionada por el COVID-19; el Real Decreto 465/2020, de 17 de marzo, por el que se modificó el anterior; los Reales Decretos 476/2020, de 27 de marzo, 487/2020, de 10 de abril, y 492/2020, de 24 de abril, por los que se prorrogó el estado de alarma

2021; Doménech-Pascual, 2021; García-Manzano, 2021; Elvira Perales y Espinosa Díaz, 2021); con argumentos contradictorios, ya que tras declarase la necesidad de las medidas adoptadas en función de la situación pandémica se manifiesta la inadecuación del instrumento jurídico (alarma frente a excepción) en base a la intensidad de las medidas restrictivas y limitativas de derechos fundamentales. Sin llegar, por último, a despejar todas las dudas que suscita el estado de alarma y las consecuencias prácticas que tuvo en el ámbito de los derechos.

2. *Diferente ritmo de desescalada: la vía valenciana a la nueva normalidad*

La segunda ola coincidirá formalmente con la desescalada, esto es, el levantamiento gradual, asimétrico y en coordinación con las Comunidades Autónomas que debía adaptarse a los cambios de orientación en base a la evolución de los datos epidemiológicos y del impacto de las medidas adoptadas; aprobándose el Plan para la Transición hacia una Nueva Normalidad, mediante Acuerdo del Consejo de Ministros de 28 de abril de 2020, siendo remitido al Congreso un día más tarde. Cabe recordar que en aplicación del mismo, se había habilitado al Ministro acordar en el ámbito de su competencia y a propuesta de las autoridades competentes delegadas (presidentes autonómicos) la progresión de las medidas aplicables en un determinado ámbito territorial[15]; las críticas a la excesiva uniformidad de

---

declarado por el Real Decreto 463/2020, y la Orden SND/298/2020, de 29 de marzo, por la que se establecieron medidas excepcionales en relación con los velatorios y ceremonias fúnebres para limitar la propagación y el contagio por el COVID-19. Estado de alarma: nulidad parcial de los preceptos que restringen la libertad de circulación y habilitan al ministro de Sanidad para variar las medidas de contención en establecimientos y actividades económicas; inadmisión del recurso en relación con la orden ministerial. (BOE núm. 182, de 31 de julio de 2021, pp. 93561 a 93655). La sentencia cuenta con cinco votos particulares: magistrados González Rivas, Ollero, Xiol, Conde-Pumpido y Balaguer, respectivamente.

15 En este contexto, se aprobaron tres importantes órdenes ministeriales: la Orden SND/399/2020, de 9 de mayo, para la flexibilización de determinadas restricciones de ámbito nacional, establecidas tras la declaración del estado de alarma

las medidas aprobadas por el Gobierno español pronto cedieron a la realidad tozuda de los hechos que visibilizarían distintas velocidades para transitar por los cuatro estadios previamente definidos (preparación; fase inicial, fase intermedia y fase avanzada).

El caso valenciano no se diferenció en demasía del resto de territorios que con muy pocas excepciones (Cataluña y Castilla y León) solicitaron, en los primeros días de mayo, el tránsito a la fase 1 desde la fase preparatoria, donde además de medidas de alivio, se habían abierto pequeños resquicios de actividad económica; se trataba ahora de posibilitar el comienzo parcial de ciertas actividades (relajación del confinamiento con comercios y terrazas semiabiertos con un tope de ocupación del 30%; reuniones sociales de menos de 10 personas; apertura gradual de hoteles y alojamientos turísticos, con exclusión de zonas comunes y manteniendo determinadas restricciones; actividades deportivas profesionales extremando la profilaxis; lugares de culto limitados en un tercio de su aforo....). En el tránsito a la fase intermedia, sin embargo, el cambio sobrevenido de los criterios por parte del Ministerio de Sanidad descolocará a las autoridades valencianas que habían trasladado ya su situación; algo que retrasará unas semanas el tránsito a la llamada fase intermedia, que incrementaba las actividades permitidas (cines, teatros y auditorios, limitados a un tercio de su aforo), por la progresión del índice de contagios (que había pasado de 0,66 a 0,88). Y que no evitará la crítica del máximo responsable del Consell a la razonabilidad de tales criterios, exigiendo públicamente una justificación científica a los mismos[16] que nunca llegará. Según el

---

en aplicación de la fase 1 del Plan para la transición hacia una nueva normalidad (BOE núm. 130, de 9 de mayo de 2020); la Orden SND/414/2020, de 16 de mayo, que tiene por objeto establecer las condiciones para la flexibilización de determinadas restricciones de ámbito nacional establecidas por el estado de alarma, en aplicación de la fase 2 del Plan para la transición hacia una nueva normalidad (BOE núm. 138, de 16 de mayo de 2020); y, por último, la Orden SND/458/2020, de 30 de mayo, para la flexibilización de determinadas restricciones de ámbito nacional establecidas tras la declaración del estado de alarma en aplicación de la fase 3 del Plan para la transición hacia una nueva normalidad (BOE núm. 153, de 30/05/2020).

16 Peñalosa, Gema (2020). "Ximo Puig denuncia que el Gobierno cambió los criterios cuando ya había enviado el informe para pasar de fase". *El Mundo*, de 11 de mayo.

calendario previsto, el 15 de junio se alcanzaría la fase avanzada, flexibilizándose la movilidad general como preludio del fin de las restricciones; algo que en nuestro ámbito territorial quedaría establecido en el Decreto 8/2020, de 13 de junio[17] y manteniendo, eso sí, la vigilancia epidemiológica, la capacidad reforzada del sistema sanitario o, incluso, la autoprotección personal. Poco antes, el Gobierno español aprobaba el Real Decreto-ley 21/2020, de 9 de junio, de medidas urgentes de prevención, contención y coordinación para hacer frente a la crisis sanitaria ocasionada por el COVID-19[18] dando respuesta a las peticiones manifestadas desde algunas Comunidades Autónomas (el mismo presidente de la Generalitat valenciana valoró la "homogeneidad frente a la Covid"[19] desvinculándose al tiempo del liderazgo autonómico desplegado por la presidenta de la Comunidad Autónoma de Madrid, muy crítico con la gestión gubernamental de la pandemia).

El comienzo de esta ola pandémica, también, resultó objeto de controversia debido al crecimiento gradual de la incidencia acumulada en nuestro territorio; concretamente desde el 26 de junio hasta el 5 de noviembre de 2020. Mediante el Real Decreto 926/2020, de 25 de octubre, se declaraba nuevamente el estado de alarma para contener la propagación de infecciones causadas por el SARS-CoV-2, en todo el territorio nacional[20] (ampliándose su vigencia y efectos hasta el 9 de mayo del año siguiente, a través del Real Decreto 956/2020, de 3 de noviembre[21]) prorrogándose la vigencia de la alarma hasta el 9 de mayo de 2021; norma que aunque declara nuevamente al Gobierno estatal "autoridad competente" introduce, como novedad, la delegación de la gestión de la crisis en los primeros responsables autonómicos a través de la llamada "cogobernanza", una suerte de "federalización o territorialización" de la alarma declarada finalmente inconstitucional[22] por su falta de proporcionalidad, atentar al

---

17 DOCV núm. 8835 de 13 de junio de 2020, pp. 22784-22810.

18 BOE núm. 163, de 10 de junio de 2020, pp. 38723 a 38752.

19 Redacción (2020). "Puig valora homogeneidad frente al Covid pero cree que Madrid no es el ejemplo". Diario La Vanguardia, de 30 de septiembre.

20 BOE núm. 282, de 25 de octubre de 2020, pp. 91912 a 91919.

21 BOE núm. 291, de 4 de noviembre de 2020, pp. 95841 a 95845.

22 Pese a que la doctrina se había apresurado a pronunciarse a favor de la constitucionalidad de los escenarios híbridos concretados finalmente a través de la llamada "cogoberanza", el Tribunal Constitucional declarará inconstitucional

equilibrio de poderes constituidos y vulnerar el orden competencial (Elvira y Espinosa, 2022: 234-235). Aquella pretendía una mayor modulación de las medidas restrictivas acordadas (limitación de circulación en horario nocturno y prohibición de desplazamientos entre territorios) buscando aliviar al Gobierno de la Nación del desgaste que había supuesto la primera experiencia (marzo-junio). Respecto del caso que nos ocupa, tuvo la feliz coincidencia de sintonizar a la perfección con el discurso federalista[23] del máximo representante de la Generalitat, que terminará incluyéndola en la ponencia política del 14º Congreso del PSPV-PSOE ("*Avanzando en el estado autonómico: hacia una cogobernanza federal*").

---

la delegación *in genere* en las autoridades autonómicas competentes las potestades tanto de restricción de las libertades de circulación y reunión en espacios públicos, privados y de culto, como de flexibilización de las limitaciones establecidas en el decreto de declaración del estado de alarma, justificada a partir de tres argumentos básicos: i) inviabilidad jurídica de la delegación efectuada *ex art.* 2 del Real Decreto 926/2021, como consecuencia de su carácter genérico que le impide su encaje con la previsión orgánica (art. 7 LOAES); ii) el mismo contenido de las facultades de las cuáles se desapodera el Gobierno a favor del (nuevo) órgano delegado (presidencias autonómicas); y iii) la vulneración del orden competencial establecido, al implicar la imposibilidad de control de las actuaciones autonómicas por el Congreso. Una actuación a la que se calificará de inconstitucional debido a su carácter "no razonable o infundado", atendiendo al acuerdo parlamentario que le había dado origen. Para concluir señalando que "la determinación temporal de (la) prórroga (…) se realizó de un modo por entero inconsistente con el sentido constitucional (del) propio acto de autorización y sin coherencia alguna con las razones que el Gobierno hizo valer para instar la prórroga finalmente concedida" (FJ 10º).

Véase, Pleno. Sentencia 183/2021, de 27 de octubre de 2021. Recurso de inconstitucionalidad 5342-2020. Interpuesto por más de cincuenta diputados del Grupo Parlamentario Vox del Congreso de los Diputados respecto de diversos preceptos del Real Decreto 926/2020, de 25 de octubre, por el que se declaró el estado de alarma para contener la propagación de infecciones causadas por el SARS-CoV-2; la Resolución de 29 de octubre de 2020, del Congreso de los Diputados, por la que se ordena la publicación del acuerdo de autorización de la prórroga del estado de alarma declarado por el citado real decreto, y el art. 2, la disposición transitoria única y la disposición final primera (apartados uno, dos y tres) distintos preceptos del Real Decreto 956/2020, de 3 de noviembre, por el que se prorrogó el estado de alarma declarado por el Real Decreto 926/2020 (BOE núm. 282, de 25 de noviembre de 2021, pp. 145259 a 145376)

23 Canela, Joan (2021). "El federalismo pragmático de Ximo Puig: cogobernanza autonómica sin tutelas de Madrid". *Público*, de 7 de noviembre.

Su consecuencia inmediata será la aprobación del Decreto 14/2020, de 25 de octubre, del president de la Generalitat[24], que introducirá importantes limitaciones a la libertad de circulación en horario nocturno (de 0 a 6:00 horas) en territorio valenciano. Y al que seguirán los Decretos del president de la Generalitat 19/2020, de 5 de diciembre[25] que incluía nuevas medidas restrictivas referidas en cuanto a los desplazamientos durante horario nocturno, limitaciones en las reuniones familiares y sociales, así como al cierre perimetral para moverse por la Comunitat, y 20/2020, de 18 de diciembre que modificaba, a su vez, el Decreto 14/2020, de 25 de octubre[26], de medidas en la Comunitat Valenciana, como consecuencia de la situación de crisis sanitaria ocasionada por la Covid-19 y de la declaración del estado de alarma activado por el Gobierno de la Nación). Siendo este un periodo aprovechado, también, para gratificar el esfuerzo de los profesionales públicos, directamente implicados en la emergencia social ocasionada por la pandemia (Decreto Ley 17/2020, de 16 de noviembre[27]) y a los que el presidente de la Generalitat Ximo Puig ha decidido dedicar su último acto institucional a la finalización de su mandato.

En el tiempo de descuento del primer año pandémico, que arrastraba unas terribles consecuencias económicas para la Comunitat (9,6 % de caída del PIB y una tasa de paro del 16%; con una pérdida de 72.000 empleos concentrada al 70% en el sector turístico[28]) se aprobaba el Real Decreto-ley 36/2020, de 30 de diciembre, que concretaba las normas para la ejecución del Plan (nacional) de Recuperación, Transformación y Resiliencia, el "instrumento rector para el diseño y ejecución de los objetivos estratégicos y las reformas e inversiones que, vinculadas al Mecanismo de Recuperación y Resiliencia previsto en la normativa comunitaria, servirán para (...) recuperar el tejido produc-

---

24 DOCV núm. 8936, de 25 de octubre de 2021, pp. 40467-40468.

25 DOCV núm. 8968, de 5 de diciembre de 2020, pp. 48824-48826.

26 DOCV núm. 8978, de 18 de diciembre de 2020, pp. 51728-51730.

27 DOCV núm. 8955, de 18 de noviembre de 2020, pp. 44725-44727.

28 Cifras extraídas del documento Castelló Roselló, Vicente (2020). *La factura de la Covid-19*. Valencia: Cátedra Prospect Comunitat Valenciana 2030-Universitat de València. Disponible en la siguiente dirección web: https://prospectcv2030.com/wp-content/uploads/2021/02/FACTURA_DEL_COVID.pdf

tivo y mitigar el impacto social tras la crisis causada por la pandemia del SARS-COV-2" (art. 12), según la definición plasmada en la norma. A su vez, la exigencia de una nueva gobernanza orientada no sólo a facilitar la toma de decisiones sino, también, a garantizar un efectivo control y auditoria de tales fondos se traducirá en la creación de nuevas estructuras institucionales y organizativas: como la Comisión para la Recuperación, Transformación y Resiliencia, a la que corresponde tanto el "establecimiento de las directrices políticas generales para el desarrollo y ejecución" del instrumento referido, como su seguimiento (art. 14.3). O, incluso, una nueva Conferencia Sectorial (art. 19) con el objetivo de canalizar la gobernanza multinivel territorial (Estado-CCAA) y establecer mecanismos y vías de cooperación y coordinación en su implementación, presidida por el titular del Ministerio de Hacienda. Que obligará a la Generalitat a desplegar organizativamente su correlato en su organización institucional[29], aún con un ligero retraso temporal de más de un año. Por último, controvertida será, también, la solución jurídica de urgencia (Decreto-ley 6/2021, de 1 de abril, del Consell[30]) dada por el Gobierno valenciano (validada por las Corts[31]) en cuanto a la ejecución de las actuaciones financiadas por los fondos europeos Next Generation UE destinadas a paliar la crisis pandémica, generando un conflicto competencial con el Estado resuelto (ajuste de la tramitación de urgencia de los expedientes a los procedimientos de contratación pública y el fomento de colectivos desfavorecidos o vulnerables en cuanto a sus acciones derivadas), favorablemente, en el seno de la Comisión Bilateral de Cooperación Administración General del Estado-Generalitat[32].

---

29 Decreto 161/2021, de 8 de octubre, del Consell, de creación y regulación de los órganos de gobernanza de la Estrategia Valenciana para la Recuperación y de la gestión de los fondos Next Generation EU (DOCV núm. 9195, de 15 de octubre de 2021, pp. 42573-42576).

30 DOCV núm. 9062, de 15 de abril de 2021, pp. 16078 a 16099.

31 Resolución 343/X, de 20 de mayo de 2021, del Pleno de las Corts Valencianes, sobre la validación del Decreto ley 6/2021, de 1 de abril, del Consell, de medidas urgentes en materia de gestión económico-administrativa para la ejecución de actuaciones financiadas por instrumentos europeos para apoyar la recuperación de la crisis consecuencia de la Covid-19, aprobada en la sesión del 20 de mayo de 2021. (DOCV núm. 9098, de 2 de junio de 2021, pp. 25470 a 25470).

32 Resolución de 14 de diciembre de 2021, de la Secretaría General de Coordinación Territorial, por la que se publica el Acuerdo de la Comisión Bilateral

3. La tercera ola: el periodo más crítico de la gestión de la crisis

A mediados de enero de 2021 (y hasta la finalización del mes de marzo) la tercera ola Covid-19 en España era una realidad; cobrándose una especial virulencia en el territorio valenciano a partir de una letalidad intensificada[33]. Meses antes, para brindar un armazón jurídico común a todos los territorios el Gobierno de la Nación se había visto obligado a dictar el Real Decreto 956/2020, de 3 de noviembre, por el que se prorroga el estado de alarma declarado por el Real Decreto 926/2020[34]. Durante este periodo, las autoridades sanitarias valencianas restringieron todavía con mayor dureza las limitaciones de movilidad nocturna (ampliando su franja horaria desde las 22:00 a las 6:00 horas)[35]. Será, también, en esta fase cuando se adopten algunas decisiones estratégicas en cuanto a la organización institucional, como la creación de un comisionado específico[36], que serán abordadas con mayor desarrollo en el epígrafe siguiente (ver supra).

---

de Cooperación Administración General del Estado-Generalitat, en relación con el Decreto-ley 6/2021, de 1 de abril, del Consell, de medidas urgentes en materia económico-administrativa para la ejecución de actuaciones financiadas por instrumentos europeos para apoyar la recuperación de la crisis consecuencia de la COVID-19 (BOE núm. 312, de 29 de diciembre de 2021, pp. 166521-166522).

33 El año más letal por causa del Covid-19 en la Comunitat fue 2021: sólo en enero, fallecieron 2.570 personas; más que todas las fallecidas en 2022, que ascendieron a 2145. El mes siguiente otras 1894, lo que se tradujo en una media de 67 fallecido al día.

34 BOE núm. 291, de 4 de noviembre de 2020, pp. 95841 a 95845.

35 Resolución de la conselleria de Sanidad Universal y Salud Pública, de 19 de enero de 2021, por la que se establecen medidas excepcionales y adicionales en el ámbito de la Comunitat Valenciana como consecuencia del agravamiento de la situación de crisis sanitaria ocasionada por la Covid-19 (DOCV núm. 9001, de 20 de enero de 2021, pp. 2878-2886).

36 Decreto 14/2021, de 22 de abril, del president de la Generalitat para el Plan Valenciano de Acción para la Salud Mental, Drogodependencias y Conductas Adictivas, en el contexto de la pandemia por la infección del Covid-19 en la Comunitat Valenciana (DOCV núm. 9068bis, de 23 de abril de 2021, pp. 17306-17307).

4. Refuerzo en la coordinación y respaldo judicial a las medidas restrictivas adoptadas por el Consell

La cuarta ola (siendo bautizada con su diminutivo por su menor incidencia) comprenderá el periodo del 17 de marzo hasta el 22 de junio de 2021, coincidiendo con el levantamiento de la vigencia del estado de alarma (9/05/2021); sucederá al comienzo de la vacunación, centrada en su primera fase en los mayores de 80 años y grandes dependientes no institucionalizados (personas con necesidad de intensas medidas de apoyo y que viven en sus casas). La Ley 2/2021, de 29 de marzo, de medidas urgentes de prevención, contención y coordinación para hacer frente a la crisis sanitaria ocasionada por el COVID-1915[37], además de reforzar los mecanismos de coordinación en materia de salud (a través de las controvertidas a "actuaciones coordinadas en salud pública"[38], que proliferaron por una frecuencia nada usual de las reuniones de los órganos multilaterales y, en particular del Consejo Interterritorial del SNS[39]), posibilitaba el mantenimiento tras la vigencia del estado de alarma de diversas restricciones para prevenir rebrotes (como la obligatoriedad del uso de mascarillas en los espacios públicos) que serán adaptados a nuestra realidad territorial mediante el Decreto 2/2021, de 8 de abril, del president de la Generalitat[40]. Ya antes, el máximo responsable de la Generalitat se había mostrado partidario de avanzar en una institucionalización más perfecta de la Conferencia de Presidentes, órgano de encuentro territorial "banalizado" (Ridao, 2021a: 247) en la crisis sanitaria. Llegando, también, a criticar el bilateralismo de otros territorios, ausentes en un foro donde se discutía el futuro de todos

---

37 BOE núm. 76, de 30 marzo de 2021, pp. 35952-35980.

38 Resulta de especial interés la segunda declaración de medidas coordinadas en materia de salud adoptada el 10 de marzo de 2021 por el Consejo Interterritorial del Sistema Nacional de Salud, que impuso el llamado cierre "perimetral" de todos los territorios durante la festividad de San José y la Semana Santa, además del toque de queda (entre las 23:00 y las 06:00 horas) limitando, también, de forma drástica la permanència de grupos de persones en espacios privados o públicos.

39 Dicho órgano sólo en 2021 celebró 53 sesiones, lo que supone algo más de una por semana.

40 DOCV núm. 9057, de 9 de abril de 2021, pp. 15359-15361.

los territorios (en referencia a la ausencia del Gobierno catalán en el XXIV encuentro, celebrado el 30/07/2021).

El respaldo judicial[41] a las medidas restrictivas que irán adoptándose por la Conselleria de Sanidad Universal y Salud Pública[42] supondrá un espaldarazo judicial a las restricciones introducidas por el Consell, evitando el desgaste producido en otros territorios y que justificará, incluso, la adopción de una normativa estatal *ad hoc* que terminará siendo declarada inconstitucional[43].

---

41 De singular importancia es el Auto núm. 195 (recurso núm. 175/2021), de 21 de mayo, de la Sala 4ª de lo Contencioso-Administrativo del Tribunal superior de Justicia de la Comunitat Valenciana (con un interesante voto discrepante del magistrado Manuel J. Domingo Ceballos), que inspirará los posteriores autos núms. 271 y 299//2021, de 12 y 22 de julio, respectivamente.

42 Las contenidas en las Resoluciones de 22 de mayo de 2021, de la consellera de Sanidad Universal y Salud Pública, por la que se publica la Resolución de 19 de mayo de 2021, de la consellera de Sanidad Universal y Salud Pública, que se dicta como consecuencia del Auto 195/2021, de la Sala de lo Contencioso-administrativo del Tribunal Superior de Justicia de la Comunitat Valenciana, para el periodo comprendido entre el 24 de mayo de 2021 y el 7 de junio de 2021 (DOCV núm. 9091 de 22 de mayo de 2021); Resolución de 22 de julio de 2021, de la consellera de Sanidad Universal y Salud Pública, por la que se publica la Resolución de 21 de julio de 2021, de la consellera de Sanidad Universal y Salud Pública, una vez autorizada por el Auto 299/2021, de la Sala de lo Contencioso-Administrativo del Tribunal Superior de Justicia de la Comunitat Valenciana, durante el periodo comprendido entre el 26 de julio y el 16 de agosto de 2021 (DOCV núm. 9134 de 23 de julio de 2021); y Resolución de 12 de julio de 2021, de la consellera de Sanidad Universal y Salud Pública, por la que se publica la Resolución de 9 de julio de 2021, de la consellera de Sanidad Universal y Salud Pública, una vez autorizada por Auto 271/2021, de la Sala de lo Contencioso-administrativo del Tribunal Superior de Justicia de la Comunitat Valenciana, y durante un periodo de 14 días a contar desde el día de su publicación en el Diari Oficial de la Generalitat Valenciana (DOCV núm. 9125, de 12 de julio de 2021).

43 El Real Decreto-ley 8/2021, de 4 de mayo, por el que se adoptan medidas urgentes en el orden sanitario, social y jurisdiccional, a aplicar tras la finalización de la vigencia del estado de alarma declarado por el Real Decreto 926/2020, de 25 de octubre, por el que se declara el estado de alarma para contener la propagación de infecciones causadas por el SARS-CoV-2 (BOE núm. 107, de 5 de mayo de 2021, pp. 53407 a 53431) introduce un nuevo recurso de casación ante el Tribunal Supremo sobre medidas sanitarias restrictivas, solventando una imprevisón del legislador estatal. Con posterioridad, la STC 70/2022, de 2 de junio de 2022 (BOE núm. 159, de 4 de julio de 2022, páginas 94581 a 94621), que resuelve la cuestión de inconstitucionalidad (núm. 6283-2020) planteada por la Sección 1ª

5. *Cambio en el calendario de vacunación, pasaporte Covid y fondos de contingencia*

La quinta ola, surgida en junio de 2021 tendrá como principales damnificados a la población más joven con efectos en muchos casos asintomáticos; su diferencial con el ritmo de vacunación extendido al 88,4% de la población (frente al 30% y al 12%, de los jóvenes en la treintena y la veintena, respectivamente) debido al ritmo en el proceso de asignación de las dosis y a los deseos en no alterar el orden previsto en la inmunización está detrás de lo sucedido. No obstante, los cambios introducidos en el calendario situarán, de nuevo, la trasmisión comunitaria en niveles normalizados lo que posibilitará levantar gradualmente las restricciones impuestas que se mantendrán en el periodo estival (del 12 de julio hasta el 6 de septiembre) con el aval judicial señalado anteriormente. Que también respaldará la exigencia del pasaporte Covid[44], de uso obligatorio en la restauración y hostelería hasta el 28 de febrero de 2022, y al que el president de la Generalitat había solicitado dar un uso común en toda España[45]. Tras tres meses de vigencia (uno más que el conjunto de las CCAA) será la última de las restricciones en vigor en la Comunitat, descontando la obligatoriedad del uso de la mascarilla.

En el ámbito económico en dicho periodo deben destacarse dos hechos de especial interés. En primer lugar, la aprobación del De-

---

de la Sala de lo Contencioso-Administrativo del Tribunal Superior de Justicia de Aragón, declararà la nulidad de la previsón legal que forzaba la autorización o ratificación por las salas de lo contencioso-administrativo de los tribunales superiores de justicia de las medidas sanitarias para la protección de la salud pública, debido a la falta de identificación de los destinatarios de estas.

44 Resolución de 1 de diciembre de 2021, de la consellera de Sanidad Universal y Salud Pública, por la cual se publica la Resolución de 25 de noviembre de 2021, de la consellera de Sanidad Universal y Salud Pública, por la que se acuerdan medidas en materia de salud pública respecto del acceso a determinados establecimientos en el ámbito de la Comunitat Valenciana, como consecuencia de la situación de crisis sanitaria ocasionada por la Covid-19 (DOCV núm. 9229, de 3 de diciembre de 2021, pp. 50051-50059).

45 Declaraciones del MH President de la Generalitat con ocasión de la XXV reunión de la Conferencia de Presidentes, celebrada en el Senado el 22 de diciembre de 2021.

creto ley 12/2021, de 23 de julio[46], del Consell (de modificación del Decreto ley 7/2021, de 7 de mayo, del Consell, de medidas extraordinarias de apoyo a la solvencia empresarial en respuesta a la pandemia de la Covid-19) con el deseo de extender a la totalidad de sectores económicos las ayudas directas con cargo a la línea Covid reservadas a empresarios o profesionales y entidades por el Real Decreto ley 6/2021, de 20 de abril[47]. Por otra parte, la recta final del año aflorará problemas en la transferencia de fondos "extraordinarios" por contingencia Covid que, algunos territorios (como la Comunitat Valenciana) habían incluido en sus cuentas públicas sin tener certeza de su continuidad y que ese mismo ejercicio habían supuesto 1.450 millones de euros (9,06% del total).

6. La última gran ola (Omicron) y sus efectos

La sexta, dominada por la llegada de la variante "ómicron" del virus a la Comunitat en vísperas de las navidades de 2021, multiplicaría por 5 los ritmos de contagio; aunque la curva epidémica venía ya registrando con anterioridad "una tendencia ascendente, con un crecimiento sostenido y generalizado"[48]. El contexto, será aprovechado por el Botànic para actualizar el régimen sancionador específico[49], frente a los incumplimientos de las medidas preventivas dictadas, mientras se alcazaba nuevamente el nivel máximo de alerta sanitaria

---

46 DOCV núm. 9135, de 26 de julio de 2021, pp. 33273 a 33275.

47 BOE núm. 95, de 21 de abril de 2021, pp. 45087 a 45095

48 Resolución de 1 de diciembre de 2021, de la consellera de Sanidad Universal y Salud Pública, por la cual se publica la Resolución de 25 de noviembre de 2021, de la consellera de Sanidad Universal y Salud Pública, por la que se acuerdan medidas en materia de salud pública respecto del acceso a determinados establecimientos en el ámbito de la Comunitat Valenciana, como consecuencia de la situación de crisis sanitaria ocasionada por la Covid-19 (DOCV núm. 9229, de 3 de diciembre de 2021, pp. 50051-50059).

49 Decreto-ley 16/2021, de 3 de diciembre, de modificación del Decreto ley 11/2020, de 24 de julio, del Consell de régimen sancionador específico contra los incumplimientos de las disposiciones reguladoras de las medidas de prevención ante la Covid-19 (DOCV núm. 9229, de 3 de diciembre de 2021, pp. 49829-49831). Norma convalidada mediante Resolución 21/X, de la Diputación Permanente de las Corts Valencianes, aprobada en su sesión de 18 de enero de 2022 (DOCV núm. 9266, de 28 de enero de 2022).

las restricciones se extremaban[50]. En el ámbito estatal se aprobaba el Real Decreto-ley 30/2021, de 23 de diciembre, mediante el que se adoptaban medidas urgentes de prevención y contención para hacer frente a la (sexta ola crítica de la) crisis sanitaria ocasionada por la COVID-19[51], reforzándose la obligatoriedad en el uso de las mascarillas.

7. *De la ola "fantasma" o silenciosa al fin de la pandemia*

A pesar de que a lo largo de 2022 la pandemia disminuirá en un 58% su letalidad (seis muertes al día), a mediados del mes de julio se alcanzaría el pico de una nueva ola de contagios (la séptima, calificada de "fantasma" o silenciosa) que doblará el número de contagios (hasta alcanzar los 8.789) en apenas cuatro días, dejando un balance de 400 fallecidos. La judicialización de la gestión sanitaria frente a la pandemia ocupará un papel destacado en dicho periodo; aunque no será hasta 2023 cuando se conozca el rechazo del Tribunal Supremo[52] al recurso por unificación de doctrina presentado por la Confederación Estatal de Sindicatos Médicos de la Comunitat Valenciana (CESMCV) reafirmando la dictada por la Sala de lo Social del Tribunal Superior de Justicia de fecha 25 de octubre de 2022[53] al considerar que se adoptaron medidas para minimizar los riesgos, dada

50 Resolución de 22 de diciembre de 2021, de la consellera de Sanidad Universal y Salud Pública, por la cual se publica la Resolución de 20 de diciembre de 2021, de la consellera de Sanidad Universal y Salud Pública, por la que se prorroga y se amplía la Resolución de 25 de noviembre de 2021, de la consellera de Sanidad Universal y Salud Pública, por la que se acuerdan medidas en materia de salud pública respecto del acceso a determinados establecimientos en el ámbito de la Comunitat Valenciana, como consecuencia de la situación de crisis sanitaria ocasionada por la Covid-19 (DOCV núm. 9241 de 23 de diciembre de 2021, pp. 53899-53907).

51 BOE núm. 307, de 23 de diciembre de 2021, pp. 159762 a 159770.

52 Auto de la Sala Social del Tribunal Supremo núm. 8358, de 21 de junio de 2023 (recurso núm. 236/2023).

53 Que resuelve el recurso de suplicación núm. 1948/2022, interpuesto por la Conselleria de Sanidad Universal y Salud Pública de la Generalitat y por la Confederación Estatal de Sindicatos de Médicops de la Comunitat Valenciana, frente a la sentencia dictada por el juzgado de lo Social núm. 10 de los juzgados de valencià de fecha 11 de febrero de 2022, en el procedimiento núm. 462/2020 seguido a

"la imprevisibilidad de la situación por sus alarmantes dimensiones". Pero no todos los fallos han sido favorables a los intereses del Gobierno valenciano, dado que el 1 de septiembre de ese mismo año, el Tribunal Superior de Justicia de la Comunitat Valenciana[54] confirmaba la sentencia, de 13 de enero, dictada por el juzgado de lo Contencioso Administrativo núm. 3 de Alicante en el procedimiento de tutela de derechos fundamentales presentada por el Colegio Oficial de Médicos de la Provincia de Alicante, al postergar la Conselleria a los facultativos privados en el calendario de vacunación. En dicho fallo se calificaba la actuación del Botànic de "negligente" abriendo la puerta a que 400 facultativos alicantinos pudiesen exigir indemnizaciones por los daños sufridos. Tras el recambio en la titularidad de la cartera, el sistema sanitario público[55] se verá reforzado a través de un ambicioso plan gubernamental que pondrá el punto de mira en uno de los niveles asistenciales más castigados por la pandemia: la atención primaria, como venía exigiendo un órgano estatal de relevancia constitucional[56] (Defensor del Pueblo, 2020).

En dicho periodo cabe, también, mencionar la crisis ocasionada por el del Decreto ley anticrisis[57], cuya aprobación se demorará durante meses por la falta de calidad técnica del proyecto que iba a ser trasladado a las Corts, retrasando la aplicación en nuestro territorio de las medidas post-pandemia contempladas en la norma de

---

instancia de la segunda asociación contra el Departamento gubernamental, sobre indemnización de daños y perjuicios y a la que seguiran, al menos, otras tres.

54 Sentencia núm. 293/2022, de 1 de septiembre de 2022 (recurso de apelación núm. 69/2022).

55 Las cifras del plan contemplan la creación de 6.007 plazas nuevas estructurales de personal sanitario; casi 1.200 plazas de médicos (10%) y 1.613 nuevas plazas de Atención Primaria.

56 Defensor del Pueblo (2020). Actuaciones ante la pandemia. Madrid: defensor del Pueblo. Disponible en la siguiente dirección web: https://www.defensordelpueblo.es/wp-content/uploads/2020/12/Documento_COVID-19.pdf

57 Decreto-ley 7/2023, de 14 de abril, del Consell, de medidas extraordinarias de apoyo a personas físicas vulnerables para paliar los efectos de la subida de los precios de la alimentación como consecuencia de la guerra en Ucrania y de la subida de los tipos de interés en los préstamos hipotecarios sobre la vivienda habitual (DOCV núm. 9578, de 19 de abril de 2023, pp. 22769-22780).

urgencia estatal[58], aprobada casi cinco meses antes. Pese a que a la finalización de 2023 ya se habían levantado la mayoría de las medidas restrictivas, el Gobierno español mantendrá la obligatoriedad de la mascarilla en el transporte público y los centros sanitarios; convirtiéndonos así en el único país de la UE en mantener tales medidas, que decaerán[59] definitivamente al anunciarse el fin de la crisis sanitaria seis meses más tarde.

III. CAMBIOS ORGANIZATIVOS EN EL CONSELL COMO CONSECUENCIA DE LA CRISIS SANITARIA

Se ha señalado antes que la irrupción de la pandemia vino a condicionar la práctica totalidad de la actividad político, institucional y normativa del Consell. Este epígrafe quiere destacar los cambios organizativos más destacados, abordados desde una perspectiva más amplia en un trabajo previo (Vivancos, 2022: 145-146).

El Consell quiso anticiparse a la crisis que se anunciaba en el horizonte, a pesar del desconocimiento de la magnitud de la misma y de las devastadoras consecuencias que esta iba a tener en casi todos los órdenes, cuando aparecieron las primeras infecciones; así a través del Decreto 3/2020, de 9 de marzo[60], del presidente de la Generalitat, se creaba la Mesa Interdepartamental para la Prevención y Actuación ante el Coronavirus una "estructura de análisis" informativo del escenario de evolución de la pandemia y un instrumento de coordinación interdepartamental y seguimiento de "la actuación conjun-

---

58 Real Decreto-ley 20/2022, de 27 de diciembre, de medidas de respuesta a las consecuencias económicas y sociales de la Guerra de Ucrania y de apoyo a la reconstrucción de la isla de La Palma y a otras situaciones de vulnerabilidad (BOE núm. núm. 311, de 28 de diciembre de 2022, pp. 185813 a 185937).

59 El Consejo de Ministros, en su reunión del día 4 de julio de 2023, a propuesta del Ministro de Sanidad, aprobaba un Acuerdo por el que se declaraba la finalización de la situación de crisis sanitaria ocasionada por la COVID-19 y que era aprobado mediante la Orden SND/726/2023, de 4 de julio, por la que se publica el Acuerdo del Consejo de Ministros de 4 de julio de 2023, por el que se declara la finalización de la situación de crisis sanitaria ocasionada por la COVID-19 (BOE núm. 159, de 5 de julio de 2023, pp. 93379 a 93387).

60 DOCV núm. 8757, de 9 de marzo de 2020, pp. 9557-9558.

ta de los departamentos del Consell más directamente implicados por la aparición y el desarrollo de la enfermedad, y por sus efectos", como expresará su justificación. Estando presidida por el MH President e integrada por tres cuartas partes del Consell [las dos vicepresidencias, con responsabilidades en igualdad y políticas inclusivas y vivienda, otras cinco carteras departamentales (justicia, interior y función pública; educación, cultura y deporte; sanidad universal y salud pública; economía sostenible, sectores productivos, comercio y trabajo; política territorial, obras públicas y movilidad) y tres secretarías autonómicos (promoción institucional y cohesión territorial; turismo; salud pública y sistema sanitario)], aunque abierta a la incorporación ulterior de otros niveles (superiores y/o directivos) de la administración autonómica y de su sector público instrumental. Una coordinación que venía a añadirse a otros instrumentos nacionales ya en funcionamiento, como el Sistema Nacional de Alerta Precoz y Respuesta Rápida (SICAS), coordinada a nivel ministerial; y que a finales de 2020 se reforzará territorialmente en el ámbito de la vigilancia en el cumplimiento de las instituciones.

Este refuerzo coordinador (como demuestra la experiencia comparada de estos dos años) permitiría descartar *ab initio* otras soluciones que se han venido improvisando a nivel autonómico, derivadas de reestructuraciones departamentales o, incluso, de la concentración de mayores poderes en la figura del presidente (como había sucedido en el País Vasco).

Otro aspecto destacable, desde el punto de vista organizativo, es la creación de sendos comisionados: uno, adscrito a Presidencia, con el fin de realizar el seguimiento de la pandemia, mediante la inteligencia artificial (Decreto 6/2020, de 24 de marzo[61]); su principal cometido durante la etapa de más virulencia de la Covid-19 fue la coordinación de la inteligencia de datos ante la epidemia, a través de distintas encuestas que posibilitaron un mejor conocimiento de los contagios (ante el fracaso del radar Covid, impulsado en a finales de 2020 por la capital valenciana como cabeza de lanza de la Red Española de Ciudades Inteligentes-RECI), así como un mayor seguimiento de las actuaciones realizadas, lo que favorecía a su vez la toma de

[61] DOCV núm. 8722, de 26 de marzo de 2020, pp. 11390-11391.

decisiones según el cambiante rumbo de la pandemia. Sin embargo, su balance puede afirmarse que ha sido más bien pobre, quizás por el solapamiento de la nueva responsabilidad de su titular en la Fundación ELLIS (Instituto para una Inteligencia Artificial centrada en la Humanidad), que forzará su "silenciosa" salida del ámbito institucional. Teniendo en cuenta que una de las consecuencias más graves relacionadas con la emergencia (sanitaria, social y económica) de la Covid son los efectos que estaba ésta teniendo en la salud mental, el Gobierno valenciano decidirá crear un comisionado específico en el ámbito de la salud mental (Decreto 14/2021, de 22 de abril), adscrito a la Conselleria de Sanidad Universal y Salud Pública, y cuyas funciones irán orientadas a dar respuesta al impacto que estaban teniendo aquellos, aunque también para anticipar una estrategia post-Covid en dicho ámbito que nunca llegará.

Por último, como vimos, tras dos años de pandemia será el momento de crear y regular los órganos de gobernanza de la Estrategia Valenciana para la Recuperación y de la gestión de los fondos Next Generation EU (2021), documento estratégico que traslada y adapta territorialmente los grandes instrumentos europeos (en particular el Instrumento Europeo de Recuperación) para el aprovechamiento eficaz de los fondos y las políticas públicas impulsadas a nivel nacional, a partir del Plan de Recuperación, Transformación y Resiliencia[62] que buscará reforzar la participación autonómica tanto en la fase de planificación como en la implementación de las reformas e inversiones proyectadas. Tales órganos (art. 2) son los siguientes: a) Comisión de Seguimiento de la Estrategia Valenciana para la Recuperación, comisión interdepartamental que traslada en su composición los difíciles equilibrios del Botànic; conformada por los principales órganos superiores y directivos de la Administración de la Generalitat: secretarías autonómicas de UE y relaciones externas y hacienda (presidencia y vicepresidencia 1ª, respectivamente); direcciones generales de coordinación institucional (vicepresidencia 2ª), coordinación de la acción gubernamental (secretaria), coordinación del diálogo social, relaciones con la UE y el Estado, relaciones con

62 Plan "España Puede", aprobado por la Comisión Europea el 16 de junio de 2021.

las comunidades autónomas y representación institucional, de fondos europeos y de administración local, junto a la subsecretaria de la Conselleria competente en materia de participación (vocales). b) La Oficina Valenciana para la Recuperación, que asume la dirección general de coordinación antes referida. Así como los foros de participación y grupos de alto nivel, que se hacen descansar tanto en el Consell de Participació Ciutadana de la Comunitat Valenciana[63] (como foro de encuentro entre la Administración de la Generalitat, la sociedad civil y la ciudadanía) como en un foro ad hoc cuya composición todavía no se ha precisado.

A mediados de 2023 se habían transferido a los territorios una importante cantidad económica (2.770 millones de euros, casi el 12% del total acumulado desde 2021); siendo la Comunitat, el cuarto territorio más beneficiado con 2.060 millones, sólo por detrás de Andalucía (3.420 millones de euros), Cataluña (3.181 millones de euros) y Comunidad de Madrid (2.374 millones de euros), tres CCAA que recibido el 41,5% del total. Sin embargo, la manifiesta deficiente ejecución de los fondos Next Generation EU (0,4% del PIB en 2022; y una estimación del 0,2% en 2023) obligó al Gobierno valenciano a atraer perfiles con experiencia contrastada en la gestión de ayudas europeas a través de una bolsa de empleo temporal específica, convocada en 2022 y que ha tenido importantes dificultades en el proceso selectivo; una experiencia que más tarde se ampliará, a través de Labora, a consistorios (de entre 2.000 y 5.000 o de menos de 2.000 habs.) y mancomunidades (que integren algún municipios con menos de 2.000 habs.) con menor capacidad de hacer un seguimiento de tales convocatorias y poder identificar proyectos subvencionables. Una actuación que explica quiénes han resultado beneficiados con los fondos Next Generation UE en 2022, según un estudio del Instituto Valenciano de Investigaciones Económicas (2023): Administraciones públicas valencianas (40%) frente a empresas-pymes (25%) o el sistema público universitario (16%).

---

63 Decreto 190/2016, de 16 de desembre, del Consell, pel qual es regula el Consell de Participació Ciutadana de la Comunitat Valenciana (DOCV núm. 7942, de 22 de diciembre de 2016, pp. 35435-35441)

IV. REPERCUSIONES DE LA PANDEMIA EN LA ACTIVIDAD POLÍTICO-INSTITUCIONAL Y NORMATIVA DE LA GENERALITAT

Asimismo, toda la actividad político institucional ha quedado condicionada por la pandemia, derivándose una serie de consecuencias relevantes. Como por ejemplo la sensible reducción de la actividad legislativa durante los tres años (sólo cuatro textos legales aprobados en 2020[64]; ocho en 2021; y nueve en 2022) de pandemia; hecho que contrasta en paralelo con la aprobación de una ingente normativa de urgencia o necesidad (dieciocho decretos-leyes en 2020, de los cuáles diez están directamente relacionados con la Covid-19; diecinueve en 2021, de los que quince se vinculan a la gestión pandémica; una cifra que se reproduce en 2022, la mayoría de los cuáles pretenden hacer frente a la inflación) cuya validación por las Corts valencianes monopolizará durante meses su actividad y que se verá suspendida, durante los primeros meses de pandemia (19/03/2020[65] a 8/05/2020[66]). Las cifras reflejadas permiten visualizar el desplazamiento de la centralidad del ámbito parlamentario al ejecutivo, fruto del sistema de parlamentarismo racionalizado (o difuminado) vigente, pese a las medidas acordadas (Garrido Mayol, 2021); terminándose, también, por resentir el control parlamentario, interrumpido tan sólo durante unos meses (desde el 19/03/ al 31/05/2020[67]),

---

64 Una reducción legislativa que se produjo en paralelo a la estatal, puesto que durante 2020 únicamente se aprobaron siete leyes ordinarias y tres orgánicas en las Cortes Generales.

65 Acuerdo núm. 598/X, de la Mesa de las Corts Valencianes, de 19 de marzo de 2020, y de adaptación de la actividad de la institución a las nuevas circunstancias sanitarias (BOCV núm. 71/X, de 20 de marzo de 2020), modificado con posterioridad por Acuerdo núm. 641/X, de la Mesa de las Corts Valencianes, de 28 de abril, por el que se adoptan medidas en relación al desarrollo de la actividad parlamentaria durante la vigencia del Acuerdo 598/X, de la Mesa de las Corts Valencianes, de 19 de marzo de 2020, y de adaptación de la actividad de la institución a las nuevas circunstancias sanitarias (BOCV núm. 75/X, de 4 de mayo de 2020).

66 Acuerdo núm. 655/X, de la Mesa de las Corts Valencianes, de 5 de mayo de 2020, por el que se retoma el período ordinario de sesiones y se establecen medidas de protección y seguridad para el desarrollo de la actividad parlamentaria (BOCV núm. 76/X, de 8 de mayo 2020).

67 En la que fue la primera sesión de control desde que había sido decretado el estado de alarma, centrada en la crisis de la Covid-19 que hasta ese momento

donde la Diputación Permanente veló por los poderes de la Cámara mientras se suspendía la actividad parlamentaria ordinaria.

En el ámbito del control parlamentario destaca el rechazo de los grupos parlamentarios que daban soporte al Botànic a fiscalizar los contratos de emergencia en octubre de 2022 a través de una comisión de investigación[68]; lo que obligaría a canalizar dichas denuncias a la Agencia Valenciana Antifraude, adscrita a les Corts. Este organismo denunciará sobrecostes y comisiones millonarios en los contratos de emergencia adjudicados por la Generalitat al inicio de la pandemia, sin llegar a acreditarse fraude alguno o corrupción. Sin embargo, se solicitará la subsanación de déficits en la contratación de suministradores que no guardaban relación alguna con el ámbito sanitario[69]. Llovía sobre mojado puesto que el Síndic de Comptes había denunciado con anterioridad que el Consell habría evitado la comprobación de dicho gasto hasta noviembre de 2021 (a partir del denominado "control financiero permanente" menos riguroso que la fiscalización interventora previa") y que terminaría afectando a la comprobación material de las compras o inversiones, tal y como reveló más tarde el informe de la Cuenta General de la Generalitat Valenciana de 2020[70].

---

había causado la muerte de 1.418 valencianos, el president de la Generalitat solicitó unidad a los grupos parlamentarios para hacer frente a la pandèmia realizando diversos anuncios relacionados con la inversión sociosanitària (40% más en los cuatro últimos años), el pago de ayudas a los colectivos afectados (más de 57 millones de ayudas a autónomos; cobro de las ayudas al 90% de los afectados por ERTE...) y la extraordinària transferència de fondos por parte del Estado (3.300 millones de euros). Diari de Sessions. Corts Valencianes núm. 31/X, de 28 de mayo de 2020, pp. 1526-1529.

68 BOCV núm. 293/X, de 25 de noviembre de 2022. Propuesta de creación de una comisión de investigación sobre las presuntas irregularidades relacionadas con los contratos de emergencia subscritos por la Generalitat Valenciana para el suministro de material sanitario efectuados durante la primera oleada de covid-19, presentada por el Grupo Parlamentario Ciudadanos (RE número 58.156, BOCV número 273). No tomada en consideración.

69 https://www.antifraucv.es/wp-content/uploads/2023/03/MEMORIA_AVAF_2022_CAS.pdf.

70 Documento disponible en la siguiente dirección web: https://www.sindicom.gva.es/public/Attachment/2021/12/Informe_fiscalizacion_contratacion_Administracion_GV_con_enfasis_contrataciones_derivadas_del_COVID_19_Ejercicio_2020_cas_signed.pdf

Por su parte, el Síndic de Greuges, comisionado de les Corts Valencianes, denunciará en su memoria referida a 2020 las graves carencias de la Administración valenciana en el acceso a los servicios públicos, que sido proclamado en la Ley 3/2019, de 18 de febrero, de servicios sociales inclusivos de la Comunitat Valenciana[71], junto a toda una serie de derechos (art. 10) a los usuarios de los servicios sociales. El Síndic de Greuges denunciará que la pandemia había intensificado la pobreza y la exclusión en la sociedad valenciana, habiéndose dirigido mayoritariamente sus quejas a la Conselleria de Igualdad y Políticas Inclusivas (1.420 en 2020[72] representando el 34,93% y 1040 en 2021, 36% del total[73], respectivamente) frente a otros departamentos "sociales" como educación (279 y 6,86% y 96 y 3,35%) y sanidad (205 y 5,04%; y 172 y 6,01%).

Algunos estudios recientes, han profundizado en el aspecto específico de la producción normativa del Gobierno valenciano, incidiendo tanto en la frecuencia como en la orientación que ha tenido esta. Señalando que el centenar de decretos "se ha concentrado, sobre todo, en las dos primeras oleadas (60%) a una media de 5,2 por mes en la primera y 6,8 en la segunda; decreciendo posteriormente y manteniéndose entre 2-3 al mes, en las tres últimas oleadas de la pandemia" (Tasa Fuster, 2022: 12), a excepción del último periodo.

Del estudio referido puede obtenerse también una útil información de los ámbitos materiales en los que se ha centrado la acción

---

71 DOCV núm. 8491, de 21 de febrero de 2019 y BOE núm. 61, de 12 de marzo de 2019, pp. 23249 a 23349. En la Exposición de Motivos del referido instrumento legal se expresa así la voluntat del legislador (autonómico) sobre este asunto:, en concreto "El acceso a los servicios sociales se extiende a la totalidad de la población con residencia efectiva en la Comunitat Valenciana. Esto implica aceptar que los servicios sociales, como parte fundamental del estado del bienestar, están a disposición de la población general y no solo de determinados sectores de esta, de manera que cualquier persona, a lo largo de su vida, está potencialmente en disposición de ser usuaria de estos Servicios".

72 https://www.elsindic.com/wp-content/uploads/2021/04/informe-anual-2020-castellano.pdf

73 https://www.elsindic.com/wp-content/uploads/2022/03/informe-anual-2021-castellano.pdf

normativa del Consell. En términos generales, cuatro departamentos (Economía Sostenible, Sectores Productivos, Comercio y Trabajo; Hacienda y Modelo Económico; Educación, Cultura y Deporte; y Sanidad Universal y Salud Pública) han protagonizado casi las dos terceras partes de la producción normativa pandémica, concentrada en las dos primeras olas, alcanzando "su máximo en 2020, con 116 normas publicadas" (Tasa, 2022: 10). La autora explica dicha concentración a partir del impacto de la pandemia en la gestión ordinaria gubernamental, así como en la necesidad de atender todos y cada uno de los frentes abiertos por la misma.

Otra de las grandes tendencias observadas entorno a la actividad normativa desplegada durante estos años es la mayor intensidad de esta en el ámbito económico, por delante incluso del ámbito social o institucional. Algo que podría sorprender, dada la intensa afectación de todos y cada uno de los servicios sociales básicos en las diferentes etapas por las que ha transitado la pandemia, pero que también ha tenido un gran impacto económico y productivo, como muestran recientes estudios (Maudos, Mínguez y Pascual, 2021).

Bajo la vigencia de los estados de alarma, se regularán el establecimiento de medidas excepcionales para la realización de actos festivos deportivos, de ocio, culturales y de cuantos implicaban concentración de personas; además de la suspensión temporal (salvo por en la educación infantil de carácter permanente hasta la finalización del curso) de la actividad educativa en todos los centros y etapas (incluido el universitario) y medidas singulares tanto en la gestión sanitaria como en el ámbito de la gestión residencial de servicios sociales. Dirigiéndose el amplio abanico de normativa de urgencia aprobada a ajustar el marco normativo a la realidad pandémica, con especial relevancia en el ámbito de los grandes servicios públicos de bienestar: sanitario (centrado en la garantía de la seguridad sociosanitaria, la respuesta ante la alta mortandad o la atención primaria y de urgencias), social (protocolos de actuación del personal y residentes, desinfección de los centros y su derivación a los centros sanitarios) y educativo (suspensión de la actividad lectiva presencial y sus consecuencias en el sistema educativo valenciano). Evitándose, al tiempo, la destrucción del tejido productivo, especialmente en las empresas (62.161 de las que 33.000 eran microempresas[74]) de los ámbitos más afectados (hostelería, ocio y comercial).

A partir del levantamiento de los estados de alarma, y más allá de la fijación de general de la política de salud pública por parte de la Conselleria de Sanidad Universal, la gestión de los departamentos económicos y de la propia Presidencia de la Generalitat irá ganado peso en el establecimiento de nuevas regulaciones dirigidas a solventar las necesidades económico-presupuestarias derivadas de la crisis; la fijación de las estructuras de la gobernanza económica para la recuperación y reconstrucción post-covid o para luchar contra los efectos indeseados de la misma.

V. A MODO DE CONCLUSIÓN

A lo largo de las presentes líneas, se puede comprobar cómo el Covid-19 ha trastocado completamente la hoja de ruta del Botànic en su segunda legislatura (2019-2023). A pesar del colapso inicial del sistema sanitario, que también afectó al ámbito sociosanitario, la pandemia ha supuesto una increíble prueba de estrés para todos los departamentos del Consell. Habiéndose seguido, en la gestión gubernamental de la crisis, parámetros similares a los aplicados en otros territorios.

Es importante destacar que no se ha producido una crisis del sistema autonómico ni ha habido riesgos de recentralización en la gestión de la pandemia. La Comunitat Valenciana ha tenido un amplio margen de autonomía para determinar las medidas a aplicar en cada momento, basándose en la evolución de los indicadores de incidencia y contagios, así como en los efectos "colaterales" de la pandemia en muy diversos órdenes.

La gestión autonómica de la pandemia ha enfrentado numerosos desafíos, especialmente en el ámbito de las relaciones interguberna-

---

74 Datos extraidos del siguiente documento: https://www.ivie.es/es_ES/ptproyecto/ivielab-impacto-economico-la-covid-19-la-comunitat-valeciana-desagregacion-ramas-actividad/

mentales. Ha sido necesario encontrar un equilibrio adecuado entre la dificultad de establecer una cooperación vertical eficaz y la necesidad de mitigar las consecuencias imprevisibles de la crisis. A pesar de todo, el resultado ha sido satisfactorio; aunque se han manifestado conflictos en la regulación y ejecución de los fondos de Next Generation EU, desacuerdos en la transición de las fases de desescalada e insuficiencia en la financiación mediante los fondos de contingencia Covid.

Aunque la pandemia ha sido el catalizador de dinámicas de cooperación que ya habían comenzado a surgir, la inconstitucionalidad de la gobernanza impide hacer viable el que había sido un instrumento útil, en el que el Gobierno valenciano había depositado muchas esperanzas, a partir del modelo de federalismo que siempre ha defendido y que también se ha manifestado en los distintos posicionamientos que ha venido a defender el MH President en la Conferencia de Presidentes, desaprovechando la ocasión para convertirla en un verdadero órgano de encuentro territorial.

La experiencia analizada ha puesto en evidencia la imposibilidad de separar nítidamente emergencia de normalidad, al igual que su secuencia; primándose la dimensión funcional en la persecución de logros efectivos en la gestión de la crisis. Lo que ha generado una inflación normativa muy acusada (justificada muchas veces en su carácter de urgente necesidad) con gran seguidismo de la producción normativa del Estado. En el caso valenciano, sin embargo, se han reproducido las dinámicas gobierno-parlamento (pese a no haber habido un "cierre" de las Corts, a diferencia de lo sucedido en el ámbito estatal, declarado ilegal por nuestro Alto Tribunal). En cuanto a las relaciones con otro de los poderes constituidos, y a diferencia de otras CCAA, ha existido una plena sintonía en el aval judicial a las decisiones del Consell, a pesar de haber cosechado, también, la primera condena por la desprotección de nuestros sanitarios.

Los órganos estatutarios con sus decisiones, también han permitido visibilizar algunos elementos defectuosos de la gestión, como la relajación de la fiscalización (que ha tenido consecuencias) o la conversión en papel mojado de muchos de los derechos sociales proclamados en el armazón jurídico social, aprobado de modo previo a la pandemia. Una previsión normativa que le ha permitido contar al

Botànic con un marco legislativo en salud pública actualizado pero que la experiencia pandémica exige modificar.

En el ámbito organizativo, la coordinación interdepartamental se ha visto reforzada con la preeminencia en la gestión de la crisis de la cartera de Sanidad Universal y Salud Pública, no aprovechándose la trasversalidad de Políticas Inclusivas para reforzar aquella. El fracaso de los comisionados *ad hoc* designados en la gestión pandémica también merece ser destacado. Del mismo modo, la arquitectura de los órganos de gobernanza de la Estrategia Valenciana para la Recuperación y de la gestión de los fondos Next Generation EU ha reproducido el esquema estatal desaprovechando la oportunidad para conformar una estructura fundamental propia; que va a resultar determinante para garantizar la llegada de tales fondos pero antes habrá que plasmar en proyectos concretos una realidad que debe trascender a la realidad institucional e implicar, de una forma más decidida, al ámbito empresarial.

Para compensar las escasas leyes autonómicas aprobadas en dicho periodo (que se ha podido reequilibrar al final de la legislatura a través de una frenética actividad legislativa) han sido muy numerosos los decretos leyes autonómicos aprobados, que ha trasladado el peso de la función legislativa al Gobierno, manteniéndose en los mismos niveles que el resto de territorios; a pesar de la desigual evolución incremental observada.

La producción normativa como vimos ha primado los ámbitos económicos y sociales, frente al institucional, intentando superar las debilidades inexistentes en un difícil equilibrio. La primacía de las políticas sociales no ha podido ocultar la necesidad de reasignar recursos públicos ingentes en un escenario financiero dominado por una infrafinanciación crónica que ha elevado la deuda a máximos históricos (55.439 millones de euros, situándose en el 43,7% del PIB) observándose una preocupante tendencia, sin duda, acentuada por la crisis pandémica que no se ha visto favorecida por la falta de continuidad de los fondos de "contingencia" Covid.

Por último, la pandemia ha sido un elemento determinante para recortar derechos (más allá, de los que fuimos privados los españoles como consecuencia de un inconstitucional "confinamiento"); situación que se ha mostrado especialmente grave en el ámbito de la institucionalización residencial de los mayores, donde la mayoría parlamentaria impidió la creación de una Comisión de Investigación que sí fue constituida en otros parlamentos autonómicos; siendo, también, significativa en el ámbito educativo, donde a pesar de las medidas adoptadas desde la Conselleria de Educación se han generado graves efectos por la "brecha digital" en los hogares; habiéndose, también, por último incrementado el riesgo de pobreza o exclusión social (de 24,6% en 2020 a 30,6% en 2022[75]) lo que cuestiona la efectividad del escudo "social" edificado en el último mandato.

De cara al futuro, las lecciones de la gestión autonómica de la pandemia deben servir, sin duda, para reforzar los mecanismos de un Derecho de Excepción autonómico que debe ser perfeccionado; una legislación sectorial de salud pública que debe ser actualizada; y de un sistema autonómico de bienestar que debe ser perfeccionado para que los derechos que lo conforman sean reales y efectivos, como mandata nuestra Carta de Derechos Sociales (aprobada mediante Ley 4/2012, de 15 de octubre[76]) haciéndose eco de la cláusula de "progreso" que contiene nuestra Constitución.

El coronavirus ha devuelto el debate autonómico al ámbito de la realidad y la gestión; gestión de la incertidumbre que pese al colapso inicial ha puesto en valor las estructuras sociales del Estado autonómico, eso sí reclamando reformas organizativas y normativas inaplazables al evidenciarse que, ciertos servicios públicos, no pudieron prestarse en las condiciones más adecuadas. El importante avance en materia de derechos sociales de los últimos años hemos visto puede quedar en "papel mojado" si no se perfeccionan las estructuras básicas del bienestar autonómico (sanidad y servicios sociales inclusivos) y ello no puede hacerse en condiciones, sin una financiación homologable a la de otros territorios como se ha venido reclamando desde la Generalitat en los últimos tiempos. El plan de recuperación constituye una oportunidad única para salir más fuertes de la pandemia

---

75 Datos facilitados en el portal GVA Inclusió, que pueden ser consultados en la siguiente pàgina web: https://pegv.gva.es/es

76 DOCV núm. 6884, de 18 de octubre de 2012 y BOE núm. 268, de 7 de noviembre de 2012, pp. 78063 a 78078.

que no debe ser desaprovechado, para ganar mayor confianza en el futuro serán útiles las lecciones aprendidas en estos años y que han puesto al límite el ejercicio del autogobierno.

BIBLIOGRAFÍA

Álvarez Vélez, I (2021). "Alarma y pandemia: problemática jurídico-constitucional de los estados de necesidad a la luz de la doctrina del Tribunal Constitucional", *Revista de las Cortes Generales* (111), 547-574

Balaguer Callejón, F. (2021). "La pandemia y el Estado Autonómico" en Tudela Aranda, J. (Coord.) (2021). *Estado Autonómico y Covid-19: un ensayo de valoración general.* Madrid: Fundación Giménez Abad.

Castelló Roselló, V. (2021). *La factura de la covid-19.* València: Cátedra Prospect CV2030-Universitat de València.

Coller Porta, X., Pamies Palazuelo, J.C. y Mota Consejero, F. (2023). "Eficacia, recentralización y lealtad a propósito de la gestión de la pandemia". *El País,* de 15 de marzo.

https://agendapublica.elpais.com/noticia/18476/eficacia-recentralizacion-lealtad-proposito-gestion-pandemia

Doménech-Pascual, G. (2021). "*Juzgar sin mirar las consecuencias: A propósito de la Sentencia del Tribunal Constitucional sobre el primer estado de alarma decretado con ocasión de la COVID-19*", Blog minipapers, de otoño 2021.

https://postc.umh.es/minipapers/juzgar-sin-mirar-las-consecuencias-a-proposito-de-la-sentencia-del-tribunal-constitucional-sobre-el-primer-estado-de-alarma-decretado-con-ocasion-de-la-covid-19/

Dueñas Castrillo, A.I. (2020). "Las relaciones Parlamento-Gobierno durante el estado de alarma por Covid-19" en Biglino Campos, P. y Durán Alba, F. (Dirs.) (2020). *Los efectos horizontales de la COVID sobre el sistema constitucional.* Zaragoza: Fundación Manuel Giménez Abad.

Elvira Perales, A. y Espinosa Díaz, A. (Coords.) (2021). "Actividad del Tribunal Constitucional: relación de sentencias dictadas durante el segundo cuatrimestre de 2021", *Revista Española de Derecho Constitucional* (123), 205-224.

Elvira Perales, A. y Espinosa Díaz, A. (Coords.) (2022). "Actividad del Tribunal Constitucional: relación de sentencias dictadas durante el tercer cuatrimestre de 2021", *Revista Española de Derecho Constitucional* (124), 229-255.

García Galán, A. y Roig Molés, E. (2020). "Estado Autonómico y crisis de la Covid-19: intervención estatal y relaciones intergubernamentales ante la pandemia", *Instituzioni del Federalismo* (Especial), 39-65

García-Manzano, P (2021). "Las dos lógicas del estado de alarma (comentario a la STC 148/2021, de 14 de julio), *Blog Almacén de Derecho,* de 10 de agosto

https://almacendederecho.org/las-dos-logicas-del-estado-de-alarma-comentario-a-la-stc-148-2021-de-14-de-julio

García Morales, Mª J. (2009). "La colaboración a examen. Retos y riesgos de las relaciones intergubernamentales en el Estado Autonómico", *Revista Española de Derecho Constitucional* (86), 65-117

García Roca, J. (2020). "El control parlamentario y otros contrapesos del Gobierno en el estado de alarma: la experiencia del coronavirus" en AAVV. *Covid-19 y parlamentarismo. Los parlamentos en cuarentena.* Madrid: Instituto Iberoamericano de Derecho Parlamentario-Universidad Complutense de Madrid.

Garrido Mayol, V. (2021). "La COVID-19 también llegó al parlamento: la excepcionalidad como excusa del estado de derecho", *Corts. Anuari de Dret Parlamentari* (34), 139-174.

Lasagabaster Herrate, I. (2020). "La respuesta a la pandemia del Covid-19 y el Estado de las Autonomías", *Eunomía. Revista de Cultura de la Legalidad* (19), 127-153).

León Alfonso, S. (2020a). De la gestión centralizada a la gestión autonómica de la pandemia: desafíos y oportunidades. *EsadeEcPol-Policy Insight* (14), de 12 de junio.

https://dobetter.esade.edu/es/gestion-autonomica-coronavirus

León Alfonso, S. (2020b). "La dimensión territorial de la crisis", *Blog Piedras de Papel. Eldiario.es,* de 21 de abril.

https://www.eldiario.es/piedrasdepapel/dimension-territorial-crisis_132_5877169.html

López Basaguren, A. (2022). Resumen Mesa 2 XIX Congreso ACE: "La pandemia y la actuación de las Comunidades Autónomas", *blog ACE-Acoes,* de 4 de mayo.

https://www.acoes.es/resumen-mesa-2-xix-congreso-ace-la-pandemia-y-la-actuacion-de-las-comunidades-autonomas/

Martin i Alonso, G. (2020). "El Estado de alarma por la crisis de la COVID-19 y la afectación del autogobierno territorial", *Revista Catalana de Dret Públic* (especial Covid-19), 74-88.

Maudos Villarroya, J.; Mínguez Bosque, C.; y Pascual Lavilla, F. (2021). *Impacto económico de la COVID-19 en la Comunitat Valenciana. Desagregación por ramas de actividad.* València: IvieLab-Universitat de Valencia.

Ridao i Martín, J. (2021a). *Derecho de crisis y Estado autonómico: del estado de alarma a la cogobernanza en la gestión de la Covid-19.* Madrid: Marcial Pons.

Ridao i Martin, J. (Dir.) et alii (2021b). *Las relaciones intergubernamentales en el Estado Autonómico durante la crisis sanitaria de la Covid-19.* Informe núm. 1. Barcelona: Institut d´Estudis de l´Autogovern-Generalitat de Catalunya.

Ridao i Martin, J. (Coord.) et alii (2022). *Col.laboració i conflicte entre l'Estat i les Comunitats Autònomes en temps de pandemia.* Barcelona: Institut d'Estudis de l'Autogovern-Generalitat de Catalunya.

Ridaura Martínez, Mª J. (2021). "Comunitat Valenciana" en AJA, E. y García Roca, J. (coord.). *Informe de las comunidades autónomas 2020.* Barcelona: IDP-Observatorio de Derecho Público.

Ridaura Martínez, Mª J. (2022). "Comunitat Valenciana" en AJA, E. y GARCÍA ROCA, J. (coord.). *Informe de las comunidades autónomas 2021.* Barcelona: IDP-Observatorio de Derecho Público.

Rodríguez Blanco, V. (2022). "Gestión Pública del Coronavirus y Estado de Derecho" en Rodríguez Blanco, V. (Dir.). *Autogobierno valenciano y gestión y pública del coronavirus.* Alicante: Diego Martín, 61-69.

Rodríguez Blanco, V (2022). "Gestión pública del COVID-19 y estado de derecho en la Comunidad Valenciana", *Revista Jurídica Valenciana* (39), 19-30.

Sáez Royo, E. (2021). "Estado Autonómico y Covid-19", *Teoría y Realidad Constitucional* (48), 375-398.

Tasa Fuster, Mª V (2022). *"La actividad normativa y reglamentaria durante la pandemia de la Covid-19. La experiencia del Gobierno Valenciano",* Comunicación presentada en la mesa 2 del XIX Congreso de la Asociación de Constitucionalistas de España (ACE-ACOES), con sede en la Universidad de Comillas (Madrid), el 25 de marzo.

Velasco Caballero, F (2020ª). "Estado de alarma y distribución territorial del poder", *El Cronista del Estado Social y Democrático de Derecho* (86-87), 78-88.

Velasco Caballero, F. (2021). "Estado y comunidades autónomas durante la pandemia", en AJA, E. y García Roca, J. (coord.). *Informe de las comunidades autónomas 2020.* Barcelona: IDP-Observatorio de Derecho Público.

Vivancos Comes, M. (2022a). *"Emergencia sanitaria y autogobierno territorial. Problemática constitucional",* Comunicación presentada en la mesa 2 del XIX Congreso de la Asociación de Constitucionalistas de España (ACE-ACOES), con sede en la Universidad de Comillas (Madrid), el 25 de marzo.

Vivancos Comes, M. (2022b). "Problemáticas territoriales en tiempos de pandemia" en Catala i Bas, A. *Anomalías jurídicas durante la pandemia del COVID-19. Un análisis constitucional.* València: Tirant lo Blanch.

El control de Les Corts sobre el Consell durante la crisis sanitaria

FERNANDO GARCÍA MENGUAL
Letrado de Les Corts Valencianes
Profesor asociado de Derecho Constitucional en la Universitat de València y en la Universidad Católica de Valencia San Vicente Mártir
Correo electrónico: Fernando.Garcia-Mengual@uv.es

I. INTRODUCCIÓN: LAS FUNCIONES DEL PARLAMENTO Y EL ESTATUTO DE LOS PARLAMENTARIOS

Las funciones clásicas del parlamento contemporáneo, tal y como lo conocemos desde las revoluciones liberales son tres: la función legislativa, la función presupuestaria y la función de control del Gobierno. En esta última, algunos autores incluyen la función de impulso, que ha ganado relevancia en las últimas décadas frente a las anteriores más clásicas. Y son cada vez más, quienes añaden otras funciones como son la función electiva, mediante la cual el parlamento contribuye a la integración de otros órganos e instituciones y que, por su propia naturaleza, se separa del otorgamiento de la confianza parlamentaria al Gobierno, típica del sistema parlamentario.

Pues bien, de estas funciones, no son pocos los autores que han cuestionado el vigor o el mantenimiento de la esencia de cada una de ellas o incluso de todas ellas. Especialmente es así en nuestro modelo parlamentario donde se observa una preeminencia gubernamental evidente en el proceso legislativo y presupuestario y en la fijación de la agenda del parlamento.

La participación efectiva de los miembros del parlamento en todas y cada una de estas funciones es un rasgo constitutivo del estatuto jurídico del parlamentario, como plasmación del derecho de participación política, tanto desde la perspectiva del propio parlamentario, como desde la perspectiva de los ciudadanos que hemos elegido a los parlamentarios, como ha señalado de manera especialmente clara el Tribunal Constitucional en su Sentencia 159/2019, de 12 de diciembre, al abordar el estatuto jurídico de los diputados no adscritos previsto en el Reglamento de la Asamblea de Extremadura.

Pues bien, la irrupción de la pandemia en la vida de nuestros parlamentos, allá por la primavera del año 2020, tuvo un efecto muy significativo sobre la efectividad de las facultades, derechos y obligaciones de los parlamentarios, con una evidente afectación al *ius in officium*.

Por otro lado, como se verá más adelante, el "ejercicio personal del cargo público representativo es una exigencia que deriva del propio carácter de la representación que se ostenta, que corresponde únicamente al representante, no a terceros que puedan actuar por delegación de aquel. Las funciones que integran el *ius in officium* han de ser ejercidas, como regla general, personalmente por el cargo público, pues su delegación en un tercero rompe el vínculo entre representantes y representados y afecta por ello al derecho que consagra el artículo 23.1 CE" (STC 19/2019, de 12 de febrero). Pero, además, el alto Tribunal ha considerado que "el procedimiento parlamentario, expresión de la democracia misma, exige interacción entre presentes" (STC 19/2019, de 12 de febrero).

Así pues, en la jurisprudencia de nuestro Tribunal Constitucional hay tres aspectos que confluyen en la configuración del núcleo de la función representativa parlamentaria: la igualdad en el ejercicio de las facultades inherentes a las funciones propias del parlamento —singularmente la posibilidad de intervenir en los debates, de presentar iniciativas y de votar—; en segundo lugar, el carácter personalísimo del ejercicio de estas funciones; y en tercer y último lugar, la presencialidad del debate parlamentario.

Veamos ahora cómo se articuló, o al menos, cómo se intentó articular la vigencia de estos principios con la existencia de una situación inédita en la historia contemporánea y en un régimen jurídico-parlamentario con una escasísima capacidad de adaptación a la realidad.

Vaya por delante que son muchos los análisis que, *a posteriori*, cuando ya se habían visto los efectos de la pandemia y, en buena medida se habían superado, han estudiado y criticado las distintas respuestas que se dieron en su momento. Sin embargo, no se puede perder de vista que la adopción de las medidas de carácter sanitario se realizó en circunstancias excepcionalísimas, sin apenas información y con muy poco margen de tiempo. En este sentido, hay que destacar que los recursos presentados frente a lo que se ha llamado la hibernación del parlamento, han sido relativamente pocos.

II. LA HIBERNACIÓN DEL PARLAMENTO

La doctrina ha acuñado el término *hibernación* del Parlamento para definir lo que ocurrió entre marzo y mayo de 2020 en relación con la actividad parlamentaria en nuestro país. La idea de hibernación implica que el Parlamento mantiene una cierta actividad, pese a su cierre físico, esta actividad se situó en los órganos rectores de las cámaras, que "mantuvieron latente la maquinaria para que, cuando se reactivase la activiad, esta estuviera plenamente engrasada"[1].

Este proceso de hibernación se manifestó en los siguientes rasgos:

a) Cierre físico de las sedes parlamentarias: la aparición de casos de coronavirus entre parlamentarios y personal de las cámaras provocó desde primeros de marzo ciertas disfunciones que obligaron a grupos parlamentarios enteros a guardar cuarentena, lo que, a medida que se fue extendiendo la pandemia aconsejó el cierre físico de las sedes parlamentarias como medio de evitación de la propagación del virus. En el caso de Les Corts Valencianes, este cierre se decretó ya el 12 de marzo de 2020, inicialmente durante una semana, coincidiendo, además, con la semana de las Fallas —cuya celebración fue suspendida el día anterior como medida de prevención sanitaria, precisamente— y con la justificación de proceder a una limpieza profunda de todo el complejo parlamentario para garantizar que no sería un foco de transmisión del virus. Sin embargo, el cierre se prolongó muy por encima de dicho período, que debía concluir el 20 de marzo. En otros parlamentos se adoptaron medidas tendentes a evitar la presencia de personal y diputados estableciendo, por ejem-

---

1 Marañón Gómez, R., "El parlamento en tiempos de pandemia: lecciones aprendidas", *Corts: Anuario de derecho parlamentario*, núm. 36, 2022 p. 175.

plo, aforos o cupos de personal autorizado a acceder a los complejos parlamentarios

b) Las limitaciones de acceso a las sedes parlamentarias, tanto para personal como para parlamentarios tuvo como principal efecto la suspensión de la actividad parlamentaria. Ello comportó la cancelación del calendario parlamentario previsto para los días siguientes a aquellos en los que se decretó el estado de alarma. Los plenos y reuniones de comisiones programados se suspendieron *sine die*.

Sin embargo, esta suspensión tiene ciertos matices. Se paralizó la actividad presencial del parlamento, básicamente la celebración de los plenos previstos y de las comisiones programadas, pero con distintos formatos, la mayoría de parlamentos siguieron celebrando las reuniones de los órganos rectores (Mesa y Junta de Portavoces). En el caso de Les Corts Valencianes dejaron de celebrarse varias comisiones, y la sesión plenaria del día 12 de marzo de 2020, en la que debía sustanciarse el control al Consell fue sustituida por una comparecencia a petición propia del President de la Generalitat.

Esta paralización de la actividad deliberativa del parlamento tuvo un efecto de congelación de la tramitación de las iniciativas parlamentarias (iniciativas legislativas, proposiciones no de ley o preguntas con respuesta oral, etc.) que se sustancian en pleno o comisión. No obstante, los parlamentos articularon medidas para que las iniciativas de carácter individual (preguntas con respuesta escrita o las solicitudes de información) pudiesen presentarse e incluso tramitarse, si bien, con afectación a los plazos, como se verá.

c) Sin calendario parlamentario y con las sedes físicas prácticamente cerradas, tanto de los Parlamentos como de los centros administrativos del Poder Ejecutivo, la paralización de los plazos en las tramitaciones parlamentarias en curso se impuso como medida pragmática que posteriormente ha sido considerada inconstitucional por el Tribunal Constitucional.

Por una parte, esta paralización respondía a una realidad obvia. Si el parlamento, en su dimensión física de organización administrativa (despachos, personal, ordenadores...) estaba cerrado o con acceso muy limitado, no tenía sentido que los plazos permanecieran abiertos. ¿Qué sentido tiene mantener el cómputo del plazo para responder una pregunta con respuesta escrita cuando el Gobierno no puede registrarla porque la oficina del registro del Parlamento está cerrada a cal y canto?, ¿es correcto que el plazo de presentación de enmiendas a un proyecto de ley siga corriendo cuando los diputados no pueden acceder en condiciones normales a sus despachos para preparar las enmiendas porque el acceso a aquellos está prohibido? Estas y otras preguntas que hoy nos resultan poco convincentes no lo eran en marzo de 2020, cuando prácticamente ningún parlamento disponía de sede electrónica o cuando el uso de la firma electrónica era un hecho anecdótico en nuestra praxis parlamentaria.

La opción de mantener en aquel momento el cómputo de los plazos era, probablemente, situar al propio parlamento como un obstáculo para el ejercicio de los derechos de sus propios parlamentarios al impedir el necesario flujo de información entre los propios parlamentarios y entre estos y el Gobierno. Y todo ello merced al cierre físico que impedía el desarrollo normal de la actividad. Hay que tener en cuenta que los reglamentos parlamentarios atribuyen a los órganos rectores, con ciertas condiciones, la posibilidad de modular plazos para reducirlos o ampliarlos. El matiz con la suspensión *sine die* criticada por el Tribunal Constitucional es precisamente la indeterminación con la que se acordó la suspensión, como se verá.

Este proceso de hibernación tuvo una clara incidencia en los elementos que hemos destacado del estatuto jurídico de los parlamentarios. Especialmente en lo referente a la inmediatez de los debates y la eventual posibilidad de participación. Sin embargo, donde quizás fue más intensa la afectación fue en el ámbito del derecho a la presentación de iniciativas que fuesen efectivas, ya que la suspensión de calendarios y la paralización de plazos supuso que de hecho las iniciativas presentadas también quedasen paralizadas y, por tanto, privadas del efecto parlamentario previsto.

III. LA *HIBERNACIÓN* DE LES CORTS VALENCIANES[2]

En esencia, a partir del 11 de marzo de 2020, en Les Corts Valencianes se produjo una alteración de la actividad parlamentaria como consecuencia de lo expuesto anteriormente.

La primera de las decisiones fue, precisamente, la suspensión de la sesión plenaria convocada para los días 11 y 12 de marzo de 2020. La suspensión de la sesión, de acuerdo con la Junta de Síndics, y la sustitución por una sesión monográfica, el día 12, con la comparecencia del Presidente de la Generalitat para "informar sobre la situación actual derivad de la detección de casos de COVID-19 en la Comunitat Valenciana, como también de las medidas que está tomando el Consell para evitar el aumento de contagios, garantizar la atención integral de las personas que lo sufren y frenar los impactos desfavorables que de la crisis global del COVID-19 puedan derivarse para la economía de la Comunitat Valenciana".

En esta sesión se dio la particularidad de que no hubo intervención del Grupo Parlamentario Vox, ya que algunos de sus diputados habían sido diagnosticados de coronavirus y, por tanto, todo el grupo se encontraba sometido a cuarentena, según las prescripciones de las autoridades sanitarias del momento. Sin embargo, esto no supuso que se plantease queja alguna.

De hecho, fue precisamente la imposibilidad de los miembros del Grupo Parlamentario Vox de participar en la sesión plenaria ordinaria convocada para los días 11 y 12 —donde debían sustanciarse varias iniciativas de control— la justificación de los órganos de la cámara para desconvocar el pleno ordinario y proceder a convocar el pleno, también ordinario, pero de carácter monográfico.

También el día 11 de marzo la Mesa, de acuerdo con la Junta de Síndics, que es quien tiene atribuida la función reglamentaria de determinar el calendario parlamentario, suspendió la celebración de dos comisiones convocadas para los días 12 y 13 de marzo, justificán-

---

2 Sobre las medidas adoptadas en Les Corts Valencianes en relación con el Covid, puede consultarse el exhaustivo del letrado Juan Antonio Martínez Corral: Martínez Corral, J.A., "Les Corts Valencianes y el coronavirus COVID-19", Cuadernos Manuel Giménez Abad, Núm. Extra 8, 2020, pp. 165-188.

dose también en la imposibilidad de asistencia de uno de los grupos parlamentarios y el evidente perjuicio que ello podría suponer para sus derechos.

El día 11, la Mesa, de acuerdo con la Junta de Síndics adoptó el primer acuerdo relevante, en cuanto a la actividad parlamentaria de la Cámara en tiempos de Covid: en esencia se restringió el acceso de personas ajenas a la actividad de la institución (visitas) y se suspendió la actividad de las dos semanas siguientes, centrada en la reunión de cinco comisiones parlamentarias. La semana entre el lunes 16 y el 20 de marzo se acordó restringir al máximo el acceso al complejo parlamentario para ejecutar labores de limpieza, como consecuencia de ello, la Mesa, de acuerdo con la Junta de Síndics, acordó que los plazos que debían concluir en ese período (básicamente respuesta de preguntas y solicitudes de documentación) se entenderían prorrogados. Al respecto, hay que tener en cuenta que, al coincidir con los días declarados inhábiles por las Fallas (18 y 19 de marzo) y que se mantuvieron pese a la suspensión de las fiestas falleras, la prórroga de plazos, *de facto*, así como la suspensión de la actividad parlamentaria solo afectaba a dos días laborables, y a un día, el 17, declarado "exento de asistencia al puesto de trabajo". Ello explica que existiera tan escasa actividad de pleno y comisiones programada y que la afectación fuera mínima.

Sin embargo, el propio órgano rector previó que se activasen en toda su potencialidad tanto la sede electrónica como el registro electrónico de Les Corts Valencianes, precisamente, para salvaguardar la actividad parlamentaria.

En este momento, en este acuerdo, la prioridad es la salvaguarda de la salud de diputados y de personal. El cierre del Parlamento se planteó como un mal menor en dos sentidos: la inminencia de un período festivo laboral —Fallas—[3] y la existencia de herrramientas (sede electrónica) que permitían la actividad a distancia.

---

[3] Aunque la celebración de las Fallas se había suspendido el día 10 de marzo de 2020 mediante Decreto 4/2020, de 10 de marzo, del president de la Generalitat, por el que se suspende y se aplaza la celebración de las fiestas de las Fallas en la Comunitat Valenciana, y de la Magdalena en Castelló, el calendario laboral, con los correspondientes festivos, se mantuvo.

La declaración del estado de alarma, sin embargo, introdujo un cambio radical en las circunstancias. Lo que se previó como una situación muy a corto plazo, se transformó en un cierre impuesto general a varias semanas vista.

La Mesa de Les Corts Valencianes se reunió telemáticamente el día 19 de marzo —festivo en la Comunitat Valenciana, y en pleno período de *limpieza* del complejo parlamentario— y acordó, con el acuerdo unánime de la Junta de Síndics, también reunida telemáticamente, la suspensión del período ordinario y la activación de la Diputación Permanente.

La suspensión del período ordinario de sesiones, implica, en términos reglamentarios lo siguiente:

- desconvocatoria de todas las reuniones de órganos parlamentarios que estuvieran convocados y,
- suspensión del cómputo de los plazos de la actividad parlamentaria, con especial incidencia en las respuestas a iniciativas de control.

Cuando el periodo ordinario de sesiones concluye de forma reglamentaria, el Reglamento prevé el decaimiento automático de las iniciativas parlamentarias no legislativas pendientes de sustanciación. Sin embargo, en este caso, la suspensión del período de sesiones incluyó la previsión expresa de la pervivencia de todas las iniciativas, si bien, con los plazos suspendidos.

En este período de suspensión, sin embargo, la actividad de control mediante la presentación de preguntas escritas y solicitudes de documentación se mantuvo.

La decisión, explícitamente previó la existencia de reuniones no presenciales de la Mesa y de la Junta de Síndics, sin embargo, de manera implícita solo contemplaba reuniones presenciales de la Diputación Permanente, preservando así la presencialidad inherente a la actividad de debate parlamentario.

A partir de este acuerdo, Les Corts Valencianes siguieron funcionando, intensificando su actividad a medida que se generalizaba el uso de medios telemáticos.

En este sentido, la Mesa siguió reuniéndose con una periodicidad prácticamente semanal, ya que entre los días 19 de marzo de 2020 y el 5 de mayo de 2020, cuando se retomó el período ordinario de sesiones, la Mesa se reunió en siete ocasiones, y la Junta de Síndics, en 4 ocasiones, con la misma periodicidad que durante el período ordinario de sesiones, esto es, cada dos semanas.

En estas reuniones, ambos órganos adoptaron numerosas decisiones sobre la adaptación a la situación de la pandemia, pero también dieron trámite a las distintas iniciativas parlamentarias que se presentaron.

Y es que, contrariamente a lo que ocurrió en la mayoría de los parlamentos de nuestro país, Les Corts Valencianes disponían de una sede electrónica desde finales de la IX Legislatura que permitió agilizar con las máximas garantías el trabajo de los diputados y la comunicación tanto *ad intra* como *ad extra*. A título de ejemplo, entre los días 14 y 23 de marzo de 2020, con la movilidad totalmente prohibida, se registraron 5 solicitudes de información, 9 preguntas con respuesta escrita y 12 comunicciones del Consell, entre otros documentos.

Asimismo, entre los días 19 de marzo y 5 de mayo de 2020 se publicaron 5 números del *Butlletí Oficial de Les Corts Valencianes*, en los que se incluyeron además de los acuerdos relativos a la gestión de la pandemia, las iniciativas parlamentarias que se tramitaban.

En cuanto a la reunión de los órganos deliberativos, se realizaron dos sesiones de la Diputación Permanente, celebradas los días 22 y 23 de abril de 2020 y 6 y 8 de mayo de 2020, en las que comparecieron 8 miembros del Consell, incluido su presidente, y en las que se convalidaron 4 decretos leyes, y en las que participaron hasta 40 diputados[4].

Cuando se acordó la suspensión del calendario parlamentario estaban previstas 8 sesiones plenarias, excluida la del día 11-12 de marzo, que se suspendió y se convocó en su lugar, una sesión monográfica. Al finalizar el segundo período ordinario de sesiones de 2020, la primera semana de agosto de ese año, se habían celebrado dos sesiones de la Diputación Permanente y cinco sesiones plenarias

---

[4] *Vid.* Nota núm. 25.

ordinarias. Por tanto, no se puede decir que, dadas las circunstancias, hubiese una disminución drástica de la actividad parlamentaria de primer nivel.

IV. EL NECESARIO CONTROL DEL EJECUTIVO EN EL MOMENTO DE MÁXIMA CONCENTRACIÓN DEL PODER

1. Control parlamentario y ius in officium *de los miembros del parlamento*

Desde la irrupción del Covid en la vida de los parlamentos, una de las principales preocupaciones que han sobrevolado la actuación de las cámaras es salvaguardar el derecho de los parlamentarios a la hora de ejercer sus funciones. Es decir, preservar el *ius in officium* de que disponen todos los miembros del parlamento como plasmación en concreto del derecho fundamental de participación, tanto desde la perspectiva individual como desde la perspectiva de los ciudadanos a quienes representan, y al mismo tiempo, preservando la salud del funcionariado y de los miembros del parlamento.

Y ello en unas circunstancias en las que la concentración de poder en manos del Ejecutivo ha sido la mayor de nuestra historia democrática, tanto en términos temporales como jurídicos.

El estatuto jurídico de los miembros del parlamento, y de la propia institución, responde a la función nuclear que tienen encomendada en la estructura política del Estado democrático. Y esto es así porque, por una parte, el parlamento actúa como representante del titular de la soberanía en todo momento, y por otra, porque es a través de la actuación de los miembros del parlamento como se concreta el día a día del sistema democrático.

A partir de esta naturaleza sistémica esencial, el estatuto jurídico de los parlamentarios se perfila en la Constitución (arts. 71, 77, 79, 111, etc.) y, en menor medida, en los correspondientes estatutos de autonomía —en el caso de la Comunitat Valenciana, en el artículo 23, principalmente—. Sin embargo, son los reglamentos parlamentarios los que están llamados constitucionalmente a concretar los contornos concretos del estatuto jurídico de los parlamentarios en cada caso. Y así, el Tribunal Constitucional. De manera reiterada, ha indicado que la configuración legal del derecho de representación política debe ser puesto en relación con el principio de autonomía parlamentaria reconocido constitucionalmente. Esta autonomía normativa comporta, no solo un ámbito de decisión propia de las asambleas legislativas en relación con la elaboración de sus reglamentos, sino que también implica que sus órganos rectores están dotados de un cierto margen de interpretación (STC 115/2019, de 16 de octubre, FJ 4). La aplicación la norma reglamentaria obliga a que esta interpretación se haga desde una posición restrictiva en lo que atañe a las normas limitativas de derechos o atribuciones integrados en el estatuto jurídico del parlamentario, motivando, en su caso, las eventuales restricciones que se apliquen (STC 58/2023, de 23 de mayo, FJ 3º). Por otro lado, también de manera constante, el alto Tribunal ha dejado claro que la configuración reglamentaria del estatuto de los parlamentarios, y la aplicación por los órganos rectores de dicha regulación no puede dar lugar a una posición de desigualdad prohibiendo aquellas normas que excluyen singularmente a un diputado del ejercicio de ciertas facultades inherentes al núcleo de su función representativa, pero también se opone "a aquellas otras disposiciones que permitan que un diputado, instrumentando ciertos mecanismos de funcionamiento del órgano representativo para una finalidad que no es la suya propia, alcance o pretenda alcanzar un haz de facultades en el ejercicio de la función representativa que le confiera una posición preponderante respecto de los demás diputados de la cámara individualmente considerados" (STC 119/1990, de 21 de junio, FJ 5º).

El Tribunal Constitucional, de manera específica, ha concretado el *ius in officium* de los parlamentarios en tiempos de pandemia en su sentencia 168/2021, de 5 de octubre (FJ 3.B.b) en los siguientes términos[5]:

---

[5] *Vid.* un análisis pormenorizado de la sentencia en SÁNCHEZ FERRIZ, R., "Control parlamentario del gobierno en situaciones especiales: a propósito de la STC 168/2021 en el marco de la doctrina del Tribunal Constitucional", *Corts: Anuario de derecho parlamentario*, núm. 36, 2022, pp. 15-60.

"Por tanto, en el estado de alarma, el ejercicio del derecho de participación política de los diputados del Congreso debe estar, en todo caso, garantizado y, de modo especial, la función de controlar y, en su caso, exigir al Gobierno la responsabilidad política a que hubiera lugar, haciéndolo a través de los instrumentos que le reconoce el título V CE y mediante el procedimiento que establezca el Reglamento de la Cámara para cada caso.

Los diputados, durante el período de tiempo a que se contraiga el estado de alarma, no pueden verse privados de su derecho a ejercitar esta función de control y de exigencia, en su caso, de responsabilidad. [...]

El art. 116 CE, después de establecer con carácter general en su apartado 5 que la declaración de cualquiera de los tres estados no podrá interrumpir el funcionamiento de los demás poderes del Estado, además del Ejecutivo y, por ende, tampoco el del Poder Legislativo, añade, en su apartado 6, que la declaración de aquellos estados de alarma, excepción y sitio, 'no modificarán el principio de responsabilidad del Gobierno y de sus agentes reconocidos en la Constitución y en las leyes'. Es decir, que en ningún caso y bajo ninguna situación, ni siquiera en aquella que sea excepcional al funcionamiento ordinario del Estado de Derecho, el Gobierno podrá 'modificar' o ver 'modificada' su responsabilidad reconocida en la Constitución y en las leyes.

El Gobierno no puede, en consecuencia, dejar de seguir asumiendo la titularidad y el ejercicio de ninguna de las funciones y potestades que, de modo general y ordinario, le atribuye el art. 97 CE, como tampoco las que le reconozca el resto del ordenamiento jurídico. [...] Como contrapartida, el desempeño del conjunto de aquellas funciones, potestades y atribuciones que le corresponden como titular del Poder Ejecutivo que es, acarrea indefectiblemente la posible exigencia de una responsabilidad derivada de la gestión de las mismas, ya guarden o no relación, directa o indirecta, con el suceso o situación que propició el acto de la declaración del estado de alarma, excepción o sitio correspondiente. Aquella responsabilidad se extenderá, pues, a toda clase de decisiones, iniciativas o toma de posición sobre las cuestiones que sean propias del ejercicio de sus funciones.

En correlativa réplica a aquella inmodificada e inmodificable responsabilidad del Gobierno, corresponderá su exigencia al Congreso de los Diputados y a los parlamentarios que lo integran, no solo durante el funcionamiento ordinario del Estado de Derecho, sino también y, con mayor predicamento democrático, en cualquiera de las tres situaciones excepcionales que sean causa de la declaración del estado correspondiente. El art. 108 CE, que es el que legitima al Congreso de los Diputados para exigir la responsabilidad política del Gobierno, tiene tal alcance general que no ha establecido límites como tampoco ha distinguido entre situaciones ordinarias o excepcionales del Estado de Derecho.

Por tanto, si la proclamación de alguno de los tres estados 'no modifica' la responsabilidad política del Gobierno y corresponde al Congreso de los Diputados la exigencia de tal responsabilidad a aquel por la gestión de sus funciones, potestades o atribuciones, sin distinción de situaciones, los diputados, en el ejercicio de su derecho de participación política, tienen, como una de sus más caracterizadas funciones, la de controlar y, en su caso, exigir responsabilidad política al Gobierno por su gestión, porque la Constitución (art. 116.6 CE) no ha establecido modulaciones ni alteraciones en su configuración o intensidad a aquella responsabilidad.

El Gobierno, en el desempeño de sus funciones, atribuciones o potestades, puede seguir tomando decisiones o adoptando iniciativas con la situación excepcional declarada, de tal manera que el Congreso de los Diputados y los parlamentarios que lo integran, han de tener también la correlativa posibilidad efectiva de controlar la acción del Gobierno y de exigirle, en su caso, aquella responsabilidad, tenga o no que ver con el suceso o situación que haya servido de presupuesto para declarar el estado de alarma, excepción o sitio.

En este sentido, la actuación del Congreso de los Diputados, en el ejercicio de su función de control y de exigencia de responsabilidad política del Gobierno por su gestión durante una situación excepcional del Estado de Derecho, habrá de disponer de todos los instrumentos que la Constitución le reconoce a esta Cámara, a sus órganos y a sus miembros para poder llevar a efecto dicho ejercicio, [...]

De ese modo, el Congreso de los Diputados, por medio de sus órganos, grupos parlamentarios o de los propios diputados individualmente considerados, ante este tipo de situaciones excepcionales, ha de seguir ejercitando esas funciones, en cuanto que forman parte del núcleo esencial del *ius in officium*. Este derecho adquiere, si cabe, una mayor intensidad y necesidad de protección durante la vigencia de aquellos estados porque, en esa garantía fiscalizadora de la labor del Gobierno, queda depositada la salvaguarda del equilibrio de poderes que es propio del Estado de Derecho. Y, precisamente para preservar y facilitar el ejercicio de este derecho en toda su intensidad, el Congreso dispone de la autonomía reconocida por el art. 72 CE para habilitar los medios personales y materiales necesarios a fin de que aquella función no cese."

Como se observa, el propio Tribunal Constitucional enfatiza en su argumentación la encomienda constitucional al Congreso de los Diputados respecto al control en situación de excepción, algo que no realiza la Constitución respecto de los parlamentos autonómicos, ni siquiera del Senado. Nótese, a este respecto la ausencia de planteamiento de recursos frente a decisiones análogas a la del Congreso de los Diputados que motivó la Sentencia 168/2021, de 5 de octubre, tanto en el Senado[6] como en la mayoría de parlamentos autonómicos.

Sin embargo, la irrupción de la pandemia trajo consigo una concentración de poder en manos del Ejecutivo central, y aunque expresamente no se previó en el primer estado de alarma (Real Decreto 463/2020, de 14 de marzo, por el que se declara el estado de alarma para la gestión de la situación de crisis sanitaria ocasionada por el COVID-19) un refuerzo de las facultades de los Ejecutivos autonómicos, estos sí que exploraron en la medida de sus posibilidades, decisiones que reforzaban su posición, especialmente el recurso al decreto-ley. La situación de la crisis sanitaria cubría a la perfección los presupuestos habilitantes exigidos en el artículo 86 de la Consti-

---

6 Acuerdo de la Mesa del Senado de suspensión del cómputo de plazos reglamentarios y de los plazos administrativos y de prescripción y caducidad de los procedimientos administrativos del Senado (BOCG-Senado, 26 de marzo de 2020. Núm. 35).

tución. Así, entre el 12 de marzo de 2020 y el 21 de junio de 2020, el Consell de la Generalitat aprobó 6 decretos leyes, los primeros de la legislatura que se había constituido el 16 de mayo de 2019 y a los que seguiría una larga lista hasta superar los 60 en el total de la X Legislatura de los 119 aprobados desde 2009 hasta agosto de 2023.

Precisamente esta inflación de la legislación de urgencia, con el consiguiente debilitamiento de la actividad legislativa del parlamento, ha hecho que sea especialmente importante la actuación del control-fiscalización, en palabras de ÁLVAREZ CONDE[7]. Esta actividad de control "y de exigencia, en su caso, de responsabilidad política del Gobierno permite el debate público y el conocimiento por los ciudadanos de lo actuado por el Ejecutivo, en relación con cuestiones de interés general que, a través de las iniciativas correspondientes, sean suscitadas por los parlamentarios y a las que aquel debe dar respuesta y actuar en consecuencia" (STC 168/2021 3b) y, de alguna manera a través del recurso a la publicidad, permiten ir conformando una opinión pública que pueda debilitar al gobierno y a la mayoría en que se apoya[8].

Por último, y respecto a esta cuestión, hay que señalar que hasta 2020, ningún reglamento parlamentario contemplaba la eventual afectación a las funciones parlamentarias de la declaración de un estado de excepción, incluyendo el Reglamento del Congreso de los Diputados, que solo preveía y prevé prescripciones respecto a la tramitación de la intervención de la cámara contemplada en el artículo 116 de la Carta Magna.

2. *El problema del mantenimiento de las funciones del parlamento*

En estas condiciones, ante la ausencia de previsiones normativas claras —más allá de las incluidas en el Real Decreto 463/2020— y de referentes o antecedentes aplicables al caso, la irrupción de la pandemia provocó una reacción social e institucional que, en cierto modo,

---

7 Álvarez Conde, E. y Tur Ausina, R., *Derecho Constitucional*, Tecnos, Madrid, 2021, p. 696.

8 Sánchez Ferriz, R., *op. cit.*, p. 34.

se articuló con un elevado grado de improvisación y provisionalidad y donde el bien jurídico salud se convirtió en la referencia máxima e infranqueable, incluso cuando en la ecuación se incluían derechos fundamentales. Y esto es lo que ocurrió en los ámbitos parlamentarios[9].

Pues bien, durante la vigencia de la pandemia, la respuesta de las distintas cámaras no ha sido uniforme, si bien, como ha sistematizado Piedad GARCÍA-ESCUDERO[10], existen unas ciertas líneas en las que aglutinar las distintas respuestas:

a) En primer lugar, los parlamentos que activaron la Diputación Permanente;

b) En segundo lugar, las cámaras que articularon mecanismos de funcionamiento de los órganos parlamentarios, bien de forma telemática, bien de forma presencial con aforo más o menos limitado.

Estas decisiones afectaron a la actividad de control a los respectivos gobiernos en una situación muy sensible en términos democráticos, pues, como señala VIDAL PRADO si "hay un momento en el que especialmente esta información debe ser permanente e intensa, cuantitativa y cualitativamente, es éste. Si hay un momento en que resulta imprescindible que el Gobierno se someta a control parlamentario, es éste"[11] y, sin embargo, en palabras de GARRIDO MAYOL, "el control al gobierno [...] brilló por su ausencia durante semanas, en unos momentos de máxima concentración de poder en el presidente y en sus ministros y de mayor procedencia de su vigilancia."[12]

---

9 Ripollés Serrano, M.R., "¿Un parlamento por delegación?: la experiencia de una comisión permanente del Congreso de los Diputados durante la pandemia por la COVID-19", *Corts: Anuario de derecho parlamentario*, Nº. Extra 34, 2021, p. 209.

10 García-Escudero Márquez, P., "La ductilidad del Derecho Parlamentario en tiempos de crisis: actividad y funcionamiento de los parlamentos durante el estado de alarma por COVID19", *Teoría y Realidad Constitucional*, núm. 46, 16 de diciembre de 2020, p. 277.

11 Vidal Prado, C., "El Congreso no puede hibernar", publicado en *El Mundo*, el 6 de abril de 2020.

12 Garrido Mayol, V., "La COVID-19 también llegó al parlamento: la excepcionalidad como excusa del estado de derecho", *Corts: Anuario de derecho parlamentario*, Nº. Extra 34, 2021, p. 145.

Por una parte, la cancelación generalizada del calendario parlamentario previsto provocó que los gobiernos no comparecieran con la periodicidad habitual ante las cámaras, y las pocas veces que durante marzo y abril de 2020 se dieron comparecencias ante órganos parlamentarios estas se limitaban a abordar la gestión de la pandemia, dejando fuera del alcance del control el resto de ámbitos. Lo que también fue criticado por el Tribunal Constitucional en su reiteradamente citada Sentencia 168/2021 en estos términos: "Las razones de necesidad de aprobación de la normativa y de las comparecencias del presidente del Gobierno, del ministro de Sanidad o de otros altos cargos de dicho ministerio en cuestiones relacionadas con la crisis sanitaria no excluyen esa misma exigencia respecto de otras cuestiones propias de la gestión del Gobierno, relacionadas o no con el problema de la pandemia, que no podían escapar a la labor de su control político por parte de los grupos parlamentarios o de los diputados de la Cámara, en especial de los pertenecientes a la minoría." (FJ 5°).

Pues bien, en estos términos, la función de control parlamentario a los gobiernos pasó a la fase de hibernación como consecuencia de la suspensión de los calendarios parlamentarios, en cuya virtud dejaron de celebrarse reuniones plenarias y de comisiones programadas inicialmente o no programadas, pero con un orden del día en el que se incluyeran todo tipo de iniciativas[13]. Es decir, con independencia de si se optó por activar la Diputación Permanente o por plenos y comisiones en formato reducido o híbrido, en todo caso, la actividad parlamentaria sufrió un parón y una notable limitación en su objeto.

De esta manera, aunque formalmente hubo una actividad de control, esta se limitó a un cierto ámbito material, lo que es ciertamente anormal, si bien es verdad que durante estos días el grueso de la actividad

---

13 En el Congreso de los Diputados, en el período comprendido entre el 6 de marzo de 2020 y el 21 de marzo de 2020, se reunieron solo las Comisiones de Sanidad y Consumo (4) y de Trabajo, Inclusión, Seguridad Social y Migraciones (2), en todos los casos para sustanciar comparecencias de tres miembros del Gobierno en relación con la pandemia. En cuanto al pleno, se reunió en cuatro ocasiones para convalidar decretos ley o para adoptar acuerdos en relación al estado de alarma. En el caso de Les Corts Valencianes, al suspenderse el período de sesiones, no hubo reuniones de comisiones.

administrativa se centró en hacer frente a la pandemia desde diferentes perspectivas. Esta limitación objetiva del control no tiene porqué afectar al derecho de los miembros del parlamento, ya que eran los propios órganos parlamentarios los que adoptaron las decisiones tanto relativas a la celebración de sesiones como en cuanto al orden del día de estas.

En líneas generales, una buena parte de la doctrina se ha inclinado por avalar la corrección de la opción de sesiones telemáticas, híbridas o con presencia limitada[14]. Por el contrario, no son pocas las voces de la doctrina que han criticado la opción de activar la Diputación Permanente, llegando a considerarla inaceptable[15], e incluso inconstitucional y antiestatutaria[16]. Desde otras voces, se considera legítima esta opción dadas las circunstancias de suspensión fáctica de la actividad parlamentaria como consecuencia de la pandemia[17] que permite argumentar la existencia de una causa constitucionalmente válida, dotada de razonabilidad y, en consecuencia, respetuosa con el principio de proporcionalidad[18].

Hay que matizar que hay dos circunstancias distintas en las que se activa la Diputación Permanente. En unos casos, se articula mediante acuerdo de la Mesa o Resolución de la Presidencia que habilita la convocatoria de la Diputación Permanente (por ejemplo, en los Parlamentos de Canarias, Andalucía, Extremadura o las Illes Balears). En otros casos, como Les Corts Valencianes o las Cortes de Castilla y León, la activación de la Diputación responde a la decisión de suspender el período ordinario de sesiones. Es decir, en estas dos últimas CC.AA. no se da el fenómeno que critica CANO BUESO de coexistencia de la Diputación Permanente vigente el período ordinario de sesiones[19].

---

14 García-Escudero Márquez, P., *op. cit.* p. 306.

15 Carmona Contreras, A., "Reivindicación del Parlamento", *Diario de Sevilla*, 8 de abril de 2020.

16 Cano Bueso, J., "La protección del derecho a la salud en tiempos de alarma sanitaria", *Corts: Anuario de derecho parlamentario*, Nº. Extra 34, 2021, p. 197.

17 Carrasco Durán, M., "El Parlamento en los tiempos del coronavirus: el recurso a la Diputación Permanente", *Revista Española de Derecho Constitucional*, núm. 122, 2021, p. 130.

18 Martínez Corral, J.A., "Les Corts Valencianes y el coronavirus COVID-19", *Cuadernos Manuel Giménez Abad*, Núm. Extra 8, 2020, p. 171.

19 Cano Bueso, J., *op. cit.*, p. 197.

Cuestión distinta es si la Mesa del Parlamento, de acuerdo con la Junta de Portavoces, puede encontrar habilitación para suspender el período ordinario de sesiones con todos los efectos que ello conlleva, estableciendo una especie de vacaciones parlamentarias en medio del período ordinario de sesiones. Y ello puede plantear problemas a la vista de las previsiones estatutarias que determinan el inicio y duración de cada período (art. 25.3 EACV).

En este sentido, quizás la opción más respetuosa con el Reglamento de Les Corts Valencianes hubiera sido un acuerdo que desconvocase las comisiones convocadas y que se dejaran de convocar las sesiones plenarias previstas, ya que esta es una facultad plenamente reconoce a la Mesa de acuerdo con la Junta de Síndics (art. 34.1.8 RCV), dejando sí en este caso fuera de control al Gobierno y haber mantenido los plazos de tramitación de preguntas y solicitudes de documentación, con el evidente riesgo de que no se contestaran en plazo, porque del mismo modo que el Reglamento no prevé la suspensión del período de sesiones, hay que recordar que tampoco prevé las reuniones telemáticas o de presencialidad reducida.

Sin embargo, lo que produjo realmente una afectación grave al estatuto jurídico de los parlamentarios fue la paralización de la tramitación parlamentaria. Esta paralización tuvo dos dimensiones, la parálisis en la tramitación y la suspensión de los plazos de tramitación.

La primera, implicaba que los órganos rectores no ejercieran sus funciones típicas de admisión y calificación de todo tipo de escritos, con lo que estaríamos ante una limitación absoluta de la actividad de los diputados en cuanto a control se refiere. Esta medida, unida a la suspensión de plazos de tramitación de las iniciativas en curso, dejaba fuera de control, *de facto*, al gobierno.

Sin embargo, en algunos casos, como en Les Corts Valencianes, no se paralizó la tramitación de las iniciativas, sino los plazos de esta tramitación, con lo que la Mesa y la Junta de Portavoces siguió, durante el lapso temporal de la suspensión del período ordinario de sesiones calificando escritos y ordenando su tramitación (publicación, comunicaciones...) si bien, los plazos no empezaron hasta la reactivación del período ordinario de sesiones, pues fue esta la opción seguida en Les Corts.

Pues bien, en cuanto afecta a los plazos de las iniciativas parlamentarias, la suspensión de los plazos de tramitación de las iniciativas parlamentarias en curso, siguiendo la estela del Congreso de los Diputados que después fue declarada vulneradora de los derechos fundamentales por el Tribunal Constitucional, fue la tónica general de todos los parlamentos. Pero también con matices.

El Parlamento de Cataluña y la Asamblea de la Comunidad de Madrid optaron por prorrogar, mediante acuerdo de las respectivas Mesas, los plazos de tramitación parlamentaria durante 15 días, prorrogables también por acuerdo de Mesa. Acuerdo que, obviamente, se adoptó en ambos casos de manera recurrente hasta cubrir un lapso temporal amplio, que llegó al 9 de mayo de 2020 en el caso de la Asamblea de Madrid, y al 19 de mayo de 2020, en el caso del Parlamento de Cataluña.

En el caso del resto de asambleas autonómicas, y en el Senado, la opción fue la de la suspensión del cómputo de los plazos, bien durante un plazo determinado (finales de marzo), bien *sine die* o mientras durase la situación del estado de alarma que motivó la suspensión.

Reviste especial interés la suspensión que alcanzó a la posibilidad de presentar iniciativas. En el caso del Parlamento de Canarias, expresamente, se suspendió expresamente el registro de iniciativas[20]. Y de modo similar ocurrió en la Asamblea de Extremadura, donde la dicción literal del Acuerdo del órgano rector de la cámara establecía lo siguiente: "[d]el mismo modo se suspende el registro de iniciativas ordinarias incluidas las de control al Gobierno."[21]

El caso de Les Corts Valencianes y de las Cortes de Castilla y León, sin embargo, es algo distinto. La diferencia radica en que en ambos casos la suspensión de los plazos de tramitación y la suspensión del

---

20 Ver Acuerdo de Mesa del Parlamento de Canarias, de 16 de marzo de 2020, por el que se establecen medidas extraordinarias a adoptar durante la vigencia del estado de alarma decretado por el Real Decreto 463/2020, de 14 de marzo, ante la crisis sanitaria ocasionada por el COVID-19, publicado en el *Boletín Oficial del Parlamento de Canarias* núm. 92/X, de 16 de marzo de 2020.

21 Acuerdo de la Mesa, de 15 de marzo de 2020, sobre medidas adoptadas durante la vigencia del estado de alarma ocasionado por el COVID-19, publicado en el *Boletín Oficial de la Asamblea de Extremadura* núm. 143/X, de 15 de marzo de 2020.

calendario parlamentario programado no son decisiones específicas o autónomas, sino que son la consecuencia de una decisión única que tiene múltiples efectos. Estos dos parlamentos optaron por la suspensión del período ordinario de sesiones que se había iniciado en el mes de febrero. Al suspender directamente el período ordinario de sesiones la situación de la institución pasaba a ser la propia de las vacaciones parlamentarias, esto es, la Diputación Permanente se activaba y pasaba a velar por los poderes de las respectivas cámaras. Al adoptarse esta decisión, asimismo, directamente dejan de computarse los plazos de las iniciativas parlamentarias en curso. Hay que reseñar que, al ser una suspensión, no comportó el habitual decaimiento de las iniciativas en curso al finalizar el período de sesiones. Sin embargo, hay que añadir que antes de suspender el período de sesiones, la Mesa de Les Corts Valencianes acordó una suerte de prórroga de los plazos que debían finalizar entre los días 12 y 20 de marzo de 2020, si bien, la suspensión del período de sesiones se solapó a esta prórroga, como se ha dicho.

El Tribunal Constitucional, en su sentencia 168/2020 ha matizado la diferencia entre estas dos opciones:

"La suspensión implica el cese temporal de los plazos reglamentarios, es decir, la interrupción o paralización temporal de los plazos establecidos por el Reglamento de la Cámara para tramitar y resolver sobre las diferentes iniciativas parlamentarias. En cambio, la prórroga o la reducción no suponen en ningún caso la interrupción temporal de los trabajos parlamentarios, sino simplemente que, a partir de su concesión, los plazos para la realización de los trámites quedan prolongados o disminuidos en los respectivos procedimientos y trabajos parlamentarios, pero su cómputo no cesa como sí sucede con la suspensión, pues en aquellos casos simplemente se dilatan o se contraen en su ámbito temporal, pero en ningún caso se interrumpen o paralizan temporalmente." (FJ 4°).

Sin embargo, aunque de hecho los efectos respecto a la actividad parlamentaria fueron los mismos para los parlamentos que optaron por la suspensión de plazos que para los que optaron por la prórroga generalizada de plazos —como señala en su voto particular el Magistrado Cándido Conde-Pumpido—, el alto Tribunal matiza que "lo relevante para nuestro enjuiciamiento constitucional, teniendo en cuenta la particular función de control sobre el Ejecutivo que el art. 116 CE y la LOAES le han conferido al Congreso de los Diputados, no es tanto la duración de la suspensión acordada cuanto más el propio acuerdo de suspender la tramitación de las iniciativas parlamentarias de los miembros de la Cámara, porque tal decisión conlleva en sí misma un desapoderamiento de la función que la Constitución ha conferido al Congreso de los Diputados como es la del control del Ejecutivo; función constitucional de control que debe ser ejercitada con la máxima intensidad durante un estado excepcional, como en este caso el estado de alarma, para garantizar de ese modo los derechos de los ciudadanos y el propio Estado de Derecho." —FJ 7º d) i)—.

La suspensión de los plazos adoptada en Les Corts Valencianes, a través del mecanismo de la suspensión del período ordinario de sesiones, tuvo el mismo efecto que la suspensión decretada por aquellos parlamentos que optaron por mantener el período de sesiones en vigor y *atemperar*, en palabras de la letrada de las Cortes Generales ante el Tribunal Constitucional, la actividad parlamentaria.

3. *Los efectos sobre el control al Gobierno de la suspensión del período ordinario de sesiones*

La suspensión del período ordinario de sesiones tiene una clara afectación a la actividad de control al Gobierno.

Así, las posibilidades de efectuar el control se desfiguran y quedan limitadas a dos cauces:

- los debates de convalidación de los decretos ley, y
- los debates como consecuencia de la comparecencia de miembros del Gobierno ante la Diputación Permanente.

Quedan pues, extramuros de la actividad parlamentaria durante la suspensión del período ordinario de sesiones una serie de instrumentos de control tales como las preguntas orales en pleno y en comisión, las comparecencias de cargos públicos en comisión, o las interpelaciones, entre otras.

Y si bien es cierto que se mantiene la posibilidad de presentar iniciativas de control escrito, preguntas y solicitudes de información, la realidad de la suspensión genera que el Gobierno dispone de un amplio margen temporal para responder, lo que en el caso de Les Corts Valencianes podía llegar prácticamente a dos meses y medio, al combinar período de suspensión, plazo de respuesta y prórroga de dicho plazo. Es obvio que, en las iniciativas parlamentarias de control, el momento puede revestir importancia de modo que la prolongación del plazo de respuesta puede suponer una desvirtuación del objeto o finalidad de control.

A mayor abundamiento, en los momentos de la pandemia, las tramitaciones parlamentarias de naturaleza legislativa prácticamente se limitaron a la convalidación de los decretos leyes y, de manera muy esporádica en otras cámaras, no así en Les Corts Valencianes[22], a la tramitación posterior como proyecto de ley. En estos casos, la intervención de los parlamentarios se limita a la intervención de un representante del grupo parlamentario en el debate y a la votación posterior. Es decir, la intervención de los diputados en el proceso de convalidación, más allá de los que han sido designados por los grupos parlamentarios para intervenir en el debate queda prácticamente reducida a la votación. La realidad es que en nuestro parlamentarismo nos hemos acostumbrado a la férrea disciplina de partido, que provoca que el debate parlamentario, en la mayoría de los casos tenga por destinatarios a sujetos extraparlamentarios, a los que el debate les llega a través de los medios de comunicación. Sin embargo, el derecho al voto de los diputados va indisolublemente unido al derecho a conocer los términos del debate de la iniciativa, como presupuesto de la votación. Es por ello, que, aunque se estableció una presencia limitada de diputados en el hemiciclo, se adoptaron las medidas necesarias para por una parte, que los parlamentarios ausentes pudieran seguir el debate en directo en virtud de la retransmisión en línea; y por otra, garantizando un tiempo mínimo para que los diputados ausentes pudiesen expresar su voto con garantías, tras el debate, es decir, que en ningún momento coincidiesen en el tiempo votación telemática y debate[23].

---

22 En la X Legislatura en ningún caso se ha aprobado la tramitación como proyecto de ley de un decreto ley convalidado, en el caso de las Cortes Generales, sin embargo, sí que se aprobó la tramitación como proyecto de ley de 24 de los 96 decretos ley convalidados en la XIV Legislatura.

23 *Cfr.* Martínez Corral, J.A., "Les Corts Valencianes y el coronavirus COVID-19", *op. cit.*, p. 185.

Ciertamente, antes de la pandemia había varias tramitaciones legislativas en curso en Les Corts Valencianes, de las que la que estaba más avanzada era el proyecto de ley del juego, pues solo restaba la aprobación por el pleno del dictamen de la Comisión de Economía, Presupuestos y Hacienda aprobado el 10 de marzo de 2020. El resto de iniciativas legislativas continuaron su tramitación tras el verano de 2020, una vez se había alcanzado una cierta normalidad. Sin embargo, la ley del juego se aprobó en el primer pleno tras retomar el período ordinario de sesiones en mayo de 2020, en un pleno con asistencia reducida en el que el sistema de votación fue objeto de una significativa controversia jurídica[24].

Ya se ha indicado que en el caso de la activación de la Diputación Permanente existe un notable límite a la actuación de los diputados, considerados individualmente, pues en principio no todos pueden intervenir en ella. Los reglamentos prevén solo la participación de los titulares y, en su caso los suplentes, en ausencia de aquellos. Se trata, por tanto, de una restricción que se solapa a la ya indicada de la imposibilidad de sustanciar algunas de las iniciativas de control más habituales[25].

---

24 *Cfr.* Garrido Mayol, V., "La COVID-19 también llegó al parlamento: la excepcionalidad como excusa del estado de derecho", *op. cit.*, pp. 157-162 y Martínez Corral, J.A., "Les Corts Valencianes y el coronavirus COVID-19", *op. cit.*, pp. 181-185. Sobre esta votación se presentó un recurso ante el Tribunal Superior de Justicia de la Comunitat Valenciana que fue resuelto por Sentencia 430/2022, de 9 de diciembre de 2022, Sala de lo Contencioso-Administrativo, Sección 4ª. ECLI:ES:TSJCV:2022:7581. (*Tol 9624649*).

25 En Les Corts Valencianes, la Resolución de Presidencia de carácter general de la Presidencia 1/X, sobre la ampliación de supuestos de voto a distancia en las sesiones de la Diputación Permanente durante la declaración del estado de alarma (BOCV núm. 74, de 21-04-2020) autorizó la participación en los debates de la Diputación Permanente de diputados o diputadas que no fueran titulares ni suplentes del órgano, permitiendo así la participación de un mayor miembro de diputados, facultad que fue utilizada en varias ocasiones. La Diputación Permanente de Les Corts Valencianes está formada por 18 miembros titulares, los 5 miembros de la Mesa y otros tantos suplentes. En total 23 titulares y 23 suplentes. Teniendo en cuenta que los miembros de la Mesa no suelen intervenir en los debates, la participación en estas sesiones de hasta 40 diputados pone de relieve la utilización de esta Resolución. De hecho, salvo una miembro que ostentaba la condición de consellera, la totalidad de miem-

Llegados a este punto, conviene recordar que, en el desarrollo de las medidas adoptadas en relación con la pandemia, se manifestó en toda su extensión el carácter racionalizado de nuestro parlamentarismo, especialmente evidente en el rol que ejercieron los grupos parlamentarios en las distintas cámaras.

Y ello en dos sentidos: las Juntas de Portavoces, al menos en los primeros estadios, avalaron las medidas de *hibernación* que se han descrito y es precisamente este carácter consensuado con los distintos grupos parlamentarios, en los distintos parlamentos, lo que puede constituir una justificación de la amplia gama de matices que se dio en nuestros parlamentos, además de explicar, en general, la escasa conflictividad que generaron en las primeras semanas. En el segundo sentido, la actividad parlamentaria, especialmente en los órganos de trabajo de las asambleas está mediatizada por los grupos: son ellos los que determinan las intervenciones y los asuntos, dejando un nivel de libertad para los diputados individualmente considerados, mínimo. En la etapa de las restricciones, si bien la mayoría de la doctrina ha dado por buena o, al menos, como menos irregular, la convocatoria de sesiones reducidas de plenos y comisiones[26], no se cuestiona que este tipo de sesiones implican también una afectación al derecho de los diputados en la medida en que serán los grupos los que determinen los diputados que asisten y los que no, si bien, es verdad que, frente a la activación de la Diputación Permanente, en aquellos supuestos, la votación telemática permite que, al menos, en este extremo, no se vea afectado el *ius in officium* de los diputados no presentes.

4. *El control individual al Gobierno: preguntas con respuesta escrita y solicitudes de información*

Aunque de mucha menor visibilidad pública, sin embargo, el grueso de la actividad de control en nuestro parlamento se realiza en una comunicación estrictamente escrita.

---

bros del Grupo Parlamentario Unides Podem intervino en las distintas sesiones de la Diputación Permanetne. *Vid.* Martínez Corral, J.A., *op. cit.*, p. 172.

26 García-Escudero Márquez, P., *op. cit.*, p. 306.

Existen dos tipos de iniciativas de control que tienen este perfil y su principal característica, además del carácter escrito es su carácter eminentemente personal de los diputados. Se trata de las preguntas con respuesta escrita y de las solicitudes de documentación.

Lo cierto es que mientras de las primeras no hay duda de que se trata de instrumentos de control en sentido estricto, respecto de las segundas la posición de la doctrina es vacilante en cuanto a este carácter, aunque el Tribunal Constitucional en las últimas sentencias sobre el tema las ha considerado como instrumentos susceptibles de ser utilizados para el control de la acción del Gobierno (STC 203/2001, de 15 de octubre, FJ 3º y STC 58/2023, de 23 de mayo, FJ 3º).

Las medidas adoptadas por los parlamentos como consecuencia de la pandemia provocaron una significativa afectación a las posibilidades de los parlamentarios de hacer uso de estos instrumentos.

Estas iniciativas frente a las que se sustancian oralmente ante el pleno o la comisión tienen notables ventajas para los diputados: no están sometidas al calendario parlamentario, pues su sustanciación no depende de su inclusión en un orden del día, donde se produce una criba muy importante a manos de los grupos parlamentarios, principalmente. Ello tiene como efecto más destacado que, frente a las iniciativas de sustanciación en pleno o comisión, las de tramitación escrita se completan normalmente, salvo caducidad por finalización de legislatura o por finalización del período de sesiones[27].

Respecto a las primeras, ya se ha dicho que en Les Corts Valencianes las preguntas con respuesta escrita, genuina iniciativa individual, se siguieron presentando a través de la sede electrónica y tramitándose y publicándose en todo momento. Quizás si hubo un descenso de los números fue debido a la reducción de la actividad de la Administración, centrada en la gestión de la pandemia, con la consiguiente reducción de la acción administrativa en otros ámbitos. La suspensión de los plazos de respuesta finalizó el 11 de mayo de 2020, por lo que se recuperó la normalidad.

---

27 En las legislaturas IX y X ha sido habitual que en Les Corts se excepcionase el cumplimiento de lo dispuesto en el artículo 190.3 del Reglamento, que prevé el decaimiento de todas las iniciativas no legislativas no sustanciadas al finalizar cada período de sesiones.

Por ello son los instrumentos parlamentarios más utilizados.

Como se ha dicho, durante la etapa más dura de la pandemia, las cámaras adoptaron decisiones que afectaban de lleno a este tipo de tramitaciones. Y es que, si bien se mantuvieron abiertos los registros parlamentarios, con soluciones más o menos creativas tales como sustituirlos por un buzón de correo electrónico, lo que permitió a sus señorías seguir presentando escritos, una vez presentados, su situación entraba en un limbo.

Las alteraciones del calendario parlamentario afectaron a las reuniones de los órganos rectores, singularmente de las mesas, que tienen encomendada reglamentariamente la función de admisión y calificación de los escritos parlamentarios. Sin este trámite, los escritos presentados quedaban aparcados en un cajón de las dependencias del registro. Hay que tener en cuenta que los plazos a que se someten estas iniciativas se activan a partir de la publicación en el Boletín (preguntas) o desde su recepción por el Gobierno (solicitudes de información). Y estos hechos no se producen sin la tramitación por la Mesa[28]. He aquí un primer punto de bloqueo en el que hay una clara afectación al derecho de los diputados.

El segundo punto donde se produce una afectación al derecho de los parlamentarios es cuando se suspenden los plazos de tramitación, es decir, los plazos para la publicación, en su caso, de las iniciativas, y, sobre todo, el plazo de que dispone el Gobierno para contestarlas. Se trata, normalmente, de plazos perentorios, inferiores por regla general a los treinta días. Esto es coherente, porque la inmediatez en el control es uno de sus rasgos más relevantes.

La prórroga de plazos, así como la suspensión, a los efectos del derecho de los parlamentarios a obtener una respuesta a sus preguntas

---

28 Las solicitudes de información tienen una tramitación diversa, ya que son varias las asambleas en las que no se someten al trámite de calificación y admisión por la Mesa, sino que su tramitación consiste en la remisión al Gobierno por parte de la Presidencia de la Cámara. En Les Corts Valencianes este fue el procedimiento seguido hasta la X Legislatura, en la que con carácter previo a la remisión al Gobierno, la Presidencia sometía las solicitudes al conocimiento de la Mesa, sin que ello, implicase jurídicamente la adopción de un acuerdo de admisión y calificación.

o solicitudes de información tiene los mismos efectos: el Gobierno ve ampliado el tiempo de que dispone para contestar. Si este plazo de contestación se ve ampliado con un retraso en la tramitación de la iniciativa, bien por la Mesa o por la Presidencia, se multiplica el riesgo de ineficacia de la iniciativa parlamentaria como iniciativa de control.

El derecho del parlamentario incluye la contestación de la iniciativa en el plazo previsto.

Pero no es posible interpretar que estas medidas fueron necesariamente consecuencia de la aplicación de un rodillo de la mayoría parlamentaria de turno para impedir el control de las minorías sobre el Gobierno. Como se ha dicho, lo habitual fue que las medidas adoptadas por los órganos rectores de las cámaras lo fueran con el aval unánime de las Juntas de Portavoces. Antes bien, estas medidas se enmarcaban en una suerte de cooperación institucional, toda vez que la Administración gubernamental también estaba sometida a una situación de falta de recursos humanos como consecuencia de las restricciones del estado de alarma, igual que los parlamentos. En estas condiciones, mantener los plazos sin ningún tipo de flexibilización no solo hubiera abocado a la propia Administración parlamentaria a incumplimientos, sino que también se hubiera generado un elevado grado de incumplimiento por el Gobierno y la frustración, igualmente del derecho de los parlamentarios, o al menos de parte de este derecho.

Tras el tiempo pasado es relativamente fácil argumentar que existían medios técnicos que permitían mantener la actividad ordinaria de control del parlamento. Nada más lejos de la realidad. En un ecosistema parlamentario, como el español, en el que la existencia de sedes electrónicas era la excepción (cuatro años después de que la Ley 39/2015, estableciera la generalización de la interconexión de las administraciones) o donde el uso de la firma electrónica era anecdótico tanto a nivel administrativo como a nivel de los parlamentarios, afirmar que el salto al teletrabajo con garantías era factible en pocos días es una falsedad. Sin duda, las suspensiones de plazos y las prórrogas en los plazos permitieron que en pocas semanas los parlamentos se adaptasen a la nueva realidad del teletrabajo, haciendo un salto tecnológico de varias décadas en apenas dos semanas.

5. *El caso concreto del control al Consell en la etapa del COVID en Les Corts Valencianes*

En este contexto, la pandemia irrumpió en la vida de Les Corts Valencianes cuando estas estaban en una posición de cierta ventaja, al menos en términos tecnológicos.

De entrada, Les Corts dispone, desde finales de 2017 de una sede electrónica con procedimientos que permiten a sus señorías presentar electrónicamente todo tipo de documentos. Igualmente disponía, también desde 2018 de una herramienta de portafirmas digital y de un sistema de carpetas compartidas accesibles a través de conexiones de internet. Asimismo, todos los parlamentarios y todo el personal disponía de un sistema de firma electrónica.

Sin embargo, el grado de uso de estas herramientas distaba mucho de ser generalizado e, igualmente, el grado de automatización de los procedimientos de gestión parlamentaria era muy incipiente.

Ello obligó los primeros días tras la suspensión a "inventar" métodos de digitalización de procesos que hasta ese momento siempre se habían realizado en soporte papel. Disponer de sede electrónica facilitó en gran medida esta posibilidad ya que la documentación que durante este tiempo tuvo acceso a la Institución —bien de los diputados, bien de otras administraciones— ya lo hacía en formato electrónico. Procedimientos como poner a disposición de los diputados las documentaciones solicitadas en una nube, o mediante un enlace; gestionar toda la tramitación de los órganos rectores con documentación electrónica, etc. supuso un notable esfuerzo que ha permitido agilizar, tras la pandemia estas tramitaciones parlamentarias.

Tras un primer momento de desconcierto, progresivamente, se fue recuperando la normalidad de la actividad parlamentaria. Y de ello dan prueba los datos. Entre el 13 de marzo de 2020 y el 11 de mayo de este mismo año, la Mesa se reunió semanalmente de manera virtual, por videollamada o por videoconferencia. Desde el 7 de abril, la Mesa despachaba un orden del día ordinario, esto es, de tramitación ordinaria de iniciativas. Y el 27 de marzo se publicó el primer *Butlletí Oficial de Les Corts Valencianes* con iniciativas parlamentarias, si bien, tanto este como el del 3 de marzo lo fueron con iniciativas anteriores a la suspensión. Fue a finales de abril de 2020 cuando se publicaron las primeras iniciativas tramitadas después de la declaración del estado de alarma. Sin embargo, al estar suspendido el período de sesiones, el plazo de contestación no se inició hasta el 12 de mayo de 2020.

El día 9 de abril de 2020, tras la primera Mesa de tramitación ordinaria, se remitieron al Consell las primeras solicitudes de documentación presentadas tras la declaración del estado de alarma.

Durante el período citado entre el 13 de marzo y el 11 de mayo, Les Corts Valencianes tramitó un total de 629 solicitudes de documentación y 889 preguntas con respuesta escrita. Sin embargo, como se ha dicho anteriormente, la combinación de la suspensión del período de sesiones y la prórroga del plazo para responder concedida, provocó que gran parte de estas iniciativas no se respondieran hasta prácticamente la finalización del período de sesiones, el día 6 de agosto de 2020.

Al margen de estas iniciativas, también se presentaron 258 proposiciones no de ley y 7 propuestas de creación de comisión, de las que se aprobó una propuesta consensuada que permitió constituir una Comisión especial de estudio para la Reconstrucción Social, Económica y Sanitaria, que realizó varias reuniones en el período de sesiones tras su reanudación y cuyo dictamen se aprobó en la sesión plenaria del 6 de agosto de 2020. En las sesiones de esta comisión, celebrada en el hemiciclo, no solo comparecieron miembros del Consell, sino que también lo hicieron representantes de prácticamente todos los sectores sociales y económicos de la Comunitat Valenciana.

Por otro lado, en cuanto a las sesiones de las comisiones, en formato híbrido en la mayoría de casos, en la segunda parte del primer período ordinario de sesiones de 2020 se celebraron 54 reuniones de diferentes comisiones, siendo de destacar la citada Comisión especial de estudio para la Reconstrucción Social, Económica y Sanitaria.

La comparación de los datos de iniciativas del período COVID con las de otros períodos de sesiones posteriores manifiestan un comportamiento bastante similar en la mayoría de iniciativas, por ejemplo en preguntas con respuesta escrita:

Tramitación parlamentaria[29]	2020	2020	2020	2021	2022
	feb-mar	may-agos	feb-agos (suma)	feb-jul	feb-jul
Solicitudes de comparecencia	**61**	**116**	**177**	**159**	**281**
Interpelaciones	**18**	**13**	**31**	**28**	**151**
Mociones	**6**	**-**	**6**	**19**	**35**
Preguntas con respuesta escrita	**1.133**	**961**	**2.094**	**1.681**	**1.76**
Preguntas con respuesta oral en comisión	**11**	**4**	**15**	**3**	**3**
Preguntas con respuesta oral en pleno	**110**	**145**	**255**	**350**	**562**
Preguntas de interés general al Presidente del Consell	**21**	**14**	**35**	**55**	**48**
Proposiciones de ley	**1**	**2**	**3**	**4**	**3**
PNL ordinarias (comisión)	**113**	**224**	**337**	**285**	**252**
PNL tramitación urgente (Pleno)	**50**	**111**	**161**	**102**	**147**
Propuestas de creación de comisión	**14**	**8**	**22**	**12**	**11**
Proyectos de Ley	**2**	**1**	**3**	**1**	**1**
Solicitudes de documentación	**717**	**954**	**1.671**	**2.753**	**1.653**
TOTAL	**2.257**	**2.553**	**4.810**	**5.452**	**3.147**

Esto pone en evidencia que las eventuales dificultades no hicieron mella en la voluntad de control por parte de los diputados y las diputadas de Les Corts Valencianes.

V. CONCLUSIONES

La pandemia del Covid-19 supuso un shock en nuestra sociedad y también en nuestros parlamentos. Esta realidad no puede ser desconocida a la hora de analizar lo que pasó, las decisiones que se tomaron y los efectos que estas decisiones tuvieron.

---

29 Fuente: Archivo de Les Corts Valencianes. Puede consultarse la tabla completa en https://www.cortsvalencianes.es/sites/default/files/legislature/doc/Activitat_parlamentaria_periodes_sessions_10_4.pdf (último acceso 3/7/2023)

Hacer un análisis de la situación de las primeras semanas de marzo de 2020 con los conocimientos y la experiencia de los meses siguientes es un error, por mucho que sea una práctica muy frecuente.

Las decisiones que se adoptaron en los distintos parlamentos tenían objetivos comunes: preservar en lo imprescindible las funciones parlamentarias, esencialmente la de control al Gobierno y, al mismo tiempo, preservar la salud de los parlamentarios y del personal. No en vano, las decisiones aunque con construcciones jurídicas distintas articularon soluciones coincidentes: paralización de los plazos de tramitación, suspensión del calendario parlamentario y reuniones de órganos con presencialidad reducida. Y todo ello, en un contexto en el que la actividad parlamentaria se limitaba, con la obvia excepción del Congreso de los Diputados por mandato constitucional, a la convalidación de decretos ley y a la sustanciación de comparecencias.

Estas medidas, en todos los casos, encontraban un acomodo reglamentario, e incluso constitucional, complejo, cuando no directamente imposible, como ha señalado la doctrina y el propio Tribunal Constitucional. Pero, la pandemia, por sus dimensiones, generó una situación imprevisible e impredecible en el que la tónica general fue realizar una ponderación de bienes en la que el derecho a la salud se impuso a cualquier otro criterio.

En el caso de Les Corts Valencianes, la rigidez del Reglamento, que por cierto estaba en un proceso de reforma que finalmente no llegó a buen puerto, obligó también a adoptar soluciones al margen de éste. Al igual que en otras cámaras autonómicas, se optó por suspender el período ordinario de sesiones y activar la Diputación Permanente. La suspensión de los plazos parlamentarios fue una consecuencia de esta decisión.

Sin embargo, y aunque se paralizaron las tramitaciones de algunas iniciativas, especialmente las de sustanciación oral, ello no implicó un descenso de la presentación de iniciativas de control e impulso por parte de los diputados. Sino que estos siguieron presentando iniciativas que, a su vez se tramitaron.

No obstante, y visto con perspectiva y aunque en su momento no hubo recursos o reclamaciones formales sobre la cuestión, la ampliación desmesurada de los plazos en virtud de la suspensión de plazos, la lentitud de la administración parlamentaria como consecuencia del proceso de adaptación a la virtualización, y las prórrogas concedidas al Gobierno para contestar, sí que era susceptible de afectar el *ius in officium* de los parlamentarios, en lo referente a obtener una respuesta en un período razonable.

Lo que unido a las limitaciones impuestas a la participación en los órganos deliberativos, si bien no creo una situación de ausencia de control del Ejecutivo, sí que generó durante las semanas comprendidas entre mediados de marzo y mediados de mayo de 2020 una situación de hibernación del parlamento y de debilitamiento del control del gobierno, lo que debería llevar a reflexionar y reformar los reglamentos para dotar de garantías a las decisiones en este tipo de circunstancias.

VI. BIBLIOGRAFÍA

Álvarez Conde, E. y Tur Ausina, R., *Derecho Constitucional,* Tecnos, Madrid, 2021.

Cano Bueso, J., "La protección del derecho a la salud en tiempos de alarma sanitaria", *Corts: Anuario de derecho parlamentario,* Nº. Extra 34, 2021, pp. 175-202.

Carmona Contreras, A., "Reivindicación del Parlamento", publicado en *Diario de Sevilla,* 8 de abril de 2020.

Carrasco Durán, M., "El Parlamento en los tiempos del coronavirus: el recurso a la Diputación Permanente", *Revista Española de Derecho Constitucional,* núm. 122, 2021, pp. 119-150.

García-Escudero Márquez, P., "La ductilidad del Derecho Parlamentario en tiempos de crisis: actividad y funcionamiento de los parlamentos durante el estado de alarma por COVID19", *Teoría y Realidad Constitucional,* núm. 46, 16 de diciembre de 2020, pp. 271-308.

Garrido Mayol, V., "La COVID-19 también llegó al parlamento: la excepcionalidad como excusa del estado de derecho", *Corts: Anuario de derecho parlamentario,* Nº. Extra 34, 2021, pp. 139-174.

Marañón Gómez, R., "El parlamento en tiempos de pandemia: lecciones aprendidas", *Corts: Anuario de derecho parlamentario,* núm. 36, 2022, pp. 171-191.

Martínez Corral, J.A., "Les Corts Valencianes y el coronavirus COVID-19", Cuadernos Manuel Giménez Abad, Núm. Extra 8, 2020, pp. 165-188.

Ripollés Serrano, M.R., "¿Un parlamento por delegación?: la experiencia de una comisión permanente del Congreso de los Diputados durante la pandemia por la COVID-19", *Corts: Anuario de derecho parlamentario,* Nº. Extra 34, 2021, p. 203-224.

Sánchez Ferriz, R., "Control parlamentario del gobierno en situaciones especiales: a propósito de la STC 168/2021 en el marco de la doctrina del Tribunal Constitucional", *Corts: Anuario de derecho parlamentario,* núm. 36, 2022, pp. 15-60.

Vidal Prado, C., "El Congreso no puede hibernar", publicado en *El Mundo,* el 6 de abril de 2020.

Disposiciones normativas adoptadas por el Consell durante la crisis sanitaria provocada por la Covid 19 y su control jurisdiccional

ISABEL ZAFRILLA LÓPEZ
Técnico grupo A1 Generalitat Valenciana
Conselleria de Hacienda, Economía y Administración Pública

I. INTRODUCCIÓN

El gobierno de la Comunitat Valenciana durante la crisis sanitaria provocada por la Covid-19, más conocida como pandemia, al igual que el gobierno de la Administración General del Estado y el resto de las Comunidades Autónomas, ha dictado un abundante volumen de disposiciones normativas, bien mediante Decretos Ley, Decretos y Resoluciones. Teniendo en cuenta únicamente las aprobadas por el President, el Consell y la consellera de Sanidad Universal y Salud Pública, suman más de 170 las normas aprobadas en relación con la COVID 19 en estos dos largos años. La primera Resolución fue la de 11 de marzo de 2020, previamente a la aprobación del primer estado de alarma y la última fue la Resolución de 21 de abril de 2022. En este estudio veremos alguna de las más importantes de estas disposiciones en sus diferentes etapas.

II. NORMATIVA APROBADA CON ANTERIORIDAD A LA DECLARACIÓN DEL PRIMER ESTADO DE ALARMA

Previamente a la aprobación del Real Decreto 463/2020, de 14 de marzo, por el que se declara el primer estado de alarma, se dictaron en esta comunidad dos Decretos, en concreto el *Decreto 4/2020, de 10 de mar-*

zo, del president de la Generalitat, por el que se suspende y se aplaza la celebración de las Fallas y la Magdalena y el Decreto 32/2020, de 13 de marzo, del Consell por el que se disponen medidas extraordinarias de gestión sanitaria en salvaguarda de la salud pública a causa de la pandemia por coronavirus. Asimismo, se publicaron 13 Resoluciones, entre las que destacamos las siguientes:

- Resolución de 11 de marzo de 2020, de la consellera de Sanidad Universal y Salud Pública, por la que se acuerdan medidas excepcionales para eventos de competición profesional deportiva en la Comunitat Valenciana, para limitar la propagación y el contagio por el Covid-19.
- Resolución de 12 de marzo de 2020, de la consellera de Sanidad Universal y Salud Pública por la que se acuerda suspender temporalmente la actividad educativa y formativa presencial en todos los centros y etapas, ciclos y grados y niveles de enseñanza en la Comunitat Valenciana, como consecuencia de la situación y evolución del coronavirus. Esta Resolución se amplió al ámbito universitario y de enseñanzas artísticas superiores.
- Resolución de 12 de marzo de 2020, de la consellera de Sanidad Universal y Salud Pública, por la que se acuerdan medias especiales de carácter preventivo en materia de sanidad en el ámbito de la Comunitat Valenciana, para limitar la propagación y el contagio del COVID-19.
- Resolución de 13 de marzo de 2020, de la Conselleria de Sanidad Universal y Salud pública, por la que se acuerdan medidas especiales de carácter preventivo en materia de espectáculos públicos, actividades recreativas, actividades socioculturales y establecimientos públicos para limitar la propagación y contagio por el COVID-19.

También se tomaron medidas en estos primeros momentos, para regular entre otras cosas, la actividad de centros de atención diurna de Servicios Sociales, los acontecimientos de carácter cultural, recreativo o de ocio, los espectáculos públicos y actividades recreativas y los velatorios.

Estas normas vienen amparadas fundamentalmente en lo establecido en los Arts. 1 2 y 3 de la Ley Orgánica 3/1986, de 14 de abril, de

Medidas Especiales de Salud Pública, Art. 26.1 de la Ley 14/1986, de 25 de abril General de Sanidad, Art. 54 de la Ley 33/2011, de 4 de octubre, General de Salud Pública y Arts. 5.4, 83. y 86.1. 2 de la Ley 10/2014, de 29 de diciembre, de la Generalitat, de Salud de la Comunitat Valenciana.

III. NORMATIVA DICTADA DURANTE EL PRIMER ESTADO DE ALARMA

Posteriormente a la aprobación de este primer estado de alarma, y durante toda su vigencia, desde el 14 de marzo hasta el 21 de junio de 2020, se siguieron dictando por la Conselleria de Sanidad Universal y Salud Pública una serie de Resoluciones (más de 20), todas ellas amparadas en el estado de alarma, que regularon, entre otras cosas, las siguientes actividades: cierre de todos los centros educativos de la Comunitat Valenciana, medidas especiales de carácter preventivo en establecimientos funerarios, donación de mascarillas higiénicas para la población vulnerable, medidas excepcionales en relación con las prácticas en centros sanitarios, medidas excepcionales para el refuerzo del sistema nacional de salud, autorización de apertura de los centros educativos para la realización de funciones administrativas y de coordinación, condiciones para la apertura de los mercados de venta no sedentaria de productos de primera necesidad y medidas especiales con la actividad de determinados centros de atención diurna de Servicios Sociales.

Entre los Decretos aprobados destacamos el *Decreto 8/2020, de 13 de junio del president de la Generalitat, de regulación, flexibilización de determinadas restricciones, en el ámbito de la Comunitat Valenciana, establecidas durante la declaración del estado de alarma*, en aplicación de la fase 3 ª del Plan para la transición hacia una nueva normalidad. Y ello por cuanto con este decreto se adoptan un conjunto muy completo de medidas de carácter social, económico, educativo,cultural,deportivo y de ocio, que suponen, en la mayor parte de los casos, una reducción significativa de las limitaciones previstas en la normativa del Ministerio de Sanidad.

Todas estas disposiciones normativas, tanto las dictadas previamente a la declaración del primer estado de alarma, como las que siguieron a continuación, de conformidad con lo previsto en el artículo 47 de la Ley Orgánica 5/1982, de 1 de julio, del Estatuto de Autonomía de la Comunitat Valenciana eran recurribles ante la jurisdicción contenciosa administrativa. Y en concreto ante la Sala de lo Contencioso Administrativo del Tribunal Superior de Justicia, de acuerdo con lo establecido en el artículo 10.1 de la Ley 29/1998, de 13 de julio, reguladora de la Jurisdicción Contencioso-Administrativa.

> "Artículo 10. Competencias de las Salas de lo Contencioso-Administrativo de los Tribunales Superiores de Justicia.
> 1. Las Salas de lo Contencioso-Administrativo de los Tribunales Superiores de Justicia conocerán en única instancia de los recursos que se deduzcan en relación con:
> a) Los actos de las Entidades locales y de las Administraciones de las Comunidades Autónomas, cuyo conocimiento no esté atribuido a los Juzgados de lo Contencioso-Administrativo.
> b) Las disposiciones generales emanadas de las Comunidades Autónomas y de las Entidades locales. (...)"

IV. NORMATIVA APROBADA EN LA TRANSICIÓN DESDE QUE FINALIZA EL PRIMER ESTADO DE ALARMA Y LA APROBACIÓN DEL SEGUNDO ESTADO DE ALARMA

Finalizado el primer estado de alarma, se siguen dictando nuevas disposiciones. Hasta la entrada en vigor del segundo estado de alarma son más de 25 las Resoluciones dictadas, un Decreto Ley y el Acuerdo de 19 de junio del Consell, sobre medida de prevención frente a la Covid 19,

Mediante este Acuerdo de 19 de junio, cuya vigencia se extiende desde el 21 de junio de 2020 hasta la finalización de la crisis sanitaria, el Consell adopta las medidas de prevención necesarias para hacer frente, tras el levantamiento del estado de alarma, a las necesidades derivadas de la crisis sanitaria, con el objetivo de asegurar que las actividades en las que pueda producirse un mayor riesgo de transmisión de la enfermedad se desarrollen en condiciones que permitan controlar dicho riesgo. Se trata de medidas, con las que se pretende apoyar, en esta primera etapa de nueva normalidad, la reactivación económica y social, y minimizar el riesgo para la salud pública. Asimismo, este acuerdo establece las medidas necesarias para la recuperación de la actividad administrativa presencial en la prestación de servicios públicos en el ámbito de la Administración de la Generalitat.

Durante el verano de 2020, especialmente difícil para esta Comunitat, por el alto número de contagios, tuvieron que dictarse una serie de Resoluciones por las que se acordaron, entre otras, la suspensión temporal de actividad de los locales de discotecas y bares de ocio nocturno de la ciudad de Gandía, medidas adicionales en la ciudad de Valencia, así como en el municipio de Beniganim, aislamiento preventivo de las personas residente en el Colegio Mayor Galileo Galilei de la ciudad de Valencia, etc.

Todas estas Resoluciones por las que se adoptaron medidas, con arreglo a la legislación sanitaria, que las autoridades sanitarias consideraron urgentes y necesarias para la salud pública e implicaban limitación o restricción de derechos fundamentales, debían ser autorizadas o ratificadas por los juzgados de lo Contencioso Administrativo, al no estar vigente el estado de alarma. Por ello estas Resoluciones acordaban dar traslado a la Abogacía General de la Generalitat en orden a solicitar la ratificación judicial prevista en el párrafo segundo del artículo 8.6 de la Ley 29/1998, de 13 de julio, reguladora de la Jurisdicción contencioso Administrativa.

> *"Artículo 8:*
> *(...)*
> 6. Conocerán también los Juzgados de los Contencioso administrativo
> (...)
> Asimismo, corresponderá a los Juzgados de lo Contencioso administrativo la autorización o ratificación judicial de las medidas adoptadas con arreglo a la legislación sanitaria que las autoridades sanitarias consideren urgentes y necesarias para la salud pública e impliquen privación o restricción de derechos fundamentales.
> (...)"

El juez de lo contencioso administrativo al que por turno le correspondía debía ser quien controlara mediante la autorización o ratificación, la proporcionalidad de cualquier medida sanitaria que pretendiera ponerse en práctica, como garante de los derechos fundamentales.

El control judicial en este procedimiento consiste en verificar si concurren las condiciones extrínsecas de legalidad del acto administrativo objeto de ejecución, es decir si la resolución que se presente se encuentra fundada en Derecho, si ha sido dictada por órgano competente, si está correcta y debidamente individualizada la persona o entidad que ha de soportar la ejecución forzosa del acto administrativo, en este caso para la protección de la salud individual y pública, y por último que no se produzcan más restricciones que las estrictamente necesarias para conseguir el fin legítimo previsto por el ordenamiento administrativo.

La Abogacía de la Generalitat Valenciana fue solicitando ante el juzgado de lo contencioso administrativo la ratificación judicial de determinadas Resoluciones dictadas por la conselleria de Sanidad Universal y Salud pública por la que se acordaron distintas medidas para la prevención de la Covid, que algunas eran para todo el territorio de la Comunidad Valenciana y otras limitaban por sectores (suspensión de actividades de los locales de discotecas, salas de baile...; en materia de hostelería ocupación máxima de 10 personas; limitación de visitas a las residencias, limitación de las salidas de las personas residentes en los centros sociosanitarios etc.)

Los juzgados de lo Contencioso Administrativo nº 10 y nº 6 de Valencia fueron ratificando las medidas adoptadas por las diferentes resoluciones, y en su caso las prórrogas de estas. Asimismo en algún Auto determinaron no ser necesaria la ratificación judicial de las medidas acordadas por la administración; Y ello porque bien no afectaban directamente a derechos fundamentales sino a la legalidad ordinaria y por ello son ejecutivas de inmediato sin necesidad de ratificación judicial alguna, o bien porque contenían determinaciones genéricas que sólo precisarían de ratificación o autorización judicial en caso de ser necesaria su imposición a personas concretas e individualizadas en caso de negativa, en cuyo caso se debería efectuar una solicitud específica que permita al juzgado evaluar las circunstancias del caso.

V. MODIFICACIÓN DE LA LEY 29/1998, DE 13 DE JULIO, REGULADORA DE LA JURISDICCIÓN CONTENCIOSO ADMINISTRATIVA

La Ley 3/2020, de 18 de septiembre, de medidas procesales y organizativas para hacer frente al COVID19 en el ámbito de la Administración de Justicia, modifica la Ley 29/1998, de 13 de julio, reguladora de la Jurisdicción Contencioso-administrativa, concretamente en los artículos 8, 10, 11, añadiéndose el 122 quarter. Resaltado por mí los cambios.

> 1.- *Apartado 6 del artículo 8:*
> *"6. Conocerán también...*
> *Asimismo, corresponderá a los Juzgados de lo Contencioso administrativo la autorización o ratificación judicial de las medidas **adoptadas con arreglo a la legislación sanitaria** que las autoridades sanitarias consideren urgentes y necesarias para la salud pública e impliquen limitación o restricción de derechos fundamentales **cuando dichas medidas estén plasmadas en actos administrativos singulares que afecten únicamente a uno o varios particulares concretos e identificados de manera individualizada**.*
> *(...)"*
> 2.- Se añade un punto 8 al artículo 10: Competencias de las Salas de lo Contencioso administrativo de los Tribunales Superiores de Justicia
> 8. **Conocerán de la autorización o ratificación judicial de las medidas adoptadas con arreglo a la legislación sanitaria que las autoridades sanitarias de ámbito distinto al estatal consideren urgentes y necesarias para la salud pública e impliquen la limitación o restricción de derechos fundamentales cuando sus destinatarios no estén identificados individualmente**.
> 3.- Se modifica el apartado 1 del artículo 11, añadiendo el apartado i:
> 1.- La Sala de lo Contencioso-administrativo de la Audiencia Nacional conocerá en única instancia:
> i) **De la autorización o ratificación judicial de las medidas adoptadas con arreglo a la legislación sanitaria que la autoridad sanitaria estatal considere urgentes y necesarias para la salud pública e impliquen la limitación o restricción de derechos fundamentales, cuando sus destinatarios no estén identificados individualmente**.
> 4.- Se añade un nuevo artículo 122 quarter, con el siguiente contenido:
> ***En la tramitación de las autorizaciones o ratificaciones a que se refieren los artículos 8.6, 2º párrafo, 10.8 y 11.1.i) de la presente Ley será parte el ministerio fiscal. Esta tramitación tendrá siempre carácter preferente y deberá resolverse en un plazo máximo de tes días naturales***.

Desde el 20 de septiembre de 2020, fecha de entrada en vigor de esta modificación de la Ley 29/1998, y hasta el 25 de octubre, entrada en vigor del segundo estado de alarma, la Abogacía pasó a solicitar al Tribunal Superior de Justicia de la Comunidad Valenciana, Sala de lo Contencioso Administrativo, Sección Cuarta la ratificación prevista en el artículo 10.8 de la referida ley, de muchas de las resoluciones por las que se adoptaban medidas especiales en materia de salud pública, dictadas por la Consellera de Sanidad Universal y Salud Pública.

La Sala acordó inadmitir aquellas solicitudes de ratificación de las medidas ajenas a los derechos fundamentales, ratificando solo las que afectaban a los derechos fundamentales y las libertades públicas de las personas.

En cualquier caso, contra estas Resoluciones siempre cabía interponer recurso contencioso administrativo ante la Sala de lo Contencioso Administrativo del Tribunal Superior de Justicia de acuerdo con lo previsto en el artículo 10.1 de la Ley 29/1998, de 13 de julio.

Ejemplo de lo expuesto es la Resolución de 16 de octubre de 2020 por la que se acuerdan medidas adicionales en el municipio de Onda durante 14 días. Fue ratificada por la Sala por Auto nº 133/2020, pero solo de aquellas medidas que afectaban a derechos fundamentales. Como venían ya diciendo en anteriores autos "las recomendaciones que, al carecer de fuerza normativa y no constituir mandatos de hacer o de abstenerse, no son susceptibles de control jurisdiccional y la intervención en el ejercicio de actividades económicas tampoco está sujeto al control previo de legalidad en este orden jurisdiccional, sin perjuicio de los medios y recursos que puedan articularse contra tal tipo de medidas."

Otra de las resoluciones en que el TSJCV ratificó es la Resolución de 20 de octubre de 2020 de la directora general de Salud Pública y Adicciones, consistente en el aislamiento preventivo de las personas residentes en el alojamiento temporal Casa Nueva del municipio de Sagunto, en el propio alojamiento temporal. El Auto de fecha 23 de octubre de 2020 de la sección 4ª de la Sala de lo Contencioso Administrativo del TSJCV ratifica las medidas recogidas en la citada Resolución de 20 de octubre.

VI. NORMATIVA APROBADA DURANTE EL SEGUNDO ESTADO DE ALARMA. ESPECIAL MENCIÓN A LA SENTENCIA 60/2022 DE 25 DE ENERO DE LA SALA DE LO CONTENCIOSO ADMINISTRATIVO DEL TRIBUNAL SUPREMO

El segundo estado de alarma declarado por Real Decreto 926/2020, de 25 de octubre, tuvo una vigencia desde el 25 de octubre

2020 hasta el 9 de mayo 2021. Como es sabido, este segundo estado de alarma delega en los presidentes de las comunidades autónomas la posibilidad de dictar, por delegación del gobierno de la Nación, las órdenes, resoluciones y disposiciones para la aplicación de lo previsto en los artículos 5 a 11 del referido Real Decreto 926/2020, que se concretaba en: limitación de la libertad de circulación de las personas en horario nocturno; limitación de la entrada y salida en la comunidades autónomas y ciudades con Estatuto de autonomía; limitación de la permanencia de grupos de personas en espacios públicos y privados y limitación a la permanencia de personas en lugares de culto.

Al amparo de este segundo estado de alarma el president de la Generalitat y de acuerdo con la habilitación establecida en el referido RD 926/2020, de 25 de octubre, dictó siete Decretos en el año 2020 y 9 en el año 2021.

Estos Decretos del President modulaban las limitaciones establecidas en los Arts. 5 a 9 del RD 926/2929, de 25 de octubre, ya relacionadas anteriormente, a la vista de la evolución en esta Comunitat de los indicadores sanitarios, epidemiológicos, sociales y económicos.

Y contra todos ellos, como ya hemos dicho anteriormente, cabía interponer recurso contencioso ante la Sala de lo Contencioso Administrativo del Tribunal Superior de Justicia de la Comunitat Valenciana, de conformidad con el artículo 10 de la Ley 29/1998, de 13 de julio, reguladora de la jurisdicción contenciosa administrativa.

No obstante lo anterior, el *Decreto 2/2021, de 24 de enero, por el que se limita la permanencia de grupos de personas en espacios públicos y privados, se prorroga la medida de restricción de la entrada y la salida de personas del territorio de la Comunitat Valenciana, y se limita, durante los fines de semana y los días festivos, la entrada y la salida de los municipios y grupos de municipios con población superior a 50.000 habitantes,* que intensificó algunas de las limitaciones (municipios con población superior a los 50.000 habitantes tenían limitada su entrada y salida del municipio durante el fin de semana) fue recurrido por el procedimiento de protección jurisdiccional de los derechos fundamentales ante la sala de lo contencioso Administrativo del Tribunal Supremo, dictándose la Sentencia núm. 60/2022, de 25 de enero, estimando el recurso y consecuentemente anulando el Decreto 2/2021, de 24 de enero.

A juicio del recurrente, el Decreto era nulo de pleno derecho por carecer el presidente de la Generalitat Valenciana de competencia para dictarlo. Considera que el Gobierno carece de competencia para efectuar esta delegación a falta de ley orgánica y no puede interpretarse el artículo 2 del Real Decreto 926/2020 en el sentido producido, porque afirmarlo atentaría contra el artículo 98.1 de la CE. Prosigue la demanda afirmando la nulidad del Decreto 2/2021 porque regula el ejercicio del derecho fundamental de reunión y el de libre circulación y los artículos 53.1 y 81.1 de la Constitución reservan a la ley orgánica el desarrollo del ejercicio de derechos fundamentales. Asimismo, sostiene que las medidas previstas en el Decreto eliminan el derecho fundamental de reunión en el ámbito privado y que lo hacen sin motivación ni criterio científico que lo avale y que vulnera el principio de proporcionalidad.

La Sala del Tribunal Supremo parte de que esta disposición fue dictada en virtud del artículo 2.2 del Real Decreto 926/2020, de 25 de octubre por el que se declara el estado de alarma. Y comoquiera que la Sentencia del Tribunal Constitucional nº183/2021, de 27 de octubre, declaró inconstitucional la atribución a los presidentes de las Comunidades Autónomas de la condición de autoridades delegadas del Gobierno a los efectos de aplicar las medidas previstas, el presidente de la Generalitat Valenciana carece de competencias para dictar el Decreto 2/2021. Debería haberse seguido el procedimiento previsto en la Ley de la Jurisdicción, en particular en su artículo 10.8, si las medidas contenidas en el referido Decreto 2/2021, entrañan limitaciones de derechos fundamentales de un conjunto indeterminado de personas. Es decir, falta el presupuesto en que descansó la facultad del presidente de la Generalitat Valenciana para dictar el Decreto 2/2021 y que dicha falta no puede ser suplida por la habilitación que confiere a las autoridades sanitarias la legislación sanitaria pues no se siguió el procedimiento previsto en el artículo 10.8 de la Ley de la jurisdicción, aunque tal proceder obedeciera a lo dispuesto por el Real Decreto 926/2020.

Nos quedamos sin saber que hubiese dictaminado la Sala si en esa fecha ya hubiera sido dictada la Sentencia 70/2022, de 2 de junio de

2022, del Tribunal Constitucional, planteada por la Sección Primera de la Sala de lo Contencioso Administrativo del Tribunal Superior de Justicia de Aragón, en relación con el artículo 10.8 de la Ley reguladora de la jurisdicción contencioso-administrativa, redactado por la disposición final segunda de la Ley 3/2020 de 18 de septiembre, de medidas procesales y organizativas para hacer frente al Covid 19 en el ámbito de la administración de justicia, por la que se declaró inconstitucional y consiguientemente nulo los artículos 10.8 y 11.1i) y del inciso "10,8 y 11.1i)" del Art. 122 quarter.

Además de los Decretos reseñados, durante este segundo estado de alarma, la conselleria de Sanidad fue dictando distintas resoluciones, más de 48, estableciendo medidas de indoles variadas en relación con la Covid 19.

Alguna de estas Resoluciones, como es la de 1 de diciembre de 2021, de la consellera de Sanidad Universal y Salud Pública, por la cual se publica la *Resolución de 25 de noviembre de 2021, de la conselleria de Sanidad Universal y Salud Pública, por la que se acuerdan medidas en materia de salud pública respecto del acceso a determinados establecimientos en el ámbito de la Comunitat Valenciana, como consecuencia de la situación de crisis sanitaria ocasionada por la Covid*, al afectar a derechos fundamentales y en virtud de lo que disponía en ese momento el artículo 10.8 de la Ley 29/1998, de 13 de julio, reguladora de la jurisdicción contencioso-administrativa, fue sometida autorización judicial. Y la Sección Cuarta de la Sala de lo Contencioso Administrativo del Tribunal Superior de Justicia de la Comunitat Valenciana, por Auto 479/2021, de 29 de noviembre, de 2021, acuerda "autorizar las medidas en materia de salud pública respecto del acceso a determinados establecimientos en el ámbito de la Comunitat Valenciana…"

Otras de las Resoluciones para las que la Abogacía solicitó a la Sala del TSJ de la CV su ratificación son:

- Resolución de 31 de octubre de 2020, de la conselleria de Sanidad Universal y Salud Pública, consistente en el aislamiento preventivo de las personas residentes en el Colegio Mayor Auxias March. Por Auto de fecha 3 de noviembre de 2020 la Sala Acuerda ratificar las medidas contenidas en la citada Resolución.

- Resolución de 21 de abril de 2021, de la conselleria de Sanidad Universal y Salud Pública, consistente en el aislamiento preventivo de las personas residentes en el Colegio Mayor Auxias March. Por Auto de fecha 23 de abril de 202 la Sala Acuerda ratificar las medidas contenidas en la citada Resolución.

Pero todas estas Resoluciones, como ya se ha dicho a lo largo de esta exposición, tanto si se sometían a autorización judicial como si no, ponían fin a la vía administrativa pudiendo interponerse recurso contencioso administrativo en el plazo de dos meses ante la Sala de lo Contencioso Administrativo del Tribunal Superior de Justicia de la Comunitat Valenciana, de conformidad con lo establecido en los artículos 10.1 y 46.1 de la ley 29/1998, de 13 de julio, reguladora de la jurisdicción contencioso-administrativa.

Así por ejemplo, la Resolución de 5 de diciembre de 2020, *de la consellera de Sanidad Universal y Salud Pública por la que se acuerdan nuevas medidas adicionales en la Comunitat Valenciana como consecuencia de la situación de crisis sanitaria ocasionada por la Covid 19,* por el período de 10 de diciembre a 15 de enero, y por la que se toman medidas sobre eventos o actividades con concentración de personas, sobre transporte público y privado, vehículos especializados, velatorios y entierros, celebraciones, centros de ocio y actividades recreativas, locales comerciales, mercados de venta no sedentaria, hostelería, restauración, actividades feriales, parques, actividad física, acontecimientos deportivos… fue recurrida por la Asociación de empresarios de máquinas recreativas, solicitando suspensión cautelarísima del apartado 9.3 de la Resolución de la Consellera de Sanidad Universal (prohibición de juegos de azar en bares y similares).

Por Auto de fecha 18 de diciembre de 2020, de la Sección 4ª de la Sala de lo Contencioso administrativo del TSJ de la Comunidad Valenciana, se acordó no haber lugar a adoptar la medida y dar traslado a la Administración para que, alegase lo que a su derecho conviniera. Por la abogada de la Generalitat Valenciana, se presentó escrito solicitando se dicte auto confirmando la denegación de la medida. El Tribunal Superior de Justicia de la Comunidad Valenciana, sala de lo contencioso administrativo sección 4, por Auto de fecha 22 de diciembre de 2020, acuerda satisfacer la medida cautelar por cuanto la conselleria había utilizado una corrección de errores, publicada en el DOGV de 17 de diciembre de 2020 para ampliar las medidas prohibitivas.

VII. DISPOSICIONES NORMATIVAS TRAS EL FIN DEL SEGUNDO ESTADO DE ALARMA

Una vez finalizada la vigencia del segundo estado de alarma, la conselleria de Sanidad Universal y Salud Pública continúo dictando Resoluciones, hasta un total de 42. Alguna de las cuales al contener medidas que afectaban a los derechos fundamentales, fue sometida a autorización judicial en cumplimiento de lo dispuesto en el artículo 10.8 de la Ley 29/1998, de 13 de julio, reguladora de la jurisdicción contencioso-administrativa.

A continuación, destacamos algunas de estas Resoluciones por su interés:

- Resolución de 22 de mayo de 2021, de la consellera de Sanidad Universal y Salud Pública por la que se publica la Resolución de 19 de mayo de 2021, de la consellera de Sanidad Universal y Salud Pública, que se dicta como consecuencia del Auto 195/2021, de 21 de mayo, de la Sala de lo Contencioso Administrativo del TSJCV, que acuerda autorizar esas medidas, durante el período comprendido entre el 24 de mayo y el 7 de junio de 2021. No obstante, este auto tuvo un voto particular que consideraba que debía haberse autorizado por menos tiempo y que no se motivaba suficientemente la medida de limitación de circulación en todo el territorio y a toda su población.

  Contra este Auto se interpuso recurso de casación suplicando se resuelva unificando doctrina y en su caso resuelva declarando la nulidad del citado Auto. En fecha 3 de junio de 2021, la Sección Cuarta de la Sala de lo Contencioso Administrativo del Tribunal Supremo dicta la sentencia nº 794/2021 cuyo fallo es: *Inadmitir el recurso de casación interpuesto por la representación procesal D. Curro Nicolau Castellanos contra el Auto 195/2921 de 21 de mayo.* Y ello porque a juicio del juzgador no cabe ningún género de duda de que la legitimación la tiene solo la Administración autora del acto, el Ministerio Fiscal y en virtud de lo establecido en el apartado 4 del artículo 87 ter de la ley jurisdiccional, introducido por el artículo 15 del Real Decreto Ley 8/2021, de 4 de mayo, el Abogado del Estado, en los supuestos de que se trate de medidas adoptadas en el cumplimiento de actuaciones coordinadas en salud pública declaradas por el Ministerio de Sanidad y aprobadas por el Consejo Interterritorial del Sistema Nacional de Salud.

- Resolución de 9 de julio de 2021, de la consellera de Sanidad Universal y Salud Pública, relativas a la circulación de personas en determinados municipios de la Comunitat Valenciana y a la permanencia de grupos de personas en espacios públicos y privados en todo el ámbito de la Comunitat Valenciana. Las medidas contempladas en esta Resolución fueron autorizadas por Auto nº 271, de 12 de julio de 2021 contando con un voto particular por cuanto consideraba el ponente que las medidas relativas a la permanencia de personas en espacios privados y públicos debió autorizarse, si bien ceñido su ámbito al de los municipios donde despliegan efectos las medidas relativas a la circulación de las personas. Este Auto contiene la doctrina del Tribunal Supremo acerca de la suficiencia de la Ley Orgánica 3/1986 como soporte para la adopción de medidas como el denominado "toque de queda" o el máximo de personas en las reuniones familiares y sociales. El Tribunal Supremo considera que este tipo de medidas pueden estar amparadas por el Art. 3 de la LO 3/1986, siempre que exista suficiente justificación sustantiva para su adopción, de modo que puedan ser juzgadas como proporcionales.

- Resolución de 14 de agosto de 2021, de la consellera de Sanidad Universal y Salud Pública, relativas a la circulación de personas en determinados municipios de la Comunitat Valenciana y a la permanencia de grupos de personas en espacios públicos y privados en todo el ámbito de la Comunitat Valenciana. Por Auto nº 316/2021, de 13 de agosto de la Sala de vacaciones del TSJCV acuerda autorizar las medidas adoptadas en la Resolución de 10 de agosto de 2021. También tiene un voto picular, porque cuestiona la competencia de la conselleria de Sanidad para dictar resoluciones que limitan derechos fundamentales sin la cobertura de un estado de "alarma". A juicio del ponente del voto particular la Conselleria de Sanidad puede adoptar medidas sanitarias que limiten derechos fundamentales en una situación sanitaria concreta de una persona concreta, una residencia de personas mayores... pero no para más de la mitad de la población de la Comunidad Valenciana. Para estos casos la única opción legal cuando se limitan derechos de forma generalizada es el estado de alarma, bien por iniciativa del Gobierno o a instancia del presidente de la Comunidad Autónoma.

- Resolución de 1 de diciembre de 2021, de la consellera de Sanidad Universal y Salud Pública por la cual se publica la Resolución de 25 de noviembre de 2021, por la que se acuerdan medidas respecto del acceso a determinados establecimientos en el ámbito de la Comunitat Valenciana. En concreto se establecía la exigencia de exhibir el pasaporte Covid (certificado de vacunación, prueba diagnóstica o certificado de recuperación) para el acceso a determinados establecimientos (hostelería, restauración, establecimientos de ocio y entretenimiento, actividades recreativas y de azar, centros hospitalarios para las visitas, establecimientos residenciales para las visitas y personas ajenas a la institución. locales y eventos).

Esta medida podía suponer la afectación a determinados derechos fundamentales como el derecho a la igualdad (Art. 14 CE), el derecho a la intimidad (Art. 18.1CE), el derecho a la protección de datos personales (art. 18.4 CE), que deben confrontarse a otros derechos fundamentales como son el derecho a la vida y la integridad física (Art. 15 CE) y el derecho a la protección de la salud (Art. 43 CE) que defienden el interés general de todos y que son los prevalentes.

Por Auto nº 479/21 de 29 de noviembre, la Sección cuarta de la sala de lo contencioso administrativo del TSJCV acuerda autorizar las medidas adoptades en la referida resolución de 25 de noviembre. La Sentencia 1112/2021, de 14 de septiembre, de la Sala de lo Contencioso Administrativo del Tribunal Supremo fue clave para la valoración de esta solicitud de autorización judicial, ya que estableció los parámetros que esta medida (exigencia de presentación de certificado de vacunación, prueba diagnóstica o certificado de recuperación Covid-19 en determinados establecimientos, locales y eventos) debe cumplir para superar el juicio de proporcionalidad en su triple vertiente: idoneidad, necesidad y proporcionalidad de la medida.

La última Resolución dictada por la consellera de Sanidad Universal y Salud Pública, como consecuencia de la situación de crisis sanitaria ocasionada por la Covid 19 es la Resolución de 21 abril 2022. Esta Resolución pone fin al uso obligatorio de las mascarillas recomendando únicamente su uso en determinadas situaciones. Y obligando solo en centros, servicios y establecimientos sanitarios, en los centros sociosanitarios y en los medios de transporte aéreo, por ferrocarril o por cable y en los autobuses, así como en los transportes públicos de viajeros.

Será el Real Decreto 65/2023, de 7 de febrero, por el que se modifica la obligatoriedad del uso de mascarillas durante la situación de crisis sanitaria ocasionada por la COVID-19, quedando obligados únicamente en los centros y servicios sanitarios, en las oficinas de farmacia y en botiquines, por parte de las personas trabajadoras, de los visitantes y de los pacientes con excepción de las personas ingresadas cuando permanezcan en su habitación y en los centros sociosanitarios, las personas que trabajen en ellos siempre que estén en contacto con personas residentes o en zonas compartidas con esas personas y los visitantes cuando estén en zonas compartidas. En estos lugares dejó de ser obligatorio su uso el 5 de julio de 2023.

Finalmente, la Organización Mundial de la Salud (OMS), en fecha 5 de mayo de 2023 declaró, después de más de tres años y siete millones de muertos, el fin de la emergencia sanitaria de importancia global por SARS-CoV-2, rebajando el máximo nivel de alerta sanitaria, que se decretó el 30 de enero de 2020, un mes después de que se notificasen los primeros casos de coronavirus y cuarenta días antes de que se declarase la pandemia.

VIII. BREVES COMENTARIOS DE LA STC 70/2022, DE 2 DE JUNIO

El Tribunal Constitucional declaró mediante la STC 70/2022, de 2 de junio, la nulidad de los artículos 10.8 y 11.1 i) y el inciso "10.8 y 11.1i)" del artículo 122 quarter de la ley 29/1998, de 13 de julio, reguladora de la jurisdicción contenciosa-administrativa, en la redacción dada por la disposición final segunda de la Ley 3/2020, de 18 de septiembre, de medidas procesales u organizativas para hacer frente al Covid-19 en el ámbito de la administración de justicia, que vimos en el apartado IV de esta exposición.

Trae causa del Auto de la Sección Primera de la Sala de lo Contencioso-Administrativo del Tribunal Superior de Justicia de Aragón dictado el día 10 de octubre 2020, que denegó la autorización solicitada por la letrada de la Comunidad Autónoma de Aragón, en representación de la administración de dicha comunidad autónoma, por entender que las medidas previstas por la consejeria de Sanidad no tenían encaje en el art. 3 de la Ley Orgánica 3/1986, de 14 de abril, de medidas especiales en materia de salud pública, por lo que carecían de cobertura legal.

La Resolución para la que la administración de la comunidad autónoma de Aragón solicitó la autorización prevista en el art. 10.8 de la LJCA contenía medidas en materia de movilidad en el municipio de La Almunia de Doña Godina, por el que se restringía la libre entrada y salida de residentes en ese término municipal.

Frente al Auto de 10 de octubre de 2020, que denegó la autorización interesada, se interpusieron sendos recursos de reposición, por la letrada de la comunidad Autónoma de Aragón y por el Ministerio Fiscal que esgrimió como argumento principal, de su impugnación que el Tribunal Superior de Justicia de Aragón carecía de jurisdicción para autorizar un proyecto de orden de la Consejería de Sanidad que no había llegado a publicarse. Frente a estos recursos, la Sala acordó plantear la cuestión de inconstitucionalidad respecto al art. 10.8 de la LJCA (introducido por la disposición final segunda de la ley 3/2020, de 18 de septiembre), por posible vulneración de los Arts. 106.1 y 117.3 y 4 de la CE.

> *Art. 106.1: Los Tribunales controlan la potestad reglamentaria y la legalidad de la actuación administrativa, así como el sometimiento de ésta a los fines que la justifican.*
> *Art. 117*
> *3. El ejercicio de la potestad jurisdiccional en todo tipo de procesos, juzgando y haciendo ejecutar lo juzgado, corresponde exclusivamente a los Juzgados y Tribunales determinados por las leyes, según las normas de competencia y procedimiento que las mismas establezcan.*

> *4. Los Juzgados y Tribunales no ejercerán más funciones que las señaladas en el apartado anterior y las que expresamente les sean atribuidas por ley en garantía de cualquier derecho.*

Es parecer de la Sala del TSJ de Aragón que el Art. 10.8 LJCA atribuye a las salas de lo contencioso administrativo de los tribunales superiores de justicia una función consultiva vinculante, prejudicial, del procedimiento administrativo de elaboración de un acto administrativo o una disposición general que excede los límites de la función jurisdiccional que atribuye a todo órgano judicial el Art. 117.3 de la CE y que tampoco se justifica, conforme al art. 117.4 de la CE por razón de garantía de los derechos fundamentales. Por cuanto la función jurisdiccional de juzgados y tribunales consiste en juzgar y hacer ejecutar lo juzgado (Art. 117.3CE) y se traduce en lo contencioso administrativo en un control *ex post* de la legalidad de la actuación administrativa (Art. 106 CE). Es decir, la Sala del TSJ de Aragón considera que esta disposición vulnera el principio constitucional de separación de poderes. El precepto cuestionado confiere a las salas de lo contencioso administrativo de los tribunales superiores de justicia una función consultiva vinculante, totalmente ajena a su potestad jurisdiccional y que no se justificaría por la garantía de los derechos fundamentales. Estos derechos, más bien resultarían menoscabados, al otorgarse una aparente autoridad judicial a las medidas administrativas sanitarias y debilitar el posterior control judicial.

Para la Abogacía del Estado hay una habilitación constitucional para la realización de funciones no jurisdiccionales y que actualmente desempeñan jueces y magistrados en su condición de tales (por ejemplo, la jurisdicción voluntaria, las funciones de encargado del registro civil, el jurado provincial de expropiación, o la junta electoral). Esta habilitación está en el Art. 117.4 CE y lo reitera el art. 2.2. LOPJ "*Los juzgados y tribunales no ejercerán más funciones que las señaladas en el párrafo anterior, y las demás que expresamente les sean atribuidas por ley en garantía de cualquier derecho*".

En primer lugar, la Sala del Tribunal Constitucional alude a cuál era la situación previa a la modificación de este precepto de la LJCA. Recuerda que concluido el primer estado de alarma se aprobó el Real Decreto Ley 21/2020, de 9 de junio que pretendía establecer unas reglas mínimas de apoyo a las medidas sanitarias a adoptar a partir de entonces por las comunidades autónomas. Surgidos episodios de contagios alarmantes las comunidades autónomas procedieron a dictar disposiciones generales en las que adoptaban medidas que en algún caso implicaban privación o restricción de derechos fundamentales. Además, las autoridades autonómicas, invocando el Art. 8.6 de la LJCJA procedieron a solicitar a los juzgados de lo contencioso administrativo la autorización o ratificación de tales medidas lo que dio lugar a pronunciamientos dispares de estos juzgados, que, en unos caos ratificaron las medias de salud pública y autonómicas y en otros las denegaron.

La reforma introducida por la Ley 3/2020 estableció de modo expreso que la intervención de los juzgados de lo contencioso administrativo lo es solo para la autorización o ratificación de medidas singulares para la protección de la salud pública acordadas por las administraciones públicas competentes que supongan la privación o restricción a algún derecho fundamental, es decir, de medidas contenidas en actos administrativos dirigidos a destinatarios identificados individualmente. Pero esta reforma legal vino a dar expresa cobertura a la práctica de las comunidades autónomas tras la entrada en vigor del Real Decreto ley 21/2020. Con ello el legislador optó por la solución de que todas las medias sanitarias generales que puedan suponer injerencia en un derecho fundamental deben contar con la intervención de la voluntad de dos poderes, el ejecutivo y el judicial, para su entrada en vigor y aplicación, de suerte que la autorización o ratificación judicial es un instrumento para perfeccionar y otorgar eficacia a esas disposiciones generales en materia de salud pública, lo que suscita la duda de constitucionalidad planteada.

A continuación, la Sala del Tribunal Constitucional, diserta sobre el principio de división y separación de poderes, el cual es consustancial al Estado social y democrático de Derecho. Precisamente la separación de poderes y el sometimiento de los jueces al imperio de la ley constituye uno de sus pilares básicos.

El poder judicial consiste en la potestad de ejercer la jurisdicción y su independencia se predica de todos y cada uno de los jueces en cuanto ejercen tal función. El mandato de exclusividad del Art. 117.3 CE impide que ningún otro poder del Estado ejerza la potestad jurisdiccional. Y también impide que los jueces y tribunales integrantes del poder judicial ejerzan potestades públicas ajenas a la potestad de juzgar y hacer ejecutar lo juzgado.

No obstante, la CE ha matizado el alcance absoluto del principio de exclusividad jurisdiccional en el Art. 117.4 CE que dispone que los juzgados y tribunales no ejercerán más funciones que las señaladas en el apartado anterior y las que expresamente les sean atribuidas por ley en garantía de cualquier derecho. Resulta obligado interpretar estrictamente este artículo excluyendo en consecuencia, aquellas interpretaciones extensivas que pudieran conducir a una desnaturalización del principio de separación de poderes, lo que sin duda acaecería si se entendiese que el legislador puede atribuir a los jueces y tribunales en garantía de cualquier derecho, cualquier tipo de función no jurisdiccional, desbordando los cometidos propios del Poder Judicial. Un entendimiento así debe ser descartado a fin de evitar el desequilibrio institucional que conllevaría la intromisión del Poder Judicial en las tareas que la CE reserva a otro poder del Estado, con la consiguiente quiebra del principio constitucional de separación de poderes.

Por ello, el Art. 10.8 LJCA quebranta el principio constitucional de separación de poderes, al atribuir esa norma a los órganos judiciales del orden contencioso administrativo funciones ajenas a su cometido constitucional con menoscabo de la potestad reglamentaria que la Constitución atribuye al Poder ejecutivo, sin condicionarla al complemento de autorización de los jueces o tribunales para entrar en vigor y desplegar eficacia, bastando para ello la publicación en el correspondiente diario oficial.

La potestad reglamentaria se atribuye por la CE al Poder ejecutivo de forma exclusiva y excluyente, por lo que no cabe que el legislador la convierta en una potestad compartida con el Poder judicial, lo que sucede si se sujeta la aplicación de las normas reglamentarias al requisito previo de la autorización judicial. El principio constitucional de separación de poderes no consiente que el legislador convierta una potestad atribuida por la CE al Poder ejecutivo en una potestad compartida con los tribunales de justicia integrantes del poder judicial. Al Poder judicial le corresponde una función revisora.

Concluye el Tribunal Constitucional que la atribución efectuada por la Ley 3/2020 a los tribunales de justicia del orden contencioso administrativo para que autoricen medidas sanitarias de alcance general que limitan o restringen derechos fundamentales excede los márgenes previstos en el Art. 117.4. La atribución de otras funciones ha de respetar los límites ínsitos en el principio de separación de poderes y no debe permitir en ningún caso que por motivo del ejercicio de esa garantía de derechos la exclusividad y la independencia de la función jurisdiccional queden menoscabas. La garantía de cualquier derecho a la que se refiere el artículo 117.4 es un remedio estricto, individualizado y concreto, muy distinta de la intervención judicial *ex ante* prevista en el precepto cuestionado, que tiene carácter de control de legalidad preventivo y abstracto de una disposición general.

Al establecer el precepto cuestionado un control jurisdiccional *ex ante* y abstracto, esa previsión legal no puede encontrar acomodo en el Art. 117.4 que limita su alcance a la atribución a los jueces y tribunales de funciones no jurisdiccionales y no puede suponer en ningún caso la atribución al Poder Judicial de competencias que dejen en entredicho su independencia y menoscaben las atribuidas a otros poderes, despojando al Poder ejecutivo de su potestad reglamentaria y convirtiendo a los tribunales de justicia en coparticipes de esa potestad. El control judicial ha de producirse *ex post.* El control preventivo *ex ante* que establece la norma cuestionada quebranta ese mandato constitucional.

RECURSOS

Enlace a todas las disposiciones normativas dictadas por el President de la Generalitat, el Consell y la consellera de Sanidad Universal y Salud Pública, en relación con la COVID-19: https://coronavirus.san.gva.es/es/resoluciones-y-disposiciones-covid-19

Ley 29/1998, de 13 de julio, reguladora de la jurisdicción contencioso-administrativa.

Sentencia 60/2022 de 25 de enero, de la Sala de lo Contencioso Administrativo del Tribunal Supremo.

STC 70/2022, de 2 de junio.

La gestión de la crisis del Covid-19 por parte de la Comunidad de Madrid: aspectos jurídico-constitucionales

CECILIA ROSADO-VILLAVERDE
Profesora Contratada Doctora de Derecho Constitucional
Universidad Rey Juan Carlos
Correo de contacto: cecilia.rosado@urjc.es

I. INTRODUCCIÓN

Han pasado más de cuatro años desde que la pandemia del covid-19 llegó a nuestras vidas y se extendió por todo el globo terráqueo. Sus consecuencias han sido muy significativas y lo sucedido a partir de 2020 ha supuesto todo un reto para los Estados de Derecho y la organización territorial del poder. En España, la pandemia provocó numerosos conflictos de distinta naturaleza que se sucedieron a lo largo de varios meses. Dichos litigios alcanzaron a diversos elementos constitucionales tales como los derechos fundamentales, el sistema de fuentes del Derecho, el principio de separación de poderes o la descentralización política estatal. En este periodo de tiempo, la doctrina constitucional ha analizado todos los elementos que han incidido en nuestro sistema constitucional durante la evolución de la pandemia[1]. En estas páginas se va a intentar dilucidar cómo la pandemia del covid-19 afec-

---

1 Aguado Renedo, C., "Gobierno y Parlamento en la emergencia sanitaria", en *Derecho y política ante la pandemia: reacciones y transformaciones*, Tomo I, Madrid UAM y BOE, Madrid, 2021, pp. 47-60; Azpitarte Sánchez, M., "Coronavirus y derecho constitucional. Crónica política y legislativa del año 2020", *Revista Española de Derecho Constitucional*, 121, 2021, pp. 105-138; Carmona Contreras, A., "De la recentralización de competencias a su progresiva devolución a las Comunidades Autónomas durante el estado de alarma: las fases de desescalada", en *Estado autonómico y Covid-19: un ensayo de valoración general*, Fundación Manuel Giménez Abad de Estudios Parlamentarios y del Estado Autonómico, Zaragoza, 2021, pp. 41-60.

tó a los derechos fundamentales, y cuáles fueron las consecuencias de la crisis sanitaria en la organización territorial del poder.

Para acometer esta labor es imprescindible detenerse en el relato constitucional, normativo y judicial que se desarrolló a lo largo de esta época. Pese a ello, es importante manifestar que uno de los problemas que han acaecido en el estudio de este tema ha sido la proliferación de normas jurídicas reguladoras de esta situación, tanto a nivel nacional como autonómico. Decenas de miles de normas jurídicas, legislativas y reglamentarias han inundado nuestro ordenamiento jurídico, complicando sobremanera el análisis de las diferentes acciones llevadas a cabo por el poder público español[2]. En este sentido, no resulta muy adecuado efectuar una narración exhaustiva de todas las normas y medidas promulgadas ya que resulta un trabajo ingente que supera con creces este capítulo. Es por esta razón que lo que aquí se va a exponer es un recorrido por las decisiones más importantes tomadas por los diferentes órganos políticos y judiciales que modificaron algunos de los elementos configuradores del Estado autonómico y que incidieron en los derechos y libertades.

El examen del caso de la Comunidad de Madrid es esencial ya que las decisiones asumidas con respecto a la pandemia difieren en gran medida de las adoptadas por el Gobierno central y por los ejecutivos de otras Comunidades Autónomas. Por lo tanto, saber cómo reaccionó Madrid ante la limitación de derechos fundamentales, ante la modificación del reparto competencial o ante los instrumentos de colaboración y coordinación con el Gobierno central nos ayudará a comprender mejor cuáles fueron algunos de los aciertos y carencias que se produjeron en nuestro Estado de Derecho durante estos años. El eterno conflicto Estado/Comunidad de Madrid es uno de los rasgos más conocidos, pero tras ese litigio se esconde un importante número de elementos que nos ayudan a entender cómo esta crisis cambió algunos de los aspectos más relevantes de nuestro ordenamiento jurídico y del poder judicial, a través de las nuevas competencias otorgadas a la Jurisdicción Contencioso-Administrativo. Por eso, hay que bucear más

---

2 Biglino Campos, P., "El impacto de la Covid en la distribución de competencias", en *Estado autonómico y Covid-19: un ensayo de valoración general,* Fundación Manuel Giménez Abad de Estudios Parlamentarios y del Estado Autonómico, Zaragoza, 2021, pp. 15-39.

allá de la controversia política para esclarecer qué pilares de nuestro sistema constitucional han podido variar durante esta etapa.

Para poder entender qué ocurrió en la Comunidad de Madrid, el apartado segundo de este trabajo se centra en cómo la pandemia del covid-19 interfirió en la organización territorial del poder del Estado y en los derechos y libertades, es decir, se realiza una evaluación de todo lo acaecido durante los estados de alarma y las fases intermedias de "nueva normalidad", ya que la limitación de derechos fundamentales se encuentra en el centro neurálgico de este episodio excepcional y, por tanto, irradió a todos los demás aspectos que se desarrollaron en esta pandemia. El apartado tercero se dedicará a profundizar sobre las medidas normativas que adoptó la Comunidad de Madrid, aquellas promulgadas por el Estado central que afectaron a esta Comunidad y examinará también las decisiones judiciales sobre todas estas decisiones. Sólo así se podrá entender cuáles fueron las consecuencias de estas actuaciones en nuestra democracia constitucional.

En suma, la pandemia del covid-19 repercutió gravemente en los derechos y libertades y en la organización territorial del poder. El contexto que se desarrolló durante este tiempo causó tal alteración que es necesario estudiar con detenimiento qué es lo que sucedió en las Comunidades Autónomas y en la relación de éstas con el Gobierno central para entender realmente cuáles fueron las consecuencias de esta pandemia en el Estado social y democrático de Derecho español. Una de las Comunidades Autónomas que más enfrentamientos jurídicos, constitucionales, legales y judiciales tuvo con el Estado central fue la Comunidad de Madrid. Es por esta razón que este capítulo de libro se detiene específicamente en este territorio subestatal, para intentar dilucidar cuáles fueron los elementos más característicos de la gestión de la crisis del covid-19 en Madrid y cómo estos y las consecuencias de su implantación tuvieron una fuerte repercusión en otras partes del territorio nacional.

II. LA PANDEMIA DEL COVID-19 Y SU INCIDENCIA EN LOS DERECHOS Y LIBERTADES

La crisis sanitaria provocó numerosos efectos en diferentes aspectos constitucionales y la gran mayoría de ellos acabaron confluyendo en los derechos y libertades. La sombra de la afectación que esta crisis ocasionó en los derechos ha resultado muy alargada. Dependiendo de la etapa jurídica en la que estuviéramos esta alteración fue distinta, esto es, las medidas tomadas para hacer frente a la pandemia fueron cambiando a lo largo de los meses y así varió también la repercusión de dichas medidas en los derechos de las personas. Uno de los elementos más determinantes en este contexto fue la relación entre el Gobierno central y las Comunidades Autónomas ya que su colaboración resultaba primordial para el buen funcionamiento del Estado de Derecho. Sin embargo, desde el primer momento —con el primer estado de alarma—, el Gobierno central generó un desorden de normas jurídicas que en ocasiones dificultaron la actuación administrativa y que pusieron en jaque la distribución de competencias entre el Estado y las Comunidades Autónomas, creando una auténtica disparidad de normas. Todo ello causó una importante inseguridad jurídica en la ciudadanía que veía cómo las reglas a cumplir cambiaban a una velocidad vertiginosa que complicaba su cumplimiento. Por su parte, la Comunidad de Madrid no fomentó una disposición de cooperación con el Gobierno central, colocándose en un constante enfrentamiento que no ayudó a mejorar la inseguridad jurídica ocasionada por la coyuntura sanitaria. Esta posición de confrontación se agudizó tras el primer estado de alarma[3].

Las medidas adoptadas por el Gobierno central tuvieron consecuencias muy gravosas en las Comunidades Autónomas, sobre todo desde el inicio de la cogobernanza que agudizó las tensiones entre el Ejecutivo central y los ejecutivos autonómicos. Los conflictos vividos en el seno de las reuniones del Consejo Interterritorial del Sistema nacional de Salud (CISNS) se trasladaron después a los Tribunales Superiores de Justicia que ejercieron un destacado papel en la regulación de los procedimientos que intentaban atajar el aumento de casos por covid-19 a lo largo de todo el territorio. Una de las Comunidades Autónomas que tuvo más enfrentamientos con el Gobierno central desde prácticamente el inicio de la pandemia fue la Comunidad de Madrid. Sus desencuentros constantes con las decisiones del ejecutivo nacional, que acabaron en el Tribunal Superior de Justicia de Madrid,

---

3 Cabanas Vega, M., *La gestión de las crisis sanitarias en España a la vista de la jurisprudencia constitucional,* REUS, Madrid, 2022, p. 95; Amoedo-Souto, C. A., "El régimen sancionador en situaciones excepcionales", *Revista General de Derecho Administrativo,* 61, 2022, pp. 71-72.

supusieron que la situación en esta Comunidad Autónoma fuera distinta con respecto a otras, si bien todas las Comunidades Autónomas tuvieron elementos diferenciadores. No obstante, la Comunidad de Madrid planteó diferentes retos a la Administración central que son dignos de estudiar separadamente. Para poder realizar este trabajo es necesario, en primer lugar, conocer los elementos básicos que se desarrollaron en las distintas fases de la crisis sanitaria y cómo incidieron en los derechos y libertades, para después pasar al ámbito madrileño[4].

1. El primer estado de alarma y el confinamiento como medida constitucional de lucha contra la pandemia

La llegada de la pandemia del covid-19 y los efectos producidos por el confinamiento y la desescalada posterior actuaron como detonante para ubicar a los derechos y libertades en una dimensión distinta a la conocida hasta ahora en la democracia implantada con la Constitución de 1978 (CE). La primera fase de la crisis sanitaria provocada por el covid-19 trajo consigo un primer estado de alarma que se declaró el 14 de marzo de 2020. Este se fundamentó en la Ley Orgánica 4/1981, de los estados de alarma, excepción y sitio, que establecía que la autoridad competente en este estado excepcional sería "el Gobierno o, por delegación de éste, el Presidente de la Comunidad Autónoma cuando la declaración afecte exclusivamente a todo o parte del territorio de una Comunidad" (artículo séptimo)[5]. El Real Decreto 463/2020, de 14 de marzo, en su artículo cuarto determinó que la autoridad competente en este caso era el Gobierno, centralizando así el poder del Estado en el ejecutivo[6]. En el artículo quinto se fijaba la colaboración

---

4 *Cfr.*, Azpitarte Sánchez, M., "Coronavirus y derecho constitucional. Crónica política y legislativa del año 2020", *op. cit.*, pp. 105-138; Aragón Reyes, M., "Covid-19 y Estado autonómico", en *Estado autonómico y Covid-19: un ensayo de valoración general,* Fundación Manuel Giménez Abad de Estudios Parlamentarios y del Estado Autonómico, Zaragoza, 2021, pp. 77-90.

5 Igualmente, este estado de alarma se basó en la Ley Orgánica 3/1986, de 14 de abril, de salud pública.

6 Como autoridades competentes delegadas en sus áreas de responsabilidad se nombraba a los Ministerios Defensa, Interior, Transportes, Movilidad y Agenda Urbana y Sanidad.

con las autoridades competentes delegadas, y hablaba específicamente de las policías autonómicas. Aunque se produjo una colaboración de facto entre las entidades subnacionales y el Gobierno central, no fue hasta la sexta prórroga de este estado de alarma, cuando ya empezaba la desescalada, que el Real Decreto 555/2020, de 5 de junio, de prórroga del estado de alarma, determinó en su artículo sexto que las Comunidades Autónomas se conformaran como autoridades delegadas. Así, se estableció que la autoridad competente desarrollaría sus funciones bajo el principio de cooperación con las Comunidades Autónomas y con la presidencia de cada Comunidad Autónoma. Por tanto, el órgano protagonista en esta primera fase de la gestión de la crisis fue el Gobierno central mientras que las Comunidades Autónomas, y también las entidades locales, tuvieron un papel secundario ya que sólo podían aplicar aquellas competencias relacionadas con la gestión ordinaria de los servicios autonómicos y bajo las órdenes tomadas por el ejecutivo nacional en la situación de excepcionalidad[7].

En un Estado políticamente descentralizado cohabitan dos principios esenciales que perfilan el funcionamiento y la gestión del poder, estos son el principio de autonomía y el principio de cooperación. En España, el principio de autonomía ha obtenido una posición de relevancia con respecto al principio de cooperación[8]. Esto puede ser lógico en un Estado intervencionista como el nuestro donde las competencias de naturaleza social, las más cercanas a la ciudadanía, corresponden a las Comunidades Autónomas, las cuales se han erigido como las promotoras del Estado social, buscando el monopolio en esta función frente al Estado central. El principio de cooperación y la coordinación quedaron relegados durante muchos años debido al devenir autonómico, ya que ambos recordaban que nuestro Estado autonómico se asienta bajo el principio de unidad. Ahora bien, la llegada de la crisis sanitaria hizo virar la dicotomía autonomía-cooperación porque se necesitaba una centralización del poder y una actuación coordinada entre los dos niveles de poder más importan-

---

7 Carmona Contreras, A., "De la recentralización de competencias a su progresiva devolución a las Comunidades Autónomas durante el estado de alarma: las fases de desescalada", *op. cit.*, pp. 41-60.

8 Así lo atestiguan las Sentencias del Tribunal Constitucional: SSTC 37/1987, 14/1998, 173/1998, 37/2002 o 31/2010.

tes de nuestro Estado. Como bien mantiene Solozábal Echavarría "la coordinación es una variedad de la colaboración que implica la dirección y preeminencia del Estado"[9]. Esta centralización afectó claramente a la distribución de competencias pero también a la propia separación de poderes. Es por esta razón por la que fue necesario aplicar el principio de proporcionalidad, no sólo a las medidas centrales sino también a las medidas tomadas en base a la cooperación entre el Estado y las Comunidades Autónomas[10].

Por lo que respecta a la incidencia en los derechos y libertades, el Real Decreto 463/2020 limitó la libertad de circulación de las personas, restringiéndolo en todo el territorio. El artículo séptimo de la norma recogía esta limitación y fue declarado inconstitucional en la STC 148/2021, de 14 de julio, en base a que no se restringía la libertad de circulación sino que se suspendía y eso no era posible ya que el estado de alarma sólo permite la limitación de derechos. Así pues, este primer estado de alarma trajo consigo dos consecuencias directas que perturbaron el Estado autonómico. Por un lado, la recentralización del poder que afectaba al sistema de reparto competencial y, en segundo lugar, la restricción del derecho fundamental de libertad de circulación del artículo 19 CE. Igualmente, otros derechos se vieron limitados en el Real Decreto como la libertad religiosa del art. 16 CE, el derecho a la salud del art. 43 CE, el derecho a la educación del art. 27 CE, el derecho de reunión del art. 21

---

9 Solozábal Echavarría, J. J., "La crisis del coronavirus tras el primer estado de alarma", en *Estado autonómico y Covid-19: un ensayo de valoración general,* Fundación Manuel Giménez Abad de Estudios Parlamentarios y del Estado Autonómico, Zaragoza, 2021, p. 73.

10 *Cfr.,* García-Escudero Márquez, P., "Crisis sanitaria y modelo autonómico", en *Estado autonómico y Covid-19: un ensayo de valoración general,* Fundación Manuel Giménez Abad de Estudios Parlamentarios y del Estado Autonómico, Zaragoza, 2021, pp. 109-120; Guerrero Vázquez, P., "El impacto territorial de la crisis sanitaria", en *Estado autonómico y Covid-19: un ensayo de valoración general,* Fundación Manuel Giménez Abad de Estudios Parlamentarios y del Estado Autonómico, Zaragoza, 2021, pp. 121-144; Fernández De Casadevante, P., "La crisis de los controladores aéreos y la covid-19 como emergencias constitucionales insuficientemente regladas. Propuestas de *lege ferenda* para el estado de alarma", en *Excepcionalidad y Derecho: el estado de alarma en España,* Fundación Manuel Giménez Abad de Estudios Parlamentarios y del Estado Autonómico, Zaragoza, 2021, pp. 1-33; Velasco Caballero, F., "Estado de alarma y distribución territorial del poder", *El cronista del Estado social y Democrático de Derecho,* núm. 86-87, 2020, p. 80.

CE o la libertad de empresa del art. 38 CE, entre otros[11]. Es interesante destacar que algunos de estos derechos también están reconocidos en los Estatutos de Autonomía y en las leyes autonómicas, lo que implicó que esta limitación, que fue suspensión, afectara también al contenido de las disposiciones autonómicas ya que no pudieron desarrollarse normalmente tanto por la suspensión de los derechos como por la recentralización que el Gobierno nacional realizó del poder.

Este estado alarma tuvo seis prórrogas y a partir de la tercera comenzó el proceso conocido como la desescalada. Es en el Real Decreto 492/2020, de 24 de abril por el que se prorroga el estado de alarma, donde se recogieron algunas de las medidas requeridas para implantar dicho proceso. Pero fue en el "Plan para desescalada de las medidas extraordinarias adaptadas para hacer frente a la pandemia de covid-19", aprobado en el Consejo de Ministros el 28 de abril de 2020, donde se recopilaron de manera más exhaustivas las acciones que ayudarían a recuperar la normalidad. Este documento manifiesta abiertamente la necesidad de la colaboración y la cooperación entre el Gobierno central y las Comunidades Autónomas. Sólo así se podría hacer efectivo el plan de desescalada ya que parecía claro desde este momento que el relajamiento de las medidas iba a ser gradual pero no iba a ser simétrico, por lo que esto exigía mantener una participación, una colaboración y una estrecha cooperación con los gobiernos autonómicos. Es ahora cuando comienza a hablarse de cogobernanza por parte del Gobierno central, concepto que irá tomando forma y a la vez irá cambiando a lo largo de las diferentes fases vividas en torno a la lucha contra los contagios. Esta cooperación situaba al Gobierno central y, en concreto, al Ministerio de Sanidad como la autoridad competente que tomaba las decisiones, mientras que las Comunidades Autónomas sólo podían hacer propuestas sobre acciones que no estuvieran incluidas en los planes del Ministerio[12].

---

[11] Matia Portilla, F. J., "Ensayo de aproximación a las cuestiones planteadas por la crisis sanitaria en relación con el Estado autonómico", en *Estado autonómico y Covid-19: un ensayo de valoración general*, Fundación Manuel Giménez Abad de Estudios Parlamentarios y del Estado Autonómico, Zaragoza, 2021, pp. 157-176.

[12] Carmona Contreras, A., "De la recentralización de competencias a su progresiva devolución a las Comunidades Autónomas durante el estado de alarma: las fases de desescalada", *op. cit.*, pp. 46-48.

Tras el fin de este primer estado de alarma, y la desescalada, el 21 de junio de 2020 se dio paso a la etapa conocida como la "nueva normalidad", aunque esta sensación rápidamente quebró. Durante este periodo las Comunidades Autónomas recuperaron sus competencias en materia sanitaria (art. 149.1.16ª CE), aunque conforme a lo dispuesto en el Real Decreto-ley 21/2020, de 9 de junio, de medidas urgentes de prevención, contención y coordinación para hacer frente a la crisis sanitaria ocasionada por el covid-19. Dicho Decreto-ley reservaba al Estado algunas facultades de vigilancia e inspección durante el tiempo que durara la pandemia. Asimismo, se intensificó la cogobernanza, utilizando el Consejo Interterritorial del Sistema nacional de Salud (CISNS) para reunir al Gobierno central y a las Comunidades Autónomas. Este Consejo aprobó el 16 de julio el "Plan de respuesta temprana, en un escenario de control de la pandemia de covid-19", que fue ampliado después en el documento "Actuaciones de respuesta coordinada para el control de la transmisión de la covid-19", en octubre. Al principio del mes de agosto el aumento de casos comenzó a ser vertiginoso y la situación sanitaria y jurídica se volvió muy farragosa. Se activó por primera vez la figura de la Declaración de Actuaciones Coordinadas en salud pública (DAC), prevista en la Ley 16/2003, de 28 de mayo, de cohesión y calidad del Sistema Nacional de salud que tiene como fin buscar respuestas eficaces ante situaciones de riesgo extremo en materia sanitaria. Esta figura tenía competencias en materia de coordinación y, sobre todo, obligaba a todas las Comunidades Autónomas a acatar lo acordado en el CISNS, fuera cual fuera su voto en el seno del Consejo[13].

Las derivaciones jurídicas de lo sucedido en la etapa de "nueva normalidad" fueron dos. La primera de ellas supuso una gran confusión jurídica ocasionada por la proliferación de medidas recogidas en diversas normas que modificaban de una semana a otra las reglas a cumplir y que hacían difícil mantener el ritmo de restricciones que existían en cada parte del territorio. Además, el contenido de estas normas jurídicas incidía en los derechos y libertades,

---

13 González Gómez, A., "La coordinación del Sistema Nacional de Salud en España: regulación y resultados en tiempos de pandemia", en *Retos de la gobernanza multinivel y la coordinación en el Estado autonómico: de la pandemia al futuro,* Instituto Nacional de Administración Pública, Madrid, 2021, pp. 75-94.

impactando en el derecho a la libre circulación, el derecho a la salud o el derecho de reunión, entre otros. La segunda derivación fue que el virus no tuvo la misma incidencia en todos los territorios, provocando que las respuestas políticas y jurídicas fueran distintas en las Comunidades Autónomas, provocando una fuerte asimetría en el Estado. Es en este momento cuando se empieza a observar la deriva que tomará el Gobierno central, es decir, se emprende ahora la actitud embrionaria de delegar en las Comunidades Autónomas las decisiones relativas a la lucha contra la pandemia. El concepto de cogobernanza seguía conteniendo la cooperación pero también comenzó a introducirse la delegación autonómica. La cooperación se hizo patente a través de las reuniones del CISNS pero cada vez más las medidas que se tomaron tenían un carácter más abierto, teniendo que ser las Comunidades Autónomas las que determinaran el contenido final de las mismas. Estas medidas recaían, de nuevo, en la limitación de derechos fundamentales cuyo contenido esencial es competencia exclusiva del Estado central (art. 149.1.1ª CE). Esta delegación, que fue aumentando con el paso de las semanas, planteó serios problemas con respecto a la auténtica capacidad de las Comunidades Autónomas para tomar decisiones de gran calado jurídico y, en concreto, con respecto a la restricción de derechos fundamentales[14].

En este sentido, algunas Comunidades Autónomas aprobaron normas de habilitación para adoptar las medidas de lucha contra el covid-19. Pero estas normas eran decretos o acuerdos emanados de un consejero o de la presidencia autonómica que no tenían el nivel jerárquico legal para influir en los derechos y menos aún en los derechos fundamentales. Otras utilizaron los Reales Decretos-leyes para esta restricción, intentando regular esta cuestión en una norma con rango, fuerza y valor de ley. No obstante, la Constitución española señala expresamente la reserva de ley en materia de derechos. Para la limitación de derechos fundamentales las Comunidades Autónomas se basaron en la Ley Orgánica 3/1986, de 14 de abril, de me-

---

14 García-Escudero Márquez, P., "Crisis sanitaria y modelo autonómico", *op. cit.*, pp. 109-120; Aragón Reyes, M., "Covid-19 y Estado autonómico", *op. cit.*, pp. 77-90.

didas especiales en materia de Salud Pública y conforme a la nueva regulación del art. 8.6 de la Ley 29/1998, de 13 de julio, reguladora de la Jurisdicción Contencioso-administrativa, modificada por la Ley 3/2020, de 18 de septiembre, se entendió que estas medidas debían ser autorizadas judicialmente. Así, se agudizó la situación de desconcierto ya que los diferentes tribunales dieron respuestas distintas y, en el caso de Cataluña y Aragón las medidas de restricción de derechos fundamentales no fueron autorizadas judicialmente, como los confinamientos perimetrales, y por esta razón las regularon por Real Decreto-ley, sorteando así el control judicial[15].

A pesar de buscar una base jurídica para que las Comunidades Autónomas limitaran derechos fundamentales, no parece que estas se ajustaran a las disposiciones constitucionales porque esta restricción forma parte del contenido básico de cualquier derecho y, del mismo modo, tampoco es constitucional que sean normas distintas a las leyes las encargadas de regular los aspectos más intrínsecos de los derechos. Mucho menos en un momento donde no había declarado ningún estado excepcional que pudiera cambiar el escenario jurídico, sin perder de vista el principio de proporcionalidad. Es más, la limitación de derechos por parte de las Comunidades Autónomas no estaba prevista en el ordenamiento español, más bien al contrario, las normas jurídicas, la jurisprudencia y la doctrina constitucional siempre han establecido mecanismos estrictos de garantías para limitar derechos, acudiendo a la interpretación expansiva de estos frente a la interpretación restrictiva de los límites[16].

---

15 Sáenz Royo, E., "Cooperación y coordinación en el Estado autonómico: la experiencia pandémica, déficits y posibles reformas", en *Retos de la gobernanza multinivel y la coordinación en el Estado autonómico: de la pandemia al futuro*, Instituto Nacional de Administración Pública, Madrid, 2021, pp. 53-74.

16 *Cfr.,* Matia Portilla, F. J., "Ensayo de aproximación a las cuestiones planteadas por la crisis sanitaria en relación con el Estado autonómico", *op. cit.*, pp. 157-176; Tudela Aranda, J., "El Estado autonómico y la Covid-19", en *Estado autonómico y Covid-19: un ensayo de valoración general,* Fundación Manuel Giménez Abad de Estudios Parlamentarios y del Estado Autonómico, Zaragoza, 2021, pp. 201-217; Biglino Campos, P., "El impacto de la Covid en la distribución de competencias", op. cit., pp. 15-39.

2. *La cogobernanza entre el Gobierno de la Nación y las Comunidades Autónomas como factor nuclear*

La proclamación del primer estado de alarma nacional provocó una rápida movilización de los gobiernos y las Administraciones autonómicas que durante este momento actuaron siguiendo las instrucciones marcadas por el Gobierno central. Dicha situación cambió cuando decayó el primer estado de alarma, durante la "nueva normalidad", donde se estableció una innegable inseguridad jurídica y donde la cogobernanza empezó a dar muestras de virar desde la centralización de las actuaciones en el Gobierno central a la delegación de éste hacia las Comunidades Autónomas, incluso en materia de restricción de derechos fundamentales. Esta circunstancia se agudizó con el segundo estado de alarma nacional, tercer estado de alarma por el covid-19, que se declaró a finales de octubre a través del Real Decreto 926/2020, de 25 de octubre. Este estado de alarma tenía una temporalidad inicial de quince días pero se prorrogó seis meses más con la autorización del Congreso de los Diputados (Real Decreto 956/2020, de 3 de noviembre). El artículo primero determinó que la autoridad competente sería el Gobierno central y nombró a los presidentes de las Comunidades Autónomas como las autoridades competentes delegadas y, en este sentido, podían dictar las órdenes, resoluciones y disposiciones para aplicar lo previsto en el Real Decreto en cuanto a la limitación de derechos. Este fue el criterio de cogobernanza que quedó materializado en este segundo estado de alarma nacional. Por tanto, esta norma jurídica no apostaba por la coordinación o la cooperación entre el Gobierno y las Comunidades Autónomas, sino que lo que hacía el Gobierno de la nación era abstenerse de ejercer sus competencias y exigir que fueran las entidades políticas subestatales las encargadas de la gestión de esta situación excepcional, lo que contravenía la Ley Orgánica 4/1981. Esta primera dificultad iba unida a la segunda, esto es, el Real Decreto de estado de alarma otorgaba a las Comunidades Autónomas un margen muy amplio para restringir derechos fundamentales[17].

---

[17] Tajadura Tejada, J., "El Estado de Derecho frente al COVID: reserva de ley y derechos fundamentales", *Revista Vasca de Administración Pública*, 120, 2021, pp. 137-175; Matia Portilla, F. J., "Ensayo de aproximación a las cuestiones plan-

Se vuelve a formular la cuestión de si las Comunidades Autónomas pueden limitar o, incluso, suspender derechos. La diferencia con respecto a la fase anterior es que el Real Decreto 926/2020 facultaba expresamente a los ejecutivos subestatales para encargarse de propiciar severas restricciones a los derechos en su territorio. Según la Ley Orgánica 4/1981, de 1 de junio, la autoridad competente en un estado de alarma es el poder ejecutivo estatal, pudiendo delegar en los presidentes autonómicos, sin embargo esta delegación no implica inhibirse por completo de la situación y hacer responsables de toda la gestión a las Comunidades Autónomas. En ningún caso, ni siquiera bajo el amparo de la Ley Orgánica 3/1986 ni al amparo de la Ley 16/2003, las entidades políticas subestatales puedan restringir derechos, en su gran mayoría de naturaleza fundamental, ya que, en primer lugar, estas Leyes no prevén expresamente la limitación de derechos y, en segundo lugar, este es un ámbito de la autoridad competente que según la Ley Orgánica 4/1981 debe ser el Gobierno central. Es más, esta delegación es a todas luces excesiva y choca con los principios que rigen la interpretación de los derechos y libertades, tales como la interpretación restrictiva de los límites de los derechos y la interpretación expansiva de los mismos, o el principio de proporcionalidad[18].

La delegación que se produjo causó efectos jurídicos preocupantes en el país ya que ésta dejaba a las Comunidades Autónomas una extensa capacidad de decisión. Tal es así que fueron los gobiernos autonómicos y, en algunas ocasiones, los parlamentos autonómicos los que restringieron el derecho a la libertad de circulación pero también el derecho de reunión. La libertad de actuación autonómica sólo estaba atenuada por la regla general del estado de alarma

---

teadas por la crisis sanitaria en relación con el Estado autonómico", *op. cit.*, pp. 157-176; Sáenz Royo, E., "Estado autonómico y Covid-19", *Teoría y Realidad Constitucional,* 48, 2021, pp. 375-398; De La Quadra-Salcedo Janini, T., "Estado Autonómico y lucha contra la pandemia", en *Los Efectos Horizontales de la COVID sobre el sistema constitucional,* Fundación Manuel Giménez Abad, Colección Obras colectivas, Zaragoza, 2020, pp. 1-28.

18 *Cfr.,* Tudela Aranda, J., "El Estado autonómico y la Covid-19", *op. cit.,* pp. 201-217; Revenga Sánchez, M., López Ulla, J. M., "El dilema limitación/suspensión de derechos y otras "distorsiones" al hilo de la pandemia", *Teoría y Realidad Constitucional,* 48, 2021, pp. 215-237.

nacional que establecía la horquilla horaria para imponer el toque de queda: de 22h a 00h en su inicio, y su fin de 5h a 7h de la mañana. Otra limitación a la delegación autonómica se encontraba en las decisiones tomadas por el CISNS, si bien fueron escasas. La delegación autonómica permitía tanta libertad de acción que Castilla y León decidió imponer su toque de queda a las 20h en enero de 2021, saltándose así la horquilla establecida por el Gobierno central. Esta medida castellana fue suspendida por el Auto del Tribunal Supremo de 16 de febrero de 2021 (ATS 1156/2021). Pero, cabría preguntarse si lo que dice el artículo primero del Real Decreto de estado de alarma respetaba lo establecido en la Ley Orgánica 4/1981 ya que la literalidad de esta norma decía que "la Autoridad competente será el Gobierno o, por delegación de éste, el Presidente de la Comunidad Autónoma cuando la declaración afecte exclusivamente a todo o parte del territorio de una Comunidad" (art. 7°). No parece que este fuera el caso. Como mantiene Eva Sáenz Royo, el resultado más grave de esta cogobernanza es que las decisiones y las acciones que influyen en los derechos fundamentales y en la organización y administración del Estado durante un estado excepcional la toman las autoridades autonómicas que no pueden ser controladas políticamente por el Congreso de los Diputados. Este estado de alarma ya tenía un serio déficit de control al presidente del Gobierno que según el art. 14 del real Decreto 956/2020 debía comparecer ante el Congreso cada dos meses para dar cuenta de los datos, las acciones y las gestiones en relación con el covid-19. Esto quiere decir que la mayoría de las medidas que se tomaron en esta fase no fueron fiscalizadas por el poder legislativo nacional, a lo sumo, por los parlamentos autonómicos cuya actividad no estaba al 100%[19].

---

19 *Cfr.,* Sáenz Royo, E., "Cooperación y coordinación en el Estado autonómico: la experiencia pandémica, déficits y posibles reformas, *op. cit.*, pp. 66-67; Garrido López, C, "La naturaleza bifronte del estado de alarma y el dilema limitación-suspensión de derechos", *Teoría y Realidad Constitucional,* 46, 2020, pp. 371-402; Solozábal Echavarría, J. J., "Algunas consideraciones constitucionales sobre el estado de alarma", *op. cit.*, pp. 19-42; Velasco Caballero, F., López De Castro, L., "Distribución territorial del poder durante la pandemia", en *Derecho y política ante la pandemia: reacciones y transformaciones,* Tomo I, Madrid UAM y BOE. Madrid, 2021, pp. 61-86.

La Sentencia del Tribunal Constitucional 183/2021, de 27 de octubre, declaró inconstitucional algunos elementos de este estado alarma. Al contrario que en la STC 148/2021, de 14 de julio, donde se declaró inconstitucional la limitación del derecho a la libre circulación, en este caso el Alto Tribunal no entendió que las medidas adoptadas en el Real Decreto de declaración del estado de alarma de octubre de 2020, en materia de restricción del derecho a la libertad de circulación fueran contrarias a la Constitución. Afirmó que las medidas relativas al toque de queda y a los confinamientos perimetrales eran acciones muy intensas en cuanto al contenido de estos derechos pero, aun así, se mantenían dentro de los parámetros de limitación y no de suspensión. Lo que sí declaró inconstitucional fue la delegación de funciones a los presidentes autonómicos así como la falta de control político por parte del Congreso de los Diputados. Con respecto a la primera inconstitucionalidad, el Tribunal mantiene que esta delegación fue excesiva ya que recayó en las autoridades delegadas toda la responsabilidad de la gestión de las medidas extraordinarias adoptadas en el estado de alarma y esta función debía corresponder al Gobierno de la nación como autoridad competente de esta situación excepcional, según la Ley Orgánica 4/1981[20]. Por lo que respecta a la segunda inconstitucionalidad, lo que hizo

---

[20] Dice la STC 183/2021 en su Fundamento jurídico 10º que "[...] El Gobierno acordó inicialmente la delegación (art. 2, apartados, 2 y 3, y disposiciones concordantes del Real Decreto 926/2020) sin reserva alguna de instrucciones, supervisión efectiva y eventual avocación a cargo del propio Gobierno, de lo que las "autoridades delegadas" pudieran actuar en sus respectivos ámbitos territoriales. Únicamente, el art. 13 de aquel Real Decreto 926/2020 remitía a un órgano como el Consejo Interterritorial del Sistema Nacional de Salud, que no era el Gobierno (aunque lo presidiera el ministro de Sanidad), el encargo de "garantizar la necesaria coordinación en la aplicación de las medidas", en punto, junto a otros indeterminados extremos, al "establecimiento de indicadores de referencia y criterios de valoración del riesgo". Esta remisión es inconciliable con la posición constitucional que hubiera correspondido al Gobierno, de ser admisible tal delegación, porque únicamente corresponde a este, en cuanto "autoridad competente" para la gestión de las medidas oponibles a la situación de anormalidad propiciada por el estado de alarma, responder de aquella gestión ante el Congreso de los Diputados. Por tanto, aun cuando pudiera ser aceptada aquella función coordinadora de la "delegación" así establecida, esta responsabilidad constitucional únicamente tendría que haber correspondido al Gobierno".

el Gobierno central al evitar el control del Congreso de los Diputados fue eludir al órgano de garantía política en las situaciones de emergencia, tal como prevé la Norma Fundamental y la legislación correspondiente. En esta misma línea, el Congreso no fue el que determinó los parámetros de restricción de derechos sino que los fijó el CISNS, que es un órgano administrativo auxiliar del Gobierno, y las Comunidades Autónomas, creando una anomalía constitucional sin precedentes[21].

Tras el fin de este segundo estado de alarma nacional, el 8 de mayo de 2021, comenzó una última y amplia etapa de vuelta a la normalidad constitucional. Dicha fase fue compleja y también se produjeron momentos de inseguridad jurídica. En cuanto al Estado autonómico y los derechos y libertades, los Tribunales Superiores de Justicia de las Comunidades Autónomas se convirtieron en competentes para validar restricciones de derechos a través de la Ley 3/2020, de 18 de septiembre, de medidas procesales y organizativas para hacer frente al covid-19 en el ámbito de la administración de justicia. Esta modificación de la Ley de la jurisdicción contencioso-administrativa fue declarada inconstitucional en la STC 70/2022, de 2 de junio, que anuló su artículo 10.8 (recurso previo ante los Tribunales Superiores de Justicia). Antes de la declaración de inconstitucionalidad de esta modificación legal, el Tribunal Superior de Justicia de la Comunidad de Valencia, en el Auto de 21 de mayo de 2021, validó el instrumento de toque queda fuera de un estado excepcional amparándose en que esta medida cumplía con los juicios de idoneidad, necesidad y proporcionalidad y con las disposiciones de la Ley Orgánica 3/1986, de 14 de abril, de Salud Pública. Pero las Comunidades Autónomas también recopilaron en este momento en una o varias leyes todas las medidas aprobadas en materia de covid-19 por normas reglamentarias. Es el caso de la Ley 2/2021, de 24 de junio, de medidas para la gestión de la pandemia de covid-19 en el País Vasco. Con esta actuación, el soporte normativo subestatal ya no se fundamentaba en normas reglamentarias o decretos-leyes, sino en las leyes autonómicas,

---

21 Sáenz Royo, E., "Cooperación y coordinación en el Estado autonómico: la experiencia pandémica, déficits y posibles reformas, *op. cit.*, pp. 64-65; Solozábal Echavarría, J. J., "La crisis del coronavirus tras el primer estado de alarma", *op. cit.*, p. 74.

intentando evadir la clara inconstitucionalidad que suponía restringir derechos en normas distintas a las leyes. Otro problema es que la aprobación de la ley autonómica vasca sea constitucional, ya que el contenido, por lo menos básico, de los derechos fundamentales está reservado a ley orgánica[22].

La crisis sanitaria generada por el coronavirus puso en evidencia el influyente papel ue ejercieron las Comunidades Autónomas en muchos ámbitos, entre ellos en materia de derechos y libertades. Las diferentes fases que se vivieron en España para combatir esta crisis sanitaria acarrearon numerosas decisiones jurídicas que repercutieron en el sistema constitucional y que hicieron tambalear los cimientos de la separación de poderes y del Estado autonómico. En consecuencia, la llegada de la pandemia afectó de manera acuciante a nuestro Estado social y democrático de Derecho que se vio inmerso en una inseguridad jurídica que contribuyó a un descontrol normativo muy importante. Por lo que respecta a la actuación autonómica, ésta fue transformándose y evolucionando a la par que el Gobierno central cambiaba las normas del juego constitucional y legal, propiciando un tira y afloja entre el Estado central y las Comunidades Autónomas que tuvo como resultado un empeoramiento en la vida de la ciudadanía. Por eso, resulta de gran importancia entender cómo las Comunidades Autónomas desempeñaron sus funciones durante este periodo. Por todo ello, el siguiente apartado se centrará en la intervención que llevó a cabo la Comunidad de Madrid (CAM), uno de los territorios autonómicos que más conflictos desarrolló con el Estado central durante la pandemia del covid-19.

---

22 *Cfr.,* Giner Alegría, C. A., Fernández Villazala, T., Gutiérrez Mayoral, F., "Inseguridad jurídica en el nuevo estado de alarma y la cogobernanza y comunicación entre el gobierno y las comunidades autónomas", *Revista de Ciencias Sociales y de la Comunicación,* nº 21, vol. 1, 2021, pp. 115-136; Presno Linera, M. A., "Estado de alarma por coronavirus y protección jurídica de los grupos vulnerables", *Revista Direito Público,* 17(94), 2020, pp. 15-34; Gordillo Pérez, L. I., "La gestion de la pandemia por parte de las instituciones autonómicas del País Vasco", en *Estado Autonómico y derechos fundamentales en la era post-coronavirus,* Tirant lo Blanch, Valencia, 2024, pp. 263-306.

III. LA COMUNIDAD DE MADRID Y SU ACTUACIÓN NORMATIVA DURANTE LA PANDEMIA

1. *El inicio del conflicto entre la CAM y el Gobierno Central*

La cronología de la pandemia por el Covid-19 es compleja porque convergieron las decisiones del Gobierno central y de las Cortes Generales, el desarrollo de éstas y las propias decisiones tomadas y aplicadas a nivel autonómico y local (amén de las medidas concretas de cada órgano, institución, asociación o empresa) y es también intrincada porque el número de normas jurídicas fue extraordinario, la producción normativa, sobre todo de carácter gubernamental y reglamentario, fue apabullante. El primer caso oficial de Covid-19 se produjo el 31 de enero de 2020 en La Palma. Desde este momento hasta marzo de ese mismo año los casos de Covid-19 fueron aumentando y se generó una rápida expansión del contagio, siendo declarada la situación de emergencia de salud pública y de importancia internacional por la OMS[23]. Algunas Comunidades Autónomas comenzaron a tomar medidas antes de la declaración del primer estado de alarma. La primera fue Canarias, seguida de Madrid que el 9 de marzo publicaba la Orden 338/2020, de 9 de marzo, de la Consejería de Sanidad, por la que se adoptaban medidas preventivas y recomendaciones de salud pública en la CAM como consecuencia de la situación y evolución del coronavirus (Covid-19). Esta norma se basó en lo dispuesto en la Ley Orgánica Ley Orgánica 3/1986, de 14 de abril, de Medidas Especiales en Materia de Salud Pública, en la Ley 14/1986, de 25 de abril, General de Sanidad y en la Ley 33/2011, de 4 de octubre, General de Salud Pública. En la Orden 338/2020 se recogían algunas medidas preventivas en materia de educación, en materia de transporte y en materia laboral. Igualmente, se establecían consejos y sugerencias en caso de manifestar síntomas de la enfermedad. En el ámbito docente se suspendió temporalmente la actividad educativa presencial en todos los centros y en todos los niveles y se fomentaba que se realizaran las clases en modalidad a distancia y "on line". Por

---

23 <https://www.dsn.gob.es/es/actualidad/sala-prensa/coronavirus-covid-19-14-marzo-2020> [Consulta: 25/11/2022].

lo que respecta al transporte regular de viajeros, se estableció la desinfección diaria de los vehículos.

El 10 de marzo se tomaron nuevas medidas a través de la Orden 344/2020 que atañían a la celebración de eventos deportivos que serían a puerta cerrada, la suspensión de actividades colectivas celebradas en espacios cerrados, el cierre de teatros y aplazamiento de festivales y cierre de las bibliotecas. Por otro lado, el día 12 de marzo se llevó a cabo un acuerdo entre la sanidad pública y privada bajo una coordinación única para combatir la enfermedad[24]. Por tanto, la elaboración de diferentes normas reglamentarias en los días previos al primer estado de alarma fue muy productiva en la Comunidad de Madrid. El 14 de marzo, el gobierno decretó el estado de alarma a través del Real Decreto 463/2020. Durante dicho estado de alarma, Madrid se sometió a la centralización normativa del Gobierno de la nación aplicando las medidas creadas por éste, dentro del ámbito de la centralización del poder y de la cooperación activa con las Comunidades Autónomas que fijó el ejecutivo central en esta primea etapa. El ejecutivo madrileño tomó algunas medidas y recomendaciones, no en exceso, para implementar las disposiciones de los Reales Decreto nacionales. Por ejemplo, el 17 de marzo aprobó una serie de sugerencias para el bienestar de los animales, en concreto de las mascotas[25]. Esta primera fase se caracterizó por la asunción de una gran parte de las competencias autonómicas por parte del Gobierno central, las cuales empezaron a devolverse poco a poco a partir del mes de abril, cuando se vislumbraba el camino hacia la desescalada[26].

---

24 No fueron las únicas medidas que se adoptaron. Sirva como ejemplo la Orden 348/2020, de 11 de marzo, de la Consejería de Sanidad, suspendía la actividad física y deportiva en las instalaciones de la CAM, entre otras cosas, o la Orden 367/2020, de 13 de marzo, sobre medidas preventivas en materia de actividades recreativas y establecimientos, locales e instalaciones. Sin hablar de las medidas tomadas por el Ayuntamiento de madrid y otros municipios del territorio.

25 <https://bit.ly/41waEBU> [Consulta: 18/10/2022].

26 Presno Linera, M. A., "El estado de alarma en crisis", *Revista de las Cortes Generales,* 111, Segundo semestre, 2021, pp. 129-197; Lasagabaster Herrate, I., "La respuesta a la pandemia del covid-19 y el estado de las autonomías", *Eunomía. Revista en Cultura de Legalidad,* 19, 2020, pp. 127-153.

Con la desescalada, recogida en la Orden SND/387/2020, de 3 de mayo, por la que se regulaba el proceso de cogobernanza con las Comunidades Autónomas y ciudades de Ceuta y Melilla para la transición a una nueva normalidad, la situación jurídica comenzó a transformarse. Esta Orden instauraba "un proceso de desescalada gradual, asimétrico, coordinado con las Comunidades Autónomas", donde el avance o el retroceso de la situación sanitaria de estas entidades subestatales para pasar de nivel dependía del Ministro de Sanidad, si bien se ejecutaría "mediante un proceso de gobernanza conjunta [...] con las Comunidades Autónomas, en el que ambas instituciones actuarán en permanente diálogo bajo los principios de cooperación y colaboración". La cogobernanza aparece aquí por primera vez aunque, como se expresó *ut supra*, su contenido fue variando conforme el Gobierno central iba tomando decisiones según la evolución del covid-19. Lo que nos interesa destacar aquí, y que afectó a la Comunidad de Madrid, es que esta primera idea de cogobernanza se enfocaba en la cooperación Estado/Comunidades Autónomas, pero con una clara centralización del poder y de la toma de decisiones en el Ejecutivo central. De ahí que la resolución final sobre si las Comunidades Autónomas pasaban o no de fase en el proceso de desescalada dependiera de manera unilateral del Ministerio de Sanidad. Esta resolución se tomaba siguiendo los indicadores contemplados en el "Plan para desescalada de las medidas extraordinarias adaptadas para hacer frente a la pandemia de covid-19", aprobado en el Consejo de Ministros el 28 de abril de ese mismo año.

Pero la toma de decisión de pasar de nivel tenía un procedimiento intrincado donde el Ministerio de Sanidad consultaba con las Comunidades Autónomas y con las administraciones involucradas en el proceso, como los servicios sanitarios y de salud pública, haciendo gala de la cogobernanza. El siguiente paso era consultar con otros Ministerios competentes y una vez hechas todas las consultas se hacía la valoración, cualitativa y conjunta, de los criterios técnicos recogidos en el Plan. En el momento de la valoración habría también una reunión bilateral entre el Ministerio y la Consejería de sanidad correspondiente. Si alguna Comunidad Autónoma no presentaba ninguna propuesta para proceder en las fases de desescalada, entonces sería el Ministerio de manera unilateral el que aplicara las medidas pertinentes. En el caso de la Comunidad de Madrid, ésta entró en la fase 0 o fase preparatoria el 4 de mayo de 2020, como el resto de los territorios nacionales. El 11 de mayo era la fecha programada para pasar a la fase 1 y Madrid solicitó el pase de fase el día 6 mayo, presentando toda la documentación justificativa al día siguiente. Dos días después, el 8 de mayo, el Ministerio de Sanidad denegó el cambio de fase por no cumplirse el indicador del Plan relativo a la disminución de contagios.

Madrid volvió a solicitar el cambio a la fase 1 en la semana del 11 de mayo y el Ministerio de Sanidad denegó de nuevo el cambio de fase, el 15 de mayo, aunque relajó las restricciones impuestas en la fase 0. Se puede observar por un lado la asimetría que tuvo este proceso de desescalada y, por otro lado, se confirma que el fallo del Ministerio de Sanidad era unilateral, y por tanto no parecía tan evidente la cogobernanza basada en una supuesta cooperación, ya que decidió modificar sus propias medidas de la fase 0. La situación se agravó y el conflicto político Comunidad de Madrid/Gobierno de España se agudizó, el cual no se rebajará en los próximos meses sino que aumentará, con las consecuencias que esto tuvo para la ciudadanía madrileña. En esta escalada de tensión política y jurídica, el ejecutivo de la CAM interpuso un recurso ante la Sala de lo Contencioso-Administrativo del Tribunal Supremo contra la decisión del Ministerio de Sanidad de denegar otra vez el paso a la fase 1, el 21 de mayo. Al día siguiente, el Gobierno central a través de la cartera de sanidad concedió el pase a la fase 1. El 8 de junio la Comunidad de Madrid accedió a la fase 2 del proceso de desescalada y no volvió a solicitar el cambio de fase debido a la cercanía del fin del estado de alarma, 21 de junio[27].

La Comunidad de Madrid aprobó la Orden 668/2020, de 19 de junio, por la que se establecen medidas preventivas para hacer frente a la crisis sanitaria ocasionada por el covid-19, una vez finalizada la prórroga del estado de alarma establecida por el Real Decreto 555/2020, de 5 de junio. El inicio de la "nueva normalidad" entrañó la apertura de Madrid a todas las medidas generadas por el Gobier-

---

27 Noticia de La Vanguardia: "Cronología del coronavirus en la Comunidad de Madrid", del 20 de junio de 2022. <https://bit.ly/41y3RHH> [Consulta 11/01/2023].

no central sin las restricciones de las fases de desescalada, es decir, la CAM se asimiló al resto de Comunidades Autónomas. Madrid recuperó sus competencias en materia sanitaria aunque conforme a lo dispuesto en el Real Decreto-ley 21/2020. Cabe destacar ahora el artículo 3.1 de dicha norma jurídica ya que se aplicaría a la Comunidad de Madrid en los meses venideros, lo que desembocó en otro fuerte enfrentamiento político pero también jurídico de esta Comunidad Autónoma con el Gobierno central. Dicho precepto establecía que "con carácter excepcional y cuando así lo requieran motivos de extraordinaria gravedad o urgencia" la Administración General del Estado podía impulsar, coordinar y adoptar todas aquellas acciones y medidas que fueran necesarias para que se cumpliera con lo establecido en el propio Real Decreto-ley, siempre conforme a la competencias de la Administración y en colaboración con las Comunidades Autónomas[28].

En agosto se convocó al Consejo Interterritorial del Sistema Nacional de Salud para la adopción de nuevas medidas unificadas en el territorio por el aumento de casos covid-19. Estas medidas debían contenerse en una orden, para formalizarlas jurídicamente. La CAM así lo hizo, en la Orden 1008/2020, de 18 de agosto, de la Consejería de Sanidad, por la que se modifica la Orden 668/2020, de 19 de junio, para la aplicación de las actuaciones coordinadas en salud pública para responder a la situación de especial riesgo derivada del incremento de casos positivos por Covid-19, que organiza las restricciones, instrucciones, sugerencias, recomendaciones y limitaciones de un gran abanico de actividades. Dicha norma se sometió a ratificación judicial por los juzgados de lo Contencioso-Administrativo, tal como se había hecho y como se hizo después en otras Comunidades Autónomas. Los juzgados publicaron diferentes decisiones que, de manera general, eran favorables a aceptar las restricciones al dere-

---

28 Giner Alegría, C. A., Fernández Villazala, T., Gutiérrez Mayoral, F., "Inseguridad jurídica en el nuevo estado de alarma y la cogobernanza y comunicación entre el gobierno y las comunidades autónomas", *op. cit.*, pp. 115-136; Correas Sosa, I., "La diferente gestión de la pandemia derivada del Covid-19 por parte del Gobierno central y las Comunidades Autónomas. Especial referencia a la gestión de la Comunidad de Madrid", Comunicación presentada en el XIX Congreso de la Asociación de Constitucionalistas de España, Madrid, 2021, pp. 1-20.

cho a la libre circulación impulsadas por las autoridades sanitarias centrales y autonómicas fuera del estado de alarma[29]. Sin embargo, el Juzgado de lo Contencioso-Administrativo nº 2 de Madrid denegó la ratificación de la Orden 1008/2020 ya que al no haber sido publicada en el BOE la Orden del Ministerio de Sanidad de 14 de agosto en la que se basaba la Orden de la Consejería de Madrid, este juzgado entendió que era nula de pleno de derecho y que, por tanto, no se podía convalidar la norma jurídica madrileña[30]. Este Auto fue recurrido en apelación por el Letrado de la CAM ante el Tribunal Superior de Justicia de Madrid que en su Sentencia 594/2020, de 28 de agosto, anuló el Auto 121/2020 dictado por el Juzgado de lo Contencioso-Administrativo nº 2 de Madrid, y declaró innecesaria la autorización o ratificación judicial de las medidas sanitarias previstas en la Orden 1008/2020[31].

Como esta Sentencia se produjo antes de la aprobación de la Ley 3/2020, de 18 de septiembre, que modificaba la Ley de la Jurisdicción Contencioso-Administrativa, el TSJ de Madrid basó sus fundamentos jurídicos conforme al artículo 8.6 de la LJCA y definió los parámetros que debían seguir las autorizaciones o ratificaciones judiciales de las medidas sanitarias aprobadas. El TSJ manifestó que la Sentencia del Juzgado de los Contencioso-Administrativo nº 2 de Madrid se excedió en su fallo ya que enjuició una norma jurídica administrativa distinta a la que fue objeto de ratificación. La Orden 1008/2020, de 18 de agosto, de la Consejería de Sanidad, en todo caso debería haber sido sometida a la Audiencia nacional, bajo lo dispuesto en el art. 11.1.a) LJCA. A continuación, el Tribunal entró en el fondo de las medidas propuestas en la Orden de la Consejería de la CAM y las ratificó porque apreciaba que la legislación sanitaria vigente concedía la posibilidad de aplicar medidas necesarias con el objetivo de proteger la salud y la prevención

---

29 Por ejemplo, el Auto de 18 de agosto del Juzgado de lo Contencioso-Administrativo nº 1 de Burgos (6/2020), el Auto de 3 de septiembre del Juzgado de lo Contencioso-Administrativo nº 5 de Valencia (523/2020), o el Auto de 11 de septiembre del Juzgado de lo Contencioso-Administrativo nº 3 de Palma de mallorca (8/2020).

30 Muñoz Ezquerra, F, Rus Moreno, Mª. M., "La ratificación judicial de las medidas sanitarias adoptadas durante la crisis del Covid-19", *Revista Jurídica de la Comunidad de Madrid*, 2021, pp. 115-148.

31 *Ibidem*, pp. 125-127.

de enfermedades. Ante la pandemia del covid-19, las leyes sanitarias de referencia otorgan la competencia para tomar medidas preventivas y de limitación de actividades y desplazamientos siempre que cumplan con el principio de proporcionalidad en el respeto a los derechos y libertades, principio que la norma administrativa cumple, según el TSJ de Madrid. La normativa sanitaria de referencia era concretamente la Ley orgánica 3/1986, la Ley 14/1986, de 25 de abril, general de Sanidad, la Ley 33/2011, de 4 de octubre, general de Salud Pública el Estatuto de Autonomía de la CAM, arts. 27 y 28 y la Ley 12, 2001, de 21 de diciembre, de Ordenación Sanitaria de la Comunidad de Madrid[32].

La importancia de la Sentencia del TSJ de Madrid 594/2020 no sólo es significativa por la decisión favorable a admitir en normas jurídicas autonómicas infralegales medidas de restricción de derechos fundamentales en un momento en el que no estaba proclamado un estado excepcional, sino también porque fue la que fijó los criterios y parámetros a seguir para la ratificación o autorización judicial de las medidas sanitaras adoptadas en la "nueva normalidad", es decir, fuera del estado de alarma, por lo menos hasta la reforma de la Ley 29/1998, de 13 de julio, reguladora de la jurisdicción Contencioso-Administrativa. Por tanto, iban a ser tomadas como el eje de referencia para las futuras autorizaciones judiciales que solicitara la Comunidad de Madrid a los juzgados de lo Contencioso-Administrativo. En septiembre se aprobó la mencionada reforma procesal, a través de la Ley 3/2020, y estos criterios del TSJ de Madrid no llegaron a cumplir con la función para la que estaban llamados. Ahora bien, como mantienen Muñoz Ezquerra y Rus Moreno, esta Sentencia reveló "las ineficacias del proceso de ratificación de medidas ante los Juzgados de lo Contencioso-Administrativo, provocando un movimiento de mayor profundidad sísmica"[33].

---

32 *Cfr.*, Casado Casado, L., Fuentes I Gasó, J. R., "La incidencia de la pandemia de la Covi-19 sobre la Jurisdicción Contencioso-Administrativa en España", *Revista de Investigaçoes Constitucionais*, vol. 8, nº 2, 2021, pp. 347-386; Fernández de Casadevante, P., "La crisis de los controladores aéreos y la covid-19 como emergencias constitucionales insuficientemente regladas. Propuestas de *lege ferenda* para el estado de alarma", *op. cit.*, pp. 1-33

33 Muñoz Ezquerra, F, Rus Moreno, Mª. M., "La ratificación judicial de las medidas sanitarias adoptadas durante la crisis del Covid-19", *op. cit.*, p. 128.

2. Los tribunales como mediadores del conflicto

Ante el continuo y constante aumento de casos de covid-19 desde agosto en Madrid, el ejecutivo autonómico tomó una de las decisiones más polémicas a nivel jurídico, social, sanitario y político. El 18 de septiembre publicó la Orden 1178/2020, de la Consejería de Sanidad, por la que se adoptaban medidas específicas temporales y excepcionales por razón de salud pública para la contención del Covid-19. Esta norma administrativa aislaba a la población de algunas zonas de la Comunidad según la incidencia de las Zonas Básicas de salud. Concretamente, bloqueaba a las personas que vivían en treinta y siete Zonas Básicas de salud, veintiséis correspondientes a la capital (en los distritos de Carabanchel, Usera, Villaverde, Villa de Vallecas, Puente de Vallecas y Ciudad Lineal) y once correspondientes a otros municipios (Fuenlabrada, Humanes, Moraleja de En medio, Parla, Getafe, San Sebastián de los Reyes y Alcobendas). Además del litigio que planteó entre el Ejecutivo nacional y el Ejecutivo autonómico, ya que el Gobierno de la Nación quería que se hicieran cierres perimetrales de las ciudades y municipios y no por Zonas Básicas de salud, esta decisión provocó dos problemas jurídicos destacables. El primero de ellos estaba relacionado con la insuficiente seguridad jurídica que proporcionaba ya que las Zonas Básicas de salud no eran instrumentos utilizados de manera asidua por la población, siendo difícil establecer en los primeros días qué calles pertenecían o no a cada Zona Básica. En segundo lugar, se producía un problema de control que afectaba a la capacidad sancionadora de esta Orden. Si bien esta norma administrativa manifestaba expresamente que el gobierno de la CAM establecería la correspondiente coordinación con las Fuerzas y Cuerpos de Seguridad y policías locales, lo cierto es que las Zonas Básicas de salud marcadas tenían múltiples salidas por numerosas calles y rápidamente se comprobó su complejo acotamiento[34].

---

[34] Esta medida vino acompañada, en la misma Orden, de la decisión de realizar más de un millón de test de antígenos a todos los vecinos de las Zonas Básicas de salud que presentaban más contagios. *Cfr.*, GINER ALEGRÍA, C. A., FERNÁNDEZ VILLAZALA, T., GUTIÉRREZ MAYORAL, F., "Inseguridad jurídica en el nuevo estado de alarma y la cogobernanza y comunicación entre el gobierno y las comunidades autónomas", *op. cit.*, pp. 115-136; CORREAS SOSA, I., "La diferente gestión de la pandemia derivada del Covid-19 por parte del Gobierno

Con la Ley 3/2020 ya aprobada, la Comunidad de Madrid acudió al Tribunal Superior de Justicia para ratificar las medidas tomadas y el Auto 115/2020 de TSJ de Madrid, de 24 de septiembre, convalidó estos mecanismos. El TSJ argumentó que estas medidas restrictivas de derechos fundamentales se basaban en la legislación sanitaria mencionada *ut supra* y que, además, la exigencia de la ratificación judicial de las Órdenes que contenían estas acciones suponía una garantía jurisdiccional previa de sujeción de esas medidas a lo límites establecidos legalmente en la normativa sanitaria vigente y a la proporcionalidad, principio al que estaba condicionada la eficacia de las Órdenes aprobadas. Lo que no dice el Auto del TSJ es que realmente las normas sanitarias no habilitaban expresamente para restringir derechos y que el contenido básico de los derechos fundamentales está reservado a ley orgánica y no todas las leyes de sanidad lo eran. Además de que se estaba otorgando a los TSJ una labor que iba más allá de la función jurisdiccional y que parecía más bien propia del Tribunal Constitucional. Este fallo judicial provocó que el Gobierno central se reuniera con las Comunidad Autónomas en el Consejo Interterritorial del Sistema Nacional de Salud, el 30 de septiembre, para fijar e imponer unos criterios comunes para el territorio nacional con el fin de aumentar las restricciones en los municipios de más de 100.000 habitantes, concretamente, para proceder a su cierre perimetral. Estos criterios fueron: tener más de 500 casos por cada 100.000 habitantes, tener más de un 10% de positivos y tener una ocupación de las UCI superior al 35% de su capacidad[35].

La Comunidad de Madrid no estuvo de acuerdo ya que afectaba a diez de sus municipios, incluyendo la capital, y aunque previamente había hablado de manera bilateral con el Gobierno central y parecía que lo iba a apoyar, finalmente no lo hizo. La CAM quería seguir con su política de cierre de Zonas Básicas de salud porque entendía que

---

central y las Comunidades Autónomas. Especial referencia a la gestión de la Comunidad de Madrid", *op. cit.*, pp. 1-20.

35 Casado Casado, L., Fuentes I Gasó, J. R., "La incidencia de la pandemia de la Covi-19 sobre la Jurisdicción Contencioso-Administrativa en España", *op. cit.*, pp. 347-386; Muñoz Ezquerra, F, Rus Moreno, Mª. M., "La ratificación judicial de las medidas sanitarias adoptadas durante la crisis del Covid-19", *op. cit.*, pp. 115-148.

era más adecuada para conseguir el equilibrio entre salud y economía, y pensaba que el cierre total de los municipios causaría un grave trastorno para el sistema económico madrileño. Esta postura no impidió que tuviera que acatar la decisión del Ministerio de Sanidad que se plasmó en la Orden comunicada, pero no publicada en el BOE, de 30 de septiembre de 2020, y que obligaba a las Comunidades que cumplían los criterios para aplicar el cierre perimetral a elaborar su propia normativa para transponer la decisión ministerial. La CAM publicó la Orden 1273/2020, de 1 de octubre, que adoptaba las acciones necesarias para hacer frente a lo estipulado por el Gobierno central. Rápidamente el Ejecutivo autonómico presentó un recurso Contencioso-Administrativo ante el Tribunal Superior de Justicia de Madrid para ratificar esta Orden, que en su Auto 128/2020, de 8 de octubre, de la Sección Octava de la Sala de lo Contencioso-Administrativo, rechazó las medidas habilitadas en la Orden de la Consejería de Sanidad de Madrid[36]. En esta ocasión los argumentos del TSJ se fundamentaron sobre la inexistencia de una cobertura adecuada en la Ley 16/2003, en su art. 65, para este tipo de restricciones del derecho a la libertad de circulación, ya que la limitación de derechos fundamentales debe hacerse cuando una ley orgánica lo reconoce de manera expresa. Tomar medidas de restricción de derechos fundamentales basándose en un artículo que versa únicamente sobre la habilitación del poder público para controlar enfermedades transmisibles no es suficiente. Resulta significativo que en el anterior Auto, 115/2020 del TSJ de Madrid, se dijera que la normativa sanitaria era suficiente para limitar derechos. La clave está en que este Auto resuelve sobre cierres perimetrales más acotados que el Auto de 8 de octubre. No obstante, los cierres perimetrales tienen una intensidad muy gravosa, ya sea un cierre por Zona Básica de salud o por municipio. Lo que parece certero, y así lo apuntó el Auto 128/2020, es que las medidas tomadas en la Orden de la Consejería de Sanidad de Madrid no estarían dentro del Derecho y para que se ajustara a Derecho

---

[36] Para Solozábal Echavarría el control de la Orden 1273/2020, de 1 de octubre, debería haberse realizado por la Audiencia Nacional que es el que analiza las órdenes ministeriales o bien, que hubiera dado pie a interponer una cuestión de inconstitucionalidad ante el Tribunal Constitucional. *Cfr.*, Solozábal Echavarría, J. J., "La crisis del coronavirus tras el primer estado de alarma", *op. cit.*, pp. 71.

deberían estar encuadradas en un estado de alarma, o en otro estado excepcional, debido a la gravedad de la medida en el contenido básico del derecho a la libertad de circulación, entre otros[37].

Otros Tribunales Superiores de Justicia habían tomado decisiones distintas a la del TSJ de Madrid en supuestos similares, y lo hicieron también más adelante con el toque de queda. Esta divergencia de fallos ayudó a fomentar la inseguridad jurídica y la confusión, ya que utilizando las mismas normas legales de índole sanitaria algunos Tribunales Superiores de Justicia, incluso el madrileño antes del 8 de octubre, afirmaban que era posible la intensa limitación del derecho fundamental a la libertad de circulación sin más cobertura que esas normas legales, algunas de carácter ordinario. Pero el Auto 128/2020, de 8 de octubre, del TSJ de Madrid fijó una posición indiscutible que obligó al Gobierno central a declarar, al día siguiente, el estado de alarma sólo para el territorio de la CAM y, concretamente, para los nueve municipios que establecía el artículo 2 del Real Decreto 926/2020, de 25 de octubre, del Consejo de Ministros, por el que se declara el estado de alarma para contener la propagación de infecciones causadas por el SARS-CoV-2, el segundo estado de alarma a causa de la pandemia del covid-19. En este caso, la medida estrella eran los cierres perimetrales, pudiendo la población ejercer su libertad de circulación en los lugares concretos marcados por el Real Decreto. En esta ocasión, la cogobernanza volvió a sus orígenes, esto es, la autoridad competente era del Gobierno central aunque delegó a la Presidencia autonómica la ejecución de las medidas tomadas, y todo ello se coordinaba a través del Consejo Interterritorial del Sistema Nacional de Salud. Durante este estado de alarma la CAM elaboró y aprobó varias normativas para adecuar las medidas autonómicas contra el Covid-19 al estado de alarma. La primera de ellas fue el Decreto 30/2020, de 29 de octubre, de la Presidenta de la Comunidad de Madrid, por el que se establecían medidas de limitación de entrada y salida en la CAM, en aplicación del Real Decreto 926/2020. De nuevo, este estado de alarma provocó un enfrentamiento político

---

37 Aragón Reyes, M., "Covid-19 y Estado autonómico", *op. cit.*, pp. 77-90; Alonso Timón, A. J., "La revisión judicial de las medidas limitativas de derechos en el marco de la Covid-19", *Icade. Revista de la Facultad de Derecho,* nº 110, 2020, pp. 1-11.

entre el Gobierno central y el Ejecutivo madrileño. Sin embargo, es importante destacar que desde el punto de vista constitucional la declaración de este estado excepcional fue una acción coherente ya que se necesitaba un marco jurídico de actuación para poder limitar los derechos y libertades. Otra cuestión es que los fines políticos detrás de esta toma de decisión por parte del Gobierno de la nación puedieran ser criticables[38].

El estado de alarma para Madrid terminó al finalizar el plazo de 15 días naturales, es decir, el 23 de octubre de 2020. El 25 de octubre, por Real Decreto 926/2020, del Gobierno de la nación, se declaró el tercer estado de alarma nacional, el segundo para todo el territorio, para contener la propagación de infecciones causadas por el SARS-CoV-2. Este estado de alarma se basó en la cogobernanza entre el Estado y las Comunidades Autónomas, significando esta que los entes territoriales políticos eran los que se iban a encargar de desarrollar todas las medidas para hacer frente a la pandemia del covid-19 bajo el paraguas mínimo de lo establecido en el Real Decreto de declaración y en el que prorrogó este estado excepcional durante seis meses (RD 956/2020, de 3 de noviembre). Así, podemos decir que el estado de alarma se trasladó a las autoridades autonómicas, con los problemas que ello acarreó como se ha explicado *ut supra*, y se instauró el Consejo Interterritorial del Sistema Nacional de Salud como órgano de coordinación.

A través de la declaración del estado de alarma y de la delegación a las presidencias autonómicas, que no a sus gobiernos, se evitaba así la resolución judicial para convalidar las medias de lucha contra el covid-19 que pudieran ser limitantes de derechos y libertades. Pero provocó un efecto pernicioso que empezaba a ser habitual en el ordenamiento jurídico: la heterogeneidad abusiva de las normas administrativas, en su gran mayoría, sobre las medidas a desarrollar. De esta manera, el tercer estado de alarma

---

38 Aragón Reyes, M., "Covid-19 y Estado autonómico", *op. cit.*, pp. 77-90; Guerrero Vázquez, P. "El impacto territorial de la crisis sanitaria", *op. cit.*, pp. 121-144; Pomed Sánchez, L., "Algunas notas sobre los estados de alarma declarados en 2020", en *Estado autonómico y Covid-19: un ensayo de valoración general*, Fundación Manuel Giménez Abad de Estudios Parlamentarios y del Estado Autonómico, Zaragoza, 2021, pp. 177-200.

no siguió la estela del primero, en el cual había una sola respuesta del Estado para combatir la pandemia del covid-19. Lo que parece que el Gobierno central quería hacer con este nuevo estado excepcional era habilitar a las Comunidades Autónomas para que establecieran los criterios a aplicar en esta situación. Como bien dijo el Tribunal Constitucional esto no es posible ya que atenta contra la Ley orgánica 1/1986 y contra la propia Constitución y la naturaleza que la Norma Fundamental establece para los estados excepcionales[39].

Siguiendo estas directrices y el marco de actuación que establecía el Real Decreto del ejecutivo nacional, la CAM elaboró diferentes Órdenes de la Consejería de Sanidad y Decretos de la Presidencia de la Comunidad Autónoma, para intentar contener la infección. Volvieron los cierres perimetrales de las Zonas Básicas de salud que se amplió el 6 de noviembre a nuevas Zonas. Igualmente, se determinó el cierre del perímetro de la CAM durante 10 días coincidiendo con el puente de la Constitución de diciembre, y se volvieron a ampliar Zonas básicas (20/11/2020). Durante este largo estado de alarma también se produjo el levantamiento de manera racional de las Zonas Básicas de salud según bajaban los contagios —durante noviembre y diciembre—. Bajo el amparo de los Reales Decretos del Consejo de Ministros, de declaración y prórroga del estado de alarma, la Comunidad de Madrid utilizó el instrumento del toque de queda variando los horarios según los momentos de aumento del covid-19, siendo este de las 21h, las 23h y de las 00h y hasta las 6h. A partir de enero de 2021, se sumaron las normas jurídicas sobre el plan de vacunación. Este estado de alarma se prorrogó hasta el 9 de mayo de 2021. Cuando decayó, la Comunidad de Madrid comenzó a aumentar el horario de la hostelería y el aforo de los

---

39 *Cfr.*, García-Escudero Márquez, P., "Crisis sanitaria y modelo autonómico", *op. cit.*, pp. 109-120; Presno Linera, M. A., "El estado de alarma en crisis", *op. cit.*, pp. 129-197; Lasagabaster Herrate, I., "La respuesta a la pandemia del covid-19 y el estado de las autonomías", *op. cit.*, pp. 127-153; Alonso Timón, A. J., "La revisión judicial de las medidas limitativas de derechos en el marco de la Covid-19", *op. cit.*, pp. 1-11.; Velasco Caballero, F., López De Castro, L., "Distribución territorial del poder durante la pandemia", *op. cit.*, pp. 61-86.

locales y combinó estas acciones con medidas de ventilación y otros instrumentos como los medidores de CO2[40].

En mayo, el Gobierno central aprobó la segunda modificación de la Ley de la Jurisdicción Contenciosos-Administrativa a través del Real Decreto-ley 8/2021, de 4 de mayo, de medidas urgentes en el orden sanitario, social y jurisdiccional, que se aplicó tras el fin del tercer estado de alarma. Ya hemos visto que el estado de alarma sirvió para evitar la convalidación judicial de las medidas adoptadas en la lucha contra el covid-19. La vuelta a la "normalidad" significaba de nuevo volver a acudir a los tribunales. Las diferentes interpretaciones de situaciones similares que se derivaron de los Tribunales Superiores de Justicia entre junio y octubre de 2020 motivó al Gobierno para hacer esta segunda reforma judicial. Así, se afirmaba que ante las decisiones de los Tribuales Superiores de Justicia cabía recurso de casación ante la Sala de lo Contencioso-Administrativo del Tribunal Supremo. Este Real Decreto-ley también creó un proceso específico para los recursos de casación interpuestos contra los autos relativos a la ratificación o habilitación de las medidas de índole sanitaria sobre el covid-19, haciendo el proceso más breve. Se buscaba unificar las decisiones judiciales y aplacar parte de la inseguridad jurídica extendida durante este periodo[41].

El fin del estado de alarma no acabó con la pandemia y las Comunidades Autónomas empezaron a tomar medidas muy similares a las que se habían aplicado durante el tercer estado de alarma: toque de queda, reducción de aforo y cierre nocturno del ocio, entre las más destacables. Por eso, el riesgo de que se volvieran a restringir derechos fundamentales sin una cobertura constitucional adecuada estaba muy presente. Así, el Tribunal Superior de Justicia de Canarias no ratificó, mediante Auto de 9 de mayo, algunas de las medidas tomadas por el Gobierno canario que restringía derechos fundamenta-

---

40 Correas Sosa, I., "La diferente gestión de la pandemia derivada del Covid-19 por parte del Gobierno central y las Comunidades Autónomas. Especial referencia a la gestión de la Comunidad de Madrid", *op. cit.*, pp. 1-20.

41 El Real Decreto 8/2021 fue recurrido ante el Tribunal Constitucional. Este recurso fue desestimado por el Pleno del TC en noviembre de 2023. *Cfr.*, Muñoz Ezquerra, F, Rus Moreno, Mª. M., "La ratificación judicial de las medidas sanitarias adoptadas durante la crisis del Covid-19", *op. cit.*, pp. 115-148.

les, por ejemplo el toque de queda, y el Ejecutivo canario interpuso recurso ante el Tribunal Supremo. La STS 719/2021 establece algunos parámetros clave en esta materia, de las cuales se destacan aquí sólo algunas. En primer lugar, mantiene que la ratificación judicial de las medidas sanitarias es imprescindible y sin ella no se pueden aplicar. En segundo lugar, la labor del Tribunal Supremo en este tipo de recursos se ciñe a constatar si el control y la proporcionalidad de las medidas sanitarias están conformes a los criterios de control que el legislador ha establecido en la reformada Ley de la Jurisdicción Contenciosos-Administrativa. La letra de la Sentencia puede ser interpretada de tal manera que se entienda que el Tribunal Supremo no es una sala de apelación de los autos de los Tribunales Superiores que denieguen la habilitación de las medidas sanitarias. De hecho, la resolución no se consagró a resolver con una gran exhaustividad el conflicto específico de la Comunidad canaria, lo que muestra su intención de dejar claro cuál es el papel del Tribunal Supremo en este contexto[42].

Con el fallo del órgano Superior del poder judicial, el Gobierno se enfrentó una vez más al aumento de contagios que hicieron que en junio de ese año el Ejecutivo aprobara una nueva batería de medidas pactadas con las Comunidades Autónomas entre las que se encontraba las restricciones del ocio nocturno, la hostelería y la restauración, de los eventos y de las actividades multitudinarias no ordinarias. La presidencia de la CAM acudió a la Audiencia Nacional en contra de estas medidas, la cual aceptó su recurso el 7 de junio de ese mismo año y decretó, en primer lugar, medidas cautelarísimas de suspensión de la Resolución de 4 de junio de 2021, de la Secretaría de Estado de Sanidad, por la que se publica el Acuerdo del Consejo Interterritorial del Sistema Nacional de Salud sobre la declaración de actuaciones coordinadas frente a la Covid-19. Ante esta situación el CISNS se volvió a reunir para modificar su acuerdo anterior, eliminando algunas de las restricciones y convirtiéndolas en recomendaciones, sobre todo relativas al ocio nocturno y a la hostelería y flexibilizando su aplicación según evolucionara la pandemia. El 15 de septiembre de 2021 la CAM recuperó la libertad horaria en todos los

---

42 *Ibidem*, pp. 135-144.

ámbitos y aumentó los aforos ante la buena evolución de la pandemia en el territorio. El día 30 de ese mismo mes se eliminaron todas las restricciones de aforo en toda la actividad económica y social, y el 8 de octubre de 2021 se abrió el permiso de visitas en los hospitales y en el acompañamiento de pacientes. Con estas medidas, la Comunidad de Madrid, igual que otras Comunidades, comenzaba a retomar una normalidad más cercana a 2019[43].

IV. EPÍLOGO

La pandemia del covid-19 supuso en España la declaración de tres estados de alarma, dos nacionales y uno autonómico, que pusieron en jaque diferentes elementos de nuestro Estado de Derecho. Los derechos y libertades, la organización territorial del poder, el papel del gobierno en los estados excepcionales, el control parlamentario, la labor y actuación del poder judicial, en suma, el principio de separación de poderes, son algunos de los componentes esenciales que fueron sacudidos por la pandemia. El primer estado de alarma se caracterizó por centralizar el poder en el Gobierno de la Nación y por suspender derechos fundamentales, tal como ha establecido la STC 148/2021, de 14 de julio, aunque parte de la doctrina constitucional siga pensando que hubo una restricción de derechos y no una suspensión. El segundo estado de alarma, declarado sólo para Madrid, también centralizó el poder en el gobierno central y limitó derechos fundamentales. Finalmente, el tercer estado de alarma supuso la delegación de la gestión de la pandemia en las Comunidades Autónomas, desvirtuando la propia naturaleza del estado de alarma, tal como estableció el TC en la Sentencia 183/2021, de 27 de octubre, amén de otras cuestiones mencionadas en este capítulo. Entre el primer y el segundo estado de alarma se vivió la etapa de la "nueva normalidad", plagada de inseguridad jurídica, de una pluralidad

---

43 Recarte Llorens, "Diferencias entre estados de alarma. Especial referencia a la Comunidad de Madrid", *Revista Jurídica de la Comunidad de Madrid,* pp. 73-110; Correas Sosa, I., "La diferente gestión de la pandemia derivada del Covid-19 por parte del Gobierno central y las Comunidades Autónomas. Especial referencia a la gestión de la Comunidad de Madrid", *op. cit.*, pp. 1-20.

exacerbada de normas administrativas, y con decisiones judiciales de los Juzgados de lo Contencioso-Administrativo muy dispares que ya puso sobre aviso de lo que iba a pasar después: la delegación de la pandemia en las Comunidades Autónomas.

De ahí que la cogobernanza se volviera una de las protagonistas de este periodo. Una cogobernanza que ya aparece en el primer estado de alarma y que se basa en la cooperación y coordinación entre el Estado y las Comunidades Autónomas, pero que en cada fase de la pandemia se va acercando cada vez más a la mencionada delegación en las Comunidades Autónomas, la cual se asentó totalmente durante el largo tercer estado de alarma. La deficiente determinación de este concepto, que iba cambiando según el Gobierno se enfrentaba a la crisis sanitaria provocada por la pandemia ha supuesto un anclaje negativo que no ha desarrollado adecuadamente la cooperación y coordinación entre los diferentes niveles de poder tal como hubiera sido deseable, ya que en los momentos de crisis es cuando los Estados descentralizados políticamente deben fortalecer estos principios para poder tomar medidas e instrucciones más eficaces. La delegación fue percibida en muchas ocasiones como una sensación de abandono político pero también jurídico del Gobierno central hacia las Comunidades Autónomas. Todo ello incidió en la polarización entre ellos, perjudicando las vías de comunicación y de ejecución de las medidas necesarias para combatir la pandemia del covid-19.

Por su parte, la confrontación política perpetua entre el Gobierno central y la Comunidad de Madrid marcó toda la pandemia del covid-19 en esta entidad política territorial. Este conflicto político se vio reflejado en el aspecto jurídico que provocó diferentes decisiones judiciales que marcaron gran parte de la agenda autonómica pero también nacional: un estado de alarma propio para Madrid, y numerosas normas jurídicas de carácter administrativo que restringieron derechos fundamentales sin una auténtica cobertura constitucional ni legislativa. Asimismo, los cambios constantes en esas normas administrativas, inducidas por el propio conflicto político, agudizó la inseguridad jurídica que recorría el país y que en los meses de septiembre y octubre de 2020 fue vertiginosa en la CAM. Todo ello no ayudó a lograr uno de los objetivos del Estado social y democrático de Derecho, el bienestar de su ciudadanía. En tiempos tan complejos era posible que el Estado de Derecho se viera afectado, pero el conflicto Gobierno central/Comunidad de Madrid agravó los problemas jurídicos, políticos y sociales existentes siendo innecesario empeorar un contexto ya de por sí engorroso e intrincado. Todo ello ha hecho de la Comunidad de Madrid un territorio con numerosas especificidades durante esta etapa.

Las dos modificaciones de la Jurisdicción Contencioso-Administrativa también representaron un importante foco de conflicto a nivel político, pero sobre todo en materia de derechos fundamentales y libertades públicas. Estas reformas, de las cuales la primera ya ha sido declarada inconstitucional por la STC 70/2022, colocaron a la jurisdicción Contencioso-Administrativa y, en especial, a los Tribunales Superiores de Justicia en un lugar muy complejo. Debían ratificar las medidas sanitarias que, en su gran mayoría, restringían derechos fundamentales durante las fases en las que no había estado de alarma. La limitación de estos derechos es sumamente delicada y la Constitución española es muy estricta a la hora de permitirla. Las garantías de estos derechos velan porque no se produzca una disminución de su contenido que cause un perjuicio a sus titulares. Es cierto que ante una situación como la vivida durante la pandemia hay que plantearse una ponderación entre las medidas que intentan acabar con la crisis sanitaria y los derechos, pero siempre se debe hacer conforme a los principios constitucionales y a las garantías establecidas para que no se produzcan abusos en este sentido. Además, la delegación de la gestión de la pandemia en las Comunidades Autónomas hizo que éstas fueran las que limitaran derechos fundamentales. Hecho curioso ya que en el año 2006 se introdujeron derechos fundamentales en algunos Estatutos de Autonomía y una parte de la doctrina constitucional y de la esfera política no estuvo de acuerdo con este reconocimiento estatutario. Sin embargo, ante la situación creada por la pandemia del covid-19 ha habido mucho menos remilgos constitucionales para permitir la limitación de derechos fundamentales por parte de las Comunidades Autónomas.

En suma, la crisis provocada por el covid-19 ha puesto de manifiesto que las entidades territoriales tienen una gran importancia y relevancia, en tanto que constituyen un poder público al que corresponde la gestión ordinaria de numerosas cuestiones que inciden en el estatuto jurídico de la ciudadanía. Esta era un buen momento para mejorar los mecanismos de cooperación y coordinación entre el Estado y las Comunidades Autónomas, aunque el resultado no haya sido el deseado. Además, la incidencia de esta crisis sanitaria en los derechos fundamentales y las libertades públicas ha puesto el foco en la dificultad de convivir en un contexto que pone en riesgo el Estado de Derecho sin declarar alguno de los estados excepcionales previstos en la Constitución. Ante situaciones de la envergadura de la pandemia del covid-19 es imprescindible reforzar los mecanismos que garanticen el buen funcionamiento del Estado manteniendo los pilares básicos de nuestro Estado social y democrático de Derecho.

BIBLIOGRAFÍA

Aguado Renedo, C., "Gobierno y Parlamento en la emergencia sanitaria", en *Derecho y política ante la pandemia: reacciones y transformaciones,* Tomo I, Madrid UAM y BOE, Madrid, 2021, pp. 47-60.

Alonso Timón, A. J., "La revisión judicial de las medidas limitativas de derechos en el marco de la Covid-19", *Icade. Revista de la Facultad de Derecho,* nº 110, 2020, pp. 1-11.

Amoedo-Souto, C. A., "El régimen sancionador en situaciones excepcionales", *Revista General de Derecho Administrativo,* 61, 2022, pp. 59-81.

Aragón Reyes, M., "Covid-19 y Estado autonómico", en *Estado autonómico y Covid-19: un ensayo de valoración general,* Fundación Manuel Giménez Abad de Estudios Parlamentarios y del Estado Autonómico, Zaragoza, 2021, pp. 77-90.

Azpitarte Sánchez, M., "Coronavirus y derecho constitucional. Crónica política y legislativa del año 2020", *Revista Española de Derecho Constitucional,* 121, 2021, pp. 105-138.

Biglino Campos, P., "El impacto de la Covid en la distribución de competencias", en *Estado autonómico y Covid-19: un ensayo de valoración general,* Fundación Manuel Giménez Abad de Estudios Parlamentarios y del Estado Autonómico, Zaragoza, 2021, pp. 15-39.

Cabanas Vega, M., *La gestión de las crisis sanitarias en España a la vista de la jurisprudencia constitucional,* REUS, Madrid, 2022.

Carmona Contreras, A., "De la recentralización de competencias a su progresiva devolución a las Comunidades Autónomas durante el estado de alarma: las fases de desescalada", en *Estado autonómico y Covid-19: un en-*

sayo de valoración general, Fundación Manuel Giménez Abad de Estudios Parlamentarios y del Estado Autonómico, Zaragoza, 2021, pp. 41-60.

Casado Casado, L., Fuentes I Gasó, J. R., "La incidencia de la pandemia de la Covi-19 sobre la Jurisdicción Contencioso-Administrativa en España", *Revista de Investigaçoes Constitucionais,* vol. 8, nº 2, 2021, pp. 347-386.

Correas Sosa, I., "La diferente gestión de la pandemia derivada del Covid-19 por parte del Gobierno central y las Comunidades Autónomas. Especial referencia a la gestión de la Comunidad de Madrid", Comunicación presentada en el XIX Congreso de la Asociación de Constitucionalistas de España, Madrid, 2021, pp. 1-20.

De La Quadra-Salcedo Janini, T., "Estado Autonómico y lucha contra la pandemia", en *Los Efectos Horizontales de la COVID sobre el sistema constitucional,* Fundación Manuel Giménez Abad, Colección Obras colectivas, Zaragoza, 2020, pp. 1-28.

Fernández De Casadevante, P., "La crisis de los controladores aéreos y la covid-19 como emergencias constitucionales insuficientemente regladas. Propuestas de *lege ferenda* para el estado de alarma", en *Excepcionalidad y Derecho: el estado de alarma en España,* Fundación Manuel Giménez Abad de Estudios Parlamentarios y del Estado Autonómico, Zaragoza, 2021, pp. 1-33.

García-Escudero Márquez, P., "Crisis sanitaria y modelo autonómico", en *Estado autonómico y Covid-19: un ensayo de valoración general,* Fundación Manuel Giménez Abad de Estudios Parlamentarios y del Estado Autonómico, Zaragoza, 2021, pp. 109-120.

Garrido López, C, "La naturaleza bifronte del estado de alarma y el dilema limitación-suspensión de derechos", *Teoría y Realidad Constitucional,* 46, 2020, pp. 371-402.

Giner Alegría, C. A., Fernández Villazala, T., Gutiérrez Mayoral, F., "Inseguridad jurídica en el nuevo estado de alarma y la cogobernanza y comunicación entre el gobierno y las comunidades autónomas", *Revista de Ciencias Sociales y de la Comunicación,* nº 21, vol. 1, 2021, pp. 115-136.

González Gómez, A., "La coordinación del Sistema Nacional de Salud en España: regulación y resultados en tiempos de pandemia", en *Retos de la gobernanza multinivel y la coordinación en el Estado autonómico: de la pandemia al futuro,* Instituto Nacional de Administración Pública, Madrid, 2021, pp. 75-94.

Gordillo Pérez, L. I., "La gestion de la pandemia por parte de las instituciones autonómicas del País Vasco", en *Estado Autonómico y derechos fundamentales en la era post-coronavirus,* Tirant lo Blanch, Valencia, 2024, pp. 263-306.

Guerrero Vázquez, P., "El impacto territorial de la crisis sanitaria", en *Estado autonómico y Covid-19: un ensayo de valoración general,* Fundación Manuel Giménez Abad de Estudios Parlamentarios y del Estado Autonómico, Zaragoza, 2021, pp. 121-144.

Lasagabaster Herrate, I., "La respuesta a la pandemia del covid-19 y el estado de las autonomías", *Eunomía. Revista en Cultura de Legalidad,* 19, 2020, pp. 127-153.

Matia Portilla, F. J., "Ensayo de aproximación a las cuestiones planteadas por la crisis sanitaria en relación con el Estado autonómico", en *Estado autonómico y Covid-19: un ensayo de valoración general,* Zaragoza: Fundación Manuel Giménez Abad de Estudios Parlamentarios y del Estado Autonómico, Zaragoza, 2021, pp. 157-176.

Muñoz Ezquerra, F, Rus Moreno, Mª. M., "La ratificación judicial de las medidas sanitarias adoptadas durante la crisis del Covid-19", *Revista Jurídica de la Comunidad de Madrid,* 2021, pp. 115-148.

Pomed Sánchez, L., "Algunas notas sobre los estados de alarma declarados en 2020", en *Estado autonómico y Covid-19: un ensayo de valoración general,* Fundación Manuel Giménez Abad de Estudios Parlamentarios y del Estado Autonómico, Zaragoza, 2021, pp. 177-200.

Presno Linera, M. A., "Estado de alarma por coronavirus y protección jurídica de los grupos vulnerables", *Revista Direito Público,* 17(94), 2020, pp. 15-34.

Presno Linera, M. A., "El estado de alarma en crisis", *Revista de las Cortes Generales,* 111, Segundo semestre, 2021, pp. 129-197.

Recarte Llorens, "Diferencias entre estados de alarma. Especial referencia a la Comunidad de Madrid", *Revista Jurídica de la Comunidad de Madrid,* pp. 73-110.

Revenga Sánchez, M., López Ulla, J. M., "El dilema limitación/suspensión de derechos y otras "distorsiones" al hilo de la pandemia", *Teoría y Realidad Constitucional,* 48, 2021, pp. 215-237.

Sáenz Royo, E., "Estado autonómico y Covid-19", *Teoría y Realidad Constitucional,* 48, 2021, pp. 375-398.

Sáenz Royo, E., "Cooperación y coordinación en el Estado autonómico: la experiencia pandémica, déficits y posibles reformas", en *Retos de la gobernanza multinivel y la coordinación en el Estado autonómico: de la pandemia al futuro,* Instituto Nacional de Administración Pública, Madrid, 2021, pp. 53-74.

Solozábal Echavarría, J. J., "Algunas consideraciones constitucionales sobre el estado de alarma", en *Los Efectos Horizontales de la COVID sobre el sistema constitucional,* Fundación Manuel Giménez Abad, Colección Obras colectivas, Zaragoza, 2020, pp. 19-42.

Solozábal Echavarría, J. J., "La crisis del coronavirus tras el primer estado de alarma", en *Estado autonómico y Covid-19: un ensayo de valoración general,* Fundación Manuel Giménez Abad de Estudios Parlamentarios y del Estado Autonómico, Zaragoza, 2021, pp. 61-64.

Tajadura Tejada, J., "El Estado de Derecho frente al COVID: reserva de ley y derechos fundamentales", *Revista Vasca de Administración Pública,* 120, 2021, pp. 137-175.

Tudela Aranda, J., "El Estado autonómico y la Covid-19", en *Estado autonómico y Covid-19: un ensayo de valoración general,* Fundación Manuel Giménez Abad de Estudios Parlamentarios y del Estado Autonómico, Zaragoza, 2021, pp. 201-217.

Velasco Caballero, F., "Estado de alarma y distribución territorial del poder", *El cronista del Estado social y Democrático de Derecho,* núm. 86-87, 2020, p. 78-87.

Velasco Caballero, F., López De Castro, L., "Distribución territorial del poder durante la pandemia", en *Derecho y política ante la pandemia: reacciones y transformaciones,* Tomo I, Madrid UAM y BOE. Madrid, 2021, pp. 61-86.

La gestión de la pandemia por parte de las instituciones autonómicas del País Vasco

LUIS I. GORDILLO PÉREZ
Profesor Titular de Derecho Constitucional. Universidad de Deusto
Correo electrónico: gordillo@deusto.es

I. INTRODUCCIÓN

La crisis del coronavirus o Covid-19 será recordada como la gran pandemia de comienzos del siglo XXI. Además de suponer una amenaza a la salud de la humanidad, ha puesto contra las cuerdas a los gobiernos de todas partes del globo y particularmente de Europa que, últimamente, centraban sus preocupaciones en cuestiones económicas, geoestratégicas y de sostenibilidad de los servicios y prestaciones públicas. La salud se ha erigido en un bien superior que los gobiernos se han apresurado a poner de nuevo en valor, incluso por encima de la economía del país, de la que depende el propio bienestar de sus ciudadanos. Mucho se ha escrito ya sobre esta cuestión, sin embargo, interesa aquí hacer hincapié en las 'secuelas constitucionales'[1].

---

1 Para algunos estudios sobre esta cuestión, *vide* Atienza Macías, E.; Rodríguez Ayuso, J. F. (Dirs.), *Las respuestas del Derecho a las crisis de salud pública*, Dykinson, Madrid, 2020; Dueñas Castrillo, A. I., Fernández Cañueto, D., Guerrero Vázquez, P., Moreno González, G., *La constitución en tiempos de pandemia*, Dykinson, Madrid, 2021; Fernández de Casadevante Mayordomo, P., "Los derechos fundamentales en estado de alarma: una suspensión inconstitucional", *Revista Vasca de Administración Pública*, núm. 119, 2021, pp. 59-99; Ridao Martín, J., *Derecho de crisis y Estado autonómico: Del estado de alarma a la cogobernanza en la gestión de la COVID-19*, Marcial Pons, Madrid, 2021; Carmona Contreras, A. M.: Rodríguez Ruiz, B. (Coord.), *Constitución y pandemia: el Estado ante la crisis sanitaria*, Valencia, Tirant lo Blanch, 2022. Los ejemplos en el panorama europeo son inabarcables, para un caso de interés para la comparación con España, *vide* Reu,

Desde este punto de vista, la lucha contra el famoso "coronavirus" se articuló a través de una batería de medidas dictadas, en buena medida, por parte de los gobiernos centrales de los países afectados, independientemente de su naturaleza más o menos descentralizada. Así, en España, se declaró el estado de alarma y el gobierno central asumió el control de la pandemia, dando esencialmente contenido a un ministerio con escasas competencias en nuestro país, como es el de sanidad. El estado de alarma se desarrolló entre el 14 de marzo y el 21 de junio de 2020 y durante este tiempo, el gobierno central asumió, con más o menos matices, el control de la sanidad (hospitales), del comercio (básicamente decretando su cierre y posterior apertura paulatina) y de la propia movilidad de las personas. La sociedad española ha presenciado la anulación de dos convocatorias electorales en Galicia y Euskadi (a través de sendos decretos autonómicos) sin base legal suficiente, ha conocido algunas innovaciones en el sistema de fuentes, como por ejemplo la introducción de modificaciones en el Decreto regulador del Estado de alarma a través de la resolución del congreso de la aceptación de una prórroga y una extraña negociación entre autoridades centrales y autonómicas que, a la postre, derivó en la alteración del régimen general del Estado de alarma a través de decretos autonómicos que exceptuaban, ampliaban o derogaban disposiciones del Decreto general[2].

Al margen de estas cuestiones, y de otras muchas como el aumento de la "normativa de excepción" con el argumento de su necesidad perentoria dada, según este razonamiento, la escasa tendencia natu-

---

I.; Nelles, J., "Marching in line through the crisis or setting one's own course in fighting the Covid-19 pandemic? A comparison of six policies, 16 states and two shutdowns in the German federation", *Perspectives on Federalism*, Vol. 14/2, 2022, pp. 103-141; Castellà Andreu, J. M., "Preserving democracy an de rule of law in a pandemic: Some lessons from the Venice Commission", Castellà Andreu, J. M.; Simonelli, M. A. (Eds.), *Populism and contemporary democracy in Europe: Old problems and new challenges*, Palgrave Macmillan, London, 2022, pp. 253-272. Además, algunas revistas especializadas han elaborado números especializados, v.gr., *Teoría y Realidad Constitucional*, núm. 48, 2021.

2 Un breve estudio se realizó en Gordillo Pérez, L. I., "El Estado Constitucional ante la crisis del coronavirus en Europa: Una primera aproximación", Luna Leal, M.; Vázquez Ramos, H.; Zúñiga Ortega, A. V. (Coords.), *Diálogos jurídicos en tiempos de COVID-19*, Universidad Veracruzana, Xalapa, 2020, pp. 147-153.

ral del ciudadano medio a cumplir las recomendaciones sanitarias, lo cierto es que esta situación debe hacer reflexionar al interesado sobre cuáles son los fines del Estado y en qué condiciones cabe limitar libertades que dábamos por sentadas en beneficio de la salud de todos. En este sentido, algunos autores y medios han destacado cómo los estados más liberales, que tanto hincapié hacen en las libertades del individuo, se han mostrado menos eficientes en el control de la pandemia que aquellos otros que poseen regímenes más o menos autoritarios. Muchos expertos han propuesto sistemas de control a través de dispositivos de geolocalización de teléfonos móviles, para identificar a posibles contagiados o potenciales portadores del virus, afectando evidentemente al ámbito de la intimidad o la protección de datos de carácter personal. Una vez más, desde que Hobbes declarara que la principal obligación del Estado es garantizar la seguridad, los ciudadanos hemos aceptado dócilmente perder libertad a cambio de ganar seguridad (en este caso, en lo que se refiere a nuestra salud). La justicia constitucional europea, por su parte, ha ido delimitando la capacidad de los Estados a la hora de establecer medidas restrictivas de las libertades para luchar contra emergencias sanitarias como la del Covid-19[3].

En el caso español, como se sabe, el Tribunal Constitucional censuró el primero y el tercero de los estados de alarma declarados por el gobierno español con el argumento de que se produjo una limitación en los derechos (particularmente la libre circulación) tal, que, más que una limitación, constituía una suspensión, con lo que habría sido necesario declarar el estado de excepción[4]. También se censuró

---

3 *Vide* el documento Comisión de Venecia, *Informe provisional sobre las medidas adoptadas en los estados miembros de la UE como resultado de la crisis del covid-19 y su impacto en la democracia, el estado de derecho y los derechos fundamentales, aprobado por la Comisión de Venecia en su 124ª sesión plenaria en línea (8-9 de octubre de 2020)*, Opinión 995/2020, CDL-AD(2020)018, Consejo de Europa, Estrasburgo, 2020. Para una recopilación exhaustiva, Castellà Andreu, J. M., "Compilación de la Comisión de Venecia de opiniones e informes sobre Estados de emergencia", *Revista general de derecho constitucional*, núm. 32, 2020.

4 *Vide* la STC 148/2021, de 14 de julio, ECLI:ES:TC:2021:148 y STC 183/2021, de 27 de octubre, ECLI:ES:TC:2021:183. Para un análisis, Recuerda Girela, M. A., "Las garantías constitucionales en los estados de emergencia: (SSTC 148/2021, 168/2021, 183/2021)", *Revista española de derecho constitucional*, núm. 125, 2022,

el llamado 'cierre del Congreso'[5] y, posteriormente, se declaró la inconstitucionalidad de ciertas medidas de intervención judicial[6].

Desde un punto de vista más específico, a partir de la tercera prórroga del primer estado de alarma decretado para luchar contra la Covid-19, las Comunidades Autónomas fueron asumiendo un papel más relevante (particularmente tras la Orden SND/387/2020[7]) y, desde la sexta prórroga (Real Decreto 555/2020, de 5 de junio[8]), cada presidente autonómico fue designado "autoridad competente delegada" en su ámbito territorial, con lo que las comunidades autónomas se convirtieron en las responsables para la gestión e implementación de las medidas necesarias para luchar contra la pandemia. En este sentido, resulta de interés observar las distintas medidas que se adoptaron en las distintas autonomías, qué criterios se siguieron para adoptarlas y cuál fue, en su caso, la reacción de los órganos de control.

Este trabajo revisa la comúnmente denominada 'normativa de excepción' y su aplicación al País Vasco, analiza la jurisprudencia relativa a las medidas adoptadas o propuestas por el Gobierno Vasco para la gestión de la pandemia y repasa el contexto y las consecuencias derivadas de la anulación de la convocatoria electoral, así como el papel, los desafíos y las limitaciones que el parlamento vasco tuvo en

---

pp. 283-325; Villar Crespo, G., "Estado de alarma: ¿para qué? Reflexiones sobre la utilidad de este estado excepcional tras las Sentencias del Tribunal Constitucional 148/2021 y 183/2021", *Revista Vasca de Administración Pública*, núm. 123, 2022, pp. 179-222; Teruel Lozano, G. M., "La legitimidad constitucional del marco jurídico para responder a la COVID-19 en cuestión", *Anuario iberoamericano de justicia constitucional*, núm. 26, 2022, pp. 551-586.

5 STC 68/2021, de 5 de octubre de 2021, ECLI:ES:TC:2021:168

6 STC 70/2022, de 2 de junio de 2022, ECLI:ES:TC:2022:70. Para un comentario, *vide* Fernández de Gatta Sánchez, D., "La STC de 2 de junio de 2022: la inconstitucionalidad de intervención judicial en relación con las medidas para luchar contra el Covid-19", *Diario La Ley*, núm. 10109, 2022.

7 Orden SND/387/2020, de 3 de mayo, por la que se regula el proceso de cogobernanza con las comunidades autónomas y ciudades de Ceuta y Melilla para la transición a una nueva normalidad, *BOE* núm. 123, de 03/05/2020.

8 Real Decreto 555/2020, de 5 de junio, por el que se prorroga el estado de alarma declarado por el Real Decreto 463/2020, de 14 de marzo, por el que se declara el estado de alarma para la gestión de la situación de crisis sanitaria ocasionada por el COVID-19, *BOE* núm. 159, de 06/06/2020.

tanto que órgano de representación y de control del ejecutivo durante la crisis sanitaria.

II. LA NORMATIVA DE EXCEPCIÓN Y SU APLICACIÓN EN EL PAÍS VASCO

1. El marco jurídico nacional

La normativa ha ido cambiando y evolucionando desde la declaración del primer estado de alarma a través del Real Decreto 463/2020, de 14 de marzo, por el que se declara el estado de alarma para la gestión de la situación de crisis sanitaria ocasionada por el COVID-19[9]. Este texto jurídico estableció el marco normativo básico conforme al cual se establecieron las medidas limitativas para luchar contra la pandemia. Fue prorrogado hasta en seis ocasiones, sufriendo algunas modificaciones a través de los decretos de prórroga, extendería su vigencia hasta el 20 de junio de 2020 y, posteriormente, algunas de sus disposiciones serían anuladas por parte del Tribunal Constitucional a través de la Sentencia 148/2021[10].

---

9 *BOE*, núm. 67, de 14/03/2020.

10 Las seis prórrogas fueron establecidas a través de los siguientes decretos: Real Decreto 476/2020, de 27 de marzo, por el que se prorroga el estado de alarma declarado por el Real Decreto 463/2020, de 14 de marzo, por el que se declara el estado de alarma para la gestión de la situación de crisis sanitaria ocasionada por el COVID-19, "BOE" núm. 86, de 28/03/2020 (primera prórroga); Real Decreto 487/2020, de 10 de abril, por el que se prorroga el estado de alarma declarado por el Real Decreto 463/2020, de 14 de marzo, por el que se declara el estado de alarma para la gestión de la situación de crisis sanitaria ocasionada por el COVID-19, "BOE" núm. 101, de 11/04/2020 (segunda prórroga); Real Decreto 492/2020, de 24 de abril, por el que se prorroga el estado de alarma declarado por el Real Decreto 463/2020, de 14 de marzo, por el que se declara el estado de alarma para la gestión de la situación de crisis sanitaria ocasionada por el COVID-19, "BOE" núm. 115, de 25/04/2020 (tercera prórroga); Real Decreto 514/2020, de 8 de mayo, por el que se prorroga el estado de alarma declarado por el Real Decreto 463/2020, de 14 de marzo, por el que se declara el estado de alarma para la gestión de la situación de crisis sanitaria ocasionada por el COVID-19, "BOE" núm. 129, de 9 de mayo de 2020 (cuarta prórroga); Real Decreto 537/2020, de 22 de mayo, por el que se prorroga el estado de alarma declarado por el Real Decreto 463/2020, de 14 de marzo, por el que

El segundo estado de alarma se centró únicamente en nueve municipios de la Comunidad de Madrid, incluyendo la capital, a través del Real Decreto 900/2020, de 9 de octubre, por el que se declara el estado de alarma para responder ante situaciones de especial riesgo por transmisión no controlada de infecciones causadas por el SARS-CoV-2[11].

El tercer estado de alarma (que, en la documentación oficial de algunos gobiernos autonómicos, como el del País Vasco, se denomina "segundo") fue decretado el 25 de octubre de 2020[12] y prorrogado una única vez, por un plazo de seis meses[13]. El Tribunal Constitucional declararía inconstitucional esta anómala y extensa prórroga a través de la STC 183/2021. Además, el Real Decreto que estableció inicialmente este tercer estado de alarma (Real Decreto 926/2020, de 25 de octubre) dispuso en su artículo 2 que las autoridades delegadas en sus respectivos territorios serían los presidentes de las Comunidades Autónomas (y también en las ciudades autónomas)

---

se declara el estado de alarma para la gestión de la situación de crisis sanitaria ocasionada por el COVID-19, "BOE" núm. 145, de 23/05/2020 (quinta prórroga); Real Decreto 555/2020, de 5 de junio, por el que se prorroga el estado de alarma declarado por el Real Decreto 463/2020, de 14 de marzo, por el que se declara el estado de alarma para la gestión de la situación de crisis sanitaria ocasionada por el COVID-19, "BOE" núm. 159, de 06/06/2020 (sexta y última prórroga). *Vide* López Basaguren, A., "El Tribunal Constitucional frente a la emergencia pandémica: (comentario a las SSTC 148, 168 y 183/2021)", *Revista española de derecho constitucional*, núm. 125, 2022, pp. 237-282; Recuerda Girela, M. A., "Las garantías constitucionales en los estados de emergencia: (SSTC 148/2021, 168/2021, 183/2021)", *Revista española de derecho constitucional*, núm. 125, 2022, pp. 283-325; y Villar Crespo, G., "Estado de alarma: ¿para qué? Reflexiones sobre la utilidad de este estado excepcional tras las Sentencias del Tribunal Constitucional 148/2021 y 183/2021", *Revista Vasca de Administración Pública*, núm. 123, 2022, pp. 179-222

11 "BOE" núm. 268, de 09/10/2020. Sobre esta cuestión, *vide* el capítulo en esta monografía elaborado por Cecilia Rosado Villaverde, "La gestión del Covid-19 en la Comunidad de Madrid: aspectos jurídico-constitucionales".

12 Real Decreto 926/2020, de 25 de octubre, por el que se declara el estado de alarma para contener la propagación de infecciones causadas por el SARS-CoV-2, "BOE" núm. 282, de 25 de octubre de 2020.

13 Real Decreto 956/2020, de 3 de noviembre, por el que se prorroga el estado de alarma declarado por el Real Decreto 926/2020, de 25 de octubre, por el que se declara el estado de alarma para contener la propagación de infecciones causadas por el SARS-CoV-2, "BOE" núm. 291, de 4 de noviembre de 2020.

quienes quedaban directamente habilitados para dictar las "órdenes, resoluciones y disposiciones" necesarias en aplicación de las medidas limitativas de derechos establecidas en los artículos 5 a 11 del Real Decreto. Esta disposición, la que erigía a los presidentes autonómicos (y sus homólogos en las ciudades autónomas) como autoridades delegadas, sería anulada por la STC 183/2021, de 27 de octubre, que, igualmente, anuló otras disposiciones más de este mismo Real Decreto.

Otra importante reforma, a los efectos de este trabajo, la constituyó la nueva redacción dada al artículo 10 de la ley de la jurisdicción contencioso-administrativa por parte de la ley 3/2020, de 18 de septiembre, de medidas procesales y organizativas para hacer frente al COVID-19 en el ámbito de la Administración de Justicia. En efecto, esta ley estableció una nuevo apartado 8 del artículo 10, que recoge las competencias de las salas de lo contencioso-administrativo de los Tribunales Superiores de Justicia, según la cual éstas "conocerán de la autorización o ratificación judicial de las medidas adoptadas con arreglo a la legislación sanitaria que las autoridades sanitarias de ámbito distinto al estatal consideren urgentes y necesarias para la salud pública e impliquen la limitación o restricción de derechos fundamentales cuando sus destinatarios no estén identificados individualmente". Igualmente, esta ley establecería un nuevo precepto "espejo" del anterior, dedicado a las medidas de la administración estatal y residenciando en la Sala de lo contencioso-administrativo de la Audiencia Nacional el control preventivo de dichas medidas. Estas modificaciones de la LJCA también serían anuladas por el Tribunal Constitucional a través de la STC 70/2022, donde la opinión de la mayoría se mostró especialmente crítica con esta disposición por atribuir a las salas de lo contencioso-administrativo "una competencia que desborda totalmente la función jurisdiccional de los jueces y tribunales"[14].

---

14 *Vide* el análisis de García Majado, P., "Libertad de circulación de las personas, leyes de policía sanitaria y COVID-19", *Revista de derecho político*, núm. 113, 2022, pp. 127-152; y Agudo González, J., "Las funciones de los órganos judiciales a debate. Cuando circunstancias extraordinarias —la pandemia de la covid-19— amenazan lo permanente —la separación de poderes—", *Revista Española de Derecho Constitucional*, núm. 126, 2022, pp. 49-88.

Por otra parte, a través del artículo 15 del Real Decreto-ley 8/2021, de 4 de mayo, por el que se adoptan medidas urgentes en el orden sanitario, social y jurisdiccional, a aplicar tras la finalización de la vigencia del estado de alarma, que modificaba los artículos 87, 87ter, y 122quater de la LJCA, se estableció la posibilidad de recurrir en casación ante el Tribunal Supremo los autos de los Tribunales Superiores de Justicia y de la Audiencia Nacional dictados en aplicación de los artículos 10.8 y 11.1 i) de la LJCA. Esta regulación fue cuestionada ante el TC a través del recurso núm. 5305-2021, admitido a trámite y pendiente aún de resolución[15].

A pesar de la anulación de estas apresuradas reformas por parte del Tribunal Constitucional, ello no impidió que, durante su vigencia, las correspondientes salas de los Tribunales Superiores de Justicia anularan numerosas medidas restrictivas de derechos establecidas por los ejecutivos autonómicos y el Tribunal Supremo, por su parte, confirmara otras.

2. *El marco jurídico autonómico*

La normativa autonómica vasca fue evolucionando también a medida que la situación de pandemia y crisis sanitaria se iba alargando y las medidas dictadas por el Gobierno Vasco eran cuestionadas por los tribunales, concretamente, por la sala de lo contencioso-administrativo del Tribunal Superior de Justicia del País Vasco, cuyas resoluciones fueron objeto de inusuales críticas por parte del ejecutivo autonómico, tanto en la prensa como a través de comunicados institucionales, que fueron respondidas con otro inusual comunicado por parte de la Sala de Gobierno del TSJ del País Vasco en el que censuraba los "ataques personales" vertidos contra el presidente de la Sala de lo contencioso-administrativo[16].

---

15 Recurso de inconstitucionalidad núm. 5305-2021, contra el artículo 15 (Capítulo VI) y el punto 6.° de la disposición final primera del Real Decreto-ley 8/2021, de 4 de mayo, por el que se adoptan medidas urgentes en el orden sanitario, social y jurisdiccional, a aplicar tras la finalización del estado de alarma declarado por el Real Decreto 926/2020, de 25 de octubre, *BOE* núm. 247, de 15 de octubre de 2021.

16 Para un botón de muestra, *vide* Diario *El Mundo*, 17 noviembre 2021, disponible en <https://www.elmundo.es/pais-vasco/2021/09/17/61447406e4d4d8755f8b

En el caso del País Vasco, sólo un día antes de que se decretara el primer estado de alarma, el 13 de marzo de 2020, el Gobierno Vasco aprobó la declaración de situación de emergencia sanitaria. Técnicamente, se procedió a activar formalmente el Plan de Protección Civil de Euskadi (o LABI, como se le acabó conociendo, por las siglas en euskera de *Larrialdiari Aurre egiteko Bidea*), "para hacer frente a la situación de alerta epidemiológica generada por la propagación del Covid-19". Al amparo de la legislación entonces vigente, esencialmente el Decreto Legislativo 1/2017, del texto refundido de la Ley de Gestión de Emergencias, se aprobarían cinco resoluciones, tres de la Consejera de Salud, una de la Consejera de Seguridad y otra del propio Lehendakari:

- Una Orden de la Consejera de Salud, por la que se adoptan medidas de salud pública en Euskadi como consecuencia de la situación y evolución del Covid-19[17]. Ésta es, por cierto, la única resolución en la que se usa la expresión "emergencia sanitaria", aludiendo a una resolución previa del viceconsejero de salud. A la anterior, se añadiría otra Orden de la Consejera de Salud y de idéntica fecha por la que se adoptaron "medidas preventivas de salud pública"[18]. Finalmente, esta misma autoridad aprobaría una última resolución por la solicitaba de la

45ff.html>; Acta de la Comisión de la Sala de Gobierno del TSJ País Vasco de 17 de septiembre de 2021, disponible en <https://www.poderjudicial.es/cgpj/es/Poder-Judicial/Tribunales-Superiores-de-Justicia/TSJ-Pais-Vasco/Sala-de-Gobierno/Acuerdos-Sala-de-Gobierno/Acta-de-la-Comision-de-la-Sala-de-Gobierno-del-TSJ-Pais-Vasco-de-17-de-septiembre-de-2021>; Valoración del Gobierno Vasco al fallo del TSJPV sobre la exigencia del certificado COVID de la UE, 22 noviembre 2021, disponible en <https://www.euskadi.eus/noticia/2021/valoracion-del-gobierno-vasco-al-fallo-del-tsjpv-exigencia-del-certificado-covid-ue/web01-a2inzer/es/>

17 Orden de 14 de marzo de 2020, de la Consejera de Salud, por la que se adoptan medidas de salud pública de la Comunidad Autónoma de Euskadi como consecuencia de la situación y evolución del coronavirus (Covid-19), *BOPV* núm. 52, 14 de marzo de 2020.

18 Orden de 13 de marzo de 2020, de la Consejera de Salud por la que se adoptan medidas preventivas de salud pública de la Comunidad Autónoma de Euskadi como consecuencia de la situación y evolución del coronavirus (Covid-19), *BOPV* núm. 52, 14 de marzo de 2020.

Consejera de Seguridad la activación formal del Plan de Protección Civil de Euskadi[19].

- La Orden de la Consejera de Seguridad por la que se procede a la activación formal del Plan de Protección Civil de Euskadi, "ante la situación generada por la alerta sanitaria" derivada del Covid-19[20].
- El Decreto del Lehendakari "por el que se avoca para sí la dirección del Plan de Protección Civil de Euskadi"[21].

Este primer período de emergencia sanitaria, que entraría en vigor al mismo tiempo que el estado de alarma decretado por el gobierno central, se prolongaría hasta el 17 de mayo de 2020, solapándose pues con el estado de alarma, aunque el Decreto de Lehendakari que ponía fin a esta situación se publicaría en el Boletín Oficial del País Vasco se publicó el día 19 de mayo, junto con la orden de la Consejera de Salud que solicitaba la "modulación del Plan de Protección Civil de Euskadi" para adaptarlo a la nueva fase de vigilancia sanitaria[22]. En este período, y sólo unos días antes, se publicaron algunas resoluciones que establecieron una "flexibilización de las restricciones

---

19 Orden de 13 de marzo de 2020, de la Consejera de Salud, por la que solicita de la Consejera de Seguridad la activación formal del Plan de Protección Civil de Euskadi, larrialdiei aurregiteko bidea-Labi ante la situación generada por la alerta sanitaria derivada de la propagación del Covid-19, *BOPV* núm. 52, 14 de marzo de 2020.

20 Orden de 13 de marzo de 2020, de la Consejera de Seguridad, por la que se procede a la activación formal del Plan de Protección Civil de Euskadi, Larrialdiei Aurregiteko Bidea-Labi, ante la situación generada por la alerta sanitaria derivada de la propagación del Covid-19, *BOPV* núm. 52, 14 de marzo de 2020.

21 Decreto 6/2020, de 13 de marzo, del Lehendakari, por el que avoca para sí la dirección del Plan de Protección Civil de Euskadi, Larrialdiei Aurregiteko Bidea-Labi, ante la situación generada por la alerta sanitaria derivada de la propagación del Covid-19, *BOPV* núm. 52, 14 de marzo de 2020.

22 *Vide* la Orden de 14 de mayo de 2020, de la Consejera de Salud, por la que solicita al Lehendakari la modulación del Plan de Protección Civil de Euskadi, Larrialdiei Aurregiteko Bidea (LABI), para adaptarlo a la nueva fase de vigilancia sanitaria, *BOPV* núm. 94, 19 mayo 2020 y el Decreto 10/2020, de 17 de mayo, del Lehendakari, por el que se deja sin efecto la avocación de la dirección del Plan de Protección Civil de Euskadi, Larrialdiei Aurregiteko Bidea (LABI), acordada mediante Decreto 6/2020, de 13 de marzo, del Lehendakari, *BOPV* núm. 94, 19 mayo 2020.

establecidas tras la declaración del estado de alarma, en aplicación de la fase 1 del Plan para la Transición hacia una Nueva Normalidad, con el fin de adaptarlas a la evolución de la emergencia sanitaria en Euskadi"[23]. Esta entrada, por parte del País Vasco, en la llamada fase 1, recogida en la Orden SND/387/2020, se haría luego de que el Gobierno Vasco enviase al Ministerio de Sanidad una serie de informes, que incluían medidas de coordinación entre los departamentos y organismos de la Comunidad Autónoma de Euskadi, y que se agruparon en un documento denominado Plan Bizi Berri (traducción de "nueva vida" o "nueva normalidad")[24]. El ejecutivo autonómico envió al Ministerio este plan en fase de borrador y, aunque en la documentación oficial posterior consta su aprobación con fecha de 4 de mayo de 2020, no figura reseña o nota de su aprobación formal por parte del Consejo de Gobierno en la relación de órdenes del día

---

23 *Vide* el Decreto 8/2020, de 10 de mayo, del Lehendakari, por el que se establecen normas para la aplicación, en el ámbito de la Comunidad Autónoma de Euskadi, de las modificaciones, ampliaciones y restricciones acordadas con el Gobierno español, en relación con la flexibilización de las restricciones establecidas tras la declaración del estado de alarma, en aplicación de la fase 1 del Plan para la Transición hacia una Nueva Normalidad, con el fin de adaptarlas a la evolución de la emergencia sanitaria en Euskadi, BOPV núm. 87, 11 mayo 2020; la Orden de 5 de mayo de 2020, de la Consejera de Salud, por la que se derogan otras anteriores de este Departamento, con el fin de adaptar la normativa autonómica a la actual situación de evolución de la pandemia originada por la Covid-19 y a las medidas adoptadas por la autoridad delegada competente en materia de sanidad durante el estado de alarma, BOPV núm. 87, 11 de mayo de 2020; y el Decreto 9/2020, de 15 de mayo, del Lehendakari, de modificación del Decreto 8/2020, de 10 de mayo, del Lehendakari, por el que se establecen normas para la aplicación, en el ámbito de la Comunidad Autónoma de Euskadi, de las modificaciones, ampliaciones y restricciones acordadas con el Gobierno español, en relación con la flexibilización de las restricciones establecidas tras la declaración del estado de alarma, en aplicación de la fase 1 del Plan para la Transición hacia una Nueva Normalidad, con el fin de adaptarlas a la evolución de la emergencia sanitaria en Euskadi, BOPV núm. 92, 16 mayo 2020.

24 *Vide* el documento *Análisis sobre la situación epidemiológica y las capacidades estratégicas sanitarias de la Comunidad Autónoma del País Vasco dentro del Plan de Transición hacia una nueva normalidad*, Dirección General de Salud Pública, Calidad e Innovación, Ministerio de Sanidad, 8 de mayo de 2020, disponible en < https://www.sanidad.gob.es/en/profesionales/saludPublica/ccayes/alertasActual/nCov/documentos/20200508PAISVASCO.pdf >

y de los acuerdos adoptados en aquellas fechas[25], sino que más bien constituyó "una guía del Gobierno Vasco para desarrollar un diálogo con el Gobierno español", coordinado por la Consejera de Desarrollo Económico e Infraestructuras, tal y como reconoció el ejecutivo en un documento posterior[26].

El estado de alarma entonces vigente (4ª prórroga) se prolongaría aún hasta el 21 de junio, aunque eliminando paulatinamente algunas de las limitaciones, en lo que se denominó la "fase de desescalada" y dando paso, a continuación, a la denominada de "nueva normalidad", que implicaría aún ciertas restricciones e importantes limitaciones, pero lejos ya de la fase de confinamiento que se vivió en el estado de alarma[27]. Esta "fase de desescalada" nacional coincidió con dos hechos relevantes: el inicio de la campaña de verano en un país en el que la industria del turismo es su "gran motor de la economía y el empleo"[28] y la convocatoria definitiva de las elecciones al Parlamento Vasco[29] y al Parlamento Gallego[30], después de la anulación de sendas convocatorias, como consecuencia de la pandemia. Como se observa, en el caso vasco, coincidieron en el tiempo, y en el Boletín Oficial del mismo día, la finalización de la primera "situación de

---

[25] La relación de las sesiones del Consejo de Gobierno, con el orden del día correspondiente y la relación de acuerdos adoptados puede consultarse en la web oficial del Gobierno vasco <https://www.euskadi.eus/web01-s2jusap/es/p05a-ConsejoWar/consejosGobierno/maint?locale=es>.

[26] *Vide* el documento *Dos años de gobernanza y gestión de la pandemia en Euskadi. Lecciones aprendidas para el futuro*, Gobierno Vasco, Lehendakaritza-Presidencia, 11 de marzo de 2022, p. 51, disponible en <https://www.euskadi.eus/contenidos/informacion/biziberri_agenda2030/es_def/adjuntos/Memoria-dos-an-os-pandemia.pdf>

[27] *Vide* el Acuerdo del Consejo de Ministros de 28 de abril de 2020, por el que se aprobó el Plan para la Transición hacia una Nueva Normalidad, cuyo texto se encuentra disponible en <https://www.lamoncloa.gob.es/consejodeministros/resumenes/Documents/2020/PlanTransicionNuevaNormalidad.pdf>

[28] Como asevera el ICEX en su documentación oficial "la industria del turismo es el gran motor de la economía y del empleo españoles (2,5 millones de empleos)", disponible en <https://www.investinspain.org/es/sectores/turismo-ocio>

[29] Decreto 11/2020, de 18 de mayo, del Lehendakari, por el que se convocan elecciones al Parlamento Vasco, *BOPV* núm. 94, 19 mayo 2020.

[30] Decreto 72/2020, de 18 de mayo, de convocatoria de elecciones al Parlamento de Galicia, *DOG* núm. 96, 19 mayo 2020.

emergencia sanitaria" en Euskadi y la convocatoria de las elecciones al Parlamento Vasco para el día 12 de julio de 2020.

Un mes después, sin embargo, y con el Gobierno Vasco en funciones tras la convocatoria electoral, se decretaría la segunda declaración de emergencia sanitaria en Euskadi que se extendió desde el 17 de agosto de 2020 hasta el 7 de octubre de 2021. De forma similar a la vez anterior, se aprobaron tres resoluciones:

- Una Orden de la Consejera de Salud solicitando la activación formal del Plan de Protección Civil de Euskadi ante la situación generada por la alerta sanitaria[31].
- La correspondiente orden de la Consejera de Seguridad activando dicho Plan[32].
- El Decreto del Lehendakari avocando, para sí, la dirección del Plan de Protección Civil de Euskadi[33].

En este segundo período de "emergencia sanitaria" comenzaron a notarse las carencias y debilidades del marco jurídico nacional y autonómico para convertir en más o menos estables o permanentes medidas que estaban diseñadas para ser temporales y para ser aplicadas con la precisión que se emplea un fino bisturí, realizando una adecuada ponderación entre la necesidad y la proporcionalidad[34]. Este período, además, se solapó con el tercer estado de alarma, que

---

31 Orden de 14 de agosto de 2020, de la Consejera de Salud, por la que solicita de la Consejera de Seguridad la activación formal del Plan de Protección Civil de Euskadi, Larrialdiei Aurregiteko Bidea-Labi ante la situación generada por la alerta sanitaria derivada de la propagación del COVID-19, *BOPV* núm. 160, 17 agosto 2020.

32 Orden de 14 de agosto de 2020, de la Consejera de Seguridad, por la que se procede a la activación formal del Plan de Protección Civil de Euskadi, Larrialdiei Aurregiteko Bidea-Labi, ante la situación generada por la alerta sanitaria derivada de la propagación del COVID-19, *BOPV* núm. 160, 17 agosto 2020.

33 Decreto 17/2020, de 15 de agosto, del Lehendakari, por el que avoca para sí la dirección del Plan de Protección Civil de Euskadi, Larrialdiei Aurregiteko Bidea-Labi, ante la situación generada por la alerta sanitaria derivada de la propagación de la COVID-19, *BOPV* núm. 160, 17 agosto 2020.

34 Sobre esta cuestión, *vide* Álvarez Buján, M. V., "A propósito del estado de alarma decretado en España por causa del Covid-19: el olvido del principio de proporcionalidad", *Revista Vasca de Administración Pública*, núm. 119, 2021, pp. 209-248.

sería declarado inconstitucional, fue testigo la censura de numerosas medidas limitativas de derechos aprobadas por el gobierno vasco y sometidas al Tribunal Superior de Justicia, y presenció, en su tramo final, la aprobación de la Ley 2/2021, de 24 de junio, de medidas para la gestión de la pandemia de COVID-19, aprobada por el parlamento vasco, por el trámite de urgencia y a través de una proposición de ley de los dos grupos que sustentaban al gobierno, evitando los informes previos que necesitaría un proyecto de ley de esta envergadura[35].

El tercer período de emergencia sanitaria se desarrolló entre los días 3 de diciembre de 2021 y 28 de febrero de 2022. La novedad jurídica fundamental, en esta ocasión, radicó en que la declaración, el fin y las medidas que se adoptaron se realizaron al amparo de la Ley 2/2021, de 24 de junio, aprobada por el parlamento vasco. En cuanto a la mecánica de la declaración, al igual que en las ocasiones anteriores, se aprobaron tres resoluciones: dos órdenes y un decreto del *Lehendakari*[36]. En esta ocasión, la Ley 2/2021 ya estableció en su artículo 4.2 que "mientras dure la situación de emergencia sanitaria", el jefe del ejecutivo autonómico y "sin perjuicio de las facultades que le correspondan como autoridad delegada en virtud, en su caso, de la declaración del estado de alarma, asumirá también la dirección única

---

35 Los grupos que sustentan al gobierno, Nacionalistas Vascos (Partido Nacionalista Vasco) y Socialistas Vascos (Partido Socialista de Euskadi-Euskadiko Ezkerra) admitieron 76 enmiendas, más 3 transaccionales y rechazaron 181. Casi todas las enmiendas que se admitieron fueron de tipo "técnico", es decir, que no suponían un cambio sustancial de la proposición inicialmente presentada. El proceso de aprobación de esta ley, que se sustanció en apenas tres meses, está disponible, con toda la documentación en <https://shorturl.at/cCFX1>

36 Orden de 2 de diciembre de 2021, del Vicelehendakari Primero y Consejero de Seguridad, por la que se procede a la activación formal del Plan de Protección Civil de Euskadi, Larrialdiei Aurregiteko Bidea-Labi, para hacer frente a la nueva fase de la pandemia por COVID-19 y Orden de 2 de diciembre de 2021, de la Consejera de Salud, por la que solicita al Lehendakari la declaración de la situación de emergencia sanitaria a tenor de lo dispuesto en el artículo 4 de la Ley 2/2021, de 24 de junio, de medidas para la gestión de la pandemia de COVID-19 y al Vicelehendakari Primero y Consejero de Seguridad la activación del Plan de Protección Civil de Euskadi, Larrialdiei Aurregiteko Bidea (Labi), para hacer frente a la nueva fase de la pandemia por COVID-19, ambas publicadas en el extraordinario *BOPV* núm. 241, 2 diciembre 2021.

y coordinación de las actividades de la emergencia contempladas en la presente ley y aquellas previstas ante la situación generada por la alerta sanitaria derivada de la propagación de la COVID-19 en el Plan de Protección Civil de Euskadi-Labi". Es decir, el decreto de declaración del estado de emergencia sanitaria ya no avoca por sí mismo la competencia para dirigir el Plan de Protección Civil de Euskadi, en tanto que la nueva ley ya le atribuye esta función. Además, otra cuestión de interés, consiste en que en el mismo decreto de declaración de este estado de emergencia sanitaria se hizo pública, a través de un anexo, la composición de un "Consejo Asesor del Labi", coordinado por la Consejera de Salud, integrado por el viceconsejero de salud y la directora general de Osakidetza-Servicio Vasco de Salud, seis consejeros más del gobierno vasco (Seguridad; Gobernanza Pública y Autogobierno; Planificación Territorial, Vivienda y Transportes; Educación; Turismo, Comercio y Consumo; y Cultura-portavoz), los tres diputados generales, los alcaldes de las tres capitales y el Delegado del Gobierno. Igualmente, la nueva regulación consolidó un "comité técnico" o "grupo de apoyo técnico" de este Consejo Asesor. Así, la Disposición adicional primera de la Ley 2/2021 sustituyó la anterior "comisión asesora técnica del LABI" por un nuevo "comité técnico", coordinado por el Secretario General (viceconsejero) de Transición Social y Agenda 2030, que se autodenominó "comisión técnica del consejo asesor del LABI". La inicial "comisión asesora técnica del LABI" estaba también coordinada por el mismo Secretario General del Gobierno Vasco, e incluía, además, 7 altos cargos y 7 especialistas[37]. La posterior "comisión técnica del consejo asesor del LABI" quedó integrada esencialmente por altos cargos y responsables de Osakidetza-Servicio Vasco de Salud, el viceconsejero de Seguridad y el viceconsejero de régimen jurídico, a los que se sumaban, en algunas reuniones, otros altos cargos y responsables gubernamentales y, excepcionalmente, algún especialista[38].

---

[37] *Vide* la respuesta dada por la Consejera de Salud el 21 de diciembre de 2020 a la solicitud de información cursada por la parlamentaria Dª Laura Garrido Knörr (expediente 12/10/07/02/00331-4230) y disponible en <https://shorturl.at/dwKSU>

[38] *Vide* la respuesta dada por la Consejera de Salud el 4 de octubre de 2021 a la solicitud de información cursada por la parlamentaria Dª Rebeka Ubera Aranzeta (expediente 12/10/07/02/01465-6286) y disponible en <https://shorturl.

En conclusión, la actividad normativa autonómica ha sido particularmente intensa, con la aprobación de numerosas órdenes de los consejeros competentes y del propio Lehendakari. La sucesión de normas ha sido tal que resultaba difícil realizar un seguimiento adecuado de la normativa vigente, no ya al propio ciudadano lego en Derecho, sino al jurista especializado[39].

III. EL CONTROL JURISDICCIONAL DE LAS MEDIDAS EN EL ÁMBITO DEL PAÍS VASCO

Tras un primer período de "shock" colectivo, y en vista de que las medidas restrictivas se prolongaban, algunos afectados comenzaron a recurrir a los tribunales en defensa de sus intereses particulares e, igualmente, algunos diputados se movilizaron y presentaron distintos recursos ante el Tribunal Constitucional[40]. Como consecuencia de ello, numerosas medidas fueron anuladas y los poderes públicos tuvieron incluso que adoptar medidas específicas para reconducir algunas situaciones y procesos ante la declaración de inconstitucionalidad de los dos estados de alarma que afectaron a Euskadi.

Así, en primer lugar, y en cuanto a la justicia constitucional, cabe señalar que las sentencias del Tribunal Constitucional 148/2021, de 14 de julio y la 183/2021, de 27 de octubre, tuvieron efectos muy concretos en el ámbito del País Vasco. Tanto es así, que obligaron al Gobierno Vasco a elaborar sendas resoluciones ordenando la no incoación de procesos sancionadores, la paralización de aquellos que estuvieran en curso, la revocación de las sanciones ya establecidas, y

---

at/oJT56>, especialmente, las pp. 2, 73, 96, 197, 241, 269, 365, 388, 411 y 515, donde se indican los asistentes a las reuniones.

39 Una relación exhaustiva de las normas aprobadas durante la gestión del Covid se encuentra disponible en la web oficial del Gobierno Vasco <https://www.euskadi.eus/normativa-de-medidas-excepcionales-adoptadas-por-el-nuevo-coronavirus-covid-19/web01-a2korona/es/>

40 Además de la jurisprudencia constitucional mencionada y de la del TSJ del País Vasco (que se verá a continuación), hubo una importante actividad ante el Tribunal Supremo. Para una ilustración, *vide* Lucas Murillo de la Cueva, P., "La pandemia, el estado de alarma y los jueces", *Revista Vasca de Administración Pública*, núm. 121, 2021, pp. 61-128.

a la consiguiente devolución de las cantidades abonadas por los afectados más los intereses legales. Es decir, se aprobaron unas resoluciones estableciendo las medidas necesarias para deshacer los efectos derivados de la aplicación de los poderes sancionadores habilitados por los decretos de los estados de alarma[41].

Pero, en todo caso, por lo que destaca la gestión del Covid-19 por parte del Gobierno Vasco es por alto número de resoluciones judiciales en contra de las medidas adoptadas o propuestas por el ejecutivo y que censuró el Tribunal Superior de Justicia del País Vasco. En concreto, merece la pena destacar las siguientes resoluciones:

- Auto del Tribunal Superior de Justicia del País Vasco 50/2020, de 14 agosto 2020, recurso núm. 55/2020, ECLI:ES:TSJPV:2020:50A (medidas cautelares). La sala de lo contencioso-administrativo admitió la solicitud de medidas cautelares presentada por la Asociación de Hostelería de Bizkaia y la Asociación de Empresarios de Hostelería de Guipuzcoa y, en este sentido, suspendió la ejecutividad de la Orden de 28 de julio de 2020, apartado 3.26,3 del Anexo de Medidas de prevención, en relación con el horario de cierre de actividades de dos tipos de locales (grupos III y IV, discotecas y ocio nocturno), fijando un nuevo horario de cierre distinto (más tardío) del establecido por el Gobierno Vasco. La Sala censura que "la documentación aportada por el Gobierno Vasco cara a justificar la necesidad de la medida delimitación horaria cara a proteger la salud pública se centra, a parte de múltiples noticias de prensa de sobra conocidas en dos documentos (...)", que serían sendos documentos firmados por el Director de Salud Pública y Adicciones que el tribunal consi-

---

41 Orden de 17 de agosto de 2021, del Vicelehendakari Primero y Consejero de Seguridad, por la que se llevan a cabo diversas actuaciones con motivo del fallo de la Sentencia del Tribunal Constitucional 148/2021, de 14 de julio de 2021, *BOPV* N.º 174, 1 de septiembre de 2021; y Orden de 12 de enero de 2022, del Vicelehendakari Primero y Consejero de Seguridad, por la que se ordenan diversas actuaciones con motivo de las Sentencias del Tribunal Constitucional n.º 148/2021, de 14 de julio, y n.º 183/2021, de 27 de octubre, *BOPV* N.º 22, martes 1 de febrero de 2022; y Decreto 44/2021, de 2 diciembre, del Lehendakari, por el que se declara la situación de emergencia sanitaria en Euskadi, derivada de la pandemia de COVID-19, *BOPV* N.º 242, 3 diciembre 2021.

dera insuficientes para justificar las pretensiones del Gobierno Vasco y, en consecuencia, admite las medidas cautelares solicitadas por las asociaciones de hostelería.

- Auto del Tribunal Superior de Justicia del País Vasco 52/2020, de 22 octubre 2020, recurso núm. 1007/2020, ECLI:ES:TSJPV:2020:52A (autorización/ratificación de medidas restrictivas, 10.8 LJCA). En esta resolución, la sala de lo contencioso-administrativo rechazó la autorización, conforme al artículo 10.8 de la Ley de la Jurisdiccción Contencioso-administrativa, de la medida limitadora del derecho de reunión propuesta por el Gobierno Vasco. En este sentido, el ejecutivo autonómico quiso reducir "la participación en cualquier agrupación o reunión (...) a un número máximo de 6 personas, tenga lugar tanto en espacios públicos como privados, excepto en el caso de personas convivientes". En este caso, el argumento del que se vale la sala consiste, básicamente, en que, en virtud de las circunstancias y teniendo en cuenta la medida prevista (limitación del derecho fundamental de reunión) la Ley Orgánica 3/1986 no ofrecía una cobertura jurídica suficiente al Gobierno Vasco para establecer tal limitación.
- Auto del Tribunal Superior de Justicia del País Vasco 2/2021, de 9 febrero 2021, recurso núm. 94/2021, ECLI:ES:TSJPV:2021:2A (medidas cautelares). De nuevo, la sala de lo contencioso admite los argumentos de los recurrentes, las tres asociaciones de hostelería del País Vasco, contra la posición del Gobierno Vasco, que pretendía la ratificación del cierre de la hostelería en municipios con cierta tasa de incidencia acumulada. La Sala argumentó que teniendo en cuenta el resto de medidas establecidas en la normativa (limitaciones de aforo, establecimiento de distancias mínimas, máximo de comensales por mesa, prohibición de consumo en barra...), habida cuenta de que en el reciente aumento de contagios que la administración aducía había tenido un alto impacto las celebraciones navideñas, "no aparece con claridad la influencia de la apertura de los establecimientos hosteleros con el elevado nivel de incidencia del virus tras la celebración de la Navidad". Por ello, el Auto concluye que "la apertura de la actividad hostelera, en las con-

diciones antedichas, no aparece en este momento como un elemento de riesgo cierto y grave para la salud pública por lo que se accederá a la medida cautelar en estos términos". La Sala, en todo caso, recordaba que esta medida cautelar podría ser modificada o revocada si cambiasen las circunstancias.

- Auto del Tribunal Superior de Justicia del País Vasco 37/2021, de 7 mayo 2021, recurso núm. 21/2021, ECLI:ES:TSJPV:2021:37A (autorización/ratificación de medidas restrictivas, 10.8 LJCA). Esta resolución también deniega las pretensiones del Gobierno Vasco que pretendía implementar una serie de medidas entre las que se encontraban la limitación del derecho de reunión, el establecimiento de un "toque de queda" (entre las 22:00 y las 6:00) así como de cierres perimetrales en el seno de la Comunidad. Una vez más, el TSJV falla en contra del Gobierno Vasco aduciendo, fundamentalmente, la falta de amparo legal suficiente para limitar los derechos fundamentales afectados. Concretamente, y al igual que en el Auto 52/2020, de 22 de octubre, censura el empleo de la Ley Orgánica 3/1986 como base jurídica, en tanto que ésta realizaría una "habilitación en blanco" contraria las garantías constitucionales, en tanto que, además, "nuestro actual ordenamiento jurídico no permite que las Comunidades Autónomas puedan acordar, fuera del estado de alarma, medidas restrictivas de derechos fundamentales con carácter general no individualizado".

- Auto del Tribunal Superior de Justicia del País Vasco 146/2021, de 3 agosto 2021, recurso núm. 69/2021, ECLI:ES:TSJPV:2021:146A (medidas cautelares). Este auto suspende la ejecución de una norma contenida en un decreto del Gobierno Vasco que establecía la obligación del uso de la mascarilla "para los desplazamientos y paseos en playas y piscinas". El argumento principal que emplea el tribunal tiene que ver con el establecimiento de una carga, cuyo incumplimiento pudiera conllevar incluso la imposición de una sanción, cuando es una situación no prohibida por la norma del Estado y que generaría situaciones de desigualdad entre las obligaciones de los ciudadanos en diversas partes del territorio nacional".

- Auto del Tribunal Superior de Justicia del País Vasco, de 14 de septiembre de 2021 (medidas cautelares). Este auto que resuelve una petición de medidas cautelares solicitada por la Liga de Fútbol Profesional y que eleva el aforo de asistencia en los partidos de la Liga del 30% que establecía el Decreto 36/2021, de 30 de agosto del Gobierno Vasco, al 60%. La Liga pretendía que se aplicase la limitación de aforo acordada en el Consejo Interterritorial del Sistema Nacional de Salud, que resultaba más beneficiosa que la establecida en el Decreto del Gobierno Vasco. La Sala considera que elevar el aforo al 60% no resulta "una medida fijada arbitrariamente", sino que "tiene su base en un acuerdo del Consejo Interterritorial del Sistema Nacional de Salud de 1 de septiembre de 2021, que así lo fija, aun de forma orientativa".
- Auto del Tribunal Superior de Justicia del País Vasco 281/2021, de 22 noviembre 2021, recurso núm. 973/2021, ECLI:ES:TSJPV:2021:281A (autorización/ratificación de medidas restrictivas, 10.8 LJCA). La mayoría de la Sala rechazó la exigencia del Certificado Covid Digital de la Unión Europea (QR) en el ocio nocturno y en la restauración (con más de 50 plazas para comensales). El argumento principal se centra en la falta de justificación suficiente de la restricción de derechos fundamentales, censurando la ausencia de argumentos tanto en la "Memoria Justificativa de la Orden" como en el propio "escrito de alegaciones". En síntesis, la mayoría de la Sala censura la falta de idoneidad, necesidad y proporcionalidad de la medida, utilizando como elemento de análisis cualificado la "Memoria Justificativa de la Orden". Este auto contó con un voto particular en contra, elaborado por el presidente de la Sala y ponente en los autos anteriores que anulaban o no autorizaban las medidas restrictivas implementadas o propuestas por el Gobierno Vasco. Este Auto sería recurrido por el ejecutivo autonómico, cosa también excepcional en el desarrollo de estos contenciosos por medidas anti-Covid, y el Tribunal Supremo lo acabaría anulando y ratificando las medidas propuestas[42].

---

[42] STS 4309/2021, de 1 diciembre 2021, recurso núm. 8074/2021, ECLI:ES:TS:2021:4309.

- Autos del Tribunal Superior de Justicia del País Vasco de 30 y 31 de diciembre de 2021 (medidas cautelares). Estos autos, no publicados, rechazan la petición de las asociaciones de hostelería de Vizcaya, Guipúzcoa y Álava en las que pedían, respectivamente, la adopción de medidas cautelarísimas y cautelares por las cuales se anulase la regulación del Gobierno Vasco que establecía el cierre de establecimientos a las 1:00h, la limitación del aforo al 60%, la prohibición de consumir en barra, límite de agrupaciones de comensales a 10 personas y la prohibición de abrir al público has las 8:00 los días 1 y 6 de enero de 2022.
- Auto del Tribunal Superior de Justicia del País Vasco 69/2022, de 1 febrero 2022, recurso núm. 69/2022, ECLI:ES:TSJPV:2022:69A (autorización/ratificación de medidas restrictivas, 10.8 LJCA). Esta resolución deniega las pretensiones del Gobierno Vasco de prorrogar la vigencia de la exigencia del llamado "pasaporte Covid" para acceder a ciertos establecimientos, eventos, actividades y lugares e, igualmente, rechaza la petición del ejecutivo de ampliar los establecimientos en los que resultaría preceptiva la exigencia del mencionado Certificado Covid Digital de la UE (QR). La Sala rechaza la solicitud del Gobierno Vasco criticando, además, la escasa motivación que su servicio jurídico trasladó al órgano judicial. En palabras del TSJ, que bien pueden sintetizar la "jurisprudencia Covid" de este órgano judicial, "las circunstancias de hecho existentes en la actualidad, y la nueva evidencia científica disponible, hacían preciso que el Gobierno vasco justificara la eficacia y necesidad de la medida con un esfuerzo de motivación mayor que el que ha realizado al presentar una solicitud casi idéntica a las anteriores que soslaya las nuevas circunstancias acreditadas. No habiéndolo hecho, ha de entenderse que la solicitud de autorización judicial de prórroga de la medida no supera el triple juicio de proporcionalidad, necesidad y fundamentalmente de idoneidad, al no justificar precisamente la eficacia de la medida, a día de hoy, para evitar o reducir de manera apreciable los contagios; y en consecuencia la medida solicitada no puede autorizarse".

- Sentencia del Tribunal Superior de Justicia del País Vasco 1976/2022, de 20 septiembre 2022, ECLI:ES:TSJPV:2022:1976. Esta sentencia, dictada en el contexto de un proceso de amparo ordinario, anuló el Decreto 47/2021, del Lehendakari, por el que se amplían los establecimientos, eventos, actividades y lugares para cuyo acceso es preceptiva la exigencia del Certificado Covid Digital de la Unión Europea (QR), establecidos por Orden de 17 de noviembre de 2021, de la Consejera de Salud. El argumento fundamental consiste en que la norma, al ampliar los establecimientos, eventos, actividades y lugares para cuyo acceso resulta preceptivo el "pasaporte Covid" no cumpliría con el estándar necesario en cuanto a su motivación, proporcionalidad, idoneidad y necesidad. La sentencia se centra en los contradictorio de los informes técnicos aportados y añade un argumento singular, y es que, "desde el punto de vista del derecho de la Unión la utilización del denominado pasaporte Covid para usos distintos de facilitar la libre circulación entre Estados miembros no está contemplada por el Reglamento (UE) 201/953". El Gobierno Vasco anunció que recurriría esta sentencia ante el Tribunal Supremo[43].

En conclusión, cabe señalar que el Tribunal de Justicia del País Vasco ha actuado como verdadero contrapeso del Gobierno Vasco, cuya actuación en la gestión del Covid ha sido habitualmente censurada por el órgano judicial de control. Sorprende la reacción del Gobierno Vasco en algunos casos, que centró en el presidente de la Sala de lo Contencioso sus críticas. La Sala de Gobierno del TSJ reaccionó amparando al magistrado, pero el Gobierno Vasco todavía

---

43 *Vide* la nota oficial del Gobierno Vasco de 1 de octubre de 2022, disponible en <https://www.euskadi.eus/gobierno-vasco/-/noticia/2022/el-gobierno-vasco-recurrira-sentencia-del-tsjpv-que-anula-decreto-pasaporte-covid-previamente-autorizado-mismo-tribunal/>. Sobre la cuestión objeto del litigio, resulta de interés el trabajo Santisteban Galarza, M., "La proporcionalidad del uso del pasaporte COVID para permitir la apertura del interior de establecimientos abiertos al público: un breve comentario a la sentencia de 14 de septiembre de 2021 del Tribunal Supremo", *Revista de derecho y genoma humano: genética, biotecnología y medicina avanzada*, núm. 56, 2022, pp. 171-186.

realizaría críticas adicionales a esta jurisprudencia en un documento de valoración y autoevaluación de la gestión de la pandemia[44].

La reacción jurídico-institucional del Gobierno Vasco en su momento consistió en impulsar una norma con rango de ley que incluía la posibilidad de establecer algunas limitaciones en situaciones de crisis o emergencia sanitaria, con lo que se evitaba, en cierta manera, la necesidad de acudir preventivamente al TSJ para solicitar la ratificación o autorización del establecimiento de medidas limitadoras de derechos. En efecto, como se ha adelantado *supra*, y como quedaría sustanciado en el debate de toma en consideración de la proposición de ley que daría lugar a la Ley 2/2021, de 24 de junio, de medidas para la gestión de la pandemia de COVID-19, esta iniciativa, aunque formalmente presentada en el Parlamento Vasco por los grupos Nacionalistas Vascos (PNV) y Socialistas Vascos (PSE-EE), fue auspiciada directamente por el Departamento de Gobernanza Pública y Autogobierno del Gobierno Vasco, que evitó además la necesidad de solicitar los informes jurídicos pertinentes que una norma de estas características requiere[45].

IV. LA ADAPTACIÓN DE LA VIDA INSTITUCIONAL A LA SITUACIÓN DE EXCEPCIÓN

1. La anulación de la convocatoria electoral

El 10 de febrero de 2020, el *Lehendakari* del Gobierno Vasco decidió adelantar las elecciones autonómicas y, al igual que su homólogo

---

44 *Dos años de gobernanza y gestión de la pandemia en Euskadi. Lecciones aprendidas para el futuro*, Presidencia del Gobierno Vasco, Vitoria, 11 de marzo de 2022, especialmente, pp. 57-58, disponible en <https://www.euskadi.eus/contenidos/informacion/biziberri_agenda2030/es_def/adjuntos/Memoria-dos-an-os-pandemia.pdf>

45 En el debate de toma en consideración salió a relucir el dato de que el archivo que contenía la proposición de ley y que fue enviado al parlamento vasco contenía la firma de un alto cargo del Gobierno Vasco. *Vide* el debate de toma en consideración celebrado en el Parlamento Vasco el día 22 de abril de 2021 y disponible en texto en el *Diario de Sesiones*, núm. 41, 22 abril 2021 y disponible en video en <https://shorturl.at/eP369>

gallego, disolver el parlamento autonómico y convocar elecciones que se celebrarían el 5 de abril de 2020[46]. Sin embargo, la declaración de la pandemia global por la OMS, el estado de alarma, el empeoramiento de la situación sanitaria y toda la incertidumbre que ello conllevaba, llevaron al ejecutivo a plantearse posponer la cita con las urnas. La legislación electoral no incluía, ni incluye en la actualidad, disposiciones normativas que permitan suspender, posponer o anular una cita electoral, una vez que se ha procedido a disolver el parlamento autonómico. La única medida relacionada se contiene en la ley del referéndum, que prohíbe la celebración de consultas "en ninguna de sus modalidades durante la vigencia de los estados de excepción y sitio en alguno de los ámbitos territoriales en los que se realiza la consulta o en los noventa días posteriores a su levantamiento". Además, prosigue el artículo cuarto de esta norma, "si en la fecha de la declaración de dichos estados estuviere convocado un referéndum, quedará suspendida su celebración, que deberá ser objeto de nueva convocatoria"[47].

Ante esta situación, el Lehendakari convocó a los partidos el 15 de marzo de 2020 para "consensuar la no celebración de las elecciones autonómicas el 5 de abril"[48]. En esa reunión, el Gobierno Vasco compartió con los asistentes las conclusiones de un primer informe elaborado por el Servicio Jurídico Central del Gobierno Vasco y fechado a 13 de marzo de 2020 en el que se analizaba la situación y se planteaban posibilidades para posponer las elecciones. Quizá el parágrafo de más interés es aquel en el que se aseveraba que "en presencia de la laguna legal que obliga a colmar el régimen legal vigente por aplicación de los mecanismos de integración del ordenamiento jurídico como son los principios generales (art. 1 del Código civil), la interpretación, la realidad social del tiempo en que han de

46 Decreto 2/2020, de 10 de febrero, del Lehendakari, por el que se disuelve el Parlamento Vasco y se convocan elecciones, *BOPV* núm. 28, de 11 febrero 2020.

47 Ley Orgánica 2/1980, de 18 de enero, sobre regulación de las distintas modalidades de referéndum, *BOE* núm. 20, de 23 enero 1980, artículo cuarto.

48 *Vide* la nota conjunta de los partidos políticos publicada en la web oficial del Gobierno Vasco el 16 de marzo de 2020 y disponible en <https://www.irekia.euskadi.eus/es/news/60965-nota-conjunta-tras-reunion-del-lehendakari-con-los-partidos-politicos-vascos-para-consensuar-celebracion-las-elecciones-autonomicas-vascas-abril-2020>.

ser aplicadas, el espíritu y finalidad de las normas, y la equidad en la aplicación de la Ley (art. 3 del Código civil) o la analogía y aplicación extensiva de los supuestos legales a casos no expresamente previstos en los mismos (art. 4 del Código civil), creemos que tiene en este caso sentido afirmar que por la entrada en vigor del Decreto de disolución del Parlamento, el Lehendakari no se ve desposeído de ninguna de las facultades que le otorga el ordenamiento jurídico, como es singularmente la facultad de convocar elecciones y fijar la fecha de los comicios". Además, y a propósito del decreto de disolución y convocatoria de elecciones vigente, el dictamen añadía que "la vigencia de dicho Decreto de convocatoria está sometido a las mismas normas que disciplinan la eficacia general y la vigencia de las normas jurídicas, y puede ser revisada, anulada o, como defendemos ahora, revocada por otro acto posterior del mismo o mayor rango, dentro de los mecanismos normales que prevé el ordenamiento jurídico". En este informe se planteaban también modificaciones legales e incluso la curiosa alternativa de que el decreto de anulación de las elecciones fuese aprobado por el "Consejo de Gobierno" y no tanto por el *Lehendakari*[49].

En esta reunión, los asistentes, que eran los actores políticos que tenían representación parlamentaria, tras consensuar la "no celebración" de las elecciones, plantearon al Gobierno Vasco una serie de cuestiones de tipo concreto:

- Si la Diputación Permanente del Parlamento Vasco tiene capacidad para legislar y, en concreto, para reformar la ley electoral vasca.
- Si "dejar sin efecto la convocatoria electoral" supone suspender el proceso ya iniciado (con la consiguiente posibilidad de retomarlo posteriormente) o si ello suponía anular la convocatoria, con lo que habría que iniciar un nuevo proceso desde el principio.

---

49 *Informe del Servicio Jurídico Central del Gobierno Vasco sobre la gestión de la convocatoria electoral 2020 al Parlamento Vasco y el contexto actual de crisis de salud pública*, Vitoria, 13 de marzo de 2020, pp. 6-7.

- De aceptar la primera posibilidad de la cuestión anterior, "si aplazar las elecciones, supone retomar el proceso ya iniciado en el mismo punto en el que se encontraba en el momento del aplazamiento".

Estas cuestiones fueron respondidas a través de otro informe jurídico del Gobierno Vasco, en este caso, emitido "tras haber recabado la opinión de los Servicios Jurídicos del Parlamento Vasco y resultando unánime y compartida con ellos la argumentación y conclusiones de este informe, sin perjuicio de que no se incluya en la firma a sus Servicios Jurídicos al objeto de preservar la independencia de la institución parlamentaria"[50]. En cuanto a la primera de las cuestiones (sobre la capacidad de la Diputación permanente para legislar), el informe gubernamental, citando parte del razonamiento de otro informe de los servicios jurídicos del Parlamento Vasco, respondió negativamente a esta cuestión[51]. Resulta, cuando menos, curioso, que el informe del Servicio Jurídico Central del Gobierno Vasco, que tiene fecha de 17 de marzo de 2020 y que sirvió en gran medida para justificar el Decreto de anulación de la convocatoria electoral, cite parte del informe de los Servicios Jurídicos del Parlamento Vasco, cuando este último informe tiene fecha posterior (31 de marzo de 2020) y no sería hasta la reunión de la Mesa de la Diputación Permanente de 1 de abril de 2020 cuando se analizó y se "tomó conocimiento" de dicho informe por parte del órgano que lo encargó.

---

50 *Informe jurídico a los partidos políticos sobre gestión de la convocatoria electoral 2020 al Parlamento Vasco y el contexto actual de crisis de salud pública*, Vitoria, 17 marzo 2020, y disponible en <https://shorturl.at/dlvDJ>.

51 *Vide* los acuerdos de Mesa de la Diputación Permanente de 24 de marzo de 2020 en los que el órgano rector acordó, a petición de un grupo de parlamentarios, "solicitar un informe jurídico en el que se analicen y delimiten las competencias de la Diputación Permanente". Igualmente, *vide* el *Informe jurídico de análisis y delimitación de las competencias de la Diputación Permanente*, Servicios Jurídicos del Parlamento Vasco, Vitoria, 31 de marzo de 2020. Este informe, disponible en <https://shorturl.at/aelR9> fue, además, publicado, con nota introductoria del Letrado Mayor, como Iturbe Mach, A., "Informe jurídico de análisis y delimitación de las competencias de la Diputación Permanente (Parlamento Vasco. 31.3.2020), *Legebiltzarreko Aldizkaria/Revista del Parlamento Vasco. LEGAL*, núm. 3, 2022, pp. 260-273.

Toda esta información fue enviada a la Junta Electoral de Euskadi, por conducto de su presidente y también presidente del Tribunal Superior de Justicia del País Vasco, junto con una misiva del *Lehendakari* en el que participaba al órgano electoral del acuerdo con los partidos y la propuesta de decreto para dejar sin efecto la convocatoria inicial[52]. La Junta Electoral, a través de unos acuerdos más pragmáticos que jurídicos, y en sesión celebrada el 17 de marzo de 2020 "comparte el consenso de las fuerzas políticas en cuanto a la imposibilidad de proseguir el desarrollo electoral en las actuales circunstancias" y, en consecuencia, "considera legítima, proporcionada y conforme a derecho la propuesta de dejar sin efecto la celebración de las elecciones" convocadas para el 5 de abril de 2020[53]. De los acuerdos alcanzados por la Junta Electoral de Euskadi destacan dos razonamientos. En primer lugar, el órgano electoral considera que "dejar sin efecto la convocatoria electoral significa efectivamente 'anular la convocatoria con la obligación de convocar una nueva'". Y, en segundo lugar, la Junta Electoral, intentando llenar el vacío jurídico que habilitara al Lehendakari para actuar en este sentido, "expresa como fundamento suficiente de esta posición" tres elementos: la declaración de emergencia sanitaria, el acuerdo alcanzado entre los partidos políticos y, finalmente, el "equilibrio entre poderes", para lo que considera necesario que "el control democrático siga ejerciéndose y que la información que el Gobierno debe remitir al Parlamento permita su ejercicio".

Estos acuerdos de la Junta Electoral avalaron la anulación de la convocatoria electoral y la posterior convocatoria "en segunda vuelta" y en este sentido cabe resaltar que hubo un amplio consenso político e incluso jurídico sobre la decisión final de anular la convocatoria, aunque algunas voces se pronunciaran por otros mecanismos. Sin embargo, como se verá en el apartado posterior, el cumplimiento

---

52 *Vide* la misiva del *Lehendakari* junto con el *Acuerdo adoptado en reunión con los partidos y acompañado del informe de Situación del Viceconsejero de Salud sobre la expansión del Coronavirus Covid-19*, Vitoria, 16 marzo 2020 y disponible en <https://shorturl.at/DORZ7>

53 Acuerdos de la Junta Electoral de la CAPV, en sesión celebrada el día 17 de marzo de 2020, disponible en <https://www.legebiltzarra.eus/portal/es/web/eusko-legebiltzarra/parlamentarios-y-organos/jeca/acuerdos>

del tercer elemento, relativo al control parlamentario del gobierno, resultó más complejo y su sustanciación sólo se materializaría parcialmente[54].

Más adelante, el *Lehendakari* convocó a los partidos políticos el 30 de abril de 2020[55], donde ya se propuso celebrar las elecciones antes de agosto y, tras otra reunión el 14 de mayo, finalmente, se acabarían convocando elecciones para el 12 de julio "porque se considera que, si se respetan las medidas de higiene y distanciamiento físico prescritas por las autoridades sanitarias, es en verano cuando la evolución de la epidemia alcanzará las cifras más bajas (...)". En todo caso, en el propio decreto de convocatoria se establecía que "si un hipotético rebrote empeorase de manera sobrevenida las condiciones de salud pública, dificultando la celebración de los comicios en la fecha señalada, se volvería a dejar sin efecto la convocatoria, posponiendo la votación a una fecha posterior que ofreciera las debidas garantías sanitarias"[56]. Junto con la convocatoria, se aprobó una resolución específica del viceconsejero de Salud en el que contenía unas directrices sanitarias específicas "para la celebración de las elecciones al parlamento vasco convocadas para el próximo 12 de julio de 2020"[57].

---

54 López Basaguren, A., "Sobre elecciones en tiempo de pandemia: a propósito de la suspensión de las elecciones en Euskadi y Galicia y de la anulación de la suspensión de las elecciones en Cataluña", *Legebiltzarreko Aldizkaria/Revista del Parlamento Vasco. LEGAL*, núm. 2, 2021, pp. 136-171; Cebrián Zazurca, E., "Covid-19 y anulación de procesos electorales autonómicos en País Vasco y Galicia", *Revista general de derecho constitucional*, núm. 33, 2020.

55 *Vide* la nota de prensa junto con toda la documentación que se trasladó a los partidos, disponible en < https://www.irekia.euskadi.eus/es/news/61567-lehendakari-convoca-los-partidos-politicos-una-nueva-reunion-mayo-para-analizar-fecha-las-elecciones>

56 Decreto 11/2020, de 18 de mayo, del Lehendakari, por el que se convocan elecciones al Parlamento Vasco, *BOPV* núm. 94, 19 mayo 2020.

57 Resolución de 25 de junio de 2020, del Viceconsejero de Salud, por la que se publican las directrices sanitarias para la celebración de las elecciones al Parlamento Vasco convocadas para el próximo 12 de julio de 2020, *BOPV* 129, 2 julio 2020.

2. *El funcionamiento del Parlamento Vasco*

Desde un punto de vista jurídico, tres fueron los principales problemas que se suscitaron a propósito del funcionamiento del Parlamento Vasco en esta época en la que coincidieron diversas situaciones extraordinarias como fueron la pandemia y la declaración del Estado de alarma y la disolución del parlamento. Los problemas que se suscitaron fueron: las funciones y competencias de la Diputación Permanente, la posibilidad de celebrar sesiones telemáticas y la de delegar el voto de los parlamentarios. Estas cuestiones se suscitaron casi a la vez durante el período en el que el parlamento estuvo disuelto, pero también recuperaron su vigencia en los primeros períodos de sesiones, donde se hubo de adaptar el funcionamiento normal de un Parlamento a las excepcionales circunstancias sanitarias y de limitación de la libre circulación en el territorio de la Comunidad Autónoma.

2.1. Sobre las competencias de la Diputación Permanente

Tras la aprobación de la disolución de la cámara vasca, se produjo el clásico acuerdo de la Mesa de la Diputación Permanente en la que se "toma conocimiento de la comunicación del Gobierno anunciando la publicación hoy, 11 de febrero de 2020, del decreto de disolución y convocatoria de elecciones, y declara, conforme al artículo 130 del Reglamento, la caducidad de todas las iniciativas y trabajos parlamentarios pendientes a 11 de febrero de 2020, a excepción de los convenios de colaboración cuya autorización por este Parlamento se esté tramitando y las iniciativas europeas"[58].

Además, de acuerdo con los artículos 66 a 68 del Reglamento del Parlamento Vasco, la disolución de la Cámara supone que se activa la Diputación Permanente, que estará en funciones hasta la sesión constitutiva de la próxima legislatura. Desde un punto de vista político, resulta interesante comprobar como la coalición de gobierno PNV-PSE,

---

58 Acuerdo de Mesa de la Diputación Permanente de 11 de febrero de 2020, sobre la declaración de caducidad de las iniciativas parlamentarias en trámite, como consecuencia de la disolución de la Cámara.

que carecía de mayoría absoluta en el pleno, sin embargo, sí que la tenía en la Mesa (2 miembros de Nacionalistas Vascos —PNV—, 1 de Socialistas Vascos —PSE—, 1 de EH Bildu y 1 de Elkarrekin Podemos) y también en la Diputación Permanente (12 miembros de 22)[59].

En cuanto a la posibilidad de presentar iniciativas por parte de los miembros de la Diputación, en tanto que el resto de parlamentarios deja de serlo tras la publicación del Decreto de disolución, el acuerdo establece que "sus miembros pueden presentar las iniciativas y ejercer las facultades parlamentarias correspondientes, salvo la iniciativa legislativa, todo ello sin perjuicio de la legitimación necesaria para la convocatoria de la Diputación Permanente". Sobre esta cuestión, siempre se han planteado problemas de interpretación, en tanto que la tradición es asumir que desaparecen los grupos parlamentarios, que son quienes en términos generales tienen la capacidad de presentar iniciativas como tales, pero, sin embargo, el artículo 66.3 del Reglamento, a propósito de la Diputación Permanente, establece que "será convocada por la presidencia (...), a iniciativa propia o a petición de dos grupos parlamentarios o de una quinta parte de sus miembros". Sobre esta cuestión, el acuerdo de la Mesa, "siguiendo precedentes anteriores, (...) considera que, disuelto el Parlamento, es de aplicación el requisito de la quinta parte de los miembros (art. 66.3), y no, en cambio, la de dos grupos parlamentarios, entendiendo que en este momento no existen propiamente grupos parlamentarios"[60]. Parece un caso de interpretación contraria a la letra del Reglamento, aunque los servicios de la Cámara intentan reconducirlo al extraño caso de solicitud de convocatoria en un "período inter-sesiones" (v.gr. en el mes de enero o agosto), cosa extraña, porque no tiene mucho sentido convocar la Diputación Permanente cuando se puede convocar un pleno del Parlamento sin más en esas fechas[61].

---

59 La composición de la Diputación Permanente, donde se incluye la de la Mesa, que forma parte de ella, está disponible en <https://www.legebiltzarra.eus/comorga/c_comorga_dip_L11.html>

60 Acuerdo de Mesa de la Diputación Permanente de 11 de febrero de 2020. En el mismo sentido, *vide* el *Informe jurídico de análisis y delimitación de las competencias de la Diputación Permanente*, *op. cit.*, p. 6.

61 *Ibídem*.

En circunstancias normales, y en tanto que la vida de la Diputación Permanente es limitada y los parlamentarios, además, suelen estar más centrados en las cuestiones electorales, esta interpretación limitadora de las funciones de este órgano pasaría prácticamente desapercibida. Sin embargo, las declaraciones de la emergencia sanitaria, del estado de alarma y la anulación de la convocatoria electoral añadieron presión y tensión al funcionamiento de este órgano.

Así, por una parte, tras la declaración del estado de alarma, la Mesa de la Diputación Permanente acordó la suspensión de todos los plazos administrativos y procesales[62]. Sin embargo, más tarde la Mesa intentaría enmendar las consecuencias de esta situación en la que el control parlamentario al gobierno quedaba totalmente en suspenso y, a través del acuerdo de Mesa de la Diputación Permanente de 24 de marzo de 2020, en relación con las solicitudes de información remitidas al Gobierno y su respuesta, "insta al Gobierno a que, más allá de los acuerdos adoptados el pasado día 16 de marzo respecto a la suspensión de plazos, en la medida de sus posibilidades responda a las solicitudes de información requeridas a la mayor brevedad posible, en el entendimiento de que, en la situación de excepcionalidad en la que nos encontramos, la recepción de las informaciones solicitadas es la que posibilita un adecuado control al Gobierno por parte de la Diputación Permanente"[63]. Este acuerdo de la Mesa de la Diputación Permanente es, sin duda, tributario de los acuerdos de la Junta Electoral de Euskadi que, a la vista del trámite de audiencia "conferido" por el Lehendakari previo a la aprobación del Decreto

---

62 Acuerdo de la Mesa de la Diputación Permanente de 16 de marzo de 2020, relativo a las medidas complementarias al plan de contingencia ante el coronavirus (covid-19), medida octava.

63 Más adelante, en su reunión del 1 de abril de 2020, la mesa reiteraría el acuerdo de 24 de marzo de 2020 "los acuerdos adoptados el pasado día 16 de marzo respecto a la suspensión de plazos, en la medida de sus posibilidades, responda a las solicitudes de información requeridas a la mayor brevedad posible, en el entendimiento de que, en la situación de excepcionalidad en la que nos encontramos, la recepción de las informaciones solicitadas es la que posibilita un adecuado control al Gobierno por parte de la Diputación Permanente". Los dos miembros de la mesa pertenecientes a partidos de la oposición votaron en contra "al entender que el correcto control al Gobierno supondría que las respuestas a las solicitudes de información y preguntas para su respuesta por escrito fueran remitidas en los plazos reglamentarios".

que dejaba sin efecto la convocatoria electoral, "considera (...) que el necesario equilibrio entre poderes es una garantía institucional imprescindible que debe sustanciarse en un constante diálogo entre la Diputación Permanente del Parlamento Vasco y el Gobierno Vasco de modo que el control democrático siga ejerciéndose y que la información que el Gobierno debe remitir al Parlamento permita su ejercicio"[64]. Por lo demás, esta situación se mantuvo hasta la constitución del nuevo Parlamento Vasco, cuya Mesa acordaría el 1 de septiembre de 2020 restablecer el plazo de quince días hábiles, desde que se produzca la constitución del gobierno, para que el ejecutivo conteste a las preguntas por escrito.

En esta tesitura, inmersos en una situación de emergencia sanitaria, con una declaración de estado de alarma vigente, un parlamento disuelto y sin perspectivas de que se vayan a convocar elecciones en el corto plazo y con una Diputación Permanente en la que las funciones de los parlamentarios de la oposición quedan reducidas a la mínima expresión, un grupo de parlamentarios solicitó, mediante escrito de 17 de marzo, la elaboración de un informe jurídico sobre las consecuencias que el aplazamiento de las lecciones previstas para el 5 de abril de 2020 tiene en el Parlamento. La Mesa, en su reunión del 24 de marzo de 2020, acordó "solicitar un informe jurídico en el que se analicen y delimiten las competencias de la Diputación Permanente". Este informe, elaborado por los servicios jurídicos del Parlamento, y con fecha de registro de entrada el 31 de marzo de 2020, fue "conocido" por la Mesa de la Diputación Permanente el 4 de abril de 2020, tal y como consta en los acuerdos de Mesa[65].

Mientras tanto, los miembros de la Diputación Permanente iban presentando escritos con iniciativas cada vez más parecidas a las pro-

---

64 Acuerdos de la Junta Electoral de la CAPV, en sesión celebrada el día 17 de marzo de 2020, disponible en <https://www.legebiltzarra.eus/portal/es/web/eusko-legebiltzarra/parlamentarios-y-organos/jeca/acuerdos>

65 El denominado *Informe jurídico de análisis y delimitación de las competencias de la Diputación Permanente*, de 31 de marzo de 2020, fue publicado, con nota introductoria del Letrado Mayor, como Iturbe Mach, A., "Informe jurídico de análisis y delimitación de las competencias de la Diputación Permanente (Parlamento Vasco. 31.3.2020), *Legebiltzarreko Aldizkaria/Revista del Parlamento Vasco. LEGAL*, núm. 3, 2022, pp. 260-273.

pias de un parlamento ordinario. Así, además de las preguntas por escrito y las solicitudes de información, los parlamentarios comenzaron a presentar proposiciones no de ley. La sustanciación de debates relativos a proposiciones no de ley en períodos de disolución del parlamento, aunque permitido por el Reglamento, es algo excepcional[66]. Esta situación hizo que se planteara otra cuestión importante relativa a los mecanismos de control y al propio estatus de la oposición. Pero, desde el comienzo de este período y, especialmente, tras el informe de los servicios jurídicos del parlamento, la Mesa de la Diputación Permanente se remitía automáticamente al acuerdo de Mesa de 11 de febrero de 2020 antes citado y que, en lo relativo a la presentación de iniciativas, establecía el requisito "de la quinta parte de los miembros (art. 66.3), y no, en cambio, la de dos grupos parlamentarios, entendiendo que en este momento no existen propiamente grupos parlamentarios". Es decir, al no existir grupos parlamentarios, se hacía necesario reunir un quinto de los veintidós miembros que componían la Diputación Permanente en la XI Legislatura, porcentaje que sólo alcanzaba el grupo EH Bildu entre la oposición[67]. Los parlamentarios pertenecientes al grupo Elkarrekin Podemos presentaron proposiciones no de ley que fueron rechazadas sistemáticamente por la mayoría de la Mesa (con el voto en contra de la secretaria segunda —adscrita al grupo Elkarrekin Podemos— y de la vicepresidenta primera —adscrita al grupo EH Bildu—). En algún caso se produjo el "préstamo de parlamentarios" y una parlamentaria de EH Bildu sumó su firma a una proposición no de ley presentada por parlamentarios del "extinto" grupo Elkarrekin Podemos, con lo que se logró su admisión a trámite[68]. Por otra parte, la Mesa también fue contraria a admitir que los parlamentarios de la oposición presentaran enmiendas a la totalidad a las proposiciones no de ley del grupo EH Bildu, limitando considerablemente la dinámica par-

---

66 Así, el *Informe de análisis y delimitación de competencias de la Diputación Permanente, op. cit.*, pp. 14-15, recuerda los escasos precedentes que se han dado, concretamente dos proposiciones no de ley en el período entre las legislaturas VIII y IV (28 enero 2009) y una en el período entre las legislaturas IX y X (2 octubre 2012).

67 La composición de la Diputación Permanente en la XI Legislatura está disponible aquí <https://www.legebiltzarra.eus/comorga/c_comorga_dip_L11.html>

68 Acuerdo de la Mesa de Diputación Permanente de 8 de abril de 2020.

lamentaria y el ejercicio de las funciones de impulso y control por parte de los parlamentarios de otros grupos[69].

2.2. La celebración de sesiones telemáticas

Con el agravamiento de la situación sanitaria, e incluso antes de la declaración del estado de alarma, la Mesa de la Diputación Permanente comenzó a adoptar una serie de medidas destinadas a reducir la presencia física en los edificios y dependencias de la Cámara[70]. Esta situación desaconsejaba y/o dificultaba enormemente la reunión física de los miembros de la Diputación Permanente, con lo que, a propósito de la petición de una reunión de la Diputación Permanente, el día 25 de marzo de 2020, la Mesa también acordó solicitar un informe técnico y otro jurídico sobre las "posibilidades de realizar una reunión telemática de la Diputación Permanente".

Al día siguiente, el 25 de marzo, la Mesa recibió un informe presentado por el Letrado Mayor, fechado el día anterior y que concluía que "en estos momentos no se dan las condiciones, ni jurídicas ni

69 *Vide* los Acuerdos de Mesa de la Diputación Permanente de 16 de abril de 2020 por el que se resuelve la no admisión a trámite de enmiendas presentadas a las proposiciones no de ley. Ante la solicitud de reconsideración por parte del parlamentario afectado (Sr. Barrio Baroja), la Mesa de la Diputación Permanente "se reafirma en el acuerdo de no admisión a trámite" alegando que el Reglamento no lo permite. El acuerdo se adoptó con el voto en contra de la vicepresidenta primera y de la secretaria segunda.

70 *Vide* el Acuerdo de Mesa de la Diputación Permanente de 11 de marzo de 2020, por el que se aprueba el Plan de contingencia ante el Coronavirus (COVID-19); el acuerdo de Mesa de la Diputación Permanente de 13 de marzo de 2020, sobre la Propuesta de medidas a adoptar a raíz de la reunión del grupo de coordinación del Plan de Contingencia en relación con la situación de emergencia de salud pública derivada de la pandemia de coronavirus COVID-19, por la que se acordó el cierre de los edificios del parlamento vasco y de todos sus edificios; y, ya en pleno estado de alarma y confinamiento, el acuerdo de Mesa de la Diputación Permanente de 16 de marzo de 2020, de medidas complementarias al plan de contingencia ante el coronavirus (covid-19) aprobado por la Mesa de la Diputación Permanente el 11 de marzo de 2020 y a las medidas adoptadas a raíz de las propuestas del grupo de coordinación del plan de contingencia en relación con la situación de emergencia de salud pública aprobadas el 13 de marzo de 2020.

técnicas, que permitan garantizar un debate no presencial contradictorio". La Mesa, que no tomaría conocimiento del informe hasta el día siguiente, pospuso una decisión al respecto y, así, el 26 de marzo y "ante la imposibilidad de realizar una reunión presencial de la Diputación Permanente que garantice la igualdad de participación de todos los grupos parlamentarios", la Mesa acordó realizar "una reunión informativa del lehendakari con los portavoces de los grupos para dar cumplimiento a la competencia solicitada" por uno de los grupos.

Por lo demás, y ante las dudas y reservas jurídicas que, según el informe de los servicios jurídicos del Parlamento, planteaba la celebración de reuniones telemáticas con las características habituales de una sesión parlamentaria, la Mesa transformó en una "reunión informativa" telemática lo que debería haber sido una comparecencia en toda regla[71]. No obstante, la Mesa de la Diputación Permanente acabaría convocando una reunión telemática de este órgano que, a todas luces se asemeja a un pleno ordinario de un parlamento en período de sesiones[72].

Más adelante, con el comienzo de la XII Legislatura, el Parlamento Vasco aprobó por unanimidad una propuesta de modificación de su Reglamento que permitía adaptar el funcionamiento de la Cámara a la compleja situación[73]. Básicamente, estas modificaciones permitían que la Mesa, en algunos casos de acuerdo con la Junta de Portavoces, resolviera la posibilidad de que los parlamentarios pudieran

---

71 *Vide* el Acuerdo de Mesa de la Diputación Permanente de 26 de marzo de 2020, por el que se resuelve la convocatoria de "una reunión informativa del lehendakari con los portavoces de los grupos para dar cumplimiento a la comparecencia solicitada por EH Bildu a fin de que el lehendakari explique las medidas que el Gobierno ha tomado y va a tomar en relación con la emergencia sanitaria y el estado de alarma". En los acuerdos del mismo día figura la toma de conocimiento de los informes jurídicos y técnicos relativos a la celebración de sesiones telemáticas.

72 *Vide* el Acuerdo de Mesa de la Diputación Permanente de 8 de abril de 2020 por el que se convoca "con carácter excepcional (...) una reunión telemática de la Diputación Permanente" con un orden del día que incluye la sustanciación de 4 proposiciones no de ley.

73 Acuerdo del Pleno del Parlamento Vasco de 24 de septiembre de 2020, por el que se modifica el Reglamento, disponible en <https://shorturl.at/dEFP4>

participar en las sesiones de las Comisiones de manera telemática, aunque no podían ejercer el voto si no estaban presentes en la sala. Esta situación hizo posible que se sustanciaran abundantes comparecencias en las tramitaciones de los proyectos y proposiciones de ley, en las que el presidente y algún otro parlamentario estaban presentes y otros se podían conectar de manera telemática[74]. En el caso del Pleno, sin embargo, y a pesar de que la reforma reglamentaria permitía la realización de una sesión telemática (artículo 75 bis), hasta la fecha no se ha realizado ninguna. Esta situación duraría un año, hasta que la Mesa restableció la presencialidad total en la actividad parlamentaria[75].

2.3. La delegación del voto de los parlamentarios

En tanto que los informes jurídicos y resoluciones de la Mesa, y analizados en los dos apartados anteriores, condicionaban la participación telemática en las Comisiones al no ejercicio del voto por parte de los parlamentarios y, atendiendo también al hecho de que se redujo considerablemente (en torno a un 50%) el aforo en el salón de plenos del Parlamento Vasco, la solución pasaba por permitir la delegación del voto.

Mediante el acuerdo de Mesa de la Diputación Permanente de 21 de abril de 2020 se aprobó en su momento la posibilidad de delegar el voto en las reuniones que la Diputación Permanente celebrase durante el tiempo que perdure la situación de emergencia sanitaria. Y

---

74 *Vide* el acuerdo de 6 de octubre de 2020 por el que se aprueba la Instrucción de la Mesa del Parlamento Vasco por el que se regula la presencia, uso y funcionamiento de las distintas salas del Parlamento Vasco dedicadas a la actividad parlamentaria, disponible en < https://shorturl.at/iFV45>

75 *Vide* el acuerdo de Mesa de 27 de octubre de 2020 que, entre otras cosas, limita el aforo en las sesiones del Pleno, lo que implicará que aumenten las delegaciones de voto. Esta limitación estuvo vigente hasta el acuerdo de la Mesa de 14 de septiembre de 2021 que restablecía la presencialidad total en el pleno y en las comisiones. Igualmente, resulta de interés, el acuerdo de la Mesa de 26 de octubre de 2021 por el que se aprueba la Instrucción de la Mesa del Parlamento Vasco de 26 de octubre de 2021 por la que se regula el acceso, presencia y uso de las salas e instalaciones del Parlamento Vasco, disponible en <https://shorturl.at/vxJ13>

más adelante, iniciada su andadura la XII Legislatura, se efectuó la reforma reglamentaria del 24 de septiembre de 2020 permitía la delegación del voto "en situaciones excepcionales que impidan la normal presencia" de los parlamentarios en la Cámara (artículo 89.1). En este sentido, la Mesa aprobó, además, una serie de acuerdos en los que se regulaban los aforos de las dependencias parlamentarias, se disponían los requisitos para la participación telemática en sesiones de comisiones y se establecían los procedimientos de delegación del voto, tanto en el pleno como en las comisiones[76].

Como se ha avanzado *supra*, esta posibilidad de delegación del voto estuvo vigente hasta el acuerdo de la Mesa de 14 de septiembre de 2021 que restablecía la presencialidad total en el pleno y en las comisiones, con lo que en estos momentos sólo se permite la delegación en casos de baja por maternidad/paternidad, ingreso hospitalario o enfermedad grave. La delegación, por cierto, suele hacerse en favor del portavoz del grupo o de algún portavoz suplente.

Por lo demás, la reforma reglamentaria permitía incluso que la Mesa pudiera "motivadamente, autorizar la emisión del voto telemáticamente, por el procedimiento que determine" (artículo 93 del Reglamento). Sin embargo, hasta la fecha, la Mesa no ha aprobado ningún procedimiento en este sentido ni ha autorizado ninguna emisión de voto telemática, con lo que las situaciones de imposibilidad de presencia física de los parlamentarios se han resuelto a través de la delegación del voto.

---

76 *Vide* el acuerdo de 6 de octubre de 2020 por el que se aprueba la Instrucción de la Mesa del Parlamento Vasco por el que se regula la presencia, uso y funcionamiento de las distintas salas del Parlamento Vasco dedicadas a la actividad parlamentaria, *op. cit.*; el acuerdo de Mesa de 6 de octubre de 2020 por el que la Mesa señala que, en relación con las delegaciones de votos solicitadas, los grupos deberán comunicar el momento a partir del cual se revoca la delegación (mientras no se señale lo contrario, las delegaciones de voto seguirán en vigor); el acuerdo de Mesa de 20 de octubre de 2020 sobre la Delegación de voto en comisiones (facultaba a las mesas de las comisiones para tramitar las delegaciones de voto); y el acuerdo de Mesa de 27 de octubre de 2020 que, entre otras cosas, limita el aforo en las sesiones del Pleno, lo que supuso, lógicamente, que aumentasen las delegaciones de voto.

No obstante estos acuerdos de Mesa y la reforma del reglamento, tras las recientes sentencias del Tribunal Constitucional, se confirma que la delegación del voto ha de ser excepcional y restrictiva y, en todo caso, el delegante habría de expresar previamente y de forma fehaciente el sentido del voto, lo cual exigiría establecer unos mecanismos internos en las cámaras que garantizasen este particular, cuestión que está pendiente en la mayoría de las asambleas españolas[77].

V. EPÍLOGO

La gestión de la crisis derivada de la Covid-19 ha tenido muchas derivadas y muchas aristas. El Estado de las autonomías ha mostrado ampliamente sus carencias y, especialmente, su falta de mecanismos de coordinación adecuados. Además, más allá de la evidente ausencia de una coordinación real o de la habitual dinámica de competencia entre administraciones (administración autonómica vs. Administración central) o del posible intento de imposición de una administración sobre otra, en ocasiones se observó una cierta tendencia a ignorarse mutuamente en una apabullante falta de solidaridad impropia de una estructura descentralizada eficiente[78].

En este contexto, es habitual que se haya producido una reivindicación del papel del Estado, en tanto que poder público que garantiza la seguridad y, en este contexto, la salud de sus ciudadanos. Sin embargo, si profundizamos en el análisis y lo adaptamos a la realidad

---

77 Sobre esta cuestión, *in extenso*, *vide* la STC 65/2022, de 31 de mayo, ECLI:ES:TC:2022:65 y la STC 96/2022, de 12 de julio, ECLI:ES:TC:2022:96. Para un análisis, Ortea García, E., "La delegación de voto en los Parlamentos autonómicos: ¿sentencia de muerte? La nueva jurisprudencia de las SSTC 65/2022, 96/2022 y concordantes", *Revista Española de Derecho Constitucional*, núm. 127, 2022, pp. 317-343; Alba Bastarrechea, E., "La indelegabilidad práctica del voto parlamentario: comentario a la Sentencia 65/2022, de 31 de mayo, del Tribunal Constitucional", *Legebiltzarreko Aldizkaria/Revista del Parlamento Vasco. LEGAL*, núm. 4, 2023.

78 También en EE UU se han observado problemas similares. En este sentido, *vide* Federman, P. S.; Curley, C., "Exploring Intra-State Tensions in Government Responses to COVID-19", *Publius: The Journal of Federalism*, Vol. 52/3, 2022, pp. 476-496.

de los Estados descentralizados, lo que ha quedado claro es que resulta necesario profundizar en los mecanismos de cooperación y solidaridad propios de una verdadera estructura federal[79].

Los problemas de coordinación, derivados de solapamientos, duplicidades y dinámicas de 'no-cooperación', además de suponer un coste económico, han afectado sin duda a la efectividad de las medidas que se fueron pergeñando para contener la crisis sanitaria. En el caso del Estado de las autonomías, además, sería muy conveniente analizar la capacidad del sistema sanitario en su conjunto para dar respuesta a una crisis de estas características y habría que revisar los protocolos y acuerdos de envíos de pacientes entre sistemas sanitarios[80].

Además, se ha observado una manifiesta incapacidad para actualizar normas que necesitaban una reforma urgente, como la Ley Orgánica 3/1986, de 14 de abril, de Medidas Especiales en Materia de Salud Pública o la Ley Orgánica 5/1985, de 19 de junio, del Régimen Electoral General. La insuficiente base jurídica o la ausencia de regulación de situaciones excepcionales (como la necesidad de anular una convocatoria electoral) tensaron de manera importe la estructura jurídica e institucional[81].

En el caso específico de Euskadi, se observó un esfuerzo especial por parte del Gobierno vasco en mantener una especie de dualismo jurídico, estableciendo una suerte de transposiciones de normativas nacionales que ya resultaban de aplicación en el territorio de la Comunidad Autónoma, decretando situaciones de "emergencia sanitaria" en paralelo al estado de alarma que en la práctica no suponían más que coordinar a los distintos departamentos del gobierno en la

---

79 Steytler, N., "Federalism under Pressure. Federal 'health' factors and 'co-morbidities'", Steytler, N. (Ed.), *Comparative Federalism and Covid-19. Combating the Pandemic*, Routledge, London, 2021, pp. 396-422.

80 Para un análisis comparado que revisa estas cuestiones, *vide* Vampa, D., "COVID-19 and Territorial Policy Dynamics in Western Europe: Comparing France, Spain, Italy, Germany, and the United Kingdom", *Publius: The Journal of Federalism*, Vol. 51/4, 2021, pp. 601-626.

81 En este sentido, resultan de interés las reflexiones contenidas en Tajadura Tejada, J., "El Estado de Derecho frente al COVID", *Revista Vasca de Administración Pública*, núm. 120, 2021, pp. 137-175.

lucha contra la pandemia o estableciendo planes ("Bizi Berri"[82]) que se superponían a las distintas fases de desescalada reguladas por la normativa nacional.

Además, la crisis sanitaria y su gestión han contribuido también a alertar sobre la necesidad que tienen los gobiernos de rendir cuentas ante el parlamento y, en este sentido, resulta capital que las asambleas cuenten con unas normativas que les permitan ejercer la labor de control de la actividad gubernativa, manteniendo el pluralismo político y haciéndose eco de los problemas y preocupaciones sociales. En este sentido, las mayorías que sustentan a los gobiernos, o los gobiernos que controlan a las mayorías, pueden estar tentadas de limitar estas importantes funciones, sobre todo a través de interpretaciones interesadas de los reglamentos operadas por las Mesas. Es aquí donde se echa en falta un mayor control de la juridicidad de las decisiones de los órganos rectores de las Cámaras, aspecto que en nuestro país es siempre polémico y, en todo caso, tardío, dados los tiempos en los que se mueve actualmente el Tribunal Constitucional. La censura del Tribunal constitucional español a propósito del 'cierre del Congreso', es bastante ilustrativa de la importancia de la institución parlamentaria, particularmente en estas situaciones de crisis, así como de la necesidad de una mayor celeridad en la resolución de este tipo de recursos[83].

Por último, y desde una perspectiva más económica, se ha observado un cierto distanciamiento entre los poderes públicos y el tejido económico en el sentido de que a pesar de que han sido muy numerosos los planes y programas de ayudas a empresas, así como algunos ajustes en materia fiscal, sin embargo, estos han tenido una eficacia relativa[84]. Muchos de ellos han quedado sin ejecutar, en ocasiones se

---

82 Esta expresión se podría traducir por la conocida expresión "Nueva normalidad".

83 Sobre el papel del parlamento en una situación de emergencia, *vide* Barceló Rojas, D. A.; Díaz Ricci, S.; García Roca, F. J.; Guimaraes Teixeira Rocha, M. E. (Coords.), *Covid-19 y parlamentarismo. Los parlamentos en cuarentena*, Marcial Pons, Madrid, 2020.

84 Para una muestra de medidas de tipo fiscal adoptadas las haciendas forales vascas, *vide* Calvo Vérgez, J., "Análisis de las principales medidas tributarias adoptadas por los distintos territorios forales del País vasco en 2020 para hacer frente

han mantenido ciertas cargas sociales en situaciones muy comprometidas para las empresas y en otros casos se ha criticado también la configuración actual de los procesos de contratación pública[85]. Finalmente, en cuanto a los aspectos relativos al impacto de los fondos *Next Generation EU*, la cuestión desborda los objetivos de este trabajo, pero el propio gobierno vasco se ha mostrado habitualmente crítico con la forma de gestionarlos por parte del ejecutivo central[86].

BIBLIOGRAFÍA

Agudo González, J., "Las funciones de los órganos judiciales a debate. Cuando circunstancias extraordinarias —la pandemia de la covid-19— amenazan lo permanente —la separación de poderes—", *Revista Española de Derecho Constitucional*, núm. 126, 2022, pp. 49-88.

Alba Bastarrechea, E., "La indelegabilidad práctica del voto parlamentario: comentario a la Sentencia 65/2022, de 31 de mayo, del Tribunal Constitucional", *Legebiltzarreko Aldizkaria/Revista del Parlamento Vasco. LEGAL*, núm. 4, 2023.

Álvarez Buján, M. V., "A propósito del estado de alarma decretado en España por causa del Covid-19: el olvido del principio de proporcionalidad", *Revista Vasca de Administración Pública*, núm. 119, 2021, pp. 209-248.

Atienza Macías, E.; Rodríguez Ayuso, J. F. (Dirs.), *Las respuestas del Derecho a las crisis de salud pública*, Dykinson, Madrid, 2020.

---

a la crisis global de la covid-19", *Forum fiscal: la revista tributaria de Álava, Bizkaia y Gipuzkoa*, núm. 270, 2020; y Martínez Bárbara, G., "La fiscalidad en tiempos de pandemia: Las haciendas forales frente a la covid-19", *Zergak: gaceta tributaria del País Vasco*, núm. 59, 2020, pp. 139-157.

85 Para una pequeña ilustración, *vide* la respuesta dada por el Consejero de Economía y Hacienda el 17 de diciembre de 2021 a la solitud de información relativa a la devolución de 116 millones en ayudas covid al gobierno central por falta de ejecución (expediente 12\10\05\03\01106), disponible en <https://shorturl.at/bpX26>. Además, *vide* Pascua Mateo, F., "La contratación administrativa ante la COVID-19", *Revista de administración pública*, núm. 213, 2020, pp. 439-478.

86 *Vide* la Comparecencia a petición propia del Sr. Consejero de Economía y Hacienda del Gobierno Vasco ante el Parlamento Vasco, para dar cuenta del estado de situación de los Fondos Europeos de Recuperación, Transformación y Resiliencia, y sobre el MRR, y su afectación en Euskadi (expediente núm.12\10\06\02\00097), Diario de Sesiones, de 10 de febrero de 2023, disponible en <https://shorturl.at/inoR8>

Barceló Rojas, D. A.; Díaz Ricci, S.; García Roca, F. J.; Guimaraes Teixeira Rocha, M. E. (Coords.), *Covid-19 y parlamentarismo. Los parlamentos en cuarentena,* Marcial Pons, Madrid, 2020.

Calvo Vérgez, J., "Análisis de las principales medidas tributarias adoptadas por los distintos territorios forales del País vasco en 2020 para hacer frente a la crisis global de la covid-19", *Forum fiscal: la revista tributaria de Álava, Bizkaia y Gipuzkoa,* núm. 270, 2020.

Carmona Contreras, A. M.: Rodríguez Ruiz, B. (Coord.), *Constitución y pandemia: el Estado ante la crisis sanitaria,* Valencia, Tirant lo Blanch, 2022.

Castellà Andreu, J. M., "Compilación de la Comisión de Venecia de opiniones e informes sobre Estados de emergencia", *Revista general de derecho constitucional,* núm. 32, 2020.

Castellà Andreu, J. M., "Preserving democracy an de rule of law in a pandemic: Some lessons from the Venice Commission", Castellà Andreu, J. M.; Simonelli, M. A. (Eds.), *Populism and contemporary democracy in Europe: Old problems and new challenges,* Palgrave Macmillan, London, 2022, pp. 253-272.

Cebrián Zazurca, E., "Covid-19 y anulación de procesos electorales autonómicos en País Vasco y Galicia", *Revista general de derecho constitucional,* núm. 33, 2020.

Dueñas Castrillo, A. I., Fernández Cañueto, D., Guerrero Vázquez, P., Moreno González, G., *La constitución en tiempos de pandemia,* Dykinson, Madrid, 2021.

Federman, P. S.; Curley, C., "Exploring Intra-State Tensions in Government Responses to COVID-19", *Publius: The Journal of Federalism,* Vol. 52/3, 2022, pp. 476-496.

Fernández de Casadevante Mayordomo, P., "Los derechos fundamentales en estado de alarma: una suspensión inconstitucional", *Revista Vasca de Administración Pública,* núm. 119, 2021, pp. 59-99.

Fernández de Gatta Sánchez, D., "La STC de 2 de junio de 2022: la inconstitucionalidad de intervención judicial en relación con las medidas para luchar contra el Covid-19", *Diario La Ley,* núm. 10109, 2022.

García Majado, P., "Libertad de circulación de las personas, leyes de policía sanitaria y COVID-19", *Revista de derecho político,* núm. 113, 2022, pp. 127-152.

Gordillo Pérez, L. I., "El Estado Constitucional ante la crisis del coronavirus en Europa: Una primera aproximación", Luna Leal, M.; Vázquez Ramos, H.; Zúñiga Ortega, A. V. (Coords.), *Diálogos jurídicos en tiempos de COVID-19,* Universidad Veracruzana, Xalapa, 2020, pp. 147-153.

Iturbe Mach, A., "Informe jurídico de análisis y delimitación de las competencias de la Diputación Permanente (Parlamento Vasco. 31.3.2020), *Legebiltzarreko Aldizkaria/Revista del Parlamento Vasco. LEGAL*, núm. 3, 2022, pp. 260-273.

López Basaguren, A., "El Tribunal Constitucional frente a la emergencia pandémica: (comentario a las SSTC 148, 168 y 183/2021)", *Revista española de derecho constitucional*, núm. 125, 2022, pp. 237-282.

López Basaguren, A., "Sobre elecciones en tiempo de pandemia: a propósito de la suspensión de las elecciones en Euskadi y Galicia y de la anulación de la suspensión de las elecciones en Cataluña", *Legebiltzarreko Aldizkaria/ Revista del Parlamento Vasco. LEGAL*, núm. 2, 2021, pp. 136-171.

Lucas Murillo de la Cueva, P., "La pandemia, el estado de alarma y los jueces", *Revista Vasca de Administración Pública*, núm. 121, 2021, pp. 61-128.

Martínez Bárbara, G., "La fiscalidad en tiempos de pandemia: Las haciendas forales frente a la covid-19", *Zergak: gaceta tributaria del País Vasco*, núm. 59, 2020, pp. 139-157.

Ortea García, E., "La delegación de voto en los Parlamentos autonómicos: ¿sentencia de muerte? La nueva jurisprudencia de las SSTC 65/2022, 96/2022 y concordantes", *Revista Española de Derecho Constitucional*, núm. 127, 2022, pp. 317-343.

Pascua Mateo, F., "La contratación administrativa ante la COVID-19", *Revista de administración pública*, núm. 213, 2020, pp. 439-478.

Recuerda Girela, M. A., "Las garantías constitucionales en los estados de emergencia: (SSTC 148/2021, 168/2021, 183/2021)", *Revista española de derecho constitucional*, núm. 125, 2022, pp. 283-325.

Reu, I.; Nelles, J., "Marching in line through the crisis or setting one's own course in fighting the Covid-19 pandemic? A comparison of six policies, 16 states and two shutdowns in the German federation", *Perspectives on Federalism*, Vol. 14/2, 2022, pp. 103-141.

Ridao Martín, J., *Derecho de crisis y Estado autonómico: Del estado de alarma a la cogobernanza en la gestión de la COVID-19*, Marcial Pons, Madrid, 2021.

Santisteban Galarza, M., "La proporcionalidad del uso del pasaporte COVID para permitir la apertura del interior de establecimientos abiertos al público: un breve comentario a la sentencia de 14 de septiembre de 2021 del Tribunal Supremo", *Revista de derecho y genoma humano: genética, biotecnología y medicina avanzada*, núm. 56, 2022, pp. 171-186.

Steytler, N., "Federalism under Pressure. Federal 'health' factors and 'comorbidities'", Steytler, N. (Ed.), *Comparative Federalism and Covid-19. Combating the Pandemic*, Routledge, London, 2021, pp. 396-422.

Tajadura Tejada, J., "El Estado de Derecho frente al COVID", *Revista Vasca de Administración Pública*, núm. 120, 2021, pp. 137-175.

Teruel Lozano, G. M., "La legitimidad constitucional del marco jurídico para responder a la COVID-19 en cuestión", *Anuario iberoamericano de justicia constitucional*, núm. 26, 2022, pp. 551-586.

Vampa, D., "COVID-19 and Territorial Policy Dynamics in Western Europe: Comparing France, Spain, Italy, Germany, and the United Kingdom", *Publius: The Journal of Federalism*, Vol. 51/4, 2021, pp. 601-626.

Villar Crespo, G., "Estado de alarma: ¿para qué? Reflexiones sobre la utilidad de este estado excepcional tras las Sentencias del Tribunal Constitucional 148/2021 y 183/2021", *Revista Vasca de Administración Pública*, núm. 123, 2022, pp. 179-222.

La actuación de las Fuerzas y Cuerpos de Seguridad y su auténtica dimensión práctica y competencial sobrevenida ante la pandemia del Covid-19

FÉLIX CRESPO HELLÍN
Profesor Titular de Derecho Constitucional en la Universitat de València
Correo electrónico de contacto: felix.crespo@uv.es

I. INTRODUCCIÓN

La redacción literal de nuestra Constitución Española de 1978 estableció alrededor de muchos conceptos y elementos estructurales básicos de nuestra sociedad, una especie de aureola distintiva a modo de llamada permanente de atención, poniendo el énfasis de la dificultad que iba a suponer el desarrollo legislativo primero y competencial en la práctica después, de principios básicos determinantes para el buen funcionamiento del nuevo periodo constitucional que acababa de estrenar el país.

Una de ellas fue sin duda el concepto de Orden Público, que fue variando de una forma drástica hacia el de Seguridad Ciudadana y que sería precisamente el Tribunal Constitucional quien se encargaría de ese redireccionamiento conceptual en la base de la nueva arquitectura constitucional. De esta manera, el alto tribunal conseguía distanciar así las connotaciones inherentes al periodo político anterior donde el control y la administración por el poder político del concepto de orden público, debería cambiar radicalmente ante el nuevo esqueleto de derechos fundamentales y libertades públicas recogidas en el Título I.

Pues en consecuencia con este paso decidido y determinante en la nueva concepción del fin básico prioritario de las Fuerzas y Cuerpos de Seguridad del Estado (FCSE), se establece como competencia exclusiva del Estado la Seguridad Pública, entendiendo el carácter de concepto integral que tiene en su aplicación, cobertura y mantenimiento y dejando entrever la difícil programación de una descentralización en cuanto a su reivindicación y gestión política por parte de otros entes territoriales y políticos. Y es que es inevitable recordar, aunque sea de una forma sucinta, que ya fue marcado desde la Transición Política en 1975 como un objetivo prioritario la seguridad ciudadana, para así poder asentar sobre ella aquellos valores que hiciesen viable poder reinstaurar la democracia en España y crear sobre ella una cimentación fuerte sobre la que asentar un ordenamiento jurídico y constitucional de garantías para mantener su vigencia. Así lo exigían asociaciones y agrupaciones políticas que pedían o confiaban en poder contemplar las actuaciones de las Fuerzas y Cuerpos de Seguridad del Estado —en adelante, FCSE— como los primeros valedores y defensores de los determinantes acuerdos que iban brotando en el seno de nuestra sociedad, fruto del espíritu que subyacía en el pacto y el consenso político que brotó desde que la Ley para la Reforma Política fuese aprobada en referéndum por el pueblo español en 1976. Esta fue la coyuntura que motivó que se abordase como prioritario la imprescindible redefinición del modelo policial español que estableciese principios, objetivos y estructura interna acorde con el nuevo marco constitucional que estaba empezando a configurarse.

Hoy en día, su múltiple función competencial y su proyección como soporte vital de la convivencia social del Estado, hacen de la consecución de sus objetivos una auténtica bandera de la garantía extrajurisdiccional del sistema constitucional vigente, así como la fijación como prioridades estructurales imprescindibles, tanto la garantía de la paz social, como el mantenimiento de la seguridad ciudadana en cualquiera de las situaciones críticas por la que atraviese la ciudadanía.

La situación de pandemia vivida al hilo del surgimiento y propagación del Covid-19, así han demostrado la necesidad de estudiar y delimitar las funciones policiales ampliadas paulatinamente según las necesidades de la sociedad, junto a una estructura caduca, manifiestamente insuficiente en medios materiales y de preparación para la capacidad de respuesta que se le exige y una relación de objetivos y prioridades que deberían permitir abordar de una manera definitiva su reorganización y modificación estructural, tanto orgánica como competencial.

II. BREVE DESCRIPCIÓN DEL ORGANIGRAMA POLICIAL EN LA CONFIGURACIÓN DEL NUEVO MODELO CONSTITUCIONAL EN DESARROLLO DEL ARTÍCULO 104 C.E.

Abordar estas cuestiones de fijación o posicionamiento de una institución u órgano parece arrastrar de forma evidente el volver a incidir en cuestiones ya abordadas y analizadas en anteriores estudios. Y a pesar de la sensación de no avanzar y no conseguir evolucionar en cuestiones ya largamente enquistadas, no podemos por menos que constatar la absoluta dejación e improvisación en la falta de abordar la necesaria reforma competencial de los cuerpos policiales ante la evidente evolución de sus funciones técnicas, así como de las exigencias sociales que se espera de ellos.

Desde la entrada en vigor del texto constitucional y la posterior Ley Orgánica 2/1986 que desarrollaba el artículo 104, hay múltiples cuestiones que hoy siguen planteando serios problemas de identidad y de eficacia competencial. Hablamos de más de 40 años transcurridos desde su entrada en vigor y hoy, una sociedad que ha evolucionado en muchos aspectos, sin embargo tiene abandonado y aún siguen sin solucionarse varias cuestiones fundamentales que analizaremos seguidamente y que se han ido agravando con hechos o situaciones vividas como la pandemia de Covid-19.

Hay que reconocer que tanto la redacción del artículo 104 de la Constitución, como la Ley Orgánica 2/1986 de Fuerzas y Cuerpos de Seguridad del Estado que cumplía el mandato constitucional del desarrollo de las funciones constitucionales tuvo como principal beneficio el establecimiento de un modelo policial completamente novedoso que, quizá también por ésta precipitación ambiciosa de alcanzar cuanto antes la actualización urgente y necesaria que se demandaba por todos los sectores políticos y sociales, hizo que su configuración técnico jurídica incurriese en demasiadas lagunas y carencias —y algunas de ellas hasta posiblemente intencionadas—. Pero con independencia de esta crítica objetiva y evidente, hay que reconocer de igual forma que éste nuevo modelo permitió ir consiguiendo uno de los fines prioritarios que se habían marcado los legisladores y que no era otro que la progresiva desmilitarización de las fuerzas policiales, sustituyendo los mandos directivos con procedencia militar por una nueva escala de comisarios policiales donde primase la profesionalidad y los méritos acorde con los nuevos objetivos constitucionales de la policía.

Esta evolución fue dando paso a otros hitos y logros notables como fue la consecución de movimientos impensables dentro de la policía como el sindicalismo o, ya con más posterioridad y con un ritmo lento pero constante, la irrupción de la mujer en los cuerpos policiales —incluso en las escalas de mando—, o incluso la conceptualización y encaje de las policías autonómicas y unidades adscritas acorde con el modelo político territorial diseñado en la constitución. Todo ello tuvo gran valor e importancia pues al menos —y no era poco para las circunstancias políticas del momento—, el valor positivo de la legislación que iba emanado en materia policial supuso romper muchas barreras y dogmas dentro de este singular cuerpo de profesionales públicos. Ya en su momento la inicial Ley de Policía de 1978 fue el primer escalón de la tortuosa escalera que había que ir subiendo y que se haría de forma excesivamente lenta, pero que iría tendiendo hacia ese nuevo modelo policial que estaba por definir. Se quería saber y definir antes a donde se debía de llegar, cuando no se tomaban previamente las decisiones que permitiesen una cimentación sólida y fuerte del nuevo engranaje constitucional valedor de derechos y libertades. Eso se tradujo en un desarrollo con muchas dilaciones, con excesivos silencios y que iba a costar más tiempo del deseable poder realizarlo y llevarlo a cabo, al menos para que sirviera para comenzar a solucionar algunos problemas estructurales y de base estableciendo una cobertura legal y jurídica para que la actuación de las fuerzas policiales tuviesen un ensamblaje justificativo en el nuevo entramado normativo constitucional, en una etapa evidentemente complicada, difícil y muy delicada en cada decisión que había que adoptar.

El texto constitucional en su artículo 104 estableció que "*las fuerzas y cuerpos de seguridad, bajo la dependencia del gobierno, tendrán como misión proteger el libre ejercicio de los derecho y libertades y garantizar la segu-*

ridad ciudadana", una atribución que devenía en una de las piedras angulares en la garantía y eficacia del texto constitucional y del nuevo sistema de libertades plasmado en el Título I del mismo texto, y que se complementó con el mandato de que "*una ley orgánica determinará las funciones, principios básicos de actuación y estatutos de las fuerzas y cuerpos de seguridad*". Y si el marco normativo comenzaba a ensamblar ese nuevo modelo policial español, el esquema inicial se complementaba con la creación y diseño de unas nuevas variantes organizativas en materia policial, al recogerse la "*posibilidad de creación de policías de las comunidades autónomas en las formas que se establezcan en los estatutos y en el marco de lo que disponga una ley orgánica*".

La deducción evidente que se extrae de inmediato es comprobar cómo, además de la prioridad establecida en la redefinición del modelo policial con sus múltiples aristas de difícil solución, se abre desde el primer momento una vía a concretar de modelos policiales distintos a los de ámbito competencial de carácter nacional —Guardia Civil y Cuerpo Nacional de Policía—, como es la posibilidad de creación de policías por las Comunidades Autónomas en el marco de lo que disponga una Ley Orgánica. Así quedaba abierto el camino para conseguir una de las reivindicaciones históricas autonomistas siempre emergente ante el debate sobre la construcción autonómica del Estado, cual era la obsesión de subir enteros en el ámbito de autogestión política al disponer de la estructuración y organización de la materia de seguridad, tratando de alejarla así del control y supervisión del Ministerio del Interior y demás entes estatales de la Administración Policial. Con base en esta previsión, se crearon en las Comunidades Autónomas del País Vasco y Cataluña cuerpos de policía sustitutivos de los estatales y, en otras Comunidades Autónomas, otros cuerpos complementarios de estos aunque con diferente configuración y nivel competencial lo que les harán establecerse dos categorías o niveles: los Cuerpos Policiales Autonómicos y las Unidades Adscritas del Cuerpo Nacional de Policía —formato híbrido que se ha quedado en una categoría intermedia en su ámbito competencial y su configuración técnica—.

Partiendo en consecuencia de lo establecido por el artículo 149.1.29 de la C.E. en lo referente a la inclusión de la Seguridad Pública en las competencias de exclusiva titularidad del Estado, la posibilidad de creación de policías por las Comunidades Autónomas en la forma que se establezca en los respectivos Estatutos de Autonomía a través de una Ley Orgánica, ha llevado a establecer campos complicados en la definición y conceptualización de estos cuerpos policiales derivados. En la práctica, se pueden distinguir tres categorías de Comunidad Autonómica según se adjudique o aplique la competencia en materia de seguridad ciudadana:

1. Unas Comunidades Autónomas que, fruto de su posición política diferenciada, pueden contar con cuerpos de policía propios, ya creados y consolidados como son el caso catalán y vasco con los Mossos d'Esquadra y la Ertzaintza y que han sustituido a los cuerpos tradicionales de la Guardia Civil y Cuerpo Nacional de Policía. Esta transición se ha producido en una permanente reivindicación y negociación sobre las competencias que debían ser asumidas por estos cuerpos policiales, frente al núcleo de competencias exclusivas del Estado y que ha tenido que ir desprendiéndose de ellas fruto de la presión política coyuntural que se ha dado en varias legislaturas. Esto ha evidenciado la falta de un modelo previo estudiado, equilibrado y definido con anterioridad y da más la sensación de haberse construido a base de reivindicaciones políticas.

2. De forma diferente consecuentemente, podemos considerar aquellas otras fuerzas policiales autonómicas que no son sustitutivas, sino que son complementarias de dichas Fuerzas de ámbito nacional. Así, con esta singularidad, se han creado también policías en Navarra y en Canarias. En Madrid, por su parte, se creó la Brigadas Especiales de Seguridad (BESCAM) que tenía por objetivo coordinar y dotar a las Policías Locales, aunque no constituía un cuerpo propio.

3. Y el tercer escalón serían aquellas Comunidades Autónomas cuyos estatutos prevén la posibilidad de creación de policías y, ofreciéndose a éstas la posibilidad de ejercer sus competencias policiales, acuden a la fórmula de la adscripción del Cuerpo Nacional de Policía —caso de la Comunidad Valenciana creando la Unidad Adscrita—, y resultando finalmente un modelo híbrido que servía para cubrir la consecución de un peldaño más en esa escalera competencial que permitía aumentar el concepto de autonomía y ensamblar como aspectos propio del sentimiento autonómico. Pero de igual forma hay que reconocer que esta configuración ha arrojado un modelo que

delimita el ámbito competencial de las Unidades Adscritas de Policía Autonómica a un campo de fines y actuaciones marcado en el respectivo Estatuto de Autonomía —las llamadas competencias autonómicas—, pero quedando al margen de regular, abordar o administrar competencias base de la seguridad ciudadana que han continuado siendo el campo competencial propio de la Administración Policial central.

4. Y si finalmente añadimos un último grupo formado por aquellas Comunidades Autónomas cuyos estatutos no contienen tal previsión respecto de la Policía Autonómica. Esta opción sirve sencillamente para completar el complejo y difícilmente entendible cuadro de competencias policiales que pueda justificar tal desproporción competencial.

De esta manera, tenemos servido en bandeja el debate y la discusión en torno a un enfoque erróneo, equivocado, o dicho más bien de forma contundente como la pérdida de una oportunidad histórica para abordar la profunda reforma del sistema policial que se esperaba y que tan sólo ha servido para evidenciar que la Administración Policial y las materias que le son propias se convirtieron, desde la propia concepción del nuevo modelo policial constitucional, en una especie de mercancía que se reservaba en un apartado especial de la negociación política que llevaban en su hoja de ruta determinadas Comunidades Autónomas.

Esas hojas de ruta conllevaban una delimitación del reparto de competencias en función de lo previsto en los artículos 148 y 149 C.E.—, donde tanto el Estado como las Comunidades Autónomas en materia de seguridad partían inicialmente de dos contenidos normativos que definían los ámbitos competenciales a través de la Constitución y los Estatutos de Autonomía. Y en una fase posterior surgirían las policías autonómicas que han ido concretando su campo competencial a tenor de los fines y funciones encomendadas en la Ley Orgánica 2/1986 de 13 de marzo, de Fuerzas y Cuerpos de Seguridad y que dedicó un difícil y fundamental apartado a la concreción de qué materias podían ser asumidas como competencias por las Comunidades Autónomas a través de los cuerpos de Policía Autonómica. Aunque quizá no sea una expresión excesivamente técnica, podría aseverarse que comenzó a "repartirse la tarta" de la seguridad ciudadana, cuando sus funciones tienen un carácter integral en su concepción y ejercicio difícilmente divisible o "troceable en porciones" sin que acaezcan importantes consecuencias de descoordinación, duplicidad de actividad e investigaciones, invasiones competenciales, falta de efectividad en ámbitos indefinidos y un largo listado de aristas y puntos de debate que iremos analizando.

Con independencia de toda esta problemática, y como consecuencia de las anteriores consideraciones descritas, la realidad es que han ido surgiendo diversas policías autonómicas que lejos de tener una configuración y definición común, han dado lugar a un catálogo diverso y complejo de asimilar por los diferentes alcances que han representado las distintas configuraciones. Eso sí, reconociendo la Ley Orgánica 2/86 un concepto extensible a las Policías Autonómicas —al igual que los cuerpos policiales de ámbito nacional—, parten de la consideración de que los Cuerpos de Policía de las Comunidades Autónomas son Institutos armados de naturaleza civil, con estructura y organización jerarquizada y ésta consideración aplicada ya por la Ley Orgánica, conduce a un amplio y agrio debate sobre si era prescindible o no esa consideración de instituto armado, sencillamente por esa desconexión que se pretendía de la anterior configuración de regímenes políticos anteriores y su conexión directa con la ejecutividad de sus acciones y en consecuencia, haber hecho una regulación más aséptica, objetiva y neutral. Esta problemática en su configuración teórica inicial, no va a impedir que los efectivos integrantes de los Cuerpos de Policía de las Comunidades Autónomas, deban de estar dotados de los medios técnicos y operativos necesarios para el cumplimiento de sus funciones pudiendo portar armas de fuego, con lo que en la práctica no se aprecia más diferenciación que el ámbito geográfico donde desempeñen sus funciones, llevándose así a la práctica esa fragmentación inicialmente no deseada pero consecuencia de una resignación de naturaleza política, al menos en su inicio.

Si a ello añadimos finalmente la consideración de que en ciertas Comunidades Autónomas se han creado unidades del Cuerpo Nacional de Policía adscritas a dichas Comunidades, hay que dejar claro que estas Unidades no constituyen una policía autonómica propia. Y este es el gran debate surgido en el seno de la Comunidad Autónoma de la Comunidad Valenciana, pues entorno al papel y a las funciones que se reconoce a una Policía Autonómica en comparación con las Unidades Adscritas —como es el caso de la Valenciana—, se hace una conclusión comparativa de la importancia y el reconocimiento a nivel político de una y otra Comunidad Autónoma que conviene analizar con el detalle y el aporte de los datos técnicos que permitan evaluar este trabajo y esta configuración competencial.

Hay que partir del hecho objetivo central de entender que los Cuerpos de Policía de las Comunidades Autónomas sólo pueden actuar en el ámbito territorial de la comunidad autónoma respectiva, salvo en situaciones de emergencia y previo requerimiento de las autoridades estatales. Este hecho choca frontalmente con el concepto integral de Seguridad Ciudadana y de la prioridad de los medios conducentes a evitar o perseguir la comisión de hechos delictivos. Pero que por otra parte, su propia consideración autonómica desde su mismo ámbito territorial y competencial dotado de personalidad y fines por el ente político que se crea —evidentemente, el de la Comunidad Autónoma—, hará que la creación de este cuerpo policial autonómico se circunscriba a la fuerza a su campo de actuación al amparo de un ámbito funcional, territorial y competencial reducido a la extensión geográfica del ente autonómico.

De todas formas, hecha la afirmación de forma rotunda, hay que considerar las excepciones que empiezan a generarse por la complejidad y extensión del concepto que antes hemos descrito. Así por ejemplo, cuando se ejerzan funciones de protección de autoridades públicas de la comunidad autónoma, podrán actuar fuera del ámbito territorial respectivo previa autorización del Ministerio del Interior y, cuando proceda, comunicación al órgano de gobierno de la comunidad autónoma correspondiente.

Por ello, en relación con las funciones de estos cuerpos de policía, debe distinguirse a la fuerza entre las propias y aquellas que tienen como objetivo colaborar con los cuerpos policiales del estado. La Ley Orgánica de Fuerzas y Cuerpos de Seguridad establece en el artículo 38 las funciones de las policías autonómicas acorde con tres categorías:

A. Con carácter de propias:

a) Velar por el cumplimiento de las disposiciones y órdenes singulares dictadas por los órganos de la Comunidad Autónoma.

b) La vigilancia y protección de personas, órganos, edificios, establecimientos y dependencias de la Comunidad Autónoma y de sus entes instrumentales, garantizando el normal funcionamiento de las instalaciones y la seguridad de los usuarios de sus servicios.

c) La inspección de las actividades sometidas a la ordenación o disciplina de la Comunidad Autónoma, denunciando toda actividad ilícita.

d) El uso de la coacción en orden a la ejecución forzosa de los actos o disposiciones de la propia Comunidad Autónoma.

B. Unas competencias con carácter de colaboración que otorgan prioridad a los Cuerpos de Policía Autonómica, sin perjuicio de la intervención de las Fuerzas y Cuerpos de ámbito estatal —bien a requerimiento de la autonomía, bien por iniciativa propia—, y que pueden concretarse en las siguientes materias o situaciones:

a) Velar por el cumplimiento de las leyes y demás disposiciones del Estado y garantizar el funcionamiento de los servicios públicos esenciales.

b) Participar en las funciones de Policía Judicial, según lo establecido en el artículo 29.2. de la Ley Orgánica 2/1986.

c) Vigilar los espacios públicos, proteger las manifestaciones y mantener el orden en grandes concentraciones humanas.

C. Por otro lado, existen una serie de funciones de prestación simultánea e indiferenciada de las Policías Autonómicas y las Fuerzas y Cuerpos de Seguridad del Estado, como son:

a) La cooperación a la resolución amistosa de los conflictos privados cuando sean requeridos para ello.

b) La prestación de auxilio en los casos de accidente, catástrofe o calamidad pública, participando en la forma prevista en las Leyes, en la ejecución de los planes de Protección Civil.

c) Velar por el cumplimiento de las disposiciones que tiendan a la conservación de la naturaleza y medio ambiente, recursos hidráulicos, así como la riqueza cinegética, piscícola, forestal y de cualquier otra índole relacionada con la naturaleza.

Es evidente que esta clasificación competencial nos lleva con toda exigencia a analizar la situación actual de la configuración de la Unidad Adscrita del Cuerpo Nacional de Policía de la Comunidad Valenciana y ver si la misma se encuentra suficientemente ensamblada y definida en sus funciones, o si se ha ido dispersando y desapareciendo la imagen de la Unidad Adscrita del primer plano de actuación e importancia de la actividad policial realizada.

Surgen dudas también respecto a cómo garantizar la coordinación entre las políticas de seguridad pública del Estado y de las Comunidades Autónomas y si a este respecto el Consejo de Política de Seguridad que está presidido por el Ministro del Interior e integrado por los Consejeros de Interior de las Comunidades Autónomas y por un número igual de representantes del Estado designados por el Gobierno central, está siendo suficientemente eficiente en la práctica para concretar y determinar su verdadera función. Sobre el papel, el Consejo de Política de Seguridad ejerce las competencias en: a) la elaboración de los planes de coordinación en materia de seguridad y de infraestructura policial, b) informar las plantillas de los Cuerpos de Policía de las Comunidades Autónomas y sus modificaciones, c) aprobar directivas y recomendaciones de carácter general, d) informar las disposiciones que dicten las Comunidades Autónomas, en relación con sus propios Cuerpos de Policía, así como la de creación de éstos, e) informar los convenios de cooperación, en materia de seguridad entre el Estado y las Comunidades Autónomas, y la cláusula residual, f) las demás que le atribuya la legislación vigente.

El debate vendrá con posterioridad al tener que delimitar entre el paquete de competencias señaladas y las propias marcadas por las normas estatutarias autonómicas, la adscripción de las múltiples tareas de aplicación y seguimiento en la práctica, y que no hacen sino complicar aún más el panorama delimitador de los campos de actuación respectivos.

Y para finalizar este complejo panel, dentro del Consejo de Política de Seguridad funciona un Comité de Expertos integrado por ocho representantes, cuatro del Estado y cuatro de las Comunidades Autónomas, designados estos últimos anualmente por los miembros del Consejo de Política de Seguridad que representen a las Comunidades Autónomas. Este Comité tiene la misión de asesorar técnicamente a aquél y preparar los asuntos que posteriormente vayan a ser debatidos en el Pleno del mismo. A todo ello, sin dejar de mencionar otro órgano que también debería analizarse en profundidad por la repercusión que tiene en la toma de decisiones de implicación y repercusión en el ejercicio de competencias de los organismos locales —básicamente los ayuntamientos— y autonómicos, como es la Junta de Seguridad y que ahora lo comprobaremos en la materia de pandemia (en las Comunidades Autónomas que dispongan de Cuerpos de Policía propios puede constituirse una Junta de Seguridad, integrada por igual número de representantes del Estado y de las Comunidades Autónomas, con la misión de coordinar la actuación de las Fuerzas y Cuerpos de Seguridad del Estado y de los Cuerpos de Policía de la Comunidad Autónoma).

Este complejo, y difícilmente práctico, modelo competencial en materia policial termina por complicarse cuando al delimitar sus funciones y competencias ya se vislumbra un campo lleno de carencias y contradicciones que influyen muy directamente en la eficacia de la prestación del servicio.

Si ya en origen la Ley Orgánica 2/86 trata de predefinir el modelo policial español, lo tiene que hacer saliendo de la estructura militarizada del antiguo Cuerpo de Policía Nacional, para integrarla junto al modificado Cuerpo Superior de Policía en el actual, y desde entonces vigente, Cuerpo Nacional de Policía tratando así de coordinar la actuación con el resto de cuerpos policiales y establecer un régimen estatutario común. Pero tan loable y necesario fin chocó frontalmente con el grave y difícil objetivo de hacerlo compatible con una múltiple dependencia que intentará traducir en eficacia —algo más que difícil o cuanto menos complicado de llevar a la práctica—, cuando será una clara evidencia la dependencia política y orgánica de la materia de seguridad ciudadana, tanto del gobierno de la nación por un lado, como de las Comunidades Autónomas por otra y de los ayuntamientos y órganos locales por otro, tratando así de conjugar interés políticos diversos y a veces hasta opuestos, intentando así aprovecharse para sacar rendimiento político de tan sensible materia. El ámbito territorial y geográfico de actuación será el único criterio delimitador de los campos de actuación de cada uno de los cuerpos policiales —Guardia Civil y Cuerpo Nacional de Policía tendrán un ámbito sobre todo el territorio pero únicamente en aquellas materias o competencias que administre el Ministerio del Interior o el de Defensa—, a pesar de hacer un intento de establecer una tabla común en todas las FCSE de los principios de actuación que pasarán a ser comunes y conjuntos. La gran incógnita era: ¿se aplicarán por igual en cualquier territorio y por cualquier órgano —con independencia de su ámbito político o territorial-?, o por el contrario, ¿primarán otros intereses de naturaleza política?

Simplemente analizando los "Principios Básicos de Actuación" común a todos ellos, se aprecia un intento lógico y congruente de imprimir una base común identificativa con los valores y singularidad del desempeño de una competencia especialmente necesaria para el conjunto de la ciudadanía. Algo que se deja por sentado con carácter inicial, para luego entrar en la división de competencias y funciones de una manera desequilibrada y desproporcionada:

1. Adecuación en todas sus actuaciones al ordenamiento jurídico vigente, así como el debido respeto a la constitución, una exquisita neutralidad política, prioridad de los valores integridad y dignidad, debida jerarquía y consecuente subordinación y colaboración con la administración de justicia.

2. En las relaciones con la comunidad tendrán como prioridad la observación de aquellas acciones que supongan prácticas abusivas o discriminatorias que entrañen violencia física o moral debiendo ser tajantemente prohibidas o excluidas las mismas en cualquier agente, debiendo imperar en todo momento un trato correcto a los ciudadanos a los que se deberán auxiliar y proteger en todo momento, además de actuar con la decisión necesaria y sin demora utilizando las armas en situaciones en

las que exista un riesgo razonablemente grave para su vida, para su integridad física o la de terceras personas.

3. En ese tratamiento con la ciudadanía, destaca por ejemplo el debido trato de los detenidos cuando se produzca esta acción por parte de los cuerpos policiales: deberán identificarse de forma clara y evidente en el momento de hacer una detención, deberán velar por la vida e integridad física de las personas a quienes detuvieren procediendo de forma estricta con el cumplimiento y la observancia garantista a los trámites y situaciones jurídicas cuando se proceda y ejecute con la acción de detención de una persona.
4. La obligación profesional y deontológica de los cuerpos policiales de dedicación profesional a tiempo total, se hallen o no de servicio, con el deber de actuar en cualquier momento en defensa de la ley y la seguridad ciudadana.
5. El inexcusable y sacrosanto secreto profesional, que adquiere una significativa relevancia al tener la obligación y el deber de guardar riguroso secreto respecto de todas las informaciones que conozcan con ocasión del desempeño de sus funciones.
6. Y la ineludible y siempre exigible responsabilidad propia en sus actuaciones, al considerarse que son responsables de forma personal y directa de todos aquellos actos realizados o que en su actuación profesional llevasen a cabo.

Si a este marco básico de actuación bajo el epígrafe de los principios básicos comunes a todos ellos, añadimos una nueva base identificativa común en lo que consideraríamos sus funciones generales, nos encontraríamos con unas determinantes y concretos parámetros de inexcusable cumplimiento para el conjunto de cuerpos policiales sin distinción:

- realizar un escrupuloso cumplimiento de las leyes y disposiciones normativas generales
- auxiliar y proteger a las personas y asegurar la conservación y custodia de los bienes
- vigilar y proteger los edificios e instalaciones públicas que lo requieran

- velar por la protección y seguridad de altas personalidades
- mantener y restablecer en su caso el orden y la seguridad ciudadana
- prevenir la comisión de actos delictivos
- investigar los delitos
- captar, recibir y analizar cuantos datos tengan interés para el orden y la seguridad publica
- y colaborar con los servicios de protección civil.

De esta manera, resulta más que evidente que la aparición y la necesaria articulación de distintos cuerpos policiales, habría inexcusablemente de avocarse a la necesaria coordinación policial para evitar una actuación parcelada, insuficiente y hasta a veces contradictoria y en consecuencia hacer devenir como imprescindible la fijación de medios que haga posible la información reciproca, homogeneidad técnica en determinados aspectos y la acción conjunta de las autoridades gubernativas estatales, autonómicas y locales. Si además a las comunidades autónomas que puedan crear por sus estatutos cuerpos de policía propios, se les reconoce la posibilidad de solicitar el auxilio de las FCSE cuando no dispongan de medios suficientes e, incluso, podrán adscribirse a ellas miembros del cuerpo nacional de policía, se concluye de forma absolutamente lógica y congruente que los mecanismos existentes para que la coordinación se convierten en algo tan determinante y fundamental, hasta el punto de ser la única forma y procedimiento para afrontar las consecuencias de la pandemia por Covid-19 o situaciones extremas similares. Esto deja en evidencia y pone a las claras lo desacertado y desafortunado que resulta crear un modelo policial a la carta, que finalmente deviene en negativo e irresoluble a la propia esencia de lo que debía ser un modelo practico y eficaz, y dejar sin embargo vigente un modelo empecinado en configurarse para satisfacer puros fines políticos que han llevado a separar, parcelar y diferenciar los campos competenciales según se pertenezca a uno u otro cuerpo policial y según el grado de satisfacción de las reivindicaciones políticas expresadas.

Así, en la práctica, lo único que hemos conseguido es encontrarnos dentro del modelo policial español a unas Policías Locales y Autonómicas al amparo de la Ley Orgánica 2/86, donde las funciones y competencias atribuidas finalmente son exclusivamente de aplicación en los ámbitos territoriales correspondientes de las Comunidades Autónomas y de los ayuntamientos, en un parcelamiento territorial que evidencia mucho más si cabe, los problemas competenciales a la hora de afrontar situaciones o problemas globales que no distinguen ámbitos territoriales, como fue el caso de la pandemia por el Covid-19.

Si las policías autonómicas sólo pueden actuar en el ámbito de la Comunidad Autónoma correspondiente, lo cual ya limita el sentido práctico y operativo de estos cuerpos policiales, analicemos las competencias propias que le asigna la Ley Orgánica 2/86 y evidenciaremos aún más si cabe, la incongruente atribución de funciones:

1. Funciones propias serán aquellas derivadas de su naturaleza autonómica y su dependencia de órganos e instituciones ejecutivas de la Comunidad Autónoma como: a)velar por el cumplimiento de las disposiciones y órdenes dictadas por órganos de la Comunidad Autónoma, b) vigilar y proteger edificios, órganos, personas, establecimientos y dependencias a decisión de los órganos ejecutivos, c) inspeccionar las actividades sometidas a la ordenación y d) usar la coacción en la ejecución forzosa de actos y disposiciones de la Comunidad Autónoma.

2. Funciones de colaboración con la FCSE, en las que se evidencia el deber de prestar medios materiales y personales para el cumplimiento de acciones competenciales de ámbito nacional, como son: a) velar por el cumplimiento de leyes y disposiciones estatales y garantizar el funcionamiento de los servicios públicos esenciales, b) participar en funciones de policía judicial, c) vigilar espacios públicos, d) proteger las manifestaciones y mantener el orden en grandes concentraciones humanas.

3. O también la fórmula mixta que se convierte en una especie de cláusula residual donde entran aquellas competencias de naturaleza mixta y de implicación directa de varios cuerpos policiales, en lo que podríamos denominar las funciones de prestación simultanea e indiferenciada y que se ejercerán junto a los cuerpos nacionales: a) cooperación en la resolución

amistosa de conflictos privados, b) prestación de auxilio y c) velar por las disposiciones de conservación de la naturaleza.

Ante esta distribución de competencias, la pregunta surge en aquellas Comunidades Autónomas en las que no se pueden —o no se quiere—, crear policías autonómicas y el correspondiente vacío en la atribución de competencias en estas materias competenciales mixtas o indiferentes. En estos casos, se opta por una fórmula intermedia que hace surgir un híbrido entre los cuerpos policiales nacionales y las policías autonómicas, denominadas Unidades Adscritas de Policía de la Comunidad Autónoma, que podrán ejercer sus funciones mediante acuerdo con el estado y establecer la adscripción de unidades del cuerpo nacional de policía al mando y dependencia funcional de los órganos ejecutivos autonómicos. Una solución evidentemente de apariencia, de cubrir el expediente con una fórmula que ni sirve para redefinir el modelo policial de la Ley 2/86, ni de dar salida a un perfeccionamiento del modelo policial y que no hace sino constatar el puro interés político de optar por un modelo que diferencia y ahonda mucho más gravemente las diferencias entre las Comunidades Autónomas que disponen de cuerpo policial propio de aquellas que carecen del mismo o que has optado tan solo por la fórmula de la Unidad Adscrita.

Y para rematar este problemático cuadro, aparecen las policías locales dependientes de los Ayuntamientos, a las que se le aplican clausulas ambiguas y en algunos casos hasta residuales que contribuirán a establecer un tercer escalón que en nada ayuda al concepto integral y global de seguridad ciudadana por el que tantas veces reivindicamos. Estas funciones se quedan en: a) la defensa de los derechos fundamentales y libertades públicas y el mantenimiento de la seguridad ciudadana —como atribuciones genéricas—, b) la protección de autoridades locales, edificios e instalaciones, c) ordenar, señalizar y dirigir el tráfico en el casco urbano, d) instruir atestados por accidentes, e) funciones de policía administrativa, f) participar en las funciones de policía judicial, g) prestación de auxilio, h) diligencias de prevención de actos delictivos, i) vigilar espacios públicos y colaborar con las fuerzas policiales de ámbito nacional y autonómico y, j) cooperar en la resolución de conflictos privados cuando sean requerido para ello.

Y una mención final merece la Policía Gubernativa y Judicial, que viene a conectarse de forma directa con el mandato constitucional que dispone el artículo 126 y que determina que "la policía judicial depende de los jueces, tribunales y ministerio fiscal en las funciones de averiguación del delito y descubrimiento y aseguramiento del delincuente en los términos que la ley establezca", y que dio pie en su día al Real Decreto 769/1987, de 19 de junio, sobre regulación de la Policía Judicial. A esta se le atribuyen como objetivos principales, a través de la Comisaría General de Policía Judicial y de su Secretaría General: a) averiguar delitos públicos, b) practicar las diligencias necesarias para comprobarlos y descubrir a los delincuentes y, c) recoger todos los instrumentos o pruebas y ponerlos a disposición de la autoridad judicial. De esta manera, en dicha función genérica tendrán carácter de colaboradores tanto las fuerzas de seguridad estatales, como las autonómicas y también locales. La Ley Orgánica 2/86 configura las unidades de Policía Judicial a través de distintas especializaciones (Droga y crimen organizado, Delincuencia especializada y Violenta, Inteligencia criminal, Delincuencia Económica y fiscal e Investigación Tecnológica) encontrándose dentro de éstas varios ámbitos mucho más específicos y trascendentes a demanda de la situación social y criminal en nuestro país. Así nos encontramos con áreas como especializadas en materias específicas e integradas por miembros de los cuerpos policiales adscritos a juzgados, tribunales o al propio ministerio fiscal. De esta manera dependen orgánicamente del ministerio de justicia e interior y funcionalmente de los tribunales y ministerio fiscal, los cuales les darán las ordenes e instrucciones que crean necesarias, determinando contenido y circunstancias de las actuaciones de que interesen dichas unidades, controlarán su ejecución y podrán instar el ejercicio de la potestad disciplinaria.

A estas unidades y en consecuencia con las situaciones extraordinarias que estamos tratando, destacar que se le pueden encomendar una serie de funciones determinantes para la aplicación y determinación de ámbitos normativos especiales: a) inspecciones oculares, b) aportación de primeros datos, c) domicilios y paraderos, d) informes de solvencia y conducta, e) emisión incluso verbal de informes periciales —provisionales pero de urgente necesidad para decisiones judiciales que no admiten dilación—, f) intervención técnica en levantamiento de cadáveres, g) recogida de pruebas, h) actuaciones de inmediata intervención y otras de similar naturaleza y, i) ejecución de órdenes inmediatas de jueces y fiscales.

Tal es volumen de tareas y significación de este ámbito que, para lograr una unidad de dirección de este cuerpo, se crea la Comisión Nacional de Coordinación de la Policía Judicial integrada por el Presidente del Tribunal Supremo y del Consejo General del Poder Judicial que la presidirá, el ministro de Justicia e Interior que la presidirá, el Fiscal General del Estado, un vocal del CGPJ y un miembro de la carrera judicial.

En conclusión, un panorama competencial complejo que sólo ha conseguido perpetuar en el tiempo un modelo policial no ya necesitado de una reforma o modificación, sino más bien en situación extrema de abordar un necesario replanteamiento del funcionamiento estructural y orgánico del modelo policial en sí mismo.

III. LA SITUACIÓN DE PANDEMIA COMO REFERENCIA TÉCNICO-SANITARIA PARA DETERMINAR LA ACTUACIÓN POLICIAL: LEGISLACIÓN POLICIAL VS. NORMATIVA MÉDICO-SANITARIA

"*Con el fin de controlar las enfermedades transmisibles, la autoridad sanitaria, además de realizar las acciones preventivas generales, podrá adoptar las medidas oportunas para el control de los enfermos, de las personas que estén o hayan estado en contacto con los mismos y del medio ambiente inmediato, así como las que se consideren necesarias en caso de riesgo de carácter transmisible*" Ley Orgánica 3/1986, de 14 de abril, de Medidas Especiales en Materia de Salud Pública

Quién se podía imaginar o llegar a sospechar que se optaría recientemente por la invocación de un precepto redactado hace más de 35 años en materia de Salud Pública, para que de forma repentina e improvisada adquiriera absoluta y total importancia en el plano normativo español. Máxime cuando una materia como la sanidad y la medicina han evolucionado a una velocidad de vértigo estos últimos años con constantes descubrimientos y avances que han ido dejando obsoletas normativas y regulaciones legislativas que han requerido continuas actualizaciones.

Por ello, cuando la Organización Mundial de la Salud (OMS) tras varios devaneos y reflexiones inciertas durante las semanas previas, declaró oficialmente la existencia de una pandemia a escala global el 11 de marzo de 2020 causada por el coronavirus SARS-CoV-2, el mecanismo legislativo inicial que se utilizó de cobertura para adoptar las primeras decisiones y que puso en alerta a todo nuestro ordenamiento jurídico, fue esta cláusula de acotamiento indeterminado citada y que abría un ámbito de actuación tan amplio como impreciso para actuar frente a la pandemia con las medidas… "*que se consideren oportunas en caso de riesgo de carácter transmisible*".

La realidad existente desde el mes de febrero de 2020 hizo que se desempolvase y saliese a la luz pública la Ley Orgánica 3/1986, de Medidas Especiales en Materia de Salud Pública (LOMEMSP) y su referido artículo 3, el cual entraba en acción en un panorama político muy poco apropiado para su aplicación y consecución de sus fines de coordinación previstos, al existir una distribución competencial autonómica en materia de sanidad que distaba muchísimo de la existente en 1986 cuando fue aprobada.

La gestión de la pandemia de COVID-19 involucra desde entonces a una compleja interacción entre la legislación policial, la normativa médico-sanitaria y la jurídica, y esta interacción varía muy ostensiblemente en función de la materia que referenciemos. Sin embargo, en general, se han adoptado varios enfoques para compaginar estas áreas de regulación con el objetivo de frenar la propagación del virus. Es decir, se han priorizado los objetivos médico-técnicos con un ajuste normativo por un lado y una flexibilización en las funciones policiales con un desarrollo según las prioridades

Aquí hay algunos ejemplos:

1. Declaración de estados de emergencia o desastre, y que ha dado lugar a que muchos países hayan declarado estados excepcionales que otorgan al gobierno una autoridad extra adicional para tomar medidas fuera de la regulación normativa ordinaria, como han podido ser las cuarentenas o confinamientos, toques de queda y restricciones de movilidad. Estas medidas se basan en la legislación policial y jurídica que permite al gobierno actuar en situaciones de crisis —Ley Orgánica 4/1981, de los Estados de Alarma, Excepción y Sitio—.

2. Regulaciones sanitarias y de salud pública, donde la normativa médico-sanitaria y de salud pública es esencial para establecer las pautas y recomendaciones de prevención y control de enfermedades. Estas regulaciones proporcionan la base científica y médica para determinar sobre todo las medidas preventivas, como fue el decretar la obligatoriedad del uso de mascarillas, distanciamiento social y la vacunación.

3. Normativas de viajes o traslados a distancia y el necesario control de fronteras, donde se ha utilizado como base de actuación la legislación policial y que ha servido para la implementación de restricciones en los viajes internacionales y nacionales. Esto ha incluido la imposición de cuarentenas para viajeros, restricciones en vuelos y cruces fronterizos, y pruebas obligatorias de COVID-19.

4. La aplicación de la normativa reguladora de las situaciones excepcionales y la imposición de sanciones por desatención de lo preceptuado en los ámbitos excepcionales, ha provocado que en muchos lugares la policía y otras fuerzas de seguridad hayan tenido un papel determinante en la aplicación de las restricciones y regulaciones relacionadas con la pandemia. Actuaciones que pueden incluir desde la imposición de multas o sanciones económicas por infracción de hechos objetivados, hasta el arresto en casos de violación de las medidas de salud pública más trascendentes.

5. La abierta polémica habida entre la vigencia del Estado de Alarma decretado por el Gobierno los días 14 de marzo y el 25 de octubre de 2020 hasta el 5 de julio de 2023 en que se dio por finalizada oficialmente la situación de crisis sanitaria ocasionada por la Covid-19, generó un áspero y profundo debate en torno a la debida protección de los derechos individuales —incluso en situaciones tan extremas—, y que provocó entre un aluvión de consideraciones y estudios el que surgiese el pronunciamiento del Tribunal Constitucional a través de la sentencia 183/2021, de 27 de octubre, considerando extralimitado en su ámbito de suspensión de derechos a las normas decretadas por el Gobierno en referencia directa a los derechos fundamentales de circulación, residencia y reunión, cuestionando el instrumento jurídico elegido por entender que el adecuado hubiese sido el Estado de Excepción y no el de Alarma que fue por el que finalmente se optó. La legislación jurídica vigente en materia de derechos fundamen-

tales, hace que sea determinante para garantizar que las medidas tomadas en respuesta a la pandemia no violen los derechos fundamentales de los individuos, el que estos queden priorizados dado que ha de primar en cualquier caso la protección de valores e intereses constitucionalmente relevantes o, en su caso, acogerse a lo regulado en el denominado Estado de Excepción que si habilita la suspensión de derechos fundamentales en situaciones extremas como la acontecida. Amplísimas y variadas opiniones e interpretaciones sobre esta cuestión han hecho que la doctrina y los tribunales hayan estado involucrados en la defensa y protección de estos derechos y la revisión de las medidas gubernamentales adoptadas.

6. La comunicación y la educación pública han venido también en determinantes, pues la transmisión y comunicación efectiva de la información médico-sanitaria es clave para garantizar que la población comprenda la gravedad de la situación y cumpla con las medidas de prevención. La legislación puede requerir de campañas de educación pública y la divulgación de información precisa, y en muchos casos se han utilizado los cuerpos policiales para el cumplimiento de estas misiones.

En consecuencia con estos puntos, es importante destacar que el equilibrio entre las medidas de salud pública y la protección de los derechos individuales puede ser no sólo un desafío en la actualidad, sino también una necesidad de compaginar la legislación policial, médico-sanitaria y jurídica que necesariamente se irá transformando y que, aunque puede variar según la cultura, las costumbres, la estructura gubernamental y las circunstancias específicas de cada país que pudiésemos estudiar, estas medidas han evolucionado y se han adaptado a las necesidades cambiantes de la población.

A partir de aquí, puede comprobarse como en normativas o protocolos de actuación policial para asuntos de especial trascendencia social, se han ido contemplando por un lado, los principios rectores que avocan al deber de todos los poderes públicos de coordinar los recursos e instrumentos de que dispongan para asegurar la prevención de los hechos que acarrean una especial protección y actuación para la ciudadanía y, consecuentemente con estos, establecer el sistema sancionador y punitivo adecuado y proporcional a las autorías que contravengan las disposiciones.

Bajo este planteamiento, así como para hacer más efectiva la protección de los derechos fundamentales ante las consecuencias de situaciones excepcionales, las referidas normas disponen casi en su totalidad de unos parámetros que confeccionan un régimen especial de actuación para los cuerpos policiales, donde es en concreto el Gobierno quién deberá proveer de las acciones necesarias para que tanto las Policías Locales y Policías Autonómicas puedan cooperar y colaborar con las Fuerzas y Cuerpos de Seguridad del Estado con el fin de tratar de asegurar el cumplimiento de las medidas legales que sean acordadas por los órganos políticos, administrativos y judiciales, estableciendo que la actuación de las Fuerzas y Cuerpos de Seguridad habrán de tener en cuenta y regirse por los protocolos establecidos al efecto.

De esta manera, los protocolos de actuación de los distintos cuerpos policiales se verán reflejados en la inevitable, a la vez que necesaria, red de líneas de coordinación con los órganos políticos, administrativos y judiciales de los distintos niveles de la administración respectiva pero con el fin común de proteger a los ciudadanos ante actuaciones o circunstancias extraordinarias con independencia de los municipios o de las entidades locales donde se encuentren. Ello ha llevado a que se genere la implantación, en todo el territorio nacional, de criterios de actuación a seguir por todas las Fuerzas y Cuerpos de Seguridad —Estatales, Autonómicas y Locales— en el cumplimiento de la normativa sanitaria específica en materia de Covid-19, así como la regulación extraordinaria del ejercicio de derechos fundamentales y sus posibles limitaciones o excepciones. En consecuencia con ello, se establecerá igualmente la necesaria vigilancia y comprobación de su cumplimiento y ejerciendo la potestad sancionadora caso de incumplir las disposiciones reguladoras.

El seguimiento de la evolución de la pandemia, así como la valoración de las medidas que se debían ir adoptando, hicieron ganar una presencia determinante y de referencia, a la llamada Conferencia de Presidente que se constituyó y ejerció como el órgano de máximo nivel político de cooperación entre el Estrado y las Comunidades Autónomas, en un intento de ser un auténtico órgano de cooperación multilateral que, hasta esas fechas, había sido prácticamente denostado e infrautilizado sin darle el sentido político global que para el estudio o la solución incluso de muchos problemas podía aportar. La necesidad muchas veces hace superar las carencias políticas de los interesados que, encerrados en sus posicionamientos unilaterales y sin ni siquiera plantear alternativas o sin ser capaces siquiera de definir, como es en el tema que nos ocupa, establecer en un protocolo los instrumentos de coordinación entre las Fuerzas y Cuerpos de Seguridad del Estado y las Policías Locales como auténtica punta de lanza. El tiempo ha demostrado que deviene sin embargo en algo absolutamente necesario su utilización y coordinación de forma habitual y cotidiana. Sirva de referencia cómo el objetivo de impulsar el cumplimiento de las previsiones legales y los protocolos que se han ido aprobando se han canalizado por ejemplo entre el Ministerio del Interior y la Federación Española de Municipios y Provincias, entre otros muchos organismos con los que se ha buscado establecer el *iter* o vehículo idóneo para el desarrollo y articulación de los principios de colaboración antes citados. Y ello ha servido para dejar evidenciada la necesaria reformulación de la estructura operativa para la toma de decisiones que afectan a ámbitos políticos y territoriales distintos pero que sin embargo confluyen en materia y objeto de regulación competencial a través de normativa estatal.

La aplicación del artículo 104 de la C.E., el desarrollo legislativo a través de la Ley Orgánica 2/1986 de Fuerzas y Cuerpos de Seguridad del Estado, la vigencia de los Estatutos de Autonomía en las 17 Comunidades Autónomas y sus correspondientes desarrollos legislativos autonómicos, junto a toda la legislación de materias transferidas a las Comunidades Autónomas, hacen una complejísima tela de araña donde desarrollar y aplicar la medidas de urgencia, o la legislación extraordinaria con motivo de una pandemia, devenga en un complejo bloque incoherente y hasta contradictorio entre sí en algunos casos, además de ininteligible para la población y de difícil ejecución práctica para los encargados de su aplicación y cumplimiento.

De esta manera, comienza a propugnarse en todo el cuadro competencial la necesaria coordinación de los recursos e instrumentos de todo tipo, de los distintos poderes públicos para asegurar la prevención de los hechos que afecten los efectos pandémicos de la Covid-19 y, en su caso, la sanción adecuada a los hechos o acciones que puedan generar su incumplimiento o atentar contra la seguridad ciudadana. Ahí es donde el Gobierno, con el fin de hacer más efectiva la protección de la población en general, debe promover las actuaciones necesarias para que las Policías Locales, en el marco de su colaboración con las Fuerzas y Cuerpos de Seguridad del Estado, cooperen en asegurar el cumplimiento de las medidas acordadas por los órganos políticos, técnicos-sanitarios e incluso judiciales. De esta forma, se comienza por reivindicar como primer nivel de actuación el que pueden llevar a cabo los Ayuntamientos y sus Cuerpos de Policía Local, tan reducidos en sus ámbitos competenciales bajo el contenido de la Ley Orgánica 2/86, pero tan necesarios por su implantación geográfica en casi todos los municipios del territorio del estado y por ser el cuerpo policial más próximo y con mejor conocimiento de la idiosincrasia del entramado social ciudadano. De esta manera la actuación de las Fuerzas y Cuerpos de Seguridad habrá de tener en cuenta los Protocolos de Actuación de las Fuerzas y Cuerpos de Seguridad y de Coordinación con los órganos ministeriales competentes y, a tenor de la Ley Orgánica 2/1986 de Fuerzas y Cuerpos de Seguridad del Estado determinar el grado de implicación y funciones a cumplir por las Corporaciones Locales y concretar su participación en el mantenimiento de la seguridad pública. Razón evidente que deja a las claras el papel determinante y fundamental de los cuerpos de Policía Local y que debería implicar una profunda modificación del referido sistema competencial, empezando por la misma Ley Reguladora de las Bases de Régimen Local, para que permitiese establecer las condiciones técnicas necesarias para que el cumplimiento de dichas funciones que tendrán el carácter de colaboración con las Fuerzas y Cuerpos de Seguridad del Estado, otorguen al personal de Policía de las Comunidades Autónomas y de las Corporaciones Locales un reconocimiento competencial, estructural y jurídico acorde con sus verdaderas y reales funciones en la práctica. Al igual que la Ley Orgánica, 6/1985, de 1 de julio, del Poder Judicial establece en su artículo 547 que la función de la Policía Judicial comprende el auxilio a los Juzgados y Tribunales y al Ministerio Fiscal en la averiguación de los delitos y en el descubrimiento y aseguramiento de los delincuentes, determinando seguidamente que esta función competerá, cuando fueren requeridos para prestarla, a todos los miembros de las Fuerzas y Cuerpos de Seguridad, tanto si dependen del Gobierno central como de las Comunidades Autónomas o de los Entes Locales, dentro del ámbito de sus respectivas competencias, quizá sería el momento de aplicar el mismo esquema de regulación y asignación de funciones, pero dando un paso adelante en el aumento global de funciones a los tres niveles de actuación competencial de los cuerpos policiales y proyectar la posible consecución de un equilibrio competencial paulatino y progresivo de los diferentes cuerpos policiales para conseguir una mayor equiparación e identidad técnica asimilable.

De esta manera, si el objetivo fundamental de cualquier protocolo de actuación ante una pandemia es establecer los criterios básicos de colaboración y coordinación que permitan optimizar los recursos humanos y materiales de las Fuerzas y Cuerpos de Seguridad existentes en el término municipal correspondiente, para garantizar el cumplimiento eficaz de las medidas técnico-sanitarias y de las disposiciones gubernativas emanadas, resulta más que evidente que hacerlo bajo una normativa de cobertura competencial que establezca a priori una capacidad de actuación no extraordinaria ni excepcional, sino habitual y acorde con sus auténticos fines plasmados en la Ley Orgánica 2/86, empezaríamos a ser congruente con un necesario modelo policial más acorde a las necesidades reales técnicas y no tanto políticas. De ahí que debamos destacar cómo la colaboración entre las Fuerzas y Cuerpos de Seguridad del Estado y los Cuerpos de Policía Local en esta materia se ha ido guiando por los necesarios criterios de congruencia y eficacia exigible y que se han concretado en:

1) Proporcionar a los ciudadanos una respuesta policial de la mayor rapidez y eficacia en las situaciones de información, de prevención, de riesgo o, incluso, en las paliativas de situaciones graves acontecidas,

2) Accionar una respuesta policial de la máxima sensibilidad, calidad y eficiencia en la atención y protección a la ciudadanía y evitar las actuaciones que supongan una consecuencia de gravedad hacia terceros por acciones no ajustadas a las normas sanitarias de obligado cumplimiento, así como actuar de garantes en la coordinación y colaboración policial con los recursos tanto públicos como no gubernamentales dedicados al apoyo material y económico de las necesidades que van surgiendo,

3) facilitar a la ciudadanía toda la atención e información de la forma más clara y accesible posible sobre sus derechos y obligaciones y las consecuencias de su regulación por normativas extraordinarias emanadas del Gobierno y sus Ministerios, así como de las acciones y recursos existentes para la efectividad de las medidas preventivas o incluso paliativas de las consecuencias del Covid-19 en el ámbito territorial correspondiente, y

4) proveer de los cauces adecuados para la transmisión entre las Fuerzas y Cuerpos de Seguridad y los órganos políticos, técnico-sanitarios y judiciales de toda la información relevante para la protección de la ciudadanía. Y aun constituyendo una obviedad casi innecesaria el protocolizar esta competencia, sirve este hecho no obstante para plasmar y evidenciar los fallos y carencias existentes, así como las reformas profundas que habría que realizar en la confección de nuevos sistema de almacenamiento de datos de forma conjunta —máxime cuando las nuevas tecnologías y los novedosos sistemas operativos están avanzando de una forma desmesurada y evidenciando aún más si cabe el obsoleto sistema para alimentar técnicamente de datos los fundamentos y razonamientos para las decisiones técnicas que se adoptan—.

Y en última instancia, la necesidad de articular órganos de coordinación para realizar un seguimiento en la aplicación de la normativa específica, así como para comprobar el grado de incidencia en la población de las decisiones y soluciones adoptadas, evidencian un nuevo argumento en favor de establecer un modelo policial que podría ser mucho más práctico y eficiente que el actualmente vigente.

Así, en esta línea, el órgano de coordinación por excelencia es la Junta Local de Seguridad y que se convierte en el marco competente de la población y Ayuntamiento correspondiente como instancia máxima para establecer las formas y procedimientos de colaboración entre las Fuerzas y Cuerpos de Seguridad existentes en su ámbito territorial. Tanto por el Alcalde de la población, como por el Delegado o Subdelegado del Gobierno se promoverá la oportuna convocatoria de las reuniones de la Junta Local de Seguridad con objeto de analizar y concretar, con carácter técnico, las formas y procedimientos de colaboración entre las Fuerzas y Cuerpos de Seguridad que existan en el término municipal, destinados a garantizar el cumplimiento de las medidas extraordinarias adoptadas por los organismos oficiales y en relación directa con la pandemia. Tiene también cabida de forma análoga la llamada Comisión de Coordinación Policial que se constituirá en aquellos poblaciones donde no se haya podido constituir la Junta Local de Seguridad, a los efectos de integrar a los responsables policiales de las Fuerzas y Cuerpos de Seguridad existentes en el término municipal y cuyo funcionamiento se regirá por lo dispuesto por la normativa administrativa reguladora de los órganos colegiados —nueva evidencia de la necesaria coordinación policial y estipulación de ámbito competenciales comunes y compartidos—.

De esta manera, los acuerdos adoptados en estos órganos se documentarán en un acta en la que se detallarán, en todo caso, los puntos referidos a las formas y procedimientos concretos de colaboración y coordinación establecidos entre las Fuerzas y Cuerpos de Seguridad, así como los criterios de intervención y reparto de funciones y tareas entre las mismas y los procedimientos establecidos para la optimización de los recursos humanos y materiales disponibles. Adquieren también especial relevancia y deben destacarse de forma singular los procedimientos de transmisión recíproca de la información necesaria para el cumplimiento eficaz de las funciones asignadas, circunstancia que una vez más provoca el que acabe realzándose de esta manera la evidente precariedad en los sistemas de bases de datos y almacenamiento de información que, caso de estar integrados en una base común, evitarían requerimientos o continuas invocaciones a la transmisión de información obtenida. Es por ello razón más que suficiente para comprobar como en el propio seno de las Juntas Locales de Seguridad terminan constituyéndose las llamadas Mesas de Coordinación Policial, y que básicamente se encargarán de vigilar y comprobar de la aplicación y el grado de seguimiento de los acuerdos adoptados por aquéllas.

Plasmadas todas estas estructuras organizativas de carácter orgánico con el único fin de hacer prácticas y reales la consecución de las metas y objetivos que se marquen como prioritarias en los acuerdos tanto políticos como técnicos, llama poderosamente la atención como luego aflora de una manera constante, permanente y tendenciosa la actitud parcelaria y reduccionista en cuanto a la concreción de competencias atribuibles a los Cuerpos de Policía Local, en una clara y manifiesta incongruencia con su papel de primera instancia de actuación por criterios de proximidad y conocimiento de la trama social y urbana de las poblaciones que deberían llevar aparejado otro campo competencial bien distinto. De hecho, la participación de las respectivas Policías Locales en la ejecución y seguimiento de las medidas de prevención, protección y sanción por incumplimiento, deberá tener en cuenta los siguientes criterios siempre con carácter obligacional por criterio competencial: 1) el respeto al marco competencial establecido en la Ley Orgánica de Cuerpos y Fuerzas de Seguridad, 2) los contenidos de los protocolos de Actuación de las Fuerzas y Cuerpos de Seguridad y de Coordinación con los Órganos del estado para la protección de la población en materia de Covid-19, 3) las estipulaciones de los convenios marco de colaboración entre el Ministerio de Sanidad y la Federación Española de Municipios y Provincias, o los acuerdos suscritos con los Ayuntamientos en ejecución y desarrollo del mismo.

Todo ello crea una amplísima casuística y un volumen ingente de medidas políticas, técnico-sanitarias e incluso judiciales, todas ellas con un evidente fin de conseguir la protección de la población en el respectivo ámbito territorial, con independencia de la existencia o no en el término municipal de unidades territoriales de los correspondientes Cuerpos de Seguridad del Estado, pero sabiendo que en última instancia se encontrará la capacidad y la profesionalidad del correspondiente Cuerpo de Policía Local para asumir mayores responsabilidades en este ámbito o ejercer determinadas funciones y tareas, posea o no el nivel de formación especializada de sus efectivos en materia de pandemia y de Covid-19, sin haber podido participar en programas integrales de actuación y con el uso de los recursos materiales y operativos de que disponga que serán, por supuesto, a cargo del presupuesto municipal al carecer de cobertura presupuestaria en los organismos de ámbitos orgánico superior.

Tan sólo su coordinación a la hora de comunicar sus actuaciones y tener una supervisión en su incidencia y actuación en ámbitos competenciales complejos, le puede facilitar y establecer un procedimiento rápido y seguro de intercambio recíproco de información entre la Fuerza o Cuerpo de Seguridad del Estado territorialmente competente y el Cuerpo de Policía Local. De esta manera se busca una actuación acorde con criterios de inmediatez y proceder a la comunicación mutua en el plazo más breve posible de tiempo y en todo caso antes de 24 horas, de todas las medidas técnicas de protección de las que se tenga conocimiento o en las que se haya actuado de forma trascendente. O con el mismo sentido, buscar criterios de comunicación con el mismo carácter perentorio, de toda la información de la que se tenga conocimiento y que sea relevante para garantizar la protección adecuada de la población y que supongan intervenciones policiales, aplicación y sanción de los incumplimientos normativos, recabar informes y datos de los servicios sociales sobre situaciones críticas de la población o la detección y actuación sobre incidencias que supongan incremento del riesgo para las personas. Es un equilibrio entendible en el sistema policial y sus competencias, pero objetivamente constatable de igual forma para evidenciar las carencias del sistema y del entramado policial según la normativa específica vigente ya referenciada.

IV. LA DELIMITACIÓN DE LOS ÁMBITOS COMPETENCIALES COMO BASE DE ACTUACIÓN CONJUNTA Y LA NECESARIA COORDINACIÓN DEL ESTADO, LAS COMUNIDADES AUTÓNOMAS Y LOS AYUNTAMIENTOS FRENTE A LA PANDEMIA DEL COVID-19

La realidad política desde aquel entonces y que ha hecho transcurrir ya varias décadas en el tiempo, ha ido traduciéndose en una línea continua y ascendente de traslado a las Comunidades Autónomas de las competencias en materia de Sanidad hasta el punto de quedar actualmente en manos del ejecutivo un reducido número de campos de actuación en esta materia. Además, habría que añadir a este factor temporal otro evidente que dejaba vislumbrar desde su inicio una dinámica de intensidad desproporcionada en materia de transferencia de competencias según de qué zonas geopolíticas se tratase y consecuentemente provocando una clara diversidad en la efectividad del principio de descentralización territorial en materia de sanidad y salud pública. En vez de haber programado y diseñado un modelo de descentralización técnico-político en la materia de sanidad, preconcibiendo un sistema coordinado y establecido con las mismas capacidades de aplicación y atención en cualquier punto de la geografía del Estado, se convirtió equivocadamente en un capítulo más de una especie de serie por entregas en función del interés o de la presión política, y cuyo resultado hizo que se fuese troceando literalmente la esfera competencial en tantas porciones como intereses políticos se esgrimían y se contra prestaban entre el Estado y las Comunidades Autónomas. El contenido y los acuerdos de la negociación política entre ambos entes fue abocándonos a un debate y a una negociación absurda y que tuvo como resultado situaciones de desigualdad y quiebra del ejercicio de derechos en materia sanitaria, según de que Comunidad Autónoma hablásemos.

De hecho se pudo comprobar cómo se desmembraba la tutela global de titularidad estatal, que en una materia como la sanidad es trascendental y que tiene una naturaleza integral en cuanto a ser cobertura genérica para cualquier persona sin elementos consustanciales o criterios que la puedan diferenciar en distintos niveles en su gestión y aplicación. Y sin embargo, degeneró en un serio elemento de desequilibrio en la concepción autonómica de gestión e inversión de los diferentes modelos sanitarios que fueron surgiendo y que se diferenciaron en su concepción en base a la cuota de competencia que se asignaba a las Comunidades Autónomas de una forma políticamente injusta y de agravio comparativo entre ellas.

Este modelo y esta práctica de construcción de los niveles autonómicos de competencias fue generando una desigualdad en muchos aspectos de atención, prevención y práctica de las múltiples vertientes y coberturas de la sanidad pública. El principio de universalidad de la sanidad concebido en un plano horizontal que equiparase a cualquier persona en igualdad de condiciones con independencia de en qué Comunidad Autónoma se encontrase y que debía aplicarse por igual en todo el territorio del Estado, fue desde su inicio incumplido y generando una diferenciación de trato entre iguales que se tradujo en múltiples puntos de conflicto.

1. *El ámbito Estatal y Autonómico como primer marco en la aplicación de las medidas sanitarias y sociales*

Esta situación descrita provocó que, ante la necesidad de gestionar, coordinar y paliar los efectos de la pandemia desde ese referido mes de febrero de 2020, surgieran en cascada provenientes de los ejecutivos de diferentes Comunidades Autónomas, toda una serie de normativas, acuerdos, órdenes y un largo etcétera de decisiones atropelladas, dispares y hasta contrapuestas en algunos casos y que evidenciaban la urgencia en coordinar desde el punto de vista técnico-sanitario la adopción de un plan conjunto de medidas y actuaciones en respuesta a los datos sanitarios y hospitalarios que se obtenían día a día.

Ante decisiones dispersas y separadas entre Comunidades Autónomas según los criterios propios que se iban esgrimiendo para contener la pandemia, se llegó al punto crítico de adoptarse diversas y hasta poco meditadas decisiones con cobertura legal dudosa de eficacia y validez como fueron,

- interrumpir la docencia presencial en los centros de enseñanza, o incluso suspensión de toda la actividad lectiva en centros de enseñanza como se hizo en la Comunidad de Madrid (acordada por la Orden 338/2020, de 9 de marzo, de la Consejería de Sanidad)
- instaurar el teletrabajo en ámbitos laborales que no disponían de medios ni de infraestructura para ello,
- establecer un confinamiento perimetral en determinadas poblaciones, como ocurrió con diversos municipios de la provincia de Barcelona (Resolución INT/718/2020, de 12 de marzo de 2020, de la Generalitat de Cataluña), o
- establecer el cierre e inmovilización de un establecimiento hotelero en Tenerife con todos sus clientes dentro, en el que se diagnosticó un caso positivo de Covid-19.

Decisión que fue ratificada por la instancia judicial correspondiente con la consiguiente afectación y repercusión en el uso y disfrute de derechos fundamentales básicos —y siempre a la espera de que no fuesen tumbadas por resoluciones judiciales de ámbito jerárquico superior, como así fue con el tiempo—.

Se comenzaba así a evidenciar que, aun entendiendo y respetando el campo de actuación ejecutivo de las Comunidades Autónomas por sus ámbitos competenciales en materia de sanidad, su limitación geográfica para la aplicación de las medidas hacía clamar la necesaria coordinación de medidas entre todas ellas buscando así una efectividad real y una actuación conjunta que pudiese servir con eficacia para plantar cara a las consecuencias de la temida pandemia.

De esta manera la respuesta pública empezó siendo de las Comunidades Autónomas en los primeros días del mes de marzo de 2020 y comenzó a arrastrar a los Ayuntamientos en competencias, tanto propias como delegadas, que iban complicando paulatinamente el panorama de las medidas a adoptar para paliar los contagios masivos e intentar conseguir la contención de la pandemia.

A partir del día 10 de marzo, cuando el alto número de ingresos hospitalarios ya empezaba a generar una honda preocupación en la población y en las instituciones, fue cuando comenzó a tomar cuerpo la disposición que elaboró el Ministerio de la Presidencia y de Relaciones con las Cortes y que se concretó en el Real Decreto 463/2020, de 14 de marzo, por el que se declaraba el estado de alarma para la gestión de la situación de crisis sanitaria ocasionada por el COVID-19.

La gravedad de los datos e índices de la expansión de la pandemia y la fragmentación absoluta en las decisiones que se adoptaban por las Comunidades Autónomas y su diferente naturaleza y eficacia, exigía que el punto clave que todos señalaban como imprescindible para estructurar un auténtico escudo capaz de paliar los efectos del Covid-19 era la limitación del derecho fundamental a la libertad de movimientos de la persona (derecho fundamental reflejado en el artículo 19 de la Constitución Española). Pero esta limitación, que ya se escapaba del ámbito competencial de las Comunidades Autónomas y Ayuntamientos, sin remedio apuntaba a que entre los mecanismos constitucionales disponibles se debía encontrar y delimitar uno con la necesidad añadida de que tuviese un régimen de aplicación extensivo a todo el ámbito estatal. Pero que, al mismo tiempo, debía permitir la aplicación de aquellas medidas que supusiesen una toma de decisión de carácter jurídico-político de carácter único y exclusivo sobre las medidas que había que ir adoptando en materia de derechos fundamentales. Para evitar la dispersión e incluso la contradicción, habían de aplicarse las adecuadas herramientas constitucionales que permitiesen un único centro de coordinación y análisis de los datos médicos que se obtenían y una necesaria modulación de las decisiones a adoptar por expertos y analistas capacitados en esta materia, en aras a construir la correspondiente respuesta normativa y política, así como la necesaria proyección tranquilizadora de un mensaje coherente y fiable hacia una población asustada y desorientada.

Si la argumentación que se utilizó y la arquitectura técnico-jurídica inicialmente parecía centrarse en la Ley Orgánica 4/1981, de los Estados de Alarma, Excepción y Sitio como inevitable salida a la situación de máxima gravedad que se estaba viviendo, sin embargo, no se realizó correctamente la elección de la situación excepcional que debía dar cobertura a las medidas a adoptar. La elección del estado de alarma y no la del estado de excepción hizo que hasta el propio Tribunal Constitucional evidenciara mediante sentencia el error manifiesto de decretar una situación jurídica que contempla la limitación de los derechos fundamentales por una circunstancia grave sobrevenida de carácter natural o sanitario —como es el caso del estado de alarma—, cuando el eje de actuación principal que llevó a cabo el Gobierno fue el adoptar una serie de medidas que iban a pivotar sobre la suspensión temporal del disfrute de determinados derechos fundamentales y no a limitarlos, circunstancia que le derivaba en consecuencia hacia la necesaria adopción del Estado de Excepción —y no del de Alarma, como finalmente materializó en el Real Decreto—.

Fue a partir de estos momentos, cuando cualquier argumento crítico o alternativo devino en la batalla política e ideológica de partidos sobre los argumentos, fundamentos y razones que llevaron a una elección del estado excepcional adoptado, cuando la verdadera cuestión de trascendencia era determinar la oficialización de los datos de la pandemia, las actitudes a adoptar ante ella, las soluciones médicas caso de acabar afectado y la asistencia directa necesaria para afrontar las consecuencias jurídicas y sanitarias adoptadas, con todas las limitaciones impuestas.

Precisamente era el Ministerio de Sanidad el organismo oficial que tenía que erigirse en la plataforma donde avocar y ordenar la ingente avalancha de datos, estadísticas, porcentajes e informaciones que iban cayendo en cascada a través de los medios y redes de comunicación sobre una población que no sabía cómo reaccionar o afrontar su día a día más básico.

Las circunstancias de la declaración oficial de la pandemia por la Organización Mundial de la Salud, sumada a la declaración del Estado de Alarma por el Gobierno para afrontarla, evidenciaron que el Ministerio de Sanidad adquiría en esos momentos el carácter de "voz oficial" del Gobierno. Hasta tal punto llegó a extenderse su notoriedad, que sus planteamientos técnicos y sanitarios de cómo afrontar la pandemia, devenían en medidas que directamente afectaban a la aplicación y vigencia de varios de los derechos fundamentales y a asumir en una especie de "mando único" las competencias sanitarias de las diecisiete Comunidades Autónomas. Lo que en un principio parecía lógico y estaba fundamentado bajo la supuesta necesaria coordinación conjunta de las Comunidades Autónomas y el Estado, sin embargo, fue desembocando en actuaciones parciales y descoordinadas de cada territorio autonómico como pudimos ir comprobando por la diferente casuística y elementos o datos pandémicos diferenciados que iban surgiendo en cada punto del territorio nacional, así como por la presión social, laboral y política que se ejercía por múltiples sectores afectados gravemente por los efectos de la pandemia.

Es evidente que el Ministerio de Sanidad pasaba a liderar la acción conjunta en la materia de la pandemia, con un campo de acción generado bajo el Estado de Alarma que le iba a permitir desde movilizar el personal sanitario civil y militar para atender las prioridades que se fuesen marcando, hasta regular y determinar los campos de acción de Comunidades Autónomas, Diputaciones, Ayuntamientos, empresas farmacéuticas o las propias instalaciones hospitalarias tanto privadas como públicas, que permitiesen la atención sanitaria básica primaria, el abastecimiento de material sanitario y la garantía de la atención médica necesaria para paliar las consecuencias que se iban produciendo con la expansión de la pandemia.

Fue una especie de atribución de mando único, con disponibilidad prácticamente total sobre las medidas a adoptar, hasta el punto de designarse en el Real Decreto al Ministro de Sanidad como el cargo público responsable de toda actuación y quedando delegado en cualquier competencia que fuese necesaria activar para su actuación y toma de decisiones —junto a Defensa, Trasportes e Interior—, y pasando a coordinar y a adoptar decisiones de toda naturaleza que podían incluso incidir e intervenir debido a la situación de extrema gravedad que estábamos viviendo, en instituciones de la más variada y diversa naturaleza —políticas, civiles, militares, policiales, de emergencias, públicas, privadas, etc.—.

No dejaba de ser el diseño de un sistema intervencionista que, amparado en la excepcionalidad de la situación, dejó sin la posibilidad de establecer cuanto menos una coordinación sanitaria constante y permanente, a modo de canal abierto, que permitiese ordenar el trabajo y la actuación de instituciones autonómicas y locales que, cuanto menos, iban a ser la punta de lanza en la aplicación de las medidas que se iban adoptando y que requerían de una aplicación inmediata. No olvidemos que en todo este panorama, las Comunidades Autónomas y los Ayuntamientos no dejaban de ejercer sus ámbitos competenciales propios y se convertían, sobre todo los ayuntamientos, en la auténtica administración de choque y contacto directo con sus vecinos y que buscaban en los órganos locales por su proximidad y cercanía, la solución de problemas que iban más allá con diferencia de lo que sus regímenes competenciales les permitía.

Con un ya más que avanzado proceso de afectación de la pandemia en la población, la cuestión se abordó mal y tarde con la llamada Conferencia de Presidentes Autonómicos —creada en 2004— y cuya actividad se había resumido desde su creación hasta 2017, a las exiguas 6 ocasiones que se celebró en esos 13 años de existencia. Según apuntábamos en páginas previas, poco bagaje para la problemática y diversidad de asuntos de trascendencia que afectaban a las Comunidades Autónomas en esos años de fulgurante desarrollo del sistema político autonómico y que ahora en 2020 reaparecía en escena con motivo de la pandemia de COVID-19. La trascendencia de la situación y las consecuencias sobre la salud de la temida y desconocida pandemia, hizo que se llegase al guarismo de veinte reuniones extraordinarias y a toda una polémica entre sus miembros sobre su actuación, papel, funciones y fines a tratar y a conseguir por un órgano hasta entones infrautilizado, carente de protagonismo político y difícilmente operativo por los sistemas competenciales existentes entre el Estado y las Comunidades Autónomas.

Pero eso sí, con una disposición absoluta por parte del Gobierno de reforzar el sistema nacional de salud en grado máximo y de movilizar a todos los profesionales de la sanidad —fuesen del ámbito asistencial público o privado, en activo o jubilados, en prácticas o en formación—, sometiéndolos al carácter de excepcionalidad y que bajo el Estado de Alarma permitiese alterar todas las circunstancias propias a su estatus funcionarial o contractual —dedicación, turnos, horas extraordinarias, periodos de vacaciones, libranzas, destinos asistenciales incluido el de cambiar de centro hospitalario donde prestar su labor asistencial a través de lo que se denominaron "corredores sanitarios", etc.—.

Es decir, que al sistema autonómico que habilita la gestión propia en materia de sanidad para cada Comunidad Autónoma, se le plantea frontalmente una acción libre en la toma de decisiones por parte del Gobierno en todo aquello que redunde en la garantía de la cohesión y la equidad en la atención sanitaria, como asegurar el abastecimiento del mercado o el funcionamiento de los centros de producción que fueran necesarios para garantizar la protección de la salud pública. El choque de trenes estaba servido cuando, sin dudar de la especial gravedad de la situación, el interés político subyacía en muchas de las decisiones o de las posturas institucionales que se iban adoptando por unos y otros.

La reserva por parte del Gobierno de emplear y aplicar cualquier herramienta, intervención y requisa transitoria de industrias, fábricas, talleres o explotaciones de cualquier naturaleza y de todo tipo de bienes provenientes tanto de servicios públicos, como de establecimientos de titularidad privada —por ejemplo, la tan observada y ansiada industria farmacéutica—, pretendían calmar la exigida capacidad de respuesta del entramado público político, dando el paso finalmente para organizar un mando o dirección única en la lucha contra la pandemia y que adoptase medidas contundentes que, a falta de vacunas autorizadas por los organismos competentes, fuese el hecho social del contagio el que consiguiese aislar a una población que debía evitarlo a toda costa. Sólo un aislamiento drástico podía evitar la propagación incontrolada del virus.

Este panorama y esta pretendida actuación de aunar criterios y decisiones para ir adoptando acuerdos según evolucionaban los datos de la pandemia, hizo sin embargo aflorar en un corto espacio de tiempo el término "cogobernanza" —en un claro intento de paliar los efectos críticos que generaron este mando único—. Había que invertir las sinergias negativas, las valoraciones críticas de la gestión y el diseño de un entramado único de toma de decisiones. Había que hacerlo girar hacia una etapa que representase la vuelta a la normalidad tanto en la gestión política como en la sanitaria, y eso produjo la aparición de la nueva etapa que comenzó a deslizar en el lenguaje social nuevos conceptos como "desescalada", "nueva normalidad", "fin del mando único", entre otros.

De hecho fue el Real Decreto Ley 21/2020, de 9 de junio, de Medidas urgentes de prevención, contención y coordinación para hacer frente a la crisis sanitaria ocasionada por el Covid-19 el que pretendió dar paso a un "nuevo sistema de cogobernanza" donde se compatibilizasen las competencias Autonómicas en materia de Sanidad de cada comunidad con la participación y coordinación del Ministerio de Sanidad que llevase a todos a una gestión conjunta y compartida. La duda queda evidentemente por contestar: ¿porqué cogobernanza ahora sí, y no al comienzo de la gestión de la pandemia?

Y el intento no pudo ser más estéril pues, además de las lógicas discrepancias políticas y de los correspondientes discursos de alabanzas y críticas a lo conseguido o a lo perdido, quedó más que evidenciado que las Comunidades Autónomas entraron en su procedimiento propio de toma de decisiones sin tener una capacidad competencial directa sobre la afectación de derechos fundamentales que le llevo a cierres parciales o perimetrales de su territorio, decisiones directas que afectaban a derechos del empresariado y de los trabajadores respecto a situaciones de cierre temporal de negocios de hostelería o los sistemas y desarrollo de administración de vacunas. Un auténtico caos legal y jurídico el producido, como así en posteriores pronunciamientos fue apreciando y fundamentando nuestro Tribunal Constitucional.

La estrategia de restablecer el Estado de Alarma y prolongarlo hasta mayo de 2021, además de incumplir las obligaciones propias de la situación excepcional como es la de rendir cuentas ante el Congreso de los Diputados —el propio Tribunal Constitucional ya se ha manifestado ampliamente sobre ello y con contundencia—, no cumplió el objetivo de generar una normalidad en la gestión política de la pandemia al encontrarnos con pronunciamientos diversos, y a veces hasta contrapuestos, dependiendo de que ejecutivo autonómico se tratase. Pretendiendo dotar a las comunidades autónomas de una cobertura jurídica común sólo se consiguió un aluvión de decisiones políticas que buscaron el aval del sistema judicial con pronunciamientos expresos de los tribunales Superiores de Justicia sobre el ajuste o no de las decisiones adoptadas al sistema de derechos fundamentales vigente. Un auténtico despropósito: acciones parciales y territoriales según el ámbito de cada comunidad autónoma que dio como resultado una actuación pública fragmentada frente a un sombrío escenario de avance global de la enfermedad en todo el territorio del Estado, sin limitación ni distinción alguna.

2. *El ámbito local y la gestión de la crisis por parte de los ayuntamientos como espacio de aplicación de las medidas sanitarias y sociales: actuación y supervisión por parte de los Cuerpos de Policía Local*

Y en este panorama complejo y difícil, sobre todo por lo imprevisible de su evolución, estaba construyéndose un enfoque teórico jurídico primero plano de complejidad extrema y de regulación horizontal y lineal aplicable a todo el territorio por igual, sin más distinción ni excepción. Para seguidamente hacer un cambio de sentido absoluto y pasar en una segunda fase a generar un paraguas competencial y una habilitación de las comunidades autónomas dispar, inconexo y descoordinado a través de la llamada cogobernanza.

En este panorama de incertidumbre en lo sanitario y de excepcionalidad en lo político y jurídico, emergen el Gobierno y el Ministerio de Sanidad al amparo de una regulación normativa ambigua y genérica que era ajena al desarrollo competencial que se había realizado en el estado autonómico. Una norma que situaba al Gobierno frente a los ciudadanos, que fue utilizada para sustentar y desarrollar un entramado de decisiones políticas y sanitarias complejas, inconexas y hasta contradictorias a veces entre sí, y que no hacían sino aumentar progresivamente la descoordinación y la incerteza sobre su eficacia.

En este panorama, y sin haber reparado en ellos hasta ese momento prácticamente nadie, irrumpen por medio las instituciones locales, es decir los ayuntamientos, que bajo el paraguas de la normativa local debían desarrollar, gestionar, solventar y aplicar el contenido de la norma excepcional que regulaba el Estado de Alarma decretado en 2020 y posterior prórroga. Mientras, en el otro extremo, se encontraba una población que exhibía carencias, necesidades y temores por una incertidumbre que les hacía reclamar por proximidad a quien más visualizaban y cerca tenían de sus casas, las soluciones a sus problemas reales y cotidianos. Esos no eran otros más que los ayuntamientos.

Los ayuntamientos, así como las entidades locales en general, han tenido un papel muy relevante en la lucha contra la pandemia y en la fase de recuperación de la normalidad. Resulta evidente que se convirtieron, en el día a día, en los auténticos motores de atención a los ciudadanos, y donde la eficacia y mantenimiento de los servicios públicos devinieron en esenciales para poder aplicar y desarrollar muchas de las disposiciones tomadas al amparo del Estado de Alarma. Del entramado institucional que tuvo incidencia en este periodo, los ayuntamientos destacaron por varios motivos y circunstancias:

1. Es la administración más cercana al ciudadano, quedando evidenciado una vez más al tener que establecer una primera línea de trabajo, aplicación y contención de medidas, acciones y planes o protocolos de actuación, según se iba avanzando y decidiendo sobre la evolución de la pandemia.

2. Padecieron la problemática interpretativa sobre la aplicación de las normas de diferente rango y contenido que se iban recibiendo por parte del Gobierno y de las Comunidades Autónomas, así como el consiguiente confusionismo sobe su ámbito y sentido de aplicación objetiva.

3. Materias o áreas tan determinantes y trascendentes como fue la asistencia a personas mayores, generaron un especial seguimiento de este sector de la población que por su alta vulnerabilidad encontraban su primer y principal escudo protector en los ayuntamientos para realizar y poder atenderles en las necesidades más básicas que no podían llevar a cabo por sí mismos.

4. Tuvieron que administrar las consecuencias de la sobrevenida crisis económica con el cierre masivo de pequeñas y medianas empresas, de locales de negocio familiar y la consiguiente pérdida de puestos de trabajo y el aumento de las necesidades básicas de subsistencia como alimentación, gastos básicos de los hogares o débitos crediticios bancarios.

Los grandes retos de los Ayuntamientos ante esta situación ha sido poder dar respuesta a tantas demandas de sus vecinos, a tantas reivindicaciones de necesidades básicas y todo ello bajo una espesa capa de dudas o preguntas que planeaban sobre lo ajustado o no a la legalidad de sus actuaciones, tanto por defecto como por exceso, al quedar en muchos casos sobredimensionada su actuación y pudiendo incluso entrar en ámbitos competenciales ajenos a la propia Administración Local.

Por todo ello es difícil de poder diagnosticar hasta donde han llegado sus competencias y si han podido vulnerase algunas líneas rojas que marcaban competencias ajenas a los ayuntamientos, máxime cuando su campo de actuación está prácticamente reglado y tasado sin capacidad o margen cuanto apenas de actuación fuera del marco legal establecido.

Esta situación excepcional arrastró una larga serie de interpretaciones que pusieron en duda en muchas ocasiones si las actuaciones que, aun estando en principio justificadas por la imperiosidad de la actuación justificada por la pandemia, no incurría al mismo tiempo en una vulneración de las competencias realmente asignadas y ostentadas.

O igualmente en el mismo plano de duda, si se han utilizado los debidos recursos económicos para afrontar los planes de actuación y que evidentemente necesitaban para su ejecución la imprescindible cobertura presupuestaria.

O incluso, una vez puestos en atender las prioridades que marcaban la evolución de la pandemia, determinar la capacidad de gestión real que se tenía y comprobar la eficiencia de la misma ante situaciones de auténtica necesidad que iban más allá de la tramitación de un mero expediente administrativo y que requería de una intervención que en muchos casos entraba de lleno en el disfrute y tutela de derechos constitucionales básicos y fundamentales y que evidenciaban además la falta de recursos humanos y materiales que padecen los ayuntamientos para atender esas necesidades básicas que se le demandan.

Responder a todas estas cuestiones nos avoca a una necesaria operación de concreción y determinación del campo competencial de los ayuntamientos, el cual quedó fijado una vez aprobada la Ley de Racionalización y Sostenibilidad de la Administración Local —Ley 27/2013, de 27 de diciembre—. Esta norma de nuevo cuño, aborda la necesaria y reclamada reforma de la Ley Reguladora de Bases de Régimen Local (LRBRL), y aunque comenzó al menos a introducirse el bisturí jurídico en los problemas competenciales a los que aludíamos anteriormente y que debían tener una pronta y adecuada respuesta en una organización racional de las competencias locales, es evidente que queda un largo camino para evitar otro de los graves y continuos problemas normativos existentes en nuestro sistema: los habituales y frecuentes solapamientos e invasiones entre Administraciones, como es el caso de la local y la autonómica.

Problemas o cuestiones como la estabilidad presupuestaria han adquirido un protagonismo considerable y se ha buscado una reordenación de competencias que no ha hecho sino evidenciar una tras otra las carencias de un diseño competencial real y adecuado al funcionamiento actual de las administraciones que, lejos de solucionarlo, ha agravado la situación con un recorte considerable de competencias locales.

La pandemia ha arrastrado varias evidencias del funcionamiento real de la administraciones, pero si uno hay evidente es que el recorte de competencias de los ayuntamientos no ha impedido que estos sigan siendo el primer punto de contacto de la ciudadanía para la solución de los problemas reales que le atañen y la demanda de servicios que lejos de entrar a analizar si le correspondía o no a los ayuntamiento, la ciudadanía solicitaba su prestación sin importar si ese era su cometido, si había partida presupuestaria para atenderlo y si el procedimiento administrativo impedía o no su correcta prestación.

V. LOS AYUNTAMIENTOS COMO PRIMEROS ORGANISMOS PÚBLICOS DE ACTUACIÓN DIRECTA FRENTE A UNA REALIDAD INCIERTA: LAS POLICÍAS LOCALES CÓMO PUNTA DE LANZA FRENTE A LA PANDEMIA Y SU PROBLEMÁTICA COMPETENCIAL Y DE ACTUACIÓN. ÁMBITOS DE ACTUACIÓN SOBREVENIDOS O DERIVADOS A RAÍZ DE LA PANDEMIA DEL COVID-19

Si partimos de la concreción del ámbito competencial de los Ayuntamientos, en principio serían tres los tipos de competencias que podríamos distinguir según la vigente normativa:

1. *Las Competencias Propias*, entendiendo por tales las que corresponden a los ayuntamientos a tenor de lo dispuesto en la legislación vigente (Ley 7/1985 de 2 de abril, Reguladora de Bases Régimen Local-BOE-A-1985-5392). En el art. 25 de la citada norma se encuentran referenciadas las denominadas competencias propias, pero tras la mencionada reforma de 2013 el nuevo diseño competencial redujo sorpresivamente estas competencias que tradicionalmente estaban adscritas a los ayuntamientos. Un hecho que debió haber retirado a los ayuntamientos de muchos campos de actuación pero que sin embargo, lejos de hacerlo, ha servido para dejar evidenciado el desacierto de la modificación legislativa al provocar que como consecuencia de la incidencia de la pandemia, en la práctica los ayuntamientos hayan tenido que asumir varias de esas competencias de nuevo.

Así por ejemplo, en materia de salud se dispuso la desaparición de la Atención Primaria o se hizo una reducción drástica en materia de Educación retirando a los ayuntamientos la participación en la programación de la enseñanza y ejerciendo tan sólo la potestad de vigilancia sobre la escolaridad obligatoria. O incluso quizá aún más paradójico, seguir manteniendo la conservación y limpieza de los centros docentes en un claro efecto residual de carácter económico pero no de interacción en tareas del ámbito docente administrativo que les fueron retiradas.

O también es significativo la reducción y simplificación de las tareas a simple nivel informativo de los ayuntamientos en materia de Servicios Sociales, siendo la evaluación y la recopilación de datos su única función, así como la atención inmediata de todas aquellas personas que en situación o riesgo de exclusión social puedan entrar en situación límite. Es un ámbito competencial que se evidencia en la pandemia lo erróneo de su planteamiento por cuanto situaciones límite en el ámbito social han requerido de los servicios municipales actuaciones extraordinarias y de inmediatez para paliar auténticas situaciones límite.

2. *Las Competencias Obligatorias*, que son servicios mínimos y que con carácter obligatorio deben prestar todos los ayuntamientos sin distinción (art. 26 LRBRL).

Pues tras la reforma, se han eliminado algunos servicios municipales obligatorios como es el caso que se ha dado en materia de Servicios Sociales donde los ayuntamientos han pasado de ser los órganos de la administración que mayor contacto y competencias acumulaban en esta materia por proximidad e inmediatez con la ciudadanía que los requería, a convertirse en meros agentes encargados de evaluar e informar de situaciones de exclusión social, identificándolas e indicando la necesidad o no de asistencia, sin poder realizar la prestación correspondiente que pasa al ámbito competencial autonómico.

Aunque también en esta línea sigue contemplándose como alternativa que, en caso de no tener los medios ni los recursos propios para poder prestar los ayuntamientos determinados servicios, cabe fórmulas alternativas como las figuras de los consorcios o mancomunidades que pueden constituirse y prestar los mencionados servicios bajo la tutela y cobertura económica de las Diputaciones Provinciales.

Esta situación competencial, ha llevado a comprobar el anacronismo que ha supuesto tener que afrontar esas situaciones límite sin que exista una cobertura legal que ampare y permita la realización de las mismas. Todo ello junto a una auténtica situación límite de exigencia política por parte de las autoridades locales que, lejos de preocuparles la norma y su delimitación del ámbito de competencias para conseguir los fines exigidos, les importaba y priorizaban el atender las necesidades básicas e inaplazables de sus convecinos en una situación límite como la que arrastró la pandemia. Legalidad y necesidad aparecieron constantemente contrapuestas.

De hecho, uno de los auténticos problemas jurídicos que surgió y adquirió dimensiones considerables fue el poner en tela de juicio el mismo Estado de Alarma y su validez dispositiva en cuanto a la suspensión de derechos fundamentales —limitación tan sólo al entender de otra parte de la doctrina—, y que más bien se ajustaban a otras figuras jurídicas como el Tribunal Constitucional ha determinado al respecto en el sentido interpretativo que aportó finalmente.

Pero en esa misma línea y bajando distintos escalones competenciales, la pandemia arrastró consigo dudas razonadas objetivas sobre la legalidad de muchas de las actuaciones de las distintas administraciones debido a la pandemia por el Covid-19 y sobre todo respecto de las medidas extraordinarias que tuvieron que adoptarse.

Sirva de ejemplo ilustrativo, el caso del ámbito de la Educación en la Comunidad Valenciana en la cual, a través de los órganos de dirección política y ejecutiva como la Consellería, se vino a disponer a través de unas simples 'Instrucciones' de la obligatoriedad por parte de los ayuntamientos de atender la desinfección que por motivo del Covid-19 había que realizar en los centros escolares al acordarse la vuelta a la presencialidad de la docencia.

Un fin que nadie iba a discutir por evidente y necesario para evitar una alarma social, pero una acción que entraba sin más condicionantes ni limitaciones en el ámbito competencial de los ayuntamientos que carecían de precepto habilitante de actuación en la ley, además de no haber cobertura presupuestaria para realizarlas.

Poco ha podido importar si la función que se exigía a los ayuntamientos tenía o no cobertura presupuestaria, cuando ni si quiera entraba en el ámbito de sus funciones si comprobamos que la atribución competencial inicial es solo su mantenimiento.

Pero es obvio que ante la alarma social de la población por la pandemia y el temor a una actividad cotidiana no exenta de riesgo por la cercanía física de los escolares y el contacto evidente entre ellos como representaban las clases presenciales, no aconsejaban dilatar la ejecución de las mencionadas actuaciones.

Así pues, además de múltiples acciones acogidas a la figura de la donación, muchas otras se llevaron a cabo a través de procedimientos de urgencia en la contratación que evidenciaban la falta de mecanismos sencillos que permitiesen atender lo perentorio e imprescindible sin vulnerar la normativa vigente.

Esto hizo que por extensión y por constituir situaciones análogas, se hiciese lo mismo con dependencias municipales, coches oficiales de los servicios del ayuntamiento, vehículos de transporte público, vehículos de emergencia, los puntos de especial afluencia de los servicios municipales y todo ello desde el punto de vista administrativo con los consiguientes reparos de la Intervención que en ejercicio de sus funciones no sabe de pandemias y que debe constatar los actos realizados sin cobertura presupuestaria o al margen de las normas de contabilidad, tutela y control del gasto público encomendadas.

Estos contratos extraordinarios tuvieron los reparos advertidos por Intervención, teniendo que actuar los Alcaldes para levantarlos y acabar validando las acciones singulares a las que los ayuntamientos se vieron abocados para afrontar las consecuencias de la pandemia.

Por supuesto, todo ello sin perjuicio de dejar aparcadas para un estudio y análisis posterior todas estas situaciones, máxime cuando la diversidad de normas era una constante casi diaria que complicaba considerablemente establecer un orden normativo competencial ajustado a las verdaderas y reales competencias de cada órgano o institución. Al final, empieza siempre a surgir la duda de si sigue siendo acertado arrinconar competencialmente a los ayuntamientos cuando su capacidad operativa es mucho mayor que la que tienen entes autonómicos y estatales.

3. Las *Competencias distintas de las propias*, anteriormente también denominadas como *Complementarias* y reguladas en el art. 28 de la LRBRL. Esta nueva categoría ha venido a sustituir o mejor dicho ha intentado superar el teórico punto conflictivo de la duplicidad de competencias entre administraciones.

Se prevé que las Entidades locales puedan ejercen competencias que no son propias, siempre y cuando en el correspondiente expediente de tramitación se constate de forma claramente identificativa que no existe cobertura competencial de esa materia por la administración autonómica (la cual expedirá certificación de no tener esa cobertura competencial como propia), y que dicha actividad cumple con la exigida sostenibilidad financiera —parámetros que deben cumplirse con la regla de gastos de los ayuntamientos (art. 7.4. LRBRL)—.

En este sentido sería difícil y extenso poder exponer la complejidad técnica de ésta 'Regla de Gasto', por cuanto arroja situaciones jurídicas y contables difíciles de encajar para determinar la capacidad de acción de los ayuntamientos, así como determinar una sostenibilidad financiera que le permita afrontar competencias distintas de las propias. Pero como decíamos anteriormente, la realidad y el día a día y la realidad de una pandemia no sabe ni conoce de problemas competenciales o de duplicidades de actuación entre Administraciones.

Y tal fue el impacto de la pandemia provocada por el Covid-19 que apartó bruscamente los debates sobre ésta anómala situación y pasó a quedar en un segundo plano hasta que finalmente puedan ser atendidas y satisfechas las necesidades reales y extraordinarias generadas por el coronavirus y así poder realizar de forma objetiva un estudio y análisis posterior de todas estas situaciones para que nos conduzcan a una reflexión técnicamente más profunda sin influencias políticas y de mayor calado y rigor jurídico.

Mientras estos momentos llegaban, variadas y diversas disposiciones fueron apareciendo en cascada emitidas por órganos de otras administraciones y que lejos de arrojar luz en la gestión de la pandemia, hacía que el bosquejo jurídico fuese aumentando en densidad y en falta de claridad y seguridad jurídica, y donde la interpretación normativa de muchos ayuntamiento facilitó poder cumplir con lo que la ciudadanía esperaba, pero sin hacerlo con el debido rigor competencial, como le ocurrió a los ayuntamientos en su relevante papel y acción en la prestación de los servicios sociales.

Así ha ocurrido, entre muchas otras, con el *Real Decreto Ley 8/2020, de 17 de marzo, de Medidas Urgentes Extraordinarias para hacer frente al impacto económico y social del Covid-19* con la que se buscó establecer unas ayudas a través de fondos económicos extraordinarios para paliar las consecuencias económicas y sociales que estaban sufriendo familias enteras, trabajadores que soportaron el cierre temporal de comercios y establecimientos de servicios, autónomos con diversas y variadas dedicaciones sin poder trabajar, entre otros.

El conjunto de medidas adoptadas señaló como destinatarios a los ayuntamientos directamente, o en su caso a través de las Comunidades Autónomas —lo que llamó más la atención aun si cabe—, para que fuesen los Municipios los que atendiesen como primer punto de contacto con la ciudadanía los efectos devastadores que estaba generando la crisis sanitaria de la pandemia.

Y si a esa situación de evidente desacople entre norma y realidad le sumamos la carencia de recursos económicos también extraordinarios para afrontar esta nueva situación, nos encontramos con tres ámbitos diferenciados en relación con los tipos de recursos económicos que podían aplicar los Entes Locales y que les permitió ir afrontando y solventando las tareas o fines encomendados durante la pandemia:

1. Se constató la solvencia económica de las Entidades Locales frente a otras Administraciones Públicas, demostrada desde 2012 como efecto de los límites que imponía la '*Regla de Gasto*' y que ha permitido acumular continuos superávits y consolidar una situación de solvencia económica muy robusta (en 2019 la liquidación del ejercicio supuso un acumulado equivalente al 0.35 del PIB).

El endeudamiento progresivo de las Administraciones Autonómicas, y la falta de la tantas veces reivindicada 'Nueva Financiación Autonómica' hace que desde 2008 se arrastre una quiebra del equilibrio presupuestario y haya tenido como principal consecuencia una carencia considerable de liquidez en las correspondientes cajas.

Pero este dato lo que viene a evidenciar es el cómo se abre un nuevo debate en torno a una permisibilidad absoluta sobre la administración económica ruinosa de las Comunidades Autónomas frente al rigor en el cumplimiento de los parámetros financieros y presupuestarios de los ayuntamientos. Ante esto, no puede seguir negándose la petición de financiar a los entes locales con una actualización en sus partidas presupuestarias de financiación por una más que correcta gestión, además del aumento paulatino de competencias prestadas por estos en sus municipios. Dos consecuencias evidentes y demostradas.

2. Las medidas extraordinarias adoptadas por Entidades Locales han ido surgiendo de la necesidad imperiosa de solventar los problemas y necesidades de los ciudadanos. En muchas ocasiones no es

viable, ni siquiera sostenible, el aplazamiento de problemas para buscar coberturas normativas o resolver delimitaciones competenciales pues el ciudadano plantea en muchos casos necesidades vitales o de pura subsistencia que no saben, ni entienden de esperas y dilaciones administrativas.

Durante la pandemia los ayuntamientos sí que han llevado a la práctica medidas excepcionales en materia de tasas municipales y en otras contribuciones, a pesar incluso de leyes tan rígidas como es la *Ley Reguladora de las Haciendas Locales —Texto Refundido aprobado por Real Decreto 2/2004 de 5 de marzo (BOE-A-2004-4214)—.*

Así por ejemplo, se adoptaron medidas extraordinarias que conllevaron una serie de operaciones de Tesorería para poder mantener liquidez y que a su vez arrastró una actividad administrativa que tuvo que ser alterada en plazos y acciones de cobro en materias como:

- Aplazamiento del cobro de Impuestos (IBI, IVTM, etc.)
- Modificaciones presupuestarias casi globales por la dificultad de la situación. Casi se puede decir que eran unos nuevos presupuestos.
- Suspensión de tasas por ocupación de dominio público o en su caso reajuste de las autorizaciones de mesas y sillas en función de la limitación de distancia de seguridad que se disponía por las autoridades sanitarias y la autorización de mayor ocupación de dominio público para compensar las reducciones de servicio interior en los locales
- Alteración de otras tasas disponibles por el Ayuntamiento como basuras, cursos, actividades deportivas y culturales, etc.
- Apoyo a PYMES, autónomos, negocios pequeños a través de campañas de fomento del comercio local —sabiendo que la competencia local se limita a la promoción del pequeño comercio local—, como la de incentivación de las compras de proximidad, distribución de kits de prevención y desinfección, aplazamiento de tasas por actividad comercial (reciclaje, ocupación de espacio público, etc.), o las campañas de ayudas económicas de choque frente al Covid-19 (ayudas directas

económicas, inyecciones al tejido comercial local con carácter global, cobertura a autónomos, etc.).

Aun siendo estas últimas de competencia de la Comunidad Autónoma, no se pretendió establecer ninguna rivalidad o debate sobre la atribución competencial, sino más bien, llegar donde la acción autonómica ni tenía suficientes recursos, ni daba cobertura a un número significativo de autónomos y profesionales del pequeño comercio, como era el caso del tejido productivo básico de la población.

3. Necesidad de poder usar los remanentes que generan los ayuntamientos a final de año. Una cuestión que sigue pendiente de esa pretendida nueva financiación de los ayuntamientos, pero que en el día a día ha demostrado que aun con la existencia de las limitaciones y controles de una normativa descoordinada y agotadora por sus carencias, los ayuntamientos y entes locales han demostrado, a pesar de todo, la capacidad de gestión que atesoran.

VI. LA NECESARIA COORDINACIÓN EN LA ACTUACIÓN CONJUNTA DE LOS CUERPOS POLICIALES COMO PRESUPUESTO HABILITANTE DE UNA COBERTURA FÍSICA Y JURÍDICA EN SUS INTERVENCIONES Y ACTUACIONES CON LA CIUDADANÍA

Fue a partir de toda la regulación de carácter excepcional que fue surgiendo para afrontar los desbordados y alarmantes datos que se oficializaban por los conductos ministeriales y canales oficiales, los que llevaron a las instancias políticas a iniciar la adopción de una cascada de normas de ámbitos competenciales y de aplicación tan distintos, tan diversos y a la vez tan carentes del debido reposo y análisis en profundidad de sus consecuencias. Tal fue el efecto real que generó, que difícilmente podían ser analizadas ya que casi iban superponiéndose unas tras otras las variadas producciones legislativas, aunque todas ellas evidentemente al amparo del artículo 116 de la Constitución Española y justificadas consecuentemente al amparo de lo establecido en el Estado de Alarma decretado por el Gobierno en marzo de 2020 —Real Decreto 463/2020 de 14 de marzo, para afrontar la situación de emergencia sanitaria provocada por el Coronavirus o Covid-19—. Y fue precisamente una de estas normas, la Orden INT/226/2020 de 15 de marzo del Ministerio del Interior (BOE-A-2020-3694 en https://www.-boe.es/eli/es/o/2020/03/15/int226) por la que se establecieron los criterios de actuación para el conjunto de Fuerzas y Cuerpos de Seguridad en un claro intento de buscar una actuación eficaz y coordinada, haciendo recaer la responsabilidad de la puesta en práctica de muchas de las normas que iban surgiendo en manos de cuerpos policiales que no dio tiempo a formar y preparar y que se vieron en muchos casos desbordados por la responsabilidad, las exigencias y la falta de medios ni siquiera para protección propia

La complejidad en la evolución de la situación sanitaria producida por el coronavirus COVID-19 dio lugar a la gradual adopción de medidas y recomendaciones excepcionales en materia de salud pública y a promover durante el tiempo que se decretaba como necesario, toda aquella acción que se considere necesarias para el restablecimiento de la normalidad. Ello provocó que ante circunstancias extraordinarias, el citado Real Decreto justificase una amplia serie de actuaciones directas y proporcionadas ante la situación de emergencia sanitaria que buscasen garantizar y reforzar la eficacia de las medidas de profilaxis así como paliar en casos de necesidad los efectos que pudiesen impedir la prestación de determinados servicios esenciales para la sociedad o interrumpiese aquellos otros necesarios para el mantenimiento de la normal convivencia, en una pretendida justificación de transversalidad en las medidas que implicase a todas las administraciones públicas.

La condición de autoridad competente delegada que se le otorgó al titular del Ministerio del Interior, abrió el campo —a tenor del artículo 9.1 de la Ley Orgánica 4/1981—, para establecer bajo la declaración del estado de alarma unas condiciones especiales de actuación para el conjunto de fuerzas y cuerpos de seguridad y los integrantes de los distintos Cuerpos de Policía de las Comunidades Autónomas y de las Corporaciones Locales. Todos ellos "*quedarán bajo las órdenes directas de la Autoridad competente en cuanto sea necesaria para la protección de personas, bienes y lugares, pudiendo imponerles servicios extraordinarios por su duración o por su naturaleza*", evidenciando que a veces —y parece que solo de forma excepcional—, sí que puede establecerse un marco funcional y competencial común para todos los cuerpos policiales. A nuestro modo de ver, esta es la evidencia clara y rotunda de la necesaria reforma del modelo policial y cambiar muchas de las bases que se determinan como excepcionales o de forma extraordinaria y cuando, sin embargo, pudiese ser esta consideración de coordinación como uno de los cimientos de una nueva concepción técnico-teórica para fundamentar un nuevo modelo policial español.

Los criterios comunes de actuación para las Fuerzas y Cuerpos de Seguridad del Estado en relación con el cumplimiento y el seguimiento de las actuaciones previstas durante el estado de Alarma, así como las directrices para la coordinación con los Cuerpos de Policía de las Comunidades Autónomas y de las Corporaciones Locales, conforme a las competencias que, bajo la inmediata autoridad del Ministro del Interior, otorga y hacen depender del Secretario de Estado de Seguridad como autoridad competente delegada el mando y las decisiones técnicas sobre las Fuerzas y Cuerpos de Seguridad del Estado y las que, en virtud de la consideración de aquel como autoridad competente delegada, se determinan en el ámbito de la declaración del estado de alarma como son las policías autonómicas y locales, ampliándose incluso al personal y a los integrantes de las empresas de la seguridad privada. A partir de esta concreción global de las fuerzas actuantes, había que fijar los objetivos a conseguir y que partían de estas premisas:

1) Concretar las directrices comunes para la actuación operativa de los cuerpos policiales y los mecanismos para el seguimiento de su actuación y evaluación de su eficacia y garantizar de esa manera una acción concertada en todo el territorio nacional ante la evidente expansión y propagación de los efectos de la pandemia,

2) Adecuar los planes de contingencia elaborados por los cuerpos policiales con la aplicación y vigencia del Estado de Alarma, buscando así las actuaciones en las que puedan desarrollarse aquellas acciones más frontales frente a los derechos y libertades constitucionales, como fueron los controles policiales de movilidad y justificación del ejercicio de la libertad de circulación y conjugarlos manteniendo al mismo tiempo los niveles

de actividad necesarios en los ámbitos de la prevención y la investigación, y

3) priorización absoluta de la asistencia sanitaria urgente a las personas que lo precisen por parte de los profesionales sanitarios, disponiendo para ello las autoridades y los profesionales sanitarios de todas las capacidades de los Cuerpos policiales que pudiesen servir para auxiliarlos en el ejercicio de sus funciones o que dicho auxilio fuera necesario para que éste pudiese prestarse.

Y todo ello, con el acostumbrado, y en este caso evidentemente desaconsejable principio de exigencia del máximo celo y grado de acierto profesional exigiendo en cuanto a su aplicación y apreciación por parte de todos los miembros de las fuerzas policiales de tener que ejercer sus funciones de acuerdo con los principios de proporcionalidad y necesidad, dirigidos a proteger la salud y seguridad de los ciudadanos y contener la progresión de la enfermedad. Un absoluto sin sentido por vaciar toda competencia y responsabilidad en el único criterio profesional existente frente a la pandemia y sus consecuencias, haciendo valorar a los profesionales policiales la dimensión, extensión y aplicación en cada situación, cada contingencia o cada escenario sin más referencia ni protocolo orientativo que "*guardar el debido equilibrio*" —la fórmula que siempre deja en manos del responsable superior la llave para conceptuar como válida o como sancionable las actuaciones producidas en un claro ámbito discrecional sin limitación alguna—.

Para el seguimiento, control y resolución de las medidas a aplicar como consecuencia del Estado de Alarma decretado en todo el territorio nacional —y como señalábamos anteriormente—, son designados el Gobierno como Autoridad competente y el Ministro del Interior como Autoridad competente delegada en su respectiva área de responsabilidad. A partir de ahí aparece el segundo escalón orgánico y competencial constituyéndose de esa manera como órganos ejecutores y como órganos encargados de dar desarrollo y aplicación a la normativa específica, apareciendo los Directores Generales de la Policía y de la Guardia Civil, así como las autoridades de las que dependan los Cuerpos de Policía de las Comunidades Autónomas y de las Corporaciones Locales. Todos estarán sujetos a las órdenes del

Ministro del Interior y a las que, bajo su autoridad, emanen de las autoridades y órganos directivos de este Departamento en sus respectivos ámbitos de competencia.

Aun entendiendo su evidente y lógica jerarquía organizativa para la necesaria y evidente coordinación, estos deberán tomar las oportunas disposiciones operativas y organizativas para garantizar el cumplimiento de las obligaciones y la cobertura de los servicios que para los mismos deriven del cumplimiento de las órdenes que reciban de las autoridades y órganos competentes pero, y aquí se evidencia nuevamente la endeblez del sistema competencial, los servicios policiales se orientarán prioritariamente al cumplimiento de las obligaciones relacionadas con la pandemia y procediendo a limitar aquellos servicios que no se consideren imprescindibles. No parece ni lógico, ni admisible, un criterio discrecional de prioridad para adoptarse en momentos críticos y sobre magnitudes difícilmente comparables, cuando además arrastran la vigencia o la suspensión en su caso, de derechos fundamentales. De esta manera, a los agentes policiales se les habilita, con carácter discrecional la práctica de las comprobaciones en las personas, bienes, vehículos, locales y establecimientos que sean necesarias para comprobar y, en su caso, impedir que se lleven a cabo los servicios y actividades suspendidas por el estado de alarma decretado, pudiendo incluso llegar a dictar las órdenes y prohibiciones necesarias y suspender las actividades o servicios que se estén llevando a cabo. Un campo competencial exacerbado, excesivamente amplio y de difícil decisión aplicativa de inmediatez en su ponderación, consideración y aplicación.

Por todo ello, una vez requerida la colaboración de las Fuerzas y Cuerpos de Seguridad del Estado en situaciones excepcionales como el Estado de Alarma y siendo de obligado cumplimiento el presentarse al servicio si se es requerido —Ley Orgánica 9/2015 de la Policía Nacional y Ley Orgánica 11/2007 de la Guardia Civil—, hay que añadir y sumar a esta plataforma de actuación policial todas las Autoridades civiles de la Administración Pública del territorio nacional afectado por la declaración, los integrantes de los Cuerpos de Policía de las Comunidades Autónomas y de las Corporaciones Locales, y los demás funcionarios y trabajadores al servicio de éstas. Todos ellos, en conjunto y sin excepción, quedarán bajo las órdenes directas de la autoridad competente en cuanto sea necesaria para la protección de personas, bienes y lugares, pudiendo serles impuestos servicios extraordinarios por su duración o por su naturaleza.

Y a partir de ahí viene por añadidura, aunque ya no podemos plasmarlo en el presente ensayo por constituir un contenido suficientemente importante como para estudiarlo por separado, un tema de trascendencia como el ejercicio de un derecho ejercitable a una protección eficaz en materia de seguridad y salud en el trabajo, en relación con la prevención de la transmisión del coronavirus COVID-19. A partir de ahí serán las Direcciones Generales de la Policía y de la Guardia Civil, así como de las autoridades de las que dependan los Cuerpos de Policía de las Comunidades Autónomas y de las Corporaciones Locales las que tendrán que adoptar las medidas necesarias para que los equipos de trabajo de su personal involucrado en las actuaciones objeto de la presente regulación sean adecuados para garantizar su seguridad y salud en el cumplimiento de sus funciones previstas, velando por su uso efectivo y correcto, y procurando la necesaria vigilancia y seguimiento del estado de salud de los mismos. Es evidente que era más que previsible el que acabasen incurriendo circunstancias de especial trascendencia en la integridad física y salud de los cuerpos policiales por su evidente exposición, debiendo comunicarse toda incidencia a la Secretaría de Estado de Seguridad en los casos de infección, cuarentena o medidas de aislamiento por COVID-19 que se puedan producir entre sus respectivos integrantes.

Tan sólo, los órganos que han sido creados para la coordinación de acciones, han podido arrojar luz en la unificación de criterios y en los pasos a desarrollar por los distintos cuerpos policiales, pero creando un auténtico sistema de red entre comisiones de expertos y entes orgánicos creados exprofeso para la temática que nos ocupa y que a modo de consideración significativa, destacamos en los siguientes en la consideración de ser el Ministro del Interior la autoridad competente delegada:

1) el Centro de Coordinación Operativa se creará bajo la dependencia de la Secretaría de Estado de Seguridad y, en concreto, se le hizo depender del Gabinete de Coordinación y Estudios con el fin de impartir órdenes directas a todos los Cuerpos policiales involucrados, en el ámbito que tratase de asegurar la

coordinación permanente de las actuaciones, así como la toma conjunta de decisiones ante la evolución de los acontecimientos,

2) un Centro Permanente de Información y Coordinación (CEPIC) dependiente de la Secretaría de Estado de Seguridad, que establecía las medidas para realizar un adecuado seguimiento y evaluación cuantitativa y cualitativa de las actuaciones adoptadas —era un evidente canalizador de datos para el establecimiento de la correspondiente base general de datos—, así como de las incidencias que se producían con ocasión del cumplimiento de las medidas o por efecto de los posibles contagios que afectaron a los funcionarios policiales,

3) los Centros de Coordinación que se constituyeron, bajo la autoridad de los Delegados y Subdelegados del Gobierno, y que estuvieron integrados por los representantes de los órganos periféricos de las Fuerzas y Cuerpos de Seguridad del Estado y los correspondientes Cuerpos de Policía Autonómica y de Policía Local con implantación en los respectivos territorios, con el fin de supervisar y coordinar con los mandos de los distintos cuerpos policiales el cumplimiento de las medidas previstas en las disposiciones técnicas dictadas en cascada. Estos Centro de Coordinación debían informar de su actividad al Centro de Coordinación establecido en la Secretaría de Estado de Seguridad, coordinando sus actuaciones con los criterios e instrucciones establecidos o impartidos por aquél. En aquellas Comunidades Autónomas que existían Cuerpos de Policía propia, las Comisiones de Seguimiento y Coordinación se preveían dentro de las Juntas de Seguridad y era allí donde se supervisaba la ejecución de las órdenes directas, los servicios impuestos y el grado de observancia de las medidas restrictivas previstas y el grado de cumplimiento de las prohibiciones y sistemas de sanción de su infracción, y

4) en el ámbito local con el fin de facilitar la cooperación y coordinación operativa de las Fuerzas y Cuerpos de Seguridad que intervenían en el término municipal, se usaron los cauces de coordinación existentes a través de las Juntas Locales de Seguridad.

Los criterios de coordinación con los Cuerpos de Policía de las Comunidades Autónomas y las Corporaciones Locales, base de fundamento para evidenciar la capacidad de actuación conjunta de todos y el consiguiente cambio que se necesita en el reconocimiento previo competencial en la vigente normativa del modelo policial, se tradujo en un dependencia de la autoridad delegada a los efectos de establecer que durante la vigencia del estado de alarma todos los miembros de los Cuerpos de Policía de las Comunidades Autónomas y de las Corporaciones Locales quedaban bajo sus órdenes directas, en cuanto fuese necesario para la protección de personas, bienes y lugares, pudiéndose incluso imponerles servicios extraordinarios por su duración o por su naturaleza. Con ello, la habitual función de velar por el cumplimiento de las leyes y demás disposiciones del Estado, así como garantizar el funcionamiento de los servicios públicos esenciales y vigilar los espacios públicos, correspondía a las Policías de las Comunidades Autónomas en colaboración con las Fuerzas y Cuerpos de Seguridad del Estado, entrando además en este ejercicio las Policías Locales debiendo prestarse mutuo auxilio e información recíproca en el ejercicio de sus funciones respectivas, cuando en la prestación de un determinado servicio o en la realización de una actuación concreta concurriesen simultáneamente miembros o Unidades de las Fuerzas y Cuerpos de Seguridad del Estado y de aquellas. Un ejemplo claro, contundente y diáfano.

VII. REFLEXIÓN ABIERTA Y CONCLUSIONES SOBRE LA EXTRALIMITACIÓN DE LOS ÁMBITOS COMPETENCIALES DE LOS CUERPOS POLICIALES Y LA NECESARIA REFORMA DEL MODELO POLICIAL Y SU RÉGIMEN COMPETENCIAL

La fijación de varios puntos de debate para abordar en posteriores estudios nos lleva a aseverar de antemano que difícilmente vamos a encontrar un supuesto más claro y evidente de las precariedades del modelo policial español y sobre todo del mantenimiento de una estructura que esta avocada a una profunda reforma, más pronto que tarde.

Si comprobamos que el pasado Estado de Alarma decretado por el Gobierno hace una atribución global de competencias y funciones a todos los cuerpos policiales, el desglose de los fines a cubrir evidencia la equiparación técnica para desarrollar determinadas funciones de especial trascendencia como es la limitación —e incluso suspensión si es el caso—, con la única distinción del ámbito territorial y geográfico donde desempeñen las funciones. A recordar:

1. Medidas restrictivas de la libertad de circulación y en materia de transportes, pudiendo sólo los ciudadanos únicamente circular por las vías de uso público para la realización de las actividades permitidas como fueron la adquisición de alimentos, productos farmacéuticos y de primera necesidad, la asistencia a centros sanitarios, desplazamiento al lugar de trabajo, asistencia y cuidado a mayores, menores, dependientes, personas con discapacidad o personas especialmente vulnerables, o causa de fuerza mayor o situación de necesidad. Pero pudiéndose acordar el cierre a la circulación de carreteras o tramos de ellas por razones de salud pública, seguridad o fluidez del tráfico, así como garantizar o suspender los servicios de movilidad, ordinarios o extraordinarios de trasportes en orden a la protección de personas, bienes y lugares, incluso reducir la oferta total de operaciones en los servicios de transporte público de viajeros por carretera, ferroviarios, aéreo y marítimo. Dicho lo cual, se pasa a requerir que se tenga en cuenta y se pondere por los cuerpos policiales la necesidad de garantizar que los ciudadanos pudieran acceder a sus puestos de trabajo y a los servicios básicos, así como la de permitir la movilidad del personal perteneciente a entidades dedicadas a la prestación de servicios esenciales o al abastecimiento y distribución de bienes y servicios de primera necesidad.

2. Medidas de apoyo a las Autoridades sanitarias y a las disposiciones que éstas adopten para el aseguramiento del suministro de bienes y servicios necesarios para la protección de la salud pública, en la que se tuvo que asegurar el abastecimiento del mercado y el funcionamiento de los servicios de los centros de producción afectados por el desabastecimiento de productos necesarios para la protección de la salud pública, así como intervenir y ocupar transitoriamente industrias, fábricas, talleres, explotaciones o locales de cualquier naturaleza, incluidos los centros, servicios y establecimientos sanitarios de titularidad privada, así como la industria farmacéutica, y practicar requisas temporales de todo tipo de bienes e imponer prestaciones

personales obligatorias, en aquellos casos en que resulte necesario para la adecuada protección de la salud pública, en el contexto de esta crisis sanitaria. Ponderaciones y decisiones complicadísimas de adoptar por las Fuerzas y Cuerpos de Seguridad aunque tiendan a garantizar el ejercicio de las competencias de las autoridades competentes en materia de salud pública como fueron las medidas policiales de seguridad tendentes a garantizar el normal funcionamiento de los centros sanitarios o, en su caso, de establecimientos de elaboración, almacenamiento y distribución de productos farmacéuticos o sanitarios.

3. El apoyo a las medidas restrictivas en relación con la actividad comercial, apertura de establecimientos y actos de culto, cuya permanencia en los primeros establecimientos debería ser la estrictamente necesaria para la adquisición de alimentos y productos de primera necesidad, quedando suspendida la posibilidad de consumo de productos en los propios establecimientos.

Asimismo se suspendieron la apertura al público de los locales y establecimientos en los que se desarrollen espectáculos públicos, las instalaciones culturales y artísticas y las actividades deportivas y de ocio y las actividades de hostelería, restauración, cafeterías y restaurantes, pudiendo prestar exclusivamente servicios de entrega a domicilio. También quedaron suspendidas las verbenas, desfiles y fiestas populares, la asistencia a los lugares de culto y las ceremonias civiles y religiosas, incluidas las fúnebres.

4. Apoyo a las medidas destinadas a garantizar el suministro alimentario, y de otros bienes y servicios, permitiendo la distribución de alimentos desde el origen hasta los establecimientos comerciales de venta al consumidor, incluyendo almacenes, centros logísticos y mercados en destino, así como el establecimiento de corredores sanitarios para permitir la entrada y salida de personas, materias primas y productos elaborados con destino o procedentes de establecimientos en los que se produzcan alimentos, incluidas las granjas, fábricas de piensos para alimentación animal y los mataderos. Así como el suministro de energía eléctrica, de productos derivados del petróleo, así como de gas natural.

5. Medidas de apoyo a los operadores críticos y de servicios esenciales, prestándose por parte de las Fuerzas y Cuerpos de Seguridad el apoyo que se requiera para asegurar la prestación de los servicios esenciales para la sociedad por parte de aquellos operadores críticos con los correspondientes planes de apoyo operativo puestos en ejecución por el cuerpo policial responsable de la protección de la infraestructura de que se trate. Cuando resulte necesario en atención a las circunstancias, se podrán apoyar los servicios de seguridad propios de dichas instalaciones, mediando la actuación de la Secretaría de Estado de Seguridad, a través del Centro Nacional de Protección de Infraestructuras y Ciberseguridad (CNPIC) —Ley 8/2011 de protección de infraestructuras públicas—.

6. Medidas relativas al control de la entrada y salida de personas del territorio nacional, donde quedó exceptuado de las limitaciones generales a la libertad de circulación el personal extranjero acreditado como miembro de las misiones diplomáticas, oficinas consulares y organismos internacionales sitos en España, en el desempeño de funciones oficiales.

7. Se preverá la disponibilidad de recursos para la ejecución o prestación del apoyo que resulte necesario por parte de las Fuerzas y Cuerpos de Seguridad en relación con las requisas temporales que puedan ordenarse por el Ministro del Interior o por otras autoridades competentes de todo tipo de bienes necesarios para el cumplimiento de los fines previstos en el Real Decreto, y en particular para la prestación de los servicios de seguridad o de los operadores críticos y esenciales.

8. Y finaliza esta relación, con el sorprendente, llamativo y absolutamente definitivo en la tesis que mantenemos, al requerir y habilitar que las actuaciones de prevención y protección previstas en los diferentes planes operativos que desarrollaron las Fuerzas y Cuerpos de Seguridad para apoyar la ejecución de las medidas previstas en los puntos anteriores, quedaron integradas en los planes de contingencia elaborados por las mismas al objeto de evitar la dispersión de esfuerzos. En todos los dispositivos de seguridad se *potenció la colaboración y coordinación entre los Cuerpos policiales con competencia en cada ámbito territorial, así como la coordinación del personal de seguridad privada* que preste servicio en las instalaciones o servicios afectados por los mismos.

Si estas apreciaciones para el debate, las llevamos al ámbito local y partimos del dato estadístico de comprobar que el 80% de los municipios son de población inferior a los 5.000 habitantes —y la mayoría de estas poblaciones realmente apenas llegan a los 1.000 habitantes—, hay que subrayar con contundencia que en casi todos ellos ha faltado personal, funcionarios y medios para afrontar la pandemia que sin embargo fueron sustituidos por campañas directas inmediatas de choque para afrontar el estado de alarma, las situaciones de aislamiento, la inadaptación de los jóvenes a situaciones excepcionales, compensar las consecuencias negativas laborales y profesionales con planes alternativos, así como la necesidad vital de atención a los mayores en una clara situación de dependencia funcional, asistencial y atención médica.

Para todo ello hubo que usar la voluntad y la imaginación para, junto con las innovaciones tecnológicas y del concepto no presencial del trabajo como ha sido el teletrabajo, atender todos los servicios básicos determinantes que se convierten en el auténtico termómetro de eficacia y validez de los servicios más próximos al ciudadano. Así pudimos ver como funcionarios responsables de servicios tan variados como son conserjerías, conservatorio, edificios municipales o servicios deportivos o de mayores, fueron cambiando sus funciones aquellas personas que no iban a prestar su perfil funcionarial habitual y se cambiaron por necesidades de servicios extraordinarios como la atención telefónica, compras a personas necesitadas, difusión de información, atención de necesidades básicas y un largo etcétera.

De hecho, se ha seguido trabajando y recogiendo iniciativas para dinamizar económica y socialmente a un amplio sector de la población, a través de temas como ayudas en el ámbito familiar, cursos de empleo, módulos de formación, ayudas escolares para el inicio del curso escolar y todo ello incluso moviendo estándares normativos que parecían inamovibles como la contratación pública, que ha recibido la inclusión de cláusulas sociales para tratar de paliar las consecuencias de desempleo que se ha sufrido con el Covid-19.

En conclusión y como reflexión sencilla pero contundente, expresar que si había voluntad de hacer, incluso sin competencias que respaldasen estas actuaciones, sin recursos económicos ni partidas presupuestarias, y sin estructura administrativa adecuada, es evidente que se aparcó la rigidez y falta de campo competencial de los entes locales, para que se priorizaran las necesidades y las urgencias sociales y económicas incluso aplazando el cumplimiento de determinadas exigencias legales y de algunos formalismos administrativos.

Y si este planteamiento pudo parecer arriesgado e incluso contrario a la pura esencia del estado de derecho, resaltar que casi todo se realizó desde el consenso entre las distintas formaciones políticas para facilitar la adopción de acuerdos que dieran cobertura a las medidas extraordinarias que había que adoptar.

El consenso emergió sin cortapisas. El mismo consenso que debe aplicarse para modificar y reformar urgentemente los campos de actuación y los ámbitos competenciales de una Administración Local más que limitada, pero más necesaria que nunca como ha quedado demostrado.

VIII. REFERENCIAS BIBLIOGRÁFICAS

Aláez Corral, B. (2004). 'El concepto de suspensión general de los derechos fundamentales' en López Guerra, L. y Espín Templado, E. (Coords.). La defensa del Estado, Valencia, Edit. Tirant lo Blanch.

Biglino Campos, P. y Durán Alba, F. (2020). Los efectos horizontales de la COVID sobre el sistema constitucional: estudios sobre la primera oleada. Zaragoza. Fundación Manuel Giménez Abad.

Carmona Cuenca, E. (2021). Estado de alarma, pandemia y derechos fundamentales ¿limitación o suspensión? Revista de Derecho Político-UNED, 112, 13-42. doi: https://doi.org/10.5944/rdp.112.2021.32214

Cerdeira Bravo de Mansilla, G. (Dir.), García Mayo, M. (Coord.) y VV.AA. (2020). Coronavirus y Derecho en estado de alarma. Madrid. Edit. Reus-Monografías Colección Jurídica General. 514 pp.

Cotino Hueso, L. (2021). 'La (in)constitucionalidad de las restricciones y suspensión de la libertad de circulación por el confinamiento frente a la Covid' en Garrido López, C. (Coord.). Decisiones excepcionales y garantía jurisdiccional de la Constitución. Madrid. Marcial Pons.

Díaz Gómez, D.J., Herrera Bolaños, R. (2020). Interacción de la Ley de Seguridad Ciudadana y la legislación por Covid-19. Aplicación a los cuerpos de Policía Local. Huelva. Registro de la Propiedad Intelectual en Safe Creative nº 2111039702464. 32 pp.

Díaz Revorio, F. J. (2022, 6 de abril). Estado constitucional pospandemia: ¿crisis o fortalecimiento? Crónica de las ponencias generales del XIX congreso de la Asociación de Constitucionalistas de España —ACE—. *Blog del Centro de Estudios Políticos y Constitucionales —CEPC—*. http://www.cepc.gob.es/blog/estado-constitucional-pospandemia-crisis-o-fortalecimiento-cronica-de-las-ponencias-generales-del

Díaz Revorio, F. J. (2021). 'Desactivando conceptos constitucionales: La suspensión de derechos y los estados excepcionales' en Garrido López, C. (Coord.). Decisiones excepcionales y garantía jurisdiccional de la Constitución. Madrid. Marcial Pons.

García Majado, P. (2022). Libertad de circulación de las personas, leyes de policía sanitaria y COVID-19. Revista de Derecho Político, ISSN 0211-979X, Nº 113, 2022, pp. 127-152

Garrido Mayol, V. (2021). La Covid 19 también llegó al parlamento, la excepcionalidad como excusa del estado de derecho. Corts. Anuario de Derecho Parlamentario, núm. Extra 34, pp. 139 a 174. ISSN 1136-3339

Interpol (2020). Pandemia de Covid-19: protección de la Policía y la población. Directrices para las fuerzas del orden. www.interpol.int-Recomendación clave de Interpol para las Fuerzas del Orden. 33 pp.

Izquierdo Carrasco, M. (2022). 'El Derecho Administrativo permanece: COVID-19 y la utilidad de la teoría de la policía administrativa', en Cano Campos T., Huergo Lora, A.J. y Tolivar Alas, L. (Dirs.). En actas del XVI Congreso de la Asociación Española de Profesores de Derecho Administrativo 'El patrimonio natural en la era del cambio climático'. Oviedo 3-5 de febrero de 2022. ISBN 978-84-7351-753-9, pp. 27-54

Izquierdo Carrasco, M. (2022). 'Covid-19, policía administrativa y la modulación del principio de legalidad'. Revista de Estudios de la Administración Local y Autonómica: Nueva Época, ISSN-e 1989-8975, Nº. 17, 2022, pp. 6-30.

López García, A. (2021). 'El reto de enfrentarse a la pandemia del Covid-19 en la Policía Nacional' en Nieto Cabrera, M.E., Nieto-Morales, C. (Coords.). Profesiones esenciales: la necesidad de reinventarse en tiempos del Covid. ISBN 978-84-1377-636-1, pp. 194-204

Moreno Díaz, J. A. y Pirvulescu, C. (2022). El impacto de la Covid-19 en los derechos fundamentales y el Estado de Derecho en toda la U.E. y el futuro de la democracia (Dictamen de iniciativa SOC/691). Comité Económico y Social Europeo-Sección de Empleo-Asuntos Sociales y Ciudadanía. Bruselas. 12 pp. EESC-2021-03684-00-00-AS-TRA (EN) 1/12

Requejo Rodríguez, P. (2001). ¿Suspensión o supresión de derechos fundamentales?, Revista de Derecho Político, núm. 51. https://doi.org/10.5944/rdp.51.2001.8820

Ridao Martín, J. (2021). Derecho de crisis y Estado autonómico. Del estado de alarma a la cogobernanza en la gestión de la Covid-19. Madrid, Marcial Pons-Ediciones Jurídicas y Sociales, 296 pp.

Rodriguez Pineau, E. (2021). Leyes de policía: el impacto de la pandemia en el derecho internacional privado. Gregoraci Fernández, B. y Velasco Caballero, F. (Coords.) Anuario de la Facultad de Derecho de la Universidad Autónoma de Madrid, ISSN 1575-8427, Nº. Extra 2, 2021 (Derecho y política ante la pandemia: Reacciones y transformaciones. Tomo II. Reacciones y transformaciones en el Derecho Privado, pp. 253-268

Torres Gutiérrez, A. (2020). 'Retos de la declaración del estado de alarma con motivo de la COVID-19 para el Estado de Derecho y el ejercicio de los derechos fundamentales' en Luquin Bergareche (Dir.). Covid 19: conflictos jurídicos actuales y desafíos. Las Rozas-Madrid. Edit. Wolters Kluwer.

Velasco Caballero, F. (2020). 'Libertades públicas durante el estado de alarma por la COVID-19' en Blanquer, D. (Coord.). COVID-19 y Derecho Público (durante el estado de alarma y más allá). Valencia. Edit. Tirant lo Blach.

La responsabilidad patrimonial como consecuencia de la crisis sanitaria por el Covid-19

VICENTE GARRIDO MAYOL
Catedrático de Derecho Constitucional de la Universidad de Valencia
Correo electrónico: vigama@uv.es

I. EL RESPETO AL ESTADO DE DERECHO EN MOMENTOS DE EMERGENCIA O DE EXCEPCIÓN

En una reciente publicación señalé que la pandemia por el contagio del coronavirus ha supuesto una tempestad en el universo jurídico al tener que aplicar normas constitutivas del derecho de excepción y, por tanto, de no frecuente uso, y de proceder a crear un complejo normativo de diverso rango para intentar dar respuesta a los problemas que aquella planteaba.

Ahí están las normas propias de la legislación de urgencia —los Reales Decretos-Ley se han multiplicado— hasta los Reales Decretos —con valor de ley— por los que se declararon los estados de alarma —en tres ocasiones en 2020— y un conglomerado de Reales Decretos y de Órdenes ministeriales para adoptar medidas tendentes a contener la propagación del contagio y paliativas de los efectos perniciosos que, para particulares y empresas, supuso la aplicación de las previsiones de tal estado excepcional. Nadie fue capaz de predecir la situación por la que España, y tantos otros Estados, iba a atravesar, que comenzó a pocos días de estrenar la primavera de 2020 y sin saber, cuál sería su desenlace.

Las instituciones públicas y, singularmente, las parlamentarias adoptaron medidas no siempre pacíficas cuando no claramente ilegales o inconstitucionales. La afectación de los derechos fundamentales fue evidente y el Tribunal Constitucional ha tenido ocasión de pronunciarse en más de una ocasión, al respecto.

Así, la STC 148/2021 —de la que discrepé y sigo discrepando— declaró parcialmente inconstitucional el Real Decreto 463/2020, de 14 de marzo, e inconstitucionales y nulos varios de sus artículos. La posterior STC 183/2021, —con la que estuve y estoy de acuerdo— declaró parcialmente inconstitucional el Real Decreto 926/2020, de 25 de octubre, por el que el Gobierno declaró el segundo estado de alarma de ámbito nacional, y asimismo, el acuerdo del Pleno del Congreso de los Diputados de 29 de octubre de 2020, por el que se autorizó la prórroga del estado de alarma declarado; y el Real Decreto 956/2020, de 3 de noviembre, por el que se prorrogó, en virtud del anterior Acuerdo parlamentario, el estado de alarma declarado por el Real Decreto 926/2020, de 25 de octubre.

Y ello sin olvidar la STC 168/2021, respecto de las resoluciones de la Mesa del Congreso de los Diputados acordando la suspensión del cómputo de los plazos reglamentarios desde la entrada en vigor del Real Decreto 463/2020, que concedió el amparo postulado por infracción del derecho fundamental a la participación política del art. 23.2 de la Constitución, y declaró la nulidad de la Resolución de la Mesa, de 19 de marzo de 2020.

El estado de alarma, uno de los tres estados excepcionales previstos en la Constitución, encajaba, a mi juicio, como anillo al dedo a la situación en la que se encontraba nuestro país: lo declaró el Gobierno porque se produjo una alteración grave de la normalidad como consecuencia de una crisis sanitaria por epidemia y riesgo de grave contagio (artículo 4, b) de la Ley Orgánica 4/1981, de 1 de junio, de los estados de alarma, excepción y sitio).

Y ante la situación excepcional, la autoridad competente —el Gobierno o, por delegación de éste, el Presidente de la Comunidad Autónoma cuando la declaración afecte exclusivamente a todo o parte del territorio de una Comunidad— estaba legalmente facultado para adoptar una serie de medidas extraordinarias como limitar la circulación o permanencia de personas o vehículos en horas y lugares determinados; practicar requisas temporales de todo tipo de bienes e imponer prestaciones personales obligatorias; intervenir y ocupar transitoriamente industrias, fábricas, talleres..., con excepción de domicilios privados...; limitar o racionar el uso de servicios o el consumo de artículos de primera necesidad; o impartir las órdenes necesarias para asegurar el abastecimiento de los mercados y el funcionamiento de los servicios de los centros de producción afectados (arts. 4 y ss. de la Ley Orgánica 4/1981).

Hay que advertir que los Reales Decretos 463/2020, de 14 de marzo, —de declaración del primer estado de alarma por el covid-19—; el 900/2020, de 9 de octubre, de declaración del estado alarma en la Comunidad de Madrid; y el 926/2020, de 25 de octubre, de declaración del segundo estado alarma a nivel nacional por el covid-19, tienen rango de ley por haberlo así declarado el Tribunal Constitucional en el ATC 7/2012 y en la STC 83/2016 en relación con el primer estado de alarma declarado en España por Real Decreto 1673/2010, de 4 de diciembre, por la crisis de los controladores aéreos. El TC señaló entonces que

> *"... el acto de autorización parlamentaria de la prórroga del estado de alarma o el de la declaración y prórroga del de excepción, que no son meros actos de carácter autorizatorio, pues tienen un contenido normativo o regulador (ya en cuanto hacen suyos el alcance, condiciones y términos del estado de alarma o de excepción fijados o solicitados por el Gobierno, ya en cuanto la propia Cámara directamente los establece o introduce modificaciones en los propuestos), así como el acto parlamentario de declaración del estado de sitio son, todos ellos, decisiones con rango o valor de ley, expresión del ejercicio de una competencia constitucionalmente confiada a la Cámara Baja* ex art. *116 CE en aras de la protección, en los respectivos estados de emergencia, de los derechos y libertades de los ciudadanos".*

Y es que, según el alto tribunal, "*...las locuciones "valor de ley", "rango de ley" o "fuerza de ley" no quedan exclusivamente circunscritas en nuestro ordenamiento a actos o decisiones de origen parlamentario, pudiendo predicarse también la cualidad de la que son manifestación aquellas locuciones, sin necesidad de entrar ahora en consideraciones más detalladas, de actos, decisiones o disposiciones de procedencia gubernamental*".

Y esta observación del TC es importante a los efectos de determinar la responsabilidad que, en su caso, cabría imputar al Estado por daños producidos consecuencia de su actuación al amparo de los Reales Decretos de declaraciones de los estados de alarma, pues conforme al art. tercero. Dos de la Ley Orgánica 4/1981,

> *"Quienes como consecuencia de la aplicación de los actos y disposiciones adoptadas durante la vigencia de estos estados sufran, de forma*

> *directa, o en su persona, derechos o bienes, daños o perjuicios por actos que no les sean imputables, tendrán derecho a ser indemnizados de acuerdo con lo dispuesto en las leyes".*

Como más adelante veremos, los Reales Decretos 463/2020 y 926/2020 fueron declarados parcialmente inconstitucionales por SSTC 148/2021 y 183/2021, respectivamente.

Recientemente leí una célebre cita de Maurice Hauriou para quien "hay dos correctivos de la prerrogativa de la Administración que reclama el instinto popular (...): que la Administración actúe, pero que obedezca a la ley; que actúe, pero que pague el perjuicio".

Y lo cierto es que a día de hoy —noviembre de 2023— según informa del Tribunal Supremo —Sala 3ª—[1] están pendientes de resolver casi mil recursos relativos a reclamaciones de responsabilidad patrimonial por daños que se consideran sufridos como consecuencia de las medidas adoptadas —o derivadas de— en los citados Reales Decretos de declaración del estado de alarma. Y varios miles más se encuentran en tramitación en el Gobierno y cabe pensar que, también, en los Gobiernos autonómicos y en los TSJ de las Comunidades autónomas.

II. EL RECONOCIMIENTO NORMATIVO DE LA RESPONSABILIDAD PATRIMONIAL PÚBLICA

El instituto de la responsabilidad patrimonial pública ha sido considerado como uno de los pilares esenciales sobre los que descansa el imponente edificio del Estado de derecho. Es sabido que el reconocimiento de la responsabilidad por daños de los poderes públicos se ha ido implantando paulatinamente, pero de forma fructífera, pues en menos de un siglo se ha pasado de una situación que bien podía calificarse de irresponsabilidad prácticamente absoluta de los entes

---

1 Vid. en El Derecho.com de 1.XI.2023 https://elderecho.com/desestimado-el-recurso-que-demandaba-la-responsabilidad-del-estado-por-danos-en-la-hosteleria-por-la-normativa-covid?utm_medium=email&utm_source=newsletter&utm_campaign=20231102_Nwl&utm_id=674.

públicos –se consideraba que era rasgo de la soberanía estatal imponerse a todos sin compensación– a otra de cobertura general en la que se han superado ampliamente las cotas logradas incluso en el derecho privado[2].

Se empezó por proteger al ciudadano frente a las inmisiones directas del poder público en su patrimonio, dando lugar a la regulación de la expropiación forzosa; se continuó hasta protegerlo también de las inmisiones indirectas, que dan lugar a la responsabilidad: el Estado debe indemnizar los daños causados a terceros por su actuación, y no solo cuando medie culpa o negligencia sino en todo caso en que haya habido una lesión resarcible como consecuencia de la prestación de sus servicios. De esta forma, la responsabilidad pública ha llegado a configurarse como objetiva, con todas las matizaciones que más adelante veremos.

No voy a detenerme en la evolución normativa sobre la responsabilidad patrimonial pública en nuestro derecho patrio, que ha ido perfeccionándose hasta alcanzar su reconocimiento constitucional, y posterior desarrollo, primero en Ley 30/1992, y más recientemente en las 39 y 40/2015, sin olvidar la importante aportación de los órganos consultivos y de la jurisprudencia (baremos orientativos, compatibilidad con indemnizaciones por otros títulos y con otras prestaciones públicas, inmediatez y exclusividad de la relación causal, fuerza mayor...).

III. UNA REFERENCIA AL CARÁCTER OBJETIVO DE LA RESPONSABILIDAD PÚBLICA Y A LA OBLIGACIÓN DE REPARAR EL DAÑO CAUSADO

Desde que se popularizó el instituto de la responsabilidad patrimonial, especialmente bajo la vigencia de la Constitución, se ha extendido la creencia de que de cualquier incidencia que nos ocurra en nuestra vida cotidiana siempre hay alguien que deba responder

---

2 Sobre la evolución de su configuración, vid. Garrido Mayol, Vicente, *La responsabilidad patrimonial del Estado. Especial referencia a la responsabilidad del Estado Legislador*. Tirant lo Blanch. Valencia, 1993, p. 57 y ss.

por ello. Con mayor motivo si tal incidencia cabe relacionarla con la actividad pública.

Aunque en España la regulación de la responsabilidad patrimonial pública es tardía —pues no llegó a reconocerse hasta mediados del pasado siglo— y aunque la Constitución de 1978 no supuso una especial novedad, en esta materia, desde el punto de vista normativo, en lo esencial, sirvió como escaparate del reconocimiento de ciertos derechos a los ciudadanos, lo que, en definitiva, provocó la utilización más frecuente por éstos, de los medios que el ordenamiento jurídico ponía a su alcance.

Ahora bien, desde distintos ámbitos jurídicos se ha pasado de saborear las posibilidades que la imputación de responsabilidad al Estado proporciona, a propugnar cierto orden para evitar la dispersión de criterios jurisprudenciales y el desbordamiento de reclamaciones, no siempre justificadas. Y es que se ha podido observar, en esta cuestión de la responsabilidad pública, un movimiento pendular que nos ha llevado de proclamar la inmunidad del poder público, a considerar un sistema de responsabilidad objetiva como mecanismo asegurador universal que obligue al Estado, a las Comunidades autónomas o a las Provincias y Municipios, a indemnizar todo daño que se produzca en sus instalaciones, en sus infraestructuras o como consecuencia de la prestación de sus servicios. Y es que, en efecto, hay quienes piensan que siempre hay que buscar algún responsable de las adversidades e infortunios que podamos sufrir.

El resarcimiento de toda lesión que los particulares sufran en cualquiera de sus bienes o derechos como consecuencia del funcionamiento de los servicios públicos es un derecho constitucional, pues está reconocido en el artículo 106.2 de nuestra Carta Magna con entronque en el principio de responsabilidad de los poderes públicos proclamado en el art. 9.3 del texto constitucional.

La Ley 30/1992, de 26 noviembre, que en este punto desarrolló la Constitución, configuró la responsabilidad patrimonial como *objetiva*, al indicar su artículo 139.1, más allá de lo que el texto constitucional dispone, que será indemnizable la lesión patrimonial consecuencia del funcionamiento *normal o anormal* de los servicios públicos, al modo en que lo hacía el art. 121 de la Ley de Expropiación Forzosa, de 1954, y el artículo 40 de la vieja Ley de Régimen Jurídico de la Administración del Estado, de 1957. Y de igual manera se dispone en el art. 32.1 de la Ley 40/2015, de 1 de octubre, de Régimen Jurídico del Sector Público, en la que, actualmente, se establece el régimen jurídico de la responsabilidad patrimonial pública.

Pero, ¿qué ha de entenderse por *responsabilidad objetiva*?

Sobre esta cualidad se sigue discutiendo hoy en día[3]y sigue sin haber unanimidad en la doctrina. Pero, en todo caso, creo que para contestar a este interrogante hay que tener en cuenta que la responsabilidad patrimonial del Estado tiene un fundamento distinto al de la responsabilidad civil[4]. En efecto, y aunque ambos tipos de responsabilidad pueden descansar en el principio de inmunidad —en virtud del cual todo daño debe ser resarcido por su causante— el fundamento de la responsabilidad patrimonial es más amplio y profundo, pues responde a la concepción del Estado como servidor del ciudadano, al que debe prestar, por medio de su Administración, servicios bien gestionados y reparar los daños que esa prestación le pueda irrogar.

---

[3] Y de la que se hace eco con su acostumbrada brillantez Fernández, Tomás Ramón, "Sobre la discutida naturaleza objetiva de la responsabilidad patrimonial de la Administración". *Revista de Administración Pública*, 216 (2021), p. 169-186. doi: https://doi.org/10.18042/cepc/rap.216.06; vid. También, al respecto, Doemench Pascual, Gabriel, "La persistencia de los dogmas en el Derecho público español", en el portal *Almacén de Derecho (2022)*, https://almacendederecho.org/la-persistencia-de-los-dogmas-en-el-derecho-publico-espanol. Y asimismo, Garrós Font, Inma, "El carácter objetivo de la responsabilidad patrimonial en el ejercicio de la función administrativa". *Revista Española de Derecho Administrativo*, nº 184 (2017).

[4] Desde el ámbito jurídico-privado se critica la expresión "Responsabilidad patrimonial" y el abandono de la ya arraigada "responsabilidad civil", aduciendo que ésta, en todo caso, también es patrimonial. Vid. al respecto Izquierdo Tolsada, Mariano, "Reflexiones sobre la responsabilidad del Estado por el funcionamiento de la Administración de Justicia y por actos legislativos". *Revista Jurídica General del Ilustre Colegio de Abogados de Madrid*, nº 23 (2002), p. 263. En el derecho público ya se ha extendido el uso del término responsabilidad patrimonial que, a mi juicio, podría ser sustituido por "responsabilidad pública", en contraposición a la civil que, por su propio nombre, debe reservarse para calificar la derivada de las relaciones entre particulares.

Como ha destacado el Consejo de Estado[5], la regla *ningún daño sin reparación*, en el ámbito administrativo no tiene como fundamento último el principio civil de la responsabilidad aquiliana, aunque comparte con ésta última una base ética que se relaciona con las ideas de justicia conmutativa, de reequilibrio de situaciones, de evitar empobrecimientos sin causa y de equidad, que inspiran la preocupación jurisprudencial por la indemnización de las víctimas en la determinación de una y otra responsabilidad, la civil y la patrimonial pública.

Pero el fundamento de la responsabilidad del Estado es, como decíamos, más amplio y profundo: en palabras del Tribunal Supremo, supone una garantía de la seguridad jurídica con entronque en el valor justicia, pilar del Estado social y democrático de derecho (SSTS de 15 de diciembre de 1997 y 4 de marzo de 1998); pero también, la igualdad de los ciudadanos ante las cargas públicas —el daño causado debe ser reparado con cargo a la colectividad—; una manifestación del principio de legalidad y de la proscripción de la arbitrariedad —la responsabilidad es también una reacción frente a actuaciones ilegales y arbitrarias—. Todo ello conforma la amplia base sobre la que descansa la responsabilidad patrimonial.

Pero es que, además, las reglas que rigen la responsabilidad civil y la pública, son también diferentes. Si para que, en ambos casos, proceda la indemnización es necesario que exista una lesión y un nexo causal entre la acción u omisión y el resultado dañoso, en el ámbito civil es preciso, además, que haya mediado culpa o negligencia en quien lo ha provocado (*El que por acción u omisión causa daño a otro, interviniendo culpa o negligencia, está obligado a reparar el daño causado,* reza el artículo 1902 del Código Civil).

Aunque no es momento de analizar la evolución jurisprudencial en torno a la interpretación del requisito legal de la culpa o negligencia, sí conviene destacar que aquél no cabe postularlo en el ámbito de la responsabilidad pública, puesto que en éste procederá indemnizar las lesiones que sean consecuencia del funcionamiento normal o anormal de los servicios públicos, como ya hemos visto, lo que supone la posibilidad de que nazca la responsabilidad como

---

5 Vid. su Memoria de 1998.

consecuencia de un actuar lícito de la Administración, al margen de cualquier actuación culpable. Y ello sin perjuicio de que en la mayoría de las ocasiones la responsabilidad pública se anude a una actuar culposo o negligente.

Y tan ello es así, que el Tribunal Supremo ha indicado que resulta improcedente invocar, para que se declare la responsabilidad patrimonial del Estado, el art. 1902 y siguientes del Código Civil y la jurisprudencia que los interpreta, por carecer dichos preceptos de relación alguna con el ámbito de las relaciones particular-Administración, distintas de las privadas reguladas por el Derecho Civil (STS 5 de junio de 1998).

Ello, no obstante, es lo cierto que cabe observar un punto de convergencia entre ambos institutos jurídicos, pues mientras que la responsabilidad civil se ha ido progresivamente *objetivizando*, es difícil encontrar pronunciamientos jurisprudenciales sobre la responsabilidad pública en los que no se aprecie una *subjetivización* de ésta, habida cuenta que los requisitos para el nacimiento de la obligación de indemnizar son, normalmente, inobjetivables.

En efecto, en el ámbito civil, en nuestro derecho, al igual que en el de otros países, la fórmula de la responsabilidad objetiva se ha ido implantando en ciertos sectores de la actividad humana caracterizados por su intrínseca peligrosidad. El ejemplo más relevante es el que se refiere a la circulación de vehículos de motor, en la que se responde de los daños causados a no ser que se pruebe que éstos fueron debidos únicamente a culpa o negligencia del perjudicado o a fuerza mayor extraña a la conducción o al funcionamiento del vehículo; pero también, en relación con supuestos correspondientes a actividades empresariales e industriales que llevan inherente un factor o componente de peligrosidad. (STS 20 de mayo de 1993). Y es que, como ha destacado el Tribunal Supremo, la irrupción, en este ámbito, del seguro obligatorio ha provocado que se tenga que precisar que, si bien la responsabilidad civil está basada en la necesaria concurrencia de culpa, la cubierta por el seguro obligatorio obedece a criterios ajenos a la culpabilidad del agente (STS 8 de julio de 1983). De esta manera se ha ido abriendo camino la tendencia a una responsabilidad basada en el riesgo (objetiva), frente a una responsabilidad basada en la culpa (subjetiva), al considerarse que deben asumirse las consecuencias de una actividad arriesgada[6].

Por el contrario, en el ámbito de la responsabilidad pública, es constante el criterio jurisprudencial que, si bien incide en el carácter objetivo de aquella, considera que para que haya lugar a su declaración es preciso constatar que la actuación administrativa entrañaba cierto riesgo, o bien que se ha desarrollado de forma deficiente, insegura, o anormal, para el ciudadano.

Es decir, por una parte, se considera que la responsabilidad del Estado se configura como objetiva o por el resultado, siendo indiferente que la actuación administrativa haya sido normal o anormal, bastando para declararla que, como consecuencia directa de aquella, se haya producido un daño efectivo, evaluable económicamente e individualizado. Así, la STS de 10 de febrero de 1998 —y en el mismo sentido, la de 15 de diciembre de 1997— señala que *"esta fundamental característica impone que no es menester demostrar para exigir aquella responsabilidad que los titulares o gestores de la actividad administrativa que ha generado un daño han actuado con dolo o culpa, sino que ni siquiera es necesario probar que el servicio público se ha desenvuelto de manera anómala, pues los preceptos constitucionales y legales que componen el régimen jurídico aplicable extienden la obligación de indemnizar a los casos de funcionamiento normal de los servicios públicos"*.

Pero, a continuación, indica que para que el daño sea antijurídico, *"basta con que el riesgo inherente a su utilización haya rebasado los límites impuestos por los estándares de seguridad exigibles conforme a la conciencia social"*, introduciendo, de esta forma, un elemento subjetivo que, de alguna manera, acerca la responsabilidad patrimonial del Estado a la civil propia de las relaciones entre particulares.

Se pueden contar por docenas las Sentencias del Tribunal Supremo que, haciendo una loa al carácter objetivo de la responsabilidad, terminan considerando elementos típicamente subjetivos para estimar o no la pretensión del recurrente.

Y es que como señala la Sentencia de 5 de junio de 1998, *"La prestación por la Administración de un determinado servicio público y la*

---

6 Al respecto pueden consultarse las SSTS de 16-10-89 y 20-5-93 y 28-12-1998.

titularidad por parte de aquella de la infraestructura material para su prestación no implica que el vigente sistema de responsabilidad patrimonial objetiva de las Administraciones Públicas convierta a éstas en aseguradoras universales de todos los riesgos con el fin de prevenir cualquier eventualidad desfavorable o dañosa para los administrados, que pueda producirse con independencia del actuar administrativo, porque de lo contrario,...se transformaría aquel en un sistema providencialista no contemplado en nuestro ordenamiento jurídico".

Ello no obstante, y como conclusión, cabe afirmar que aunque sean evidentes las similitudes entre la responsabilidad civil y la patrimonial del Estado, como ha destacado el Consejo de Estado, la responsabilidad patrimonial del Estado goza de autonomía frente a la civil en sus fundamentos y en sus reglas, e incluso en su procedimiento judicial, toda vez que mientras que la civil es exigible ante los órganos de tal orden jurisdiccional, la patrimonial del Estado ha de articularse, tras el correspondiente procedimiento administrativo, ante la jurisdicción contencioso-administrativa[7]. Pero es indudable que, en la práctica, son cada vez mayores las similitudes con que aparecen configurados ambos institutos jurídicos[8].

Hay que destacar, por tanto, que la responsabilidad no se ciñe exclusivamente a la comisión de actuaciones arbitrarias, ni tampoco al abuso o desviación de poder, ni a la utilización de la vía de hecho, que son, por sí mismos, arbitrarios. Por el contrario, la responsabilidad de los poderes públicos alcanza a todos aquellos supuestos en que su actuación, aun siendo conforme con la Constitución y con el resto del ordenamiento jurídico, causa perjuicio a algún ciudadano.

Ahora bien, desde la doctrina científica no son pocas las voces que han tratado de moderar la interpretación de la expresión "funcionamiento normal de los servicios públicos" que puede dar lugar

---

7 Art. 2,e) de la Ley 29/1998, de 13 de julio, reguladora de la jurisdicción contencioso-administrativa, y art. 9.4 de la Ley Orgánica del Poder Judicial, según redacción dada por la Ley Orgánica 6/98, de 13 de julio.

8 Garrido Mayol, Vicente, "El carácter objetivo de la responsabilidad patrimonial y el funcionamiento normal de los servicios públicos" *Revista Española de la Función Consultiva*, nº 1 (2004), p. 29.

a indemnización. Entre los civilistas, Pantaleón[9] considera erróneo parificar a efectos de responsabilidad de la Administración "funcionamiento normal" y "funcionamiento anormal" de los servicios públicos, en el sentido de que tanto el uno como el otro comporten, con carácter general, la indemnización de los daños que ocasionan, salvo que se incluya en la responsabilidad por "funcionamiento normal" la llamada responsabilidad por riesgo.

Entre los administrativistas, Garrido Falla y Parada también se han mostrado reacios a una aplicación indiscriminada o a una interpretación inadecuadamente extensiva del sistema de responsabilidad.

Garrido Falla señaló que en materia de responsabilidad patrimonial la regla general es el "funcionamiento anormal"; la expresión "funcionamiento normal" cubre los supuestos de riesgo creado y el de aquellas actuaciones administrativas —en especial obras públicas—, que causan perjuicios singulares que, por simple aplicación del principio de igualdad ante las cargas públicas, justifica la obligación de reparar[10].

Y aparte dichos supuestos, encontramos otros en el legítimo ejercicio del *ius variandi* derivado de la actuación urbanística, en la actividad de la policía o en situaciones de emergencia.

IV. EL ESTADO DE ALARMA Y LA POSIBLE RESPONSABILIDAD PATRIMONIAL POR LA ACTUACIÓN DE LOS PODERES PÚBLICOS CONSECUENCIA DEL COVID-19

Hay que recordar para adentrarnos en esta cuestión el tenor del artículo tercero, Dos, de la Ley Orgánica 4/1981, de los estados de alarma, excepción y sitio, que, como ya hemos visto y conviene ahora reiterar, prescribe que

9 Pantaleon Prieto, Fernando, "Los anteojos del civilista: Hacia una revisión del régimen de responsabilidad patrimonial de las Administraciones Públicas". *Documentación Administrativa*, n° 237-238 (1994), p. 247.

10 Garrido Falla, Fernando, "Los límites de la responsabilidad patrimonial: una propuesta de reforma legislativa". *Revista Española de Derecho Administrativo*, n° 94 (1997), p. 185.

> *"Quienes como consecuencia de la aplicación de los actos y disposiciones adoptadas durante la vigencia de estos estados sufran, de forma directa, o en su persona, derechos o bienes, daños o perjuicios por actos que no les sean imputables, tendrán derecho a ser indemnizados de acuerdo con lo dispuesto en las leyes".*

Recordemos, también, que conforme al art. 32.3 de Ley 40/2015, del Sector Público,

> *"...los particulares tendrán derecho a ser indemnizados por las Administraciones Públicas de toda lesión que sufran en sus bienes y derechos como consecuencia de la aplicación de actos legislativos de naturaleza no expropiatoria de derechos que no tengan el deber jurídico de soportar cuando así se establezca en los propios actos legislativos y en los términos que en ellos se especifiquen".*

Y la Ley advierte que la responsabilidad del Estado legislador podrá surgir también cuando los daños deriven de la aplicación de una norma con rango de ley declarada inconstitucional, siempre que concurran los requisitos del apartado 4.

Ya he expresado mi criterio contrario a la STC 148/2021 de 14 de julio, declaró la inconstitucionalidad del Real Decreto 463/2020, que declaró el estado de alarma. No es momento ahora de explicar las razones de mi discrepancia que, en todo caso, resume indicando que, a mi juicio, no hubo suspensión de derechos fundamentales sino, en todo caso, restricción o limitación, a todas luces necesaria ante la situación excepcional que se vivió. El estado de alarma —y no el de excepción, como postularan algunas voces— venía como anillo al dedo para hacer frente a tal situación.

No obstante, el TC señaló que la facultad de acceder a la propia residencia había conllevado necesariamente que la limitación impuesta a la libertad de circulación determinara la prohibición o exclusión del derecho a trasladar el lugar de residencia habitual y, paralelamente, la imposición al titular, como residencia inamovible, del lugar en que venía residiendo. Por todo ello, declaró la inconstitucionalidad de los apartados 1, 3 y 5 del artículo 7.

Puesto que habilitó al Ministro de Sanidad para modificar, ampliar o restringir las medidas, lugares, establecimientos y actividades enumeradas en el Real Decreto, por razones justificadas de salud pública, con el alcance y ámbito territorial que específicamente se determine —art. 10.6— el TC también estimó contrarios a la Constitución los términos "modificar" y "ampliar" por contrarios al artículo 38, en relación con el artículo 116.2, ambos de la CE.

Ahora bien, el alcance de la sentencia es desolador —como suele ocurrir con sentencias declarativas de la inconstitucionalidad de normas con rango de ley— pues se declaran no susceptibles de ser revisados como consecuencia de la nulidad que se declara, no solo de los procedimientos conclusos mediante sentencia con fuerza de cosa juzgada o las situaciones decididas mediante actuaciones administrativas firmes, sino tampoco las demás situaciones jurídicas generadas por aplicación de los preceptos anulados.

Por el contrario, sí es posible la revisión expresamente prevista en el artículo 40.1 de la LOTC, esto es, en el caso de los procesos penales o contenciosos referentes a un procedimiento sancionador en que, como consecuencia de la nulidad de la norma aplicada, resulta una reducción de la pena o de la sanción o una exclusión, exención o limitación de la responsabilidad.

Ahora bien, como el Tribunal Constitucional expresó en su STC 30/2017, tras exponer que la regla general en lo que se refiere al alcance (modulación) de las sentencias que declaren la inconstitucionalidad de algún precepto legal es la no revisión de las situaciones consolidadas, en las que se incluyen tanto aquellas decididas mediante sentencia con fuerza de cosa juzgada (art. 40.1 LOTC) como, en su caso, las establecidas mediante actuaciones administrativas firmes, recuerda, la siguiente excepción:

> *"...esta regla general admite ciertas excepciones, vinculadas con una posible revisión* in bonum, *que son las que de modo tasado se comprenden en el indicado art. 40.1 in fine LOTC (STC 159/1997, de 2 de octubre, FJ 7), y que afectan a "los procesos penales o contencioso-administrativos referentes a un procedimiento sancionador en que, como consecuencia de la nulidad de la norma aplicada, resulte una reducción de la pena o de la sanción o una exclusión, exención o limitación de la responsabilidad", de manera que, cuando... está en juego la exclusión de una pena o de una sanción administrativa, la Sentencia de este Tribunal tiene efectos incluso sobre las situaciones jurídicas declaradas por Sentencia con fuerza de cosa juzgada".*

Más hay que tener en cuenta que al tratarse de medidas que los ciudadanos tenían el deber jurídico de soportar, la inconstitucionalidad apreciada en la sentencia no puede ser por sí misma título para fundamentar reclamaciones de responsabilidad patrimonial de las administraciones públicas, sin perjuicio de lo dispuesto en el artículo 3.2 de la Ley Orgánica que regula los estados de anormalidad.

Como es desgraciadamente habitual, por unas hipotéticas razones de seguridad jurídica que se superpone a los derechos legítimos de los ciudadanos, se dificulta sobremanera —cuando no se impide— el ejercicio de acciones de responsabilidad cuando se ha sufrido un daño derivado de medidas adoptadas al amparo de una norma declarada inconstitucional y concurren los demás requisitos para la reclamación.

No mejor crítica merece la STC 183/2021, de 27 de octubre de 2021, que resolvió el recurso de inconstitucionalidad Interpuesto por más de cincuenta diputados del Grupo Parlamentario Vox del Congreso de los Diputados respecto de diversos preceptos del Real Decreto 926/2020, de 25 de octubre, por el que se declaró el segundo estado de alarma de ámbito territorial nacional.

Respecto de esta norma si estimé que se excedió de lo que el derecho excepcional permitía. El TC estimó las pretensiones de inconstitucionalidad y nulidad relativas a la duración de la prórroga autorizada por el Congreso de los Diputados, así como a la regulación del régimen de delegación que efectuó el Gobierno, en cuanto autoridad competente, en los presidentes de las comunidades autónomas y de ciudades autónomas.

También en esta resolución el TC advirtió que la declaración de inconstitucionalidad y nulidad no afecta por sí sola, de manera directa, a los actos y disposiciones dictados sobre la base de tales reglas durante su vigencia. Ello sin perjuicio de que tal afectación pudiera, llegado el caso, ser apreciada por los órganos judiciales que estuvieran conociendo o llegaran aún a conocer de pretensiones al respecto, siempre conforme a lo dispuesto en la legislación general aplicable y a lo establecido, específicamente, en el art. 40.1 LOTC

Por último, merece una referencia la STC 168/2021, de 5 de octubre de 2021 que estimó el recurso de amparo promovido diputados del Grupo Parlamentario Vox en el Congreso de los Diputados en relación con las resoluciones de la mesa de la Cámara acordando la suspensión del cómputo de los plazos reglamentarios desde la entrada en vigor del Real Decreto 463/2020, de 14 de marzo.

El TC declaró que había sido vulnerado su derecho fundamental de participación política (art. 23 CE), y dispuso restablecerles en su derecho y, a tal fin, declaró la nulidad de los acuerdos de la Mesa impedientes del ejercicio de tal derecho fundamental.

Ahora bien, este es un ejemplo más de los que he calificado en más de una ocasión como "sentencia platónica" pues al haberse consumado los acuerdos declarados inconstitucionales e impedido el ejercicio del derecho fundamental de los diputados, la sentencia no viene a constituir más que una palmadita a la espalada de los recurrentes, sin posibilidad ni de restablecerlos en el ejercicio de su derecho, ni de repararles el daño causado.

V. LOS POSIBLES DAÑOS CAUSADOS POR LA DECLARACIÓN DEL ESTADO DE ALARMA Y POR LA SUBSIGUIENTE ACTUACIÓN DE LOS PODERES PÚBLICOS

Al abordar la cuestión de la posible responsabilidad patrimonial pública por daños consecuencia de del covid-19 o relacionado con tal virus, no conviene olvidar, que no pueden valorarse los hechos del pasado con el conocimiento del presente. En palabras del Consejo de Estado, "*los conocimientos sobrevenidos y los avances tecnológicos o científicos posteriores a un hecho no pueden ser tenidos en cuenta, ni para valorar la actuación de los servicios administrativos en un momento anterior, ni para determinar su standard de funcionamiento en ese tiempo. Ha de estarse al estado de conocimiento y de la ciencia en los días en que dicha actuación se produjo*"[11]

---

[11] Hurtado Soto, Raquel, "La responsabilidad patrimonial de la administración por la pandemia de covid-19: algunas reflexiones a la luz de los dictámenes del Consejo de Estado". *Revista Española de la Función Consultiva* nº 35 (2021), p. 84.

Al amparo de los Reales Decretos citados, de declaración del estado de alarma, se adoptaron una serie de medidas por los poderes públicos que puede pensarse que causaron un daño a los ciudadanos, quizás en algunos supuestos, susceptibles de ser indemnizados.

Ciertamente el confinamiento, primero, y la limitación de la libre circulación, después, supuso una restricción severa del derecho fundamental a circular libremente por el territorio nacional, proclamado en el art. 19 de la Constitución. Pero tales medidas se consideraron, entonces, necesarias para prevenir el contagio masivo del virus que, no obstante, tanto y con tal virulencia se propagó.

Otras medidas susceptibles de causar un daño fueron adoptadas y cumplidas por los ciudadanos: cierre de bares, restaurantes, hoteles, gimnasios, establecimientos de ocio, discotecas, comercios, espectáculos públicos, ...Ello propició que miles de trabajadores vieran sus contrataos de trabajo suspendidos por medio de los expedientes de regulación temporal de empleo y disminuidas sus retribuciones, y que los empresarios sufrieran cuantiosas pérdidas al no poder desarrollar su actividad habitual.

Por otra parte, no hay que olvidar la muerte de miles ciudadanos consecuencia del virus. En este sentido cabe preguntarse si se hizo lo procedente para evitar tan fatal desenlace. O si las medidas coactivamente impuestas —que pudieron causar un daño— fueron necesarias.

Por ello cabe preguntarse si el gobierno —y los poderes públicos en general— actuaron correctamente y adoptaron la medidas correctas, adecuadas y posibles o si por el contrario hubo una defectuosa actuación ante una situación tan crítica.

En todo caso hay que distinguir entre los diversos tipos de daños producidos.

- Unos pueden provenir del contagio del virus, en principio inevitable y para cuyas consecuencias hay que suponer que se pusieron todas las medidas al alcance de los facultativos según el estado de la ciencia. Solo en el supuesto de poder acreditar que ello no fue así, podría pensarse en la posibilidad de una reclamación por responsabilidad patrimonial, siempre que concurrieran los demás requisitos legal y jurisprudencialmente establecidos.

- Otros daños pueden provenir de una mala gestión de los servicios públicos, no solo sanitarios, en su atención a los gravemente afectados por el virus, sino también en su relación con los ciudadanos a quienes se impidió el acompañamiento, más o menos próximo, a sus familiares, en los últimos días de su vida y en los momentos subsiguientes a su muerte.

- Puede haber daños derivados de medidas coactivamente impuestas que se consideren desproporcionadas, innecesarias o carentes de cobertura legal, como el cierre de establecimientos de restauración, ocio, comercio, etc…, máxime teniendo en cuenta que no en todo el territorio del Estado se adoptaron las mismas medidas.

- Y finamente, los producidos como consecuencia de decisiones adoptadas sobre la base de una norma declarada inconstitucional, como ocurrió con los dos Reales Decretos por los que se declararon los estados de alarma, supuesto éste que puede dar lugar a la llamada responsabilidad del Estado legislador, prevista en el art. 32.3 de la Ley 40/2025, de 1 de octubre, del Sector Público, con arreglo al cual

  "…los particulares tendrán derecho a ser indemnizados por las Administraciones Públicas de toda lesión que sufran en sus bienes y derechos como consecuencia de la aplicación de actos legislativos de naturaleza no expropiatoria de derechos que no tengan el deber jurídico de soportar cuando así se establezca en los propios actos legislativos y en los términos que en ellos se especifiquen.

La responsabilidad del Estado legislador podrá surgir también en los siguientes supuestos, siempre que concurran los requisitos previstos en los apartados anteriores:

a) *Cuando los daños deriven de la aplicación de una norma con rango de ley declarada inconstitucional, siempre que concurran los requisitos del apartado 4".* Esto es, que procederá la indemnización cuando el particular haya obtenido, en cualquier instancia, sentencia firme desestimatoria de un recurso contra la actuación administrativa que ocasionó el daño, siempre que se hubiera alegado la inconstitucionalidad posteriormente declarada.

Conviene que adelantemos ya que no de toda incidencia es responsable el Estado ni los demás entes púbicos territoriales: no cabe considerarlos como aseguradora universal de incidencias, desgracias, molestias, ...de los ciudadanos ni hay porqué responder de aquellas adversidades propias del devenir de la vida cotidiana.

Pensemos, por otra parte, en daños derivados de sucesos imprevisibles e inevitables, constitutivos de fuerza mayor, como por ejemplo el volcán de La Palma de 2021, el terremoto de Lorca de 2011, o inundaciones por lluvias torrenciales, rayos o fenómenos naturales, por la sencilla razón de que el Estado no es el responsable de las mismos.

Lo mismo ocurre con las consecuencias de determinados virus (vacas locas, ébola, ...)

Ante estos sucesos suelen establecerse una serie de ayudas que responden más que a la responsabilidad a la solidaridad con quienes sufren los efectos adversos de tale desgracias. Pero ayudas e indemnizaciones no son lo mismo pues responden a fundamentos distintos. Las ayudas se conceden, insistimos, por razones de solidaridad o de justicia distributiva. Salen de las arcas públicas, pero debemos afrontar el daño entre todos. Los ERTES, con motivo de la pandemia por el coronavirus, por ejemplo, o las ayudas a establecimientos de hostelería... porque han sufrido de una manera singular las medidas adoptadas en beneficio de todos. Con motivo del covid-19 se establecieron una serie de ayudas, pero no lo fueron a título de responsabilidad patrimonial.

Es indiscutible la gravedad de la pandemia y de los consiguientes efectos sanitarios, económicos y sociales. Pero el instituto de la responsabilidad patrimonial comporta que el Estado deba indemnizar los daños y perjuicios que, consecuencia del funcionamiento de sus servicios públicos, haya ocasionado al ciudadano. Naturalmente para ello, han de cumplirse los requisitos legalmente previstos y aplicarlos en la forma jurisprudencialmente determinada.

Así, es necesario,

- que el daño sufrido sea efectivo, no hipotético o potencial
- que sea individualizado con relación a una persona o grupo de personas

- que sea evaluable económicamente
- que el particular no tenga el deber jurídico de soportarlo de acuerdo con la Ley.
- que exista una relación de causalidad entre la acción u omisión administrativa con el daño causado.

Bien es verdad que en algún caso puede resultar muy difícil acreditar la relación de causalidad entre la actuación —o inactividad— de la Administración y el daño sufrido. Dependerá de las circunstancias concurrentes en cada caso.

Podría considerarse que las medidas de suspensión de las actividades de hostelería y restauración, deportivas y culturales, basadas en la evidencia existente sobre el riesgo de propagación del virus que dichas actividades representan, eran asumibles y sus efectos dañosos debían ser soportados por los perjudicados, sin perjuicio de que pueda surgir la responsabilidad patrimonial de la Administración en caso de acreditar que resultaban arbitrarias, desproporcionadas, innecesarias o discriminatorias.

El Consejo de Estado y los Consejos Consultivos autonómicos han tenido ocasión de dictaminar decenas de expedientes de responsabilidad patrimonial por daños sufridos con ocasión de actuaciones derivadas de la pandemia por el coronavirus. Recuérdese que el artículo 81.2 de la Ley 39/2015, de 1 de octubre, de Procedimiento Administrativo Común de las Administraciones Públicas establece imperativamente el dictamen preceptivo del Consejo de Estado o, en su caso, del órgano consultivo de la Comunidad Autónoma cuando las indemnizaciones que se reclamen sean de cuantía superior a 50.000 euros o a la que se establezca en la correspondiente legislación autonómica.

Son varias las vías que el particular ha podido utilizar para ejercitar la acción de responsabilidad patrimonial para obtener la indemnización de los daños derivados de las medidas que imponen limitaciones temporales en derechos o bienes. Estas medidas se pueden vincular, según De Vega, a tres grupos de normas[12]:

---

12 De Vega, Agustin S. "Responsabilidad patrimonial por covid y función consultiva: apuntes doctrinales". *Revista Española de la Función Consultiva*, nº 35, (2021) p. 53.

a) Las declarativas del estado de alarma arts. 8 del RD 463/2020, "requisas temporales de todo tipo de bienes", "realización de prestaciones personales obligatorias imprescindibles", y 13, "intervenir y ocupar transitoriamente industrias, fábricas, talleres, explotaciones o locales..., incluidos los centros, servicios, y establecimientos sanitarios de titularidad privada", así como "practicar requisas temporales de todo tipo de bines e imponer prestaciones personales obligatorias".

b) Las prevenidas en las leyes sanitarias generales —"inmovilización y decomiso de productos y sustancias", "intervención de medios materiales y personales", "cierre preventivo de instalaciones, establecimientos, servicios e industria", "suspensión del ejercicio de actividades"—, de acuerdo con el art. 54.2. ap. 2, Ley General de Salud Pública.

c) Las referidas en el art. 120 de la Ley de Expropiación Forzosa que dispone que cuando por motivos de "epidemias, inundaciones u otras calamidades, hubieren de adoptarse por las autoridades civiles medidas que implicasen destrucción, detrimento efectivo o requisas de bienes o derechos... el particular dañado tendrá derecho a indemnización...".

En otro orden de cuestiones hay que reseñar que el Consejo de Estado ha proclamado que la declaración del estado de alarma no altera el régimen de responsabilidad general de las administraciones públicas y del Estado-legislador. Pero ha constatado que en muchos de los expedientes no se ha acreditado suficientemente el daño, y que, aunque ello bastaría para desestimar las reclamaciones, el Consejo ha entrado en el examen del fondo para dejar claros algunos criterios doctrinales. Y se ha advertido que los expedientes remitidos estaban referidos principalmente a dos ámbitos de la responsabilidad patrimonial: la del Estado-legislador, por los daños sufridos como consecuencia de las normas mediante las que se declaró el estado de alarma y sus prórrogas; y la de la responsabilidad patrimonial del Estado-Administrador por una posible prestación anormal del servicio público, por ejemplo, por parte del Centro Nacional de Coordinación de Alertas Emergencias Sanitarias (Ministerio de Sanidad)[13].

---

[13] Vid. en Revista Española de la Función Consultiva, nº 35, p. 20.

En consecuencia, tanto si se trata de responsabilidad del Estado-legislador por los daños sufridos como consecuencia de medidas adoptadas al amparo de las normas con fuerza y valor de ley aprobadas declaradas inconstitucionales, como si se trata de responsabilidad del Estado-Administrador por los daños derivados del funcionamiento de los servicios públicos, habrá de estarse a los requisitos que establece la Ley 40/2015, de 1 de octubre, para determinar si procede reconocer la existencia de dicha responsabilidad.

Ahora bien, como el Tribunal Constitucional declaró en su STC 148/2021, las medidas adoptadas con motivo del estado de alarma eran "*medidas que los ciudadanos tenían el deber jurídico de soportar*" por lo que "*la inconstitucionalidad apreciada en esta sentencia no será por sí misma título para fundar reclamaciones de responsabilidad patrimonial de las administraciones públicas, sin perjuicio de lo dispuesto en el art. 3.2 de la Ley Orgánica 4/1981, de 1 de junio, de los estados de alarma, excepción y sitio*".

Algunas de las reclamaciones de las que ha conocido el Consejo de Estado como consecuencia de los daños derivados de la declaración del estado de alarma se fundaban, además de en la responsabilidad patrimonial del Estado legislador por la aprobación y aplicación de dicha norma, en el carácter expropiatorio de las medidas de limitación de la actividad económica contenidas en su artículo 10. El Consejo de Estado ha rechazado el carácter expropiatorio de tales medidas, pues conforme al art. 1 de la Ley de Expropiación Forzosa por expropiación forzosa ha de entenderse "*cualquier forma de privación singular de la propiedad privada o de derechos o intereses patrimoniales legítimos, cualesquiera que fueren las personas o Entidades a que pertenezcan, acordada imperativamente, ya implique venta, permuta, censo, arrendamiento, ocupación temporal o mera cesación de su ejercicio*".

El Consejo de Estado ha considerado que "*las medidas impuestas por el artículo 10 del Real Decreto 463/2020, de 14 de marzo, más que una privación singular del derecho de la entidad reclamante a ejercer su actividad económica, constituyeron una limitación del mismo justificada por la necesidad de proteger otros bienes de relevancia constitucional, como es la salud, que, aunque no fue general, afectó a numerosos ámbitos de actividad, some-*

tiéndolos a una reglamentación específica durante el tiempo que duró el estado de alarma"[14].

Tales medidas eran constitucionales y, en consecuencia, los particulares tenían "el deber de soportar dichas limitaciones, en atención a la gravedad de los bienes que se pretende proteger".

El Consejo Consultivo de La Rioja 57/2022 estudió la reclamación de un empresario del sector del juego, siendo su actividad principal la explotación de máquinas recreativas y otros juegos de azar, tanto en establecimientos propios como de terceros. En dicha Comunidad autónoma las medidas de contención y prevención dispuestas por su Gobierno en la etapa que medió entre la expiración del primer estado de alarma y la declaración del segundo, por las que se limitaron aforos y horarios de los establecimientos de juego y de apuestas, entre otros, entrañaron la ocupación temporal, de forma parcial e incluso total, de los derechos inherentes a su licencia de actividad por parte de la Administración autonómica, la que enarboló para ello el interés común como una suerte de *causa expropiandi*.

Consideró el reclamante que se había producido una ocupación temporal, en este caso por parte de ambas administraciones de sus derechos de empresa, al no permitirle desarrollar su actividad plenamente, y solicitó que se le recociera el derecho a ser indemnizado, en la cuantía que se comprometió a concretar durante la tramitación del expediente, por concepto de las pérdidas que le ocasionó el cese o limitación de su actividad instado por el Gobierno autonómico.

El consejo riojano entendió que por más que deba reconocer que las medidas autonómicas a que el reclamante se refería contribuyeron a cercenar su actividad y pudieran contribuir a la reducción de sus ingresos, no cabía considerar que el eventual perjuicio que se derivara, en su caso, de aquellas, pueda calificarse como un daño individualizado, entendido como aquel que afecta a un concreto particular de forma singular y específica, bien en solitario por sus propias

---

14 Hurtado Soto, Raquel, "La responsabilidad patrimonial de la administración por la pandemia de covid-19: algunas reflexiones a la luz de los dictámenes del Consejo de Estado". *Revista Española de la Función Consultiva* nº 35 (2021), pp. 81-82.

circunstancias personales, bien por su pertenencia a un colectivo con determinadas características comunes al que, como tal, le resulta extensivo el daño precisamente por compartir éstas.

Y es que consideró el Consejo que las medidas constrictivas de la actividad del reclamante, en la que éste sitúa el origen del daño cuya indemnización pretende, fueron adoptadas lícitamente por la Comunidad de la Rioja, en ejercicio de sus propias competencias y en el contexto de una situación excepcional, jamás vivida en nuestro Estado y en el resto del planeta, como lo fue la pandemia del covid, que condujo a todas las Administraciones Públicas a limitar el ejercicio de determinadas actividades, de forma preventiva, en aras a proteger un bien jurídico muy superior como lo es el derecho a la salud, por imperativo de lo previsto en el artículo 43 CE, lo que el Gobierno autonómico llevó a efecto sirviéndose de criterios científicos comúnmente aceptados, tanto en nuestro país como en otros Estados de la Unión Europea. Por ello concluyó que el reclamante, al igual que los particulares de todos los sectores que se vieron afectados por aquellas medidas, tenía el deber jurídico de soportar los daños que de éstas pudieran derivarse[15].

En otro caso que estudió el Consejo de Estado el reclamante desarrollaba una actividad mercantil —en concreto, una cafetería— cuya actividad se vio súbitamente suspendida por la aplicación del Real Decreto 463/2020, de 14 de marzo, y, en particular, por su artículo 10 que decretó el cierre de los establecimientos abiertos al público. Ello le comportó el cese de su actividad mercantil, la pérdida súbita de sus derechos consolidados y posteriormente la asunción de los costes de reapertura de su establecimiento. Dichas consecuencias constituían lesiones indemnizables, producidas a resultas de actos legislativos de naturaleza no expropiatoria, razón por la que pidió su resarcimiento. Aparte la dificultad de considerar probados los daños alegados, el Consejo de Estado estimó que no procedía su indemnización al no tener la condición de antijurídicos en el sentido exigido por la legislación y jurisprudencia para ser resarcibles.

En efecto, la entidad reclamante imputó el daño, en primer término, a la suspensión de la apertura al público de los locales y esta-

---

15 Dictamen 57/2022.

blecimientos minoristas y de actividades de hostelería y restauración, establecida en el artículo 10 —en especial, los apartados 1 y 7— del Real Decreto 463/2020, de 14 de marzo. Lo anudó al hecho mismo de la aprobación del mencionado Real Decreto y a su posterior declaración de inconstitucionalidad. Invocó el artículo 32.3 de la Ley 40/2015, propio de la responsabilidad del Estado legislador, como título jurídico que amparara su pretensión.

Pero el Alto Cuerpo consultivo consideró que no se daban en el caso las exigencias del art. 32.3 de la Ley 40/2015, del Sector Público y que no procedía reconocer indemnización alguna por las medidas previstas en el Real Decreto 463/2020, de 14 de marzo, pues esta norma ni establece ningún mecanismo específico de indemnización, ni tampoco la previsión de que los particulares no tenían el deber jurídico de soportar las consecuencias de sus previsiones. Por consiguiente, no cabía asir la pretensión de la reclamante en el mencionado artículo 32.3. Tampoco resulta procedente hacerlo por la inconstitucionalidad declarada de la mencionada norma.

Consideró el Consejo de Estado, además, que el solicitante no había acreditado haber obtenido una sentencia firme en la que se desestime su pretensión frente a la actuación administrativa causante del eventual daño, habiendo alegado en el proceso la inconstitucionalidad de la norma. Y, de otra parte, no cabía declarar la responsabilidad por el mero pronunciamiento de inconstitucionalidad de determinados preceptos del Real Decreto 463/2020, de 14 de marzo, hecho por el Tribunal Constitucional en su sentencia de 148/2021, de 14 de julio de 2021. En concreto, declaró inconstitucional el artículo 7.1, 3 y 5 del Real Decreto 463/2020, de 14 de marzo. Sin embargo, no lo hizo con el artículo 10 de la misma norma, que es el invocado expresamente por la entidad solicitante como hecho lesivo de sus derechos y causante de los daños que dice haber sufrido. De ahí que el dictamen concluyera con la desestimación de la reclamación[16].

Han sido múltiples las reclamaciones que se han presentado como consecuencia de daños sufridos por la aplicación de medidas adoptadas al amparo de la declaración del estado de alarma. Ya hemos hecho referencia a la tipología y casos de todas ellas.

---

16 Dictamen de 24.2.2022, expte. 1129/2021.

También se recurrieron numerosas resoluciones que impusieron sanciones por incumplir obligaciones derivadas de la normativa dictada; o se atacaron medidas que impedían desarrollar su actividad habitual a sus destinatarios. Y aunque no se trate de supuestos de responsabilidad patrimonial sí que podrían justificar una declaración de tal en el supuesto de que se acreditara un daño consecuencia de tales medidas contrarias a derecho.

En efecto, durante el primer estado de alarma se tramitaron un buen número de procedimientos sancionadores por los incumplimientos señalados en el artículo 7 del Real Decreto 463/2020 y, más en concreto, en sus apartados 1 y 3 que son, junto al 5, los que el Tribunal Constitucional consideró, posteriormente, inconstitucionales y nulos y que imponían limitaciones a la libertad de circulación.

Algunos de esos procedimientos sancionadores llegaron a la jurisdicción contenciosa-administrativa y se observaron dos posturas jurisprudenciales antagónicas[17]:

- La mayoritaria, que anulaba las sanciones impuestas, se decantó por la postura que abogaba por la improcedencia de aplicar el artículo 36.6 de la Ley Orgánica de protección de la seguridad ciudadana cuando la infracción por la que se sancionaba era un mero incumplimiento de las limitaciones contempladas en el artículo 7 (apartados 1 y 3) del Real Decreto 463/2020.
- La minoritaria, que confirmaba las sanciones impuestas, defendió que no era necesario un requerimiento previo por parte de la autoridad o de sus agentes para apreciar la comisión de la infracción. Y es que, a juicio de los Juzgados que acogieron esta tesis, resultaba suficiente para colmar el tipo de desobediencia el incumplimiento de las obligaciones que imponía el Artículo 7 (apartados 1 y/o 3) del Real Decreto 463/2020, de 14 de marzo.

González de Lara distingue entre las distintas situaciones que se pueden dar[18]:

---

17 Aparicio, Emilio "Efectos de la sentencia del Tribunal Constitucional sobre el Decreto de alarma en los procedimientos sancionadores", 20 julio 2021

18 Gonzalez De Lara Mingo, Sandra, "A propósito de las multas impuestas durante el estado de alarma". *Actualidad Administrativa*, N º 10, octubre 2021, Wolters Kluwer. La Ley 9809/2021.

a) Procedimientos sancionadores en curso, en los que sin necesidad de que el administrado efectué alegación alguna, deberían necesariamente concluir con una resolución que no imponga sanción alguna "pues la declaración contenida en la STC es lo suficientemente clara".

b) Sanciones impuestas en los dos meses anteriores a la publicación de la STC que declaró inconstitucional el RD 463/2020.

   En este caso, la persona sancionada ha debido interponer el recurso contencioso-administrativo correspondiente para obtener la nulidad de la sanción en el plazo de dos meses al amparo de lo dispuesto en el artículo 46.1 LJCA, pues dicho plazo es independiente de que se alegue la nulidad absoluta o de pleno derecho de la actuación administrativa impugnada o la simple nulidad.

c) Sanciones que han devenido firmes al no haberse interpuesto recurso contencioso-administrativo contra ellas. La única vía para obtener la anulación de la sanción y la devolución de la multa, si hubiera sido abonada, es acudir al procedimiento de revisión del acto nulo de pleno derecho previsto en el artículo 106 de la Ley 39/2015, de 1 de octubre, del Procedimiento Administrativo Común de las Administraciones Públicas, procedimiento que puede ser iniciado de oficio o a instancia de parte.

Lo cierto es que diferentes Juzgados y Tribunales han tenido que resolver distintos recursos en los que se atacaba la imposición de sanciones al amparo de los Reales Decretos declarativos del estado de alarma.

El Juzgado de lo contencioso-administrativo número 4 de Santa Cruz de Tenerife anuló la sanción que impuso la Subdelegación del Gobierno, el 2 de abril de 2020, a un ciudadano que circulaba por la vía pública en plena vigencia del estado de alarma al considerar de aplicación al caso la sentencia del Tribunal Constitucional que declaró nulos parte de los enunciados del Real Decreto 463/2020.

En una sentencia inapelable, el Juzgado estimó el recurso contra la resolución que le había sancionado con 300,50 euros (multa bonificada al 50% por pago inmediato) por circular por la vía pública sobre las 13.20 horas incumpliendo las restricciones de movilidad determinadas en el citado Real Decreto, sin estar incluido en ninguna situación de excepcionalidad de las previstas legalmente.

Según detalla el fallo, el sancionado manifestó a los agentes que venía del veterinario "porque la perra tiene estrés y se le está cayendo el pelo".

El juzgador aclaró en la sentencia que de la lectura de los hechos se evidencia que no se trata de que el vecino desobedeciese a los agentes, sino que fue detectado en la calle sin que su presencia en ésta estuviese amparada en ninguno de los supuestos de los permitidos por el Real Decreto que declaró el estado de alarma.

Ahora bien —expone el fallo— la sentencia del pleno del Tribunal Constitucional 148/2021, estimó parcialmente el recurso de inconstitucionalidad interpuesto contra el citado Real Decreto y declaró inconstitucionales y nulos los aspectos referidos a la limitación de movilidad de la población, por lo que el caso enjuiciado quedaba afectado de lleno por la declaración de inconstitucionalidad, y así, se indica que "*El mantenimiento de la sanción penal o administrativa que traiga causa de una disposición declarada nula vulneraría el derecho a la legalidad penal*" consagrado en la Constitución.

El fallo subraya que "*La sanción corresponde realmente al incumplimiento de las limitaciones de la libertad de circulación de las personas por las vías de uso público establecidas durante la vigencia del estado de alarma, que han sido declarada inconstitucionales, y por tanto no puede habilitar a la Administración para sancionar a un ciudadano que las incumpla*"[19].

Por su parte, el Juzgado de lo Contencioso Administrativo número 1 de Albacete acordó suspender la ejecutividad de la Resolución de la Delegación Provincial de la Consejería de Sanidad de Albacete de 16 de agosto de 2020 en lo que respecta a la 'Suspensión de la actividad religiosa de cualquier tipo' en la localidad de Villamalea por la situación de contagios por coronavirus, tras solicitar la Asociación Abogados Cristianos la suspensión de esta resolución[20].

---

19 ElDerecho.com, 07-10-2021.

20 Europa Press, 26-08-2020.

En la resolución, el juzgado asegura que dicha orden "*resulta excesiva y genérica en cuanto a su pretendido ámbito de aplicación, además de ambigua y carente de justificación concreta bastante para cercenar el ejercicio de un derecho fundamental*".

Señaló que "*el ejercicio de la libertad religiosa, con las limitaciones y condiciones ya impuestas por las normas estatales, no supone peligro cierto de contagio*", y añadió que se ha adoptado una medida restrictiva de derechos sin definir el supuesto del hecho afectado.

Destacó que "*el estado de la ciencia actual de público y notorio conocimiento, permite afirmar que los actos religiosos no están entre los elementos propagadores a diferencia de las celebraciones familiares, actividades lúdicas y recreativas y el ocio nocturno; eventos estos que no han sido suspendidos y cuyo desarrollo se ha sometido a condiciones concretas de ejercicio tras haber efectuado una ponderación de los intereses en conflicto*".

Asimismo, precisó que no se conceptúa qué son actos y manifestaciones de libertad religiosa "*con claro olvido del principio de legalidad en materia sancionadora, prohibitiva y restrictiva de derechos fundamentales*" y afirmó que "*no se ha justificado una suspensión temporal que equivale a cercenar un derecho fundamental*".

Son todos ellos casos que, aunque no son en esencia supuestos de responsabilidad patrimonial por el funcionamiento de la administración, sí podrían dar lugar a su declaración en el caso de probar la efectividad de un daño consecuencia de tales medidas declaradas judicialmente contrarias a derecho.

El Tribunal Superior de Justicia de Canarias rechazó el toque de queda y el cierre perimetral en Canarias —decidido por el Gobierno de la Comunidad autónoma— por Auto de 9 de mayo de 2021, ratificado al día siguiente, al haberse acordado cuando el estado de alarma estaba caducado. El Tribunal Supremo, en sentencia de 24 de mayo siguiente, desestimó el recurso de casación interpuesto por el Gobierno de Canarias.

En el mismo sentido, la Sala de lo Contencioso-Administrativo del Tribunal Superior de Justicia de Castilla y León acordó por Auto de 27 de mayo de 2021 no autorizar la medida especial de salud pública de limitar la permanencia de grupos de personas en espacios públicos y privados. La Sala consideró que dicha medida no estaba debidamente justificada ni resultaba proporcional.

El mismo criterio siguió el Tribunal Supremo que, en sentencia de 3 de junio de 2021, anuló el toque de queda y la limitación de reuniones familiares y sociales decretado por el gobierno balear tras el cese del estado de alarma al considerar que no se había justificado que la adopción de unas medidas tan intensas y severas resultaran indispensables. La Sala consideró que medidas restrictivas tan severas y extensas como el toque de queda o el máximo de personas en las reuniones familiares y sociales podían adoptarse al amparo de la Ley Orgánica 3/1986 siempre que la justificación sustantiva de las medidas sanitarias a la vista de las circunstancias específicas del caso estuvieran a la altura de la intensidad y la extensión de la restricción de derechos fundamentales de que se tratara. Añadió que la justificación pasaba por acreditar que tales medidas eran indispensables para salvaguardar la salud pública y no bastaban meras consideraciones de conveniencia, prudencia o precaución.

En relación con reclamaciones de responsabilidad patrimonial por daños sufridos como consecuencia del cierre de restaurantes, bares, establecimientos, etc., un caso fue resuelto por el Tribunal Superior de Justicia de Cataluña, que levantó, el 31 de julio de 2020, la obligación a bares, restaurantes, chiringuitos y casinos de cerrar como máximo a medianoche[21], al estimar en parte el recurso de la Federación Catalana de Asociaciones de Actividades de Restauración y Musicales (Fecasarm) contra la resolución que publicó el *Govern* el 24 de julio con nuevas medidas de contención del Covid-19. El TSJCV ya había estimado otros recursos, con los que aprobó la reapertura de cines, gimnasios e instalaciones deportivas en el área metropolitana de Barcelona.

Pero el Tribunal Supremo, en una importante y muy completa sentencia dictada el 31 de octubre de 2023 —rec. 453/2022— ha desestimado el primero de los recursos en el que se demandaba la responsabilidad patrimonial del Estado por los daños sufridos por una empresa del sector de la hostelería como consecuencia de la

---

21 Europa Press, 31-07-2020.

aplicación de la normativa aprobada para evitar o mitigar la propagación de la pandemia COVID-19. Normativa que impuso, entre otros extremos, la suspensión temporal de la actividad empresarial a la que se dedicaba la recurrente[22].

La STS comienza enunciando de manera breve los hitos que permiten secuenciar la crisis sanitaria global, tanto en el plano internacional, desde que el 31 de diciembre de 2019 la Comisión de Salud y Sanidad de Wuhan (China) informó sobre los primeros casos de neumonía de etiología desconocida, señalando las progresivas respuestas dadas por los organismos internacionales, como en el ámbito nacional, partiendo del momento, 23 de enero de 2020, en que se publicó un primer protocolo elaborado por la Ponencia de Alertas y Planes de Preparación y Respuesta. Se pone de manifiesto cómo, a pesar de distintas advertencias, en nuestro país se produjeron coetáneamente diversas concentraciones de personas, hasta que, ya el 12 de marzo de 2020 se aprobó el Real Decreto Ley 7/2020, por el que se adoptaron medidas urgentes para responder al impacto económico del COVID-19.

Se expone después la respuesta normativa desplegada por parte de los poderes públicos para frenar la propagación de la pandemia, desarrollando en particular, el contenido básico de los Reales Decretos relativos al estado de alarma, que constituyeron el instrumento normativo básico utilizado por el Gobierno a tal fin. También en la sentencia se enuncian las concretas medidas adoptadas para el sector empresarial al que se refiere el recurso que se resuelve, que es el dedicado a la hostelería y la restauración.

La Sala de lo contencioso-administrativo centra inicialmente el debate en el hecho de que los daños patrimoniales cuya reparación se solicita se imputan principalmente a las normas que impusieron un conjunto de restricciones y medidas de contención y que fueron incluidas en los Reales Decretos del estado de alarma. Recuerda el

---

22 El Derecho.com de 1.XI.2023 https://elderecho.com/desestimado-el-recurso-que-demandaba-la-responsabilidad-del-estado-por-danos-en-la-hosteleria-por-la-normativa-covid?utm_medium=email&utm_source=newsletter&utm_campaign=20231102_Nwl&utm_id=674.

TS que esas normas tienen desde la perspectiva constitucional valor de ley, según conocida declaración del TC.

Por ello, el TS advierte que, si las normas a las que se imputa la responsabilidad patrimonial tienen valor de ley, la responsabilidad patrimonial será la del Estado-Legislador, por lo que el tribunal —se advierte en la STS— debe atenerse a las normas reguladoras de este tipo de responsabilidad. Pero la Sala no admite esta responsabilidad partiendo de una doble consideración.

En primer lugar, porque en el caso juzgado no se han dado las circunstancias previstas en la ley para que dicha responsabilidad patrimonial sea posible. Esas circunstancias se dan cuando la ley productora de los daños haya sido declarada inconstitucional o cuando los afectados por la ley no tengan del deber jurídico de soportar esos daños siempre que así se establezca en el propio acto legislativo que provoca el daño cuya reparación se reclama.

En relación con el primer supuesto, aunque los Reales Decretos del estado de alarma se declararon parcialmente inconstitucionales, fue el propio Tribunal Constitucional el que afirmó en su STC 148/2021, que esa inconstitucionalidad no era por sí misma título para fundar reclamaciones de responsabilidad patrimonial. Es pues, el propio interprete de la constitucionalidad de los estados de alarma el que descarta que se pueda afirmar sobre esa única base una responsabilidad patrimonial del Estado legislador.

En segundo lugar, en cuanto a la posible responsabilidad por actos legislativos de los que derivan daños respecto de los que no existe el deber jurídico de soportarlos, tampoco se cumplen los requisitos legales a juicio de la Sala. De un lado, porque tanto el Tribunal Constitucional como ahora el Tribunal Supremo han considerado que los daños sufridos no son antijurídicos. En este sentido se declara que las medidas adoptadas fueron necesarias, adecuadas y proporcionadas a la gravedad de la situación y gozaron del suficiente grado de generalidad en cuanto a sus destinatarios, de manera que estos tuvieron el deber jurídico de soportarlas sin generar ningún derecho de indemnización por los posibles perjuicios sufridos.

Al respecto, el TS afirma que la sociedad en su conjunto tuvo que soportar las decisiones adoptadas por los poderes públicos para preservar la salud y la vida de los ciudadanos, de manera que la vía de reparación o minoración de los daños para aquellos que los padecieron con mayor intensidad, de ser procedente, tiene que ser la de las ayudas públicas —que se concedieron ampliamente— pero no la de la responsabilidad patrimonial que exige como presupuesto inexcusable de una antijuridicidad que en este caso no es predicable por tener todos el deber jurídico de soportar las restricciones establecidas en los Reales Decretos de los estados de alarma, Reales Decretos que, por otra parte, no contemplan medida indemnizatoria alguna.

También considera el TS que esa obligación o deber jurídico de soportar las cargas derivadas del cumplimiento de las normas recogidas en los Reales Decretos de estado de alarma sin generar derechos de indemnización también se fundamenta en las previsiones de la Ley General de Salud Pública, que excluye que la Administración deba indemnizar los gastos causados por las medidas adoptadas para preservar la salud pública.

La STS que comentamos se detiene en analizar, para dar respuestas a las alegaciones del recurrente, tres cuestiones relacionadas con la responsabilidad pedida: la posible responsabilidad, no derivada de actos legislativos sino del funcionamiento de los servicios públicos, esto es, del Estado-Administrador; en segundo lugar, si puede considerarse que haya habido, en algún caso, algún tipo de expropiación forzosa; y, por último, si se puede considerar que estamos ante un caso de fuerza mayor.

Por lo que se refiere a la posibilidad de considerar que los posibles daños denunciados han sido consecuencia del funcionamiento de los servicios públicos —abriendo, así la vía a la responsabilidad del Estado-Administrador—, esto es, si ha existido un cierto grado de omisión o demora por parte de la Administración en la respuesta a la pandemia, la STS también descarta esta posible responsabilidad por cuanto no considera la existencia de prueba que permita llegar a la conclusión de que los retrasos e incumplimientos administrativos provocaron los daños que se aducen. Al contrario, estos se imputan siempre a las medidas de contención contenidas en los reales decretos del estado de alarma.

Por lo que respecta a la posible existencia de una expropiación forzosa como mecanismo de reparación de los daños derivados del cumplimiento de la normativa establecida, considera el TS que no estamos ante supuestos de privación singular de bienes o derechos, entendida esta como sacrificio especial impuesto deliberadamente de forma directa a través de un procedimiento específico, sino ante un supuesto de restricciones generales de carácter temporal del ejercicio de determinados derechos impuestas en una norma jurídica con valor de ley que a todos obliga y con el fin de preservar la salud y la vida de los ciudadanos.

La sentencia enjuicia también la posible concurrencia de fuerza mayor como impediente de responsabilidad patrimonial al destruir el vínculo causal entre la actividad de los poderes públicos y el daño alegado. A su juicio, la pandemia producida por el virus se ajusta a la definición de circunstancia de fuerza mayor porque constituyó un acontecimiento insólito e inesperado en el momento en el que surgió y por la forma en la que se extendió por todo el planeta en sus primeros momentos, inicio y desarrollo completamente ajeno a la actividad de las Administraciones Públicas. Partiendo de esta base, el TS llega a la conclusión de que la fuerza mayor puede operar como supuesto de exención de la responsabilidad patrimonial en relación con determinados daños directamente imputables a la pandemia, pero no cuando los daños se imputan a la actividad de los poderes públicos. En este caso la pandemia, como causa de fuerza mayor, no excluiría la responsabilidad de haberse producido una actividad pública para hacer frente a la pandemia insuficiente, desproporcionada o irrazonable. Al haber sido calificada como adecuada a la situación, teniendo en cuenta el grado de incertidumbre existente, tanto por el Tribunal Constitucional previamente y ahora por la Sala que juzga dicha responsabilidad debe ser excluida.

No obstante, lo resuelto por el Tribunal Supremo, no es pacífica la estimación de la concurrencia de fuerza mayor (fenómeno imprevisible o que previsto, fuera inevitable) —art. 32.1 LRJSP—. Y es que en sí mismo considerado, el contagio del virus por la Covid-19 podría considerarse que no fue un fenómeno imprevisible e inevitable, y que el Gobierno pudo contar con amplios instrumentos y medios para reducir su propagación.

El Consejo de Estado, por ejemplo, ha considerado que es difícil que la crisis sanitaria provocada por una pandemia encaje adecuadamente en los supuestos de fuerza mayor reseñados, por ejemplo, en la Ley 9/2017, de Contratos del Sector Público. Por ello rechazó su concurrencia en dictámenes relativos a solicitudes de reequilibrio económico de contratos públicos (dictamen 741/2021).

Ahora bien, esto no implica necesariamente que la fuerza mayor haya de ser descartada también en otros casos para los que el ordenamiento jurídico no establece una definición precisa y acotada de lo que ha de entenderse por tal, como ocurre en el ámbito de la responsabilidad patrimonial de la Administración. En estos supuestos habrá de estarse a la definición de fuerza mayor contenida en el artículo 1.105 del Código Civil, que exige imprevisibilidad de la causa del daño e inevitabilidad del resultado. En los dictámenes relativos a reclamaciones de responsabilidad patrimonial de la Administración, el Consejo de Estado ha dejado la puerta abierta a apreciar la existencia de fuerza mayor vinculada con el Covid-19, al señalar que "la epidemia constituyó un acontecimiento insólito, inevitable e incontrolable a la vista del estado de la ciencia en el momento de generarse"[23].

Según Villagómez, no cabe estimar la concurrencia de fuerza mayor, ni tampoco cabe invocar la llamada "cláusula general del progreso" para eximir de responsabilidad por "los daños que se deriven de hechos o circunstancias que no se hubiesen podido prever o evitar según el estado de los conocimientos de la ciencia o de la técnica existentes en el momento de producción de aquellos" (artículo 34. 1 ley de Régimen Jurídico del Sector Público)[24].

Una crítica cabe hacer a lo resuelto por el tribunal Supremo en esta primera sentencia que marcará la pauta de las muchas que ha de dictar en lo sucesivo en relación con las reclamaciones de responsabilidad patrimonial.

---

23 Hurtado Soto, Raquel, "La responsabilidad patrimonial de la administración por la pandemia de covid-19: algunas reflexiones a la luz de los dictámenes del Consejo de Estado". *Revista Española de la Función Consultiva* nº 35 (2021), pp. 83-84.

24 Villagómez Cebrián, Alfonso, "La responsabilidad de la Administración" *La Razón,* 14 enero 2021.

Señala que las restricciones y limitaciones adoptadas tuvieron que ser soportadas por la sociedad en su conjunto. Y es cierto, pero no lo es menos que algunas de ellas fueron dirigidas no a todos los ciudadanos sino a aquellos que contaban con establecimientos comerciales, hoteleros, de restauración, de ocio…que fueron especialmente perjudicados.

También indica el Tribunal Supremo que tampoco se cumple el segundo requisito establecido en la Ley de Régimen Jurídico del Sector Publico para que nazca la responsabilidad por actos legislativos; esto es, que el derecho a ser indemnizado se establezca en el propio acto legislativo, pues ninguno de los Reales Decretos de declaración o prórroga del estado de alarma contiene esa previsión.

Constata el Tribunal Supremo que el legislador ha optó por el sistema de reconocer al ciudadano el derecho a ser indemnizado por la aplicación de actos legislativos… "*cuando así se establezca en los propios actos legislativos y en los términos que especifiquen dichos actos*".

Ya expresé en otra ocasión que con tal formulación el legislador está limitando su propia responsabilidad sin justificación alguna, y más allá de lo que la propia Constitución dispone. Nuestro texto fundamental al proclamar la responsabilidad de los poderes públicos no limita ésta, en el caso del Legislativo, a que sea su producto normativo por excelencia —la ley— la que deba determinar si es procedente o no indemnizar por los daños y perjuicios que su aplicación cause[25].

No es de extrañar, por tanto, que el precepto que comentamos —que figuró en la Ley 30/1992 y ahora consta con el mismo tenor en la ley 40/2015— fuera tachado de *difícilmente constitucional.*

Así, la Ponencia de Estudios del Consejo de Estado, al examinar la reforma del art. 139 de la Ley 30/1992, operada por la Ley 4/1999, señaló que "…la actual redacción del art. 139.3 puede ser inconstitucional, ya que este artículo, lejos de determinar en qué casos debe responder el Estado por los daños causados por la aplicación de actos legislativos, atribuye al propio legislador la facultad de decidir si debe responder y, en caso afirmativo, en qué medida. Es decir, al asumir

---

25 Garrido Mayol, Vicente. *La responsabilidad patrimonial del Estado. Especial referencia a la responsabilidad del Estado Legislador.* Tirant lo Blanch. Valencia, 1993.

un poder absoluto, no sujeto a control externo alguno, para decidir cuándo debe o no responder de sus actos, lo que está garantizando no es el principio constitucional de responsabilidad (art. 9.3), sino los principios inconstitucionales de irresponsabilidad y arbitrariedad del poder legislativo que, de esta manera se substituye, indebidamente, al constituyente"[26].

Porque no hay que olvidar que hay varias teorías acerca de cuándo el Estado debe indemnizar por los daños causados a los particulares como consecuencia de la aplicación de una Ley.

Hay quienes opinan que tal indemnización no procede cuando la ley guarda silencio al respecto; otros piensan que es procedente, sólo cuando la Constitución consagra tal responsabilidad y la norma en cuestión así lo prevé. Y también se estima su procedencia sólo para aquellos supuestos no expresamente excluidos por la Ley.

En nuestro caso, de una simple lectura de la Constitución se desprende que la responsabilidad del Poder Legislativo, como poder público que es, está garantizada. La Constitución no dice "en los términos establecidos en la Ley". Por tanto, el propio Legislador no puede limitar su responsabilidad, ni de forma genérica —como lo hizo en la Ley de Régimen Jurídico de las Administraciones Públicas y ahora en la Ley del Sector Público— ni de forma específica, en las correspondientes leyes que, así, limiten o excluyan la responsabilidad del Estado.

Son en, última instancia, los Jueces y Tribunales los que deben examinar si una determinada ley produce daños efectivos, evaluables económicamente individualizados con relación a una persona o grupo de personas, y, por tanto, generadores de compensación económica.

De cualquier manera sí quiero destacar que el TS —STS 13.9.2010— ha descartado que la condición o presupuesto que imponía el 139.3 de la Ley 30/1992 —y ahora, el art. 32.3 de la Ley 40/2015— resulte de aplicación a leyes declaradas inconstitucionales.

---

[26] Vid. en Collado Martinez, Rosa "Algunas notas sobre la responsabilidad patrimonial en las Leyes 39/2015, de 1 de octubre, del Procedimiento Administrativo Común de las Administraciones Públicas y 40/2015, de 1 de octubre, de Régimen Jurídico del Sector Público" en Revista Asamblea, nº 34 (junio 2006), p. 191.

VI. ¿PUDO HABER UN PLAN B, MENOS DAÑINO QUE EL QUE SE ESTABLECIÓ EN LOS DECRETOS POR LOS QUE SE DECLARÓ EL ESTADO DE ALARMA?

¿Hubiera sido posible? La maraña de normas que se hubieran podido invocar para adoptar medidas contra la propagación del maldito virus es enorme. Desde el antiguo Reglamento para la lucha contra las enfermedades infecciosas, desinfección y desinsectación, aprobado por Decreto de 26 de julio de 1945 (reformado por última vez en 1979); hasta la Ley Orgánica 3/1986, de 14 de abril, de Medidas Especiales en Materia de Salud Pública, pasando por la Ley Orgánica 14/1986, de 25 de abril, General de Sanidad; la Ley 41/2002 de 14 de noviembre, básica reguladora de la autonomía del paciente; la Ley 33/2011, General de Salud Pública; o la Ley Orgánica 4/2015, de Protección de la Seguridad Ciudadana.

Sin olvidar la Ley 29/98, de 13 de julio, de la Jurisdicción Contencioso-Administrativa[27]. O los Tratados y Convenios Internacionales escritos por España, y que forman parte de nuestro ordenamiento jurídico, en especial el Convenio Europeo de Derechos Humanos y el Pacto Internacional de Derechos Civiles y Políticos. O las normas autonómicas sobre las materias referidas.

La cita de la abundancia de normas sobre una misma materia (la salud, la sanidad, los derechos del paciente o sobre medidas especiales para determinadas situaciones excepcionales) pone de manifiesto la dispersión normativa que sufrimos los ciudadanos y que en un momento como el que hemos vivido complican aún más las decisiones a adoptar. Se precisan para ello solventes juristas que sepan navegar con destreza por el inmenso océano normativo que, si resulta desconocido para el lego en derecho, exaspera al jurista más estudioso. Nuestros políticos deberían tomar nota. Una vez más.

---

[27] Cuyo artículo 8.6.2 dispone que "corresponderá a los Juzgados de lo Contencioso-administrativo la autorización o ratificación judicial de las medidas que las autoridades sanitarias consideren urgentes y necesarias para la salud pública e impliquen privación o restricción de la libertad o de otro derecho fundamental".

Y precisamente por ello, porque se ve negativamente afectado el principio de seguridad jurídica consagrado en el artículo 9.3 de la Constitución, además de simplificar el ordenamiento se debería clarificar. Y teniendo en cuenta que, como ya hemos advertido, es muy difícil que la realidad, en cada momento, en cada lugar, pueda tener ajustado encaje en los estados excepcionales tal cual hoy están concebidos, habría que plantearse una reforma normativa que evitara las razonables polémicas que la aplicación del estado de alarma ha propiciado en esta ocasión y que, a buen seguro, dará lugar al ejercicio de acciones de tipo diverso ante los tribunales que, en todo caso, servirán para perfilar los puntos controvertidos[28].

Ello explica, además, que ante la disparidad de criterios a la hora de dar respuesta por parte de los tribunales a las restricciones establecidas por las diferentes autoridades sanitarias para contener la expansión de la covid-19 —de forma que en algunos lugares se ratificaron, en otros se suspendieron e, incluso, en algunos casos se determinó que los Gobiernos autonómicos no necesitaban la ratificación de las medidas acordadas— los presidentes de las Salas de lo Contencioso-Administrativo de los Tribunales Superiores de Justicia de las diferentes Comunidades autónomas y magistrados de la Sala Tercera del Tribunal Supremo se reunieron con el objetivo de marcar criterios para dar una mayor seguridad jurídica en materia de autorización o ratificación de medidas sanitarias urgentes para la salud pública, adoptadas por las administraciones con motivo de la pandemia del coronavirus, pues tal y como está legalmente establecido, corresponde a la Jurisdicción Contencioso-administrativa la autorización o ratificación judicial de las medidas que las autoridades sanitarias consideren "urgentes y necesarias" para la salud pública, e impliquen privación o restricción de la libertad o de otro derecho fundamental.

---

28 Garrido Mayol, Vicente, "Limitaciones y suspensiones de derechos. A propósito del reciente estado de alarma", en *Antes de la próxima pandemia,* Miguel Ángel Recuerda (Director). Thomson Aranzadi (2020), pp. 159-171.

VII. BIBLIOGRAFÍA

Collado Martinez, Rosa "Algunas notas sobre la responsabilidad patrimonial en las Leyes 39/2015, de 1 de octubre, del Procedimiento Administrativo Común de las Administraciones Públicas y 40/2015, de 1 de octubre, de Régimen Jurídico del Sector Público" en *Revista Asamblea,* núm. 34 (junio 2016).

De Vega, Agustin S. "Responsabilidad patrimonial por covid y función consultiva: apuntes doctrinales". *Revista Española de la Función Consultiva,* nº 35, (2021).

Domenech Pascual, Gabriel, "La persistencia de los dogmas en el Derecho público español", en el portal *Almacén de Derecho (2022),* https://almacendederecho.org/la-persistencia-de-los-dogmas-en-el-derecho-publico-espanol

Fernández, Tomás Ramón. "Sobre la discutida naturaleza objetiva de la responsabilidad patrimonial de la Administración". *Revista de Administración Pública,* 216 (2021).

Garrido Falla, Fernando, "Los límites de la responsabilidad patrimonial: una propuesta de reforma legislativa". *Revista Española de Derecho Administrativo,* nº 94 (1997).

Garrido Mayol, Vicente, *La responsabilidad patrimonial del Estado. Especial referencia a la responsabilidad del Estado Legislador.* Tirant lo Blanch. Valencia, 1993.

Garrido Mayol, Vicente, "El carácter objetivo de la responsabilidad patrimonial y el funcionamiento normal de los servicios públicos". *Revista Española de la Función Consultiva,* nº 1 (2004).

Garrido Mayol, Vicente, "Limitaciones y suspensiones de derechos. A propósito del reciente estado de alarma", en *Antes de la próxima pandemia,* Miguel Ángel Recuerda (Director). Thomson Aranzadi (2020).

Garrós Font, Inma, "El carácter objetivo de la responsabilidad patrimonial en el ejercicio de la función administrativa". *Revista Española de Derecho Administrativo,* nº 184 (2017).

Gonzalez De Lara Mingo, Sandra, "A propósito de las multas impuestas durante el estado de alarma". *Actualidad Administrativa,* nº10 (octubre 2021), Wolters Kluwer. LA LEY 9809/2021.

Hurtado Soto, Raquel, "La responsabilidad patrimonial de la administración por la pandemia de covid-19: algunas reflexiones a la luz de los dictámenes del Consejo de Estado". *Revista Española de la Función Consultiva* nº 35 (2021).

Izquierdo Tolsada, Mariano, "Reflexiones sobre la responsabilidad del Estado por el funcionamiento de la Administración de Justicia y por actos legislativos". *Revista Jurídica General del Ilustre Colegio de Abogados de Madrid*, nº 23 (2002).

Pantaleon Prieto, Fernando, "Los anteojos del civilista: Hacia una revisión del régimen de responsabilidad patrimonial de las Administraciones Públicas". *Documentación Administrativa*, nº 237-238 (1994).

Villagómez Cebrián, Alfonso, "La responsabilidad de la Administración" *La Razón*, 14 enero 2021.

Gobernanza global y autorregulación como respuesta a los riesgos generados por la pandemia Covid-19. Un análisis crítico

ELENA JUARISTI-BESALDUCH[1]
Profesora adjunta de Derecho Administrativo
Universidad CEU-Cardenal Herrera
Correo de contacto: elena.juaristi@uchceu.es

I. LA SOCIEDAD DEL RIESGO: ¿PODEMOS PLANTEAR LA PANDEMIA COVID-19 COMO UN RIESGO?

1. Concepto de sociedad del riesgo

Hace ya varias décadas que Ulrich Beck acuñó el término "sociedad del riesgo" en el que consideraba el riesgo o riesgos —esencialmente aquellos derivados del progreso científico-técnico— como eje vertebrador y elemento característico la sociedad de nuestro tiempo[2]. Para algunos autores se convierte en concepto central del pensamiento sociológico contemporáneo[3]. Beck considera el riesgo como la previsión y control de las consecuencias futuras de la acción humana o la anticipación de catástrofes derivadas de esa acción[4]. Este autor introduce también la idea de riesgo global como la anticipación a catástrofes globales, con causa o potenciadas por la globalización, riesgos no asegurables —por compañías aseguradoras— cuyas conse-

---

1 Esta contribución se encuadra en el proyecto I+D+i Referencia 2021-124969NB-100, financiado por el MCIN/AEI/10.13039/501100011033/ y "FEDER Una manera de hacer Europa".

2 Beck, U., *La sociedad del riesgo. Hacia una nueva modernidad*, Paidós, Barcelona, 1998.

3 Galindo, J., "El concepto de riesgo en las teorías de Ulrich Beck y Niklas Luhmann", *Revista Acta Sociológica*, vol. 67, mayo-agosto, 2015, pp. 141-164.

4 Beck, U. *La sociedad del riesgo mundial. En busca de la seguridad perdida*, Paidós, Barcelona, 2008, p. 27.

cuencias se extienden más allá de las fronteras de los Estados y la capacidad de actuación de estos. También puntualiza que la aparición de estos riesgos no ha sido acompañada por la implementación de mecanismos de gobernanza global capaces de gestionarlos[5].

El riesgo puede ser entendido como el estadio que transita entre una situación de seguridad, la posibilidad de que se produzca un daño y el momento en el que este ocurre[6]. La sociedad actual refleja un cambio de paradigma en el que los peligros y amenazas provenientes de la naturaleza (enfermedades, catástrofes naturales, fieras, necesidades alimentarias…) ceden protagonismo a los riesgos derivados del progreso. La sociedad moderna se caracterizó por el dominio y control, a través de la ciencia y la técnica, de estos peligros naturales, mientras que la posmoderna lo hace por la necesidad de la gestión y control de los riesgos que esta ciencia y técnica han generado. La ciencia y la tecnología no son inocuas y conllevan sus propios riesgos, como los derivados de la tecnología alimentaria, farmacéutica o la energía[7] (accidentes nucleares, efectos secundarios de medicamentos, contaminación ambiental, enfermedades…).

Podemos sintetizar las características de los riesgos vinculados al progreso científico-técnico de la siguiente manera:

– Son riesgos, en muchas ocasiones, desconocidos por lo que su pronóstico es incierto y el posible daño que pueden provocar, indeterminado.

– Son riesgos no delimitados social, espacial, ni temporalmente. En esta sociedad globalizada en la que las distancias prácticamente han desaparecido, no podemos contener los riesgos tras las fronteras de un país, ni proteger una determinada clase social, ni tampoco garantizar que el daño no pueda acontecer décadas después de producirse la innovación tecnológica[8].

---

5 Beck, U., *ibidem*, p. 49.

6 Carrillo Donaire, J.A., "Derecho, técnica y riesgo: el principio de precaución medioambiental", *Revista de Fomento Social*, núm. 71, 2016, p. 250.

7 Esteve Pardo, J., "Ciencia y Derecho ante los riesgos para la salud", *Documentación Administrativa*, núm. 265-266, enero-agosto 2003, p. 138.

8 Beck, U., "La politique dans la société du risque", *Revue du MAUSS*, núm. 17, 2001, pp. 376-392: "*los riesgos del átomo, de la química, de la manipulación genética,*

– La probabilidad de que el daño suceda aumenta de modo directamente proporcional al aumento del desarrollo tecnológico[9].

– Algunos autores mencionan también la imposibilidad de su eliminación definitiva puesto que las medidas adoptadas para su gestión y control son a su vez generadoras de nuevos riesgos[10].

– Son riesgos que afectan esencialmente a la naturaleza, al ser humano y a su salud.

– Los riesgos provocados por la tecnología son consecuencia de decisiones humanas y, en consecuencia, objeto de Derecho.

2. *La pandemia Covid-19 como riesgo*

El 11 de marzo de 2020 la Organización Mundial de la Salud declaró la COVID-19 como pandemia global. Esta crisis sanitaria, pero de alcance sistémico, puso de manifiesto la debilidad tanto de las repuestas nacionales como internacional. Fuimos testigos de la falta de capacidad de los Estados para su pronóstico, prevención, control y gestión por falta de conocimiento experto; de las limitaciones para producir los productos necesarios (mascarillas, respiradores, equipos de protección individual...) de manera inmediata debido a la deslocalización de la producción de las empresas y a la dependencia de cadenas de suministro globales; de la desigualdad social que los efectos de la pandemia agravó en los grupos más vulnerables; de la insuficiencia de las normas e instituciones multilaterales.

Es cierto que la pandemia como crisis sanitaria de origen natural, no encaja a la perfección en la definición que da Beck sobre el riesgo quien vincula este concepto, principalmente, a la acción humana.

---

constituyen riesgos que, contrariamente al primer periodo industrial, no están limitados ni en el tiempo ni en el espacio, ni sobre el plano social, tampoco pueden ser imputados a personas de acuerdo con las reglas de la causalidad, de la culpabilidad y de la responsabilidad vigentes y, por lo tanto, tampoco pueden ser objeto de una compensación o de algún tipo de póliza de seguro".

9 Carrillo Donaire, J.A., *op. cit.*, p. 251.

10 Auby, J.B., "Le droit administratif dans la société du risque: quelques réflexions ", *Rapport public 2005: jurisprudence et avis de 2004. Responsabilité et socialisation du risque*, La Documentation française, 2005, p. 352.

Ni tampoco en el concepto dado por Esteve Pardo cuando distingue entre peligros y riesgos[11], quien considera los primeros como estrictamente propios de la naturaleza y los segundos como característicos de la ciencia y la técnica. Sin embargo, encontramos alguna notas y argumentos que nos permiten categorizar la pandemia Covid-19 como riesgo y muchas para calificarlo como escenario generador de riesgos.

Si procedemos a contrastar las características propias de los riesgos del progreso mencionadas en el anterior apartado con el riesgo de pandemia y con los rasgos de los riesgos generados por el Covid-19, comprobamos que estas les son atribuibles en la mayoría de los casos.

El riesgo de pandemia era conocido —y así lo demuestran algunos informes en los que también se señalaba la falta de preparación de la comunidad internacional[12]—, sin embargo, su alcance y daño si qué tenían un alcance altamente indeterminado. Por su parte, los riesgos que derivaron de la pandemia eran desconocidos a todos los niveles —sanitario, económico, social, geopolítico—, esencialmente, por la falta de conocimiento experto sobre el virus y, en consecuencia, sus efectos fueron durante bastante tiempo muy difíciles de pronosticar. El daño que de estos riesgos podía derivar también tenía un carácter altamente indeterminado.

Tanto la pandemia como riesgo, como los riesgos que generó no estaban delimitados ni social, ni espacial, ni temporalmente. Se ha podido observar claramente como el virus no ha entendido de fronteras, niveles económicos, ni en la actualidad podemos todavía pronosticar posibles daños que puedan aparecer con el tiempo (secuelas físicas y psicológicas de la enfermedad, efectos sobre la salud y el desarrollo de los niños a consecuencia de las estrictas medidas de confinamiento, efectos de las vacunas...).

Así también, se pudo constatar que la probabilidad de daño aumentaba de manera directamente proporcional a la adopción de

---

[11] Esteve Pardo, J., "Ciencia y Derecho ante los riesgos para la salud", *op.cit.*, p. 138.

[12] Junta de Vigilancia Mundial de la Preparación, *Un mundo en peligro: informe anual sobre preparación mundial para las emergencias sanitarias*, Organización Mundial de la Salud, Ginebra, 2019.

medidas (farmacéuticas, tratamientos médicos, profilácticas, económicas...); la imposibilidad de la eliminación definitiva del riesgo debido a la constante adopción de medidas para su gestión y control que generaban a su vez nuevos riesgos; y el hecho de que el riesgo de pandemia, así como los riesgos generados por ella constituían riesgos que afectaban esencialmente al ser humano y a su salud.

Sanahuja también entiende la pandemia como riesgo y sostiene que las notas que Beck atribuye a los riesgos globales de deslocalización, incalculabilidad y no compensabilidad[13] son perfectamente aplicables a los rasgos que definieron la pandemia. En primer lugar, como riesgo deslocalizado, omnipresente, ubicado tanto dentro como fuera del territorio de los Estados. En segundo lugar, como riesgo incalculable debido a su elevado nivel de incertidumbre, inversamente proporcional al nivel de conocimiento experto y objeto de conflictos normativos. Y finalmente, como riesgo no compensable debido a los costes inasumibles y de difícil valoración en términos materiales[14]. Este autor llega a afirmar que "la pandemia Covid-19 representa la materialización de un riesgo global"[15] y que su origen y efectos son el resultado de acciones humanas puesto que tanto la pandemia como la crisis sanitaria, social y económica que ha supuesto son consecuencia de los riesgos generados o acentuados por la globalización que conforman "la sociedad del riesgo mundial"[16].

El origen de la pandemia no contó, a priori, con intervención humana, sin embargo, sus efectos sí que fueron condicionados por la acción humana en la medida en que dependieron de decisiones humanas, generadoras a su vez de riesgos (así, por ejemplo, los efectos secundarios de las vacunas, el impacto en la salud mental y física de las personas derivadas de las medidas de confinamiento estricto, la crisis económica derivada de la paralización de toda actividad no esencial, entre otros).

---

13 Beck, U., *La sociedad del riesgo mundial. En busca de la seguridad perdida, op.cit.*, p. 49.

14 Sanahuja, J.A., "COVID-19: riesgo, pandemia y crisis de gobernanza", *Anuario CEIPAZ 2019-2020*, núm. 12, 2020, p. 30.

15 *Ibidem*, p. 30.

16 Ibidem, p. 29.

La pandemia de Covid-19 también encajaría en la idea de riesgo entendido como conflicto o problema a desplazar hacia otros países[17], normalmente en vías de desarrollo, como por ejemplo en situaciones como la pugna por las vacunas, respiradores, mascarillas, y por trasladar a este conflicto una mirada nacional pese a la necesaria mirada global que este asunto requería.

II. LA GOBERNANZA COMO RESPUESTA AL RIESGO Y LA AUTORREGULACIÓN COMO SOLUCIÓN CONCRETA

1. La incapacidad del Estado para hacer frente a este contexto de riesgo

La sociedad del riesgo descrita en el apartado anterior junto con factores como la globalización y los procesos de integración que esta lleva aparejados han puesto de manifiesto la limitación de la estructura del Estado-nación para hacer frente a los retos y desafíos que se presentan. Los riesgos de la pandemia han supuesto un factor de desestabilización que han cuestionado el papel y la capacidad de las instancias políticas y administrativas con responsabilidades en ámbitos como el control sanitario, farmacológico o alimentario.

El Estado, en muchas ocasiones, se muestra impotente ante estos riesgos debido a factores como la necesaria rapidez que se requiere en la adopción de decisiones ante estas situaciones, el carácter global del riesgo o su elevada complejidad técnica. Esta incapacidad del Estado se evidencia tanto desde el poder legislativo como desde el ejecutivo. Es decir, tanto en nuestro ordenamiento jurídico como en la actividad propia de nuestras Administraciones Publicas. La pandemia Covid-19 hizo patente la limitación de los Estados para hacer frente a este riesgo, esencialmente, por falta de conocimiento experto y por su carácter global.

---

[17] Díaz Perilla, V., "El derecho administrativo frente a la teoría de la sociedad del riesgo de Ülrich Beck", *Revista General de Derecho Administrativo*, núm. 57, 2021, p. 2

Hace ya varias décadas que se vio la limitación del ordenamiento jurídico de regular un desarrollo y progreso técnico cada vez más complejo, especializado y en constante evolución. En un primero momento la potestad legislativa cedió paso a la potestad reglamentaria, confiándole aquellas cuestiones que requerían un mayor detalle y un tratamiento técnicamente más complejo. Sin embargo, esta también se vio superada por las infinitas particularidades técnicas específicas de cada sector que convierten en inabarcable el cometido[18].

Los riesgos de naturaleza científica y técnica se presentan en muchas ocasiones como factores que exceden las tradicionales formas de intervención propias de la clásica función de policía atribuida a las Administraciones Públicas, bien por su complejidad técnica (falta de conocimiento experto) o bien por la globalidad que los caracteriza. Ello ha provocado la búsqueda de soluciones a través de nuevas fórmulas como la autorregulación, tal y como más tarde veremos.

2. *La gobernanza como respuesta al riesgo*

El término gobernanza se emplea por primera vez en informes del Banco Mundial[19] vinculado a políticas de cooperación al desarrollo. A partir de ese momento este concepto se integra en el lenguaje de instituciones como la OCDE o el PNUD donde es concebido como factor esencial del desarrollo. En este ámbito la gobernanza es entendida como infraestructura institucional que permite desarrollar procesos y políticas de desarrollo. Ello lleva a gestar nuevas estrategias de cooperación en las que se impulsa la democracia, la mejora de la gestión pública y la formación de capital social[20].

Por otra parte, la noción de gobernanza surge como un nuevo modelo de gobierno que viene a dar respuesta a un contexto social,

---

18 Esteve Pardo, J. *Técnica, riesgo y Derecho. Tratamientos del riesgo tecnológico en el Derecho ambiental*, Ariel, Barcelona, 1999, p. 153.

19 Banco Mundial, *El África subsahariana de la crisis al desarrollo sostenible. Una perspectiva de largo plazo*, 1989; Banco Mundial, *Gobernance and Development*, 1992.

20 Conde, C., "La transferencia del buen gobierno; organizaciones internacionales y reforma institucional en los países en desarrollo", *IX Congreso del CLAD sobre Reforma del Estado y de la Administración Pública*, Madrid, 2004.

económico y jurídico caracterizado por la incapacidad del Estado-nación para hacer frente a los riesgos derivados de la globalización[21], un escenario incierto de cambio discontinuo[22], las complejas y cambiantes interdependencias sociales y las difusas barreras entre lo público y lo privado[23]. Algunos autores contraponen la gobernanza a la "ingobernabilidad" entendida como la falta de respuestas gubernamentales adecuadas ante las demandas sociales[24]. La gobernanza aparece como un modelo de gobierno que no se centra tanto en la capacidad directiva del Estado sobre la sociedad —potestades y recursos públicos—, sino en el modo de hacer efectivas estas capacidades y la dirección en la que se ejercen[25].

Prats destaca como características esenciales de este modelo, en primer lugar, el hecho de que las necesidades ya no se identifican con la sociedad y las capacidades con el gobierno, sino que existe una interdependencia entre ellas con independencia de su carácter público o privado. En segundo lugar, las grandes cuestiones sociales son abordadas no sólo por el gobierno sino también por las empresas y la sociedad civil; y, en tercer lugar, la necesidad de contar con nuevos modelos de gobierno para la gestión eficaz de estas[26].

En la gobernanza asumen un papel protagonista las entidades internacionales y supranacionales públicas y privadas, puesto que para hacer frente a cuestiones y riesgos globales es necesario un abordaje y respuesta global. Ante este este escenario el Estado deja de ocupar

---

21 Morcillo Moreno, J., "Una crisis marcada por la globalización: intervención, desregulación y autorregulación regulada" en Blasco Esteve, A. (Coord.), *El Derecho público de la crisis económica. Transparencia y sector público. Hacia un nuevo derecho administrativo*, Instituto Nacional de Administración Pública, Madrid, 2012, p. 449.

22 Bueno Campos, E., *Dirección Estratégica de la Empresa*, Ediciones Pirámide, Madrid,1996.

23 Kooiman, J. "Gobernar en Gobernanza", *Instituciones y desarrollo*, núm. 16, pp. 171-194.

24 Olvera Porcel, F. y Ojeda García, R. "Gobernanza y descentralización estatal: regionalismo y localismo en la teoría de las atribuciones estatales" en Vázquez García R., *Teorías actuales sobre el Estado contemporáneo*, Universidad de Granada, Granada, 2011, p. 43.

25 Aguilar Villanueva, L., *Gobernanza y Gestión Pública*, FCE, México, 2006.

26 Prats, J., *De la burocracia al management, del management a la gobernanza*, Instituto Nacional de la Administración Pública, Madrid, 2005.

un lugar central para pasar a ser parte de este proceso de interdependencia entre estados nacionales con otros actores internacionales y transnacionales. Ello ha producido inevitablemente una debilitación de los Estados y de su soberanía a consecuencia de los procesos de integración regional —como la UE— e internacional —como la OMS, el BM o el FMI. A ello ha contribuido también la tendencia a la fragmentación social —nacionalismos, relativismo cultural, fundamentalismo religioso— materializada en procesos de independencia, descentralización política y administrativa, terrorismo religioso...[27].

Renate Mayntz define la gobernanza como una "nueva manera de gobernar en la que los actores públicos y privados participan y a menudo cooperan en la formulación y la aplicación de políticas públicas"[28] y también como un "nuevo estilo de gobierno, distinto del modelo de control jerárquico y caracterizado por un mayor grado de cooperación y por la interacción dentro el Estado y los actores no estatales en el interior de redes decisionales mixtas entre lo público y lo privado"[29].

Para Kooiman la gobernanza sociopolítica puede ser entendida como "los acuerdos con los que tanto los actores públicos como los privados persiguen solventar problemas sociales o crear oportunidades sociales, preocuparse por las instituciones sociales en las que estas actividades de gobierno tienen lugar y formular principios de acuerdo con los que estas actividades se llevan a cabo"[30]. En esta descripción se equipará el papel y la importancia de los actores públicos y privados, haciendo hincapié en su interdependencia.

Como notas esenciales de la gobernanza podemos destacar la interdependencia y colaboración de actores públicos y privados en la resolución de cuestiones sociales y en la elaboración de políticas pú-

---

27 Stuhldreher, A., "Interregionalismo y gobernanza gobal", *Revista CIDOB d'Afers Internacional*, núm. 60, pp. 119-145.

28 Mayntz R., "El Estado y la sociedad civil en la gobernanza moderna", *Revista del Centro Latinoamericano de Administración para el Desarrollo, Reforma y Democracia,* núm. 21, 2001, p. 1.

29 Mayntz, R. "Nuevos desafíos de la teoría de la gobernanza", *Instituciones y desarrollo,* núm16, 2000, pp. 171-194.

30 Kooiman, Jan. "Gobernar en Gobernanza", *Instituciones y desarrollo,* núm. 16, 204, pp. 171-194.

blicas; así como la transición de un modelo de gobierno estatal jerárquico a un modelo horizontal basado en redes de cooperación entre actores. También cabe hacer referencia a la dimensión normativa de este concepto, la cual hace referencia al arte de gobernar que persigue una mejora del sistema democrático en términos de eficacia, participación y transparencia, esencialmente[31].

Beck, frente a una sociedad de riesgo global que cuenta con el conocimiento experto sobre el riesgo y la incertidumbre, pero que renuncia a su gestión y aseguramiento colectivo, que asume esta "irresponsabilidad organizada"[32], manifiesta la necesidad de "áreas de gobernanza transnacionalizada" para poder acometer una respuesta efectiva frente riesgos globales como una pandemia. El único organismo mediante el que se trata de dar respuesta a esta petición es la Organización Mundial de la Salud (en adelante OMS), sin embargo, cabría preguntarse si la respuesta que puede ofrecer este organismo es suficiente, efectiva y completa, si su capacidad ejecutiva es bastante, si goza de los recursos y presupuesto necesarios.

3. La autorregulación como solución concreta

3.1. Conceptos y tipos de autorregulación

Tras estudiar la gobernanza como respuesta a estas nuevas demandas y riesgos de la sociedad global, cabe resaltar el papel destacado que en ella adquieren los actores privados, especialmente a través de los mecanismos de autorregulación. Autores como Morcillo califican la autorregulación como concreción de la teoría de la gobernanza[33]. Su relevancia radica en los efectos públicos que provocan los resultados y productos de estos mecanismos al ser tomados en cuenta como referencia y, en ocasiones, asumidos por los poderes públicos. La autorregulación evidencia la interdependencia y correspondencia

31 Morata, F., *Gobernanza Multinivel en la Unión Europea*, Tirant lo Blanch, Valencia, 2004.

32 Beck, Ulrich. *La irresponsabilidad organizada*, Biblioteca Omegalfa, 2020.

33 Morcillo Moreno, J., *op.cit.*, p. 457.

entre actores públicos y privados y cómo se desdibujan las funciones que tradicionalmente desempeñaban cada uno.

Podemos definir la autorregulación como aquellas normas, decisiones singulares o resoluciones de conflictos provenientes del ámbito privado —organismos, asociaciones profesionales (industriales, sanitarias, farmacéuticas, de la comunicación...)— que, *a priori*, carecen de efectos jurídicos pero que, sin embargo, sí producen importantes efectos públicos al ser tomadas en consideración y como referencia por los poderes públicos. Darnaculleta denomina "autorregulación regulada" a la regulación pública de este fenómeno[34]. También es entendida como la tolerancia por los poderes públicos de las normas gestadas en el ámbito privado, pero con el objeto de que estas contribuyan a la satisfacción de fines de interés general[35].

Esteve Pardo al describir el fenómeno de la autorregulación establece como límite estricto que su génesis y desarrollo se lleve a cabo por sujetos privados en la órbita privada (desde la familia como organización hasta organizaciones muy complejas)[36]. Él defiende la aplicación rigurosa de este criterio lo que provoca la exclusión de este concepto de figuras muy próximas a la autorregulación por su grado de vinculación con los poderes públicos, lo que, según él, provoca la pérdida de la naturaleza autorregulatoria.

Si atendemos al objeto o contenido de los resultados o productos de los mecanismos autorregulatorios —normas técnicas, informes, certificaciones, comunicaciones, códigos éticos, auditorías— podemos distinguir tres categorías. En primer lugar, aquellas actuaciones de contenido normativo como normas técnicas, protocolos o códigos de conducta (autorregulación normativa); en segundo lugar, los acuerdos, decisiones e informaciones singulares (autorregulación declarativa); y, en tercer lugar, las soluciones de conflictos (a través del arbitraje o la mediación).

---

34 Darnaculleta Gardella, M., *Autorregulación y derecho público. La autorregulación regulada*, Marcial Pons.Ediciones Jurídicas y Sociales, Madrid, 2005.

35 Morcillo Moreno, J., *op.cit.*, p. 452.

36 Esteve Pardo, J. *Autorregulación. Génesis y efectos*, Aranzadi, Navarra, 2002, p. 103

El máximo ejemplo de la autorregulación normativa son las normas técnicas que encuentran su origen en los estatutos y normas gremiales. Hoy en día han experimentado una clara expansión debido al desarrollo industrial, el aumento de los riesgos, las crecientes exigencias de seguridad, así como la necesidad de normalización industrial o técnica. También el aumento de la complejidad técnica, directamente relacionado con la elevada especialización y diversidad de los sectores industriales, unido a la globalización ha provocado que el Estado se vea sobrepasado por este reto y organizaciones o asociaciones privadas de carácter técnico sean las que hayan asumido la función de autorregular estas cuestiones[37]. La proliferación de normas técnicas también se ha visto potenciada por el proceso de unificación técnica impulsado por la Unión Europea, quien encomendó este proceso a instancias privadas con el apoyo de las instituciones europeas.

Dentro de la categoría de la autorregulación normativa también encontramos ejemplos como los códigos éticos, entendidos como la regulación de la conducta a seguir en un determinado ámbito (funcionarios, profesionales de un determinado sector...). En ellos también existe una tendencia hacia la unificación o refundición de códigos[38]. Como rasgos comunes de estos instrumentos de autorregulación normativa cabe destacar que proceden de instancias privadas, no se integran en el ordenamiento jurídico y no vinculan jurídicamente ni a particulares ni a poderes públicos. De hecho, en caso de encontrar una remisión precisa y rigurosa en el ordenamiento jurídico a una norma técnica, según Esteve Pardo, este perdería su naturaleza como instrumento autorregulador.

La autorregulación declarativa tiene como función esencial el suministro de información, que es tomada en consideración por los poderes públicos pero que no tiene un carácter decisorio en sí misma. Esta se manifiesta a través de decisiones o resoluciones singulares sin efectos jurídicos vinculantes, por ello resulta más apropiado hablar de informaciones puesto que el producto del mecanismo autorregulatorio consiste en el suministro de una información cuya fuerza y

---

37 Esteve Pardo, J. *ibidem*, p. 115.

38 Esteve Pardo, J. *Autorregulación. Génesis y efectos*, *op. cit.* p. 119.

relevancia radica en su importancia, el rigor del método empleado para su obtención y las garantías de veracidad que otorga.

Entre los principales ejemplos de instrumentos declarativos podemos mencionar las informaciones al mercado como las declaraciones de calidad emitidas por sujetos privados. Son informaciones inicialmente dirigidas a consumidores, usuarios, productores, aseguradoras, pero que acaban siendo atendidas por los poderes públicos. Así ocurre en el caso de ciertas certificaciones de calidad que acaban siendo exigidas por las administraciones públicas. También cabe hacer referencia a las informaciones sobre riesgos como las auditorías de carácter ambiental. En ambos casos nos encontramos con declaraciones emitidas por sujetos privados con efectos públicos al ser tomadas en consideración por las Administraciones Públicas llegando a sustituir su actuación. Finalmente, la autorregulación resolutiva es aquella que se presenta como mecanismo alternativo a la resolución judicial de conflictos.

Es necesario para nuestro análisis hacer referencia a la existencia de otros conceptos y clasificaciones de los instrumentos autorregulatorios como la realizada por Pegado Liz en el Dictamen del Comité Económico y Social Europeo sobre el tema "Autoregulación y corregulación en el marco legislativo de la Unión Europea"[39]. Este propone un concepto de autorregulación mucho más amplio que asume construcciones muy diversas y que difiere, respecto a Esteve Pardo, esencialmente en el elemento subjetivo de este fenómeno al no circunscribirlo de manera estricta al ámbito privado. Este autor distingue las siguientes categorías.

En primer lugar, la "autorregulación privada" u original como aquella en la que las normas se formulan por la simple adhesión de los interesados frente a la "autorregulación pública" o delegada como aquella en la que las normas son formuladas por una entidad de orden superior (Estado, órganos reguladores y sectoriales, la Unión Europea), que impone determinados parámetros de cumplimiento obligatorio.

---

[39] Dictamen del Comité Económico y Social Europeo sobre el tema "Autorregulación y corregulación en el marco legislativo de la Unión Europea" (Dictamen de iniciativa) (2015/C 291/05), de 4 de septiembre de 2015

En segundo lugar, la autorregulación de carácter legislativo, consuetudinario o jurisprudencial, cuya "fuente" es la ley, sobre todo el Derecho constitucional o supranacional (por ejemplo, la legislación de la Unión Europea), los "usos y costumbres comerciales" tradicionales, hoy designados como "buenas prácticas", o una compilación de decisiones judiciales.

Y finalmente la "regulación privada transnacional" o autorregulación transnacional como aquella que es el resultado de acuerdos firmados por agentes privados, empresas, ONG, expertos independientes y creadores de normas técnicas, actuando de común acuerdo con organizaciones internacionales o intergubernamentales frente a la autorregulación nacional como aquella que se despliega únicamente en el ámbito nacional.

3.2. La autorregulación de la ciencia y de los riesgos

La autorregulación se ha ido abriendo paso en determinados sectores entre los que cabe destacar el científico-técnico y el relativo a la prevención, gestión y control de los riesgos. El empleo de mecanismos autorregulatorios en este último sector es consecuencia de su carácter técnico y también científico.

El recurso a la autorregulación en el ámbito de la ciencia ha sido progresivo. Según Esteve Pardo las razones son las siguientes, en primer lugar, la especificidad y tecnicidad del lenguaje científico lejano del jurídico; en segundo lugar, la diferencia entre los valores y criterios que sustentan la ciencia y el Derecho; en tercer lugar, por el carácter global de la ciencia, que supera los límites territoriales de los Estados; y, finalmente, por la dimensión temporal de la ciencia que precede al Derecho, el cual, en la mayoría de las ocasiones, va por detrás de lo acaecido en la sociedad[40]. Todo ello ha provocado la proliferación de mecanismos autorregulatorios a través de instrumentos como normas técnicas, certificaciones de seguridad, calidad, ecoauditorías....

40 Esteve Pardo, J. *Autorregulación. Génesis y efectos, op. cit.*, p. 66

La autorregulación ha ido adquiriendo a lo largo de los años un papel protagonista en la gestión de riesgos. Los mecanismos autorregulatorios, por una parte, se presentan como instrumentos inherentes a la gestión de riesgos a consecuencia del carácter tecnológico de estos y la complejidad que presentan. Ello provoca la necesaria colaboración de los profesionales y expertos de cada sector y la aparición de los denominados sistemas autorreferenciales con sus propias normas y sistemas técnicos de control.

Las limitaciones de las Administraciones Públicas para efectuar determinadas tareas de control que exigen un elevado conocimiento técnico, recursos, rigor y tiempo ha conllevado la atribución a los sectores productivos de la elaboración de sus propias normas, fijación de códigos de buenas prácticas, sistemas de acreditación, certificación y autocontrol[41]. Todo ello ha tenido un impacto en la actuación y funciones que las Administraciones Públicas venían desempeñando tradicionalmente.

A menudo tanto la determinación y valoración del riesgo como la adopción de aquellas decisiones necesarias para su contención son trasladadas a empresas y organizaciones profesionales. Ello ha supuesto un aumento de la colaboración privada en el desempeño de la gestión del riesgo. Estas organizaciones asumen funciones de inspección, certificación y autorización, pero también funciones normativas hasta ahora reservadas estrictamente al Estado como único sujeto legitimado para ejercer este poder.

Ello ha provocado que, en ocasiones, las normas jurídicas se limiten a la regulación de aquellos aspectos formales y de procedimiento mientras que serán las normas técnicas las que se ocupen de las cuestiones sustantivas. Nos encontramos, en ocasiones, ante mecanismos autorregulatorios a los que las Administraciones Públicas atribuyen efectos jurídicos vinculantes mediante la remisión a los mismos, pese a que en su origen estas normas habían surgido con un carácter privado y voluntario.

De acuerdo con Carrillo Donaire ello ha provocado, por una parte, la transición de una labor puntual de corrección de los riesgos

---

41 Esteve Pardo, J., "Ciencia y Derecho ante los riesgos para la salud", *op.cit.*, p. 148.

y sus efectos a una labor integral que pone especial atención en su prevención; en segundo lugar, la configuración de técnicas jurídicas nuevas que superan las categorías construidas sobre la técnica autorizatoria, el procedimiento administrativo o la responsabilidad administrativa; y finalmente, la delegación, directa o indirecta, de la gestión de los riesgos en sujetos expertos, sea profesionales o empresas del propio mercado. Se ha producido una paulatina disminución del papel de la Administración en la gestión del riesgo que ha dado paso a una mayor presencia de la sociedad y el mercado en este cometido, como depositarios del conocimiento científico y técnico. En la actualidad no hablamos de una mera colaboración público-privada sino, en muchas ocasiones, de una actuación privada a la que se le han otorgado efectos jurídico-administrativos[42].

Este nuevo reparto de tareas conlleva algunos problemas que debemos tener en cuenta. Puede suponer la desmaterialización del derecho al quedar vaciado de su carácter sustantivo. También cabe cuestionar la falta de legitimidad democrática de estas normas y de este sistema, puesto que no se fundamenta y legitima en el principio de legalidad sino en el conocimiento y saber experto[43]. Estas normas dejan de emanar a través de los cauces habituales de producción normativa y pasan a originarse en los propios sectores objeto de regulación, lo que conlleva el consecuente conflicto de intereses.

También provoca la disminución de la capacidad decisoria de la Administración puesto que esta actúa en base a unos criterios que le son dados y, en ocasiones, incluso delega esta capacidad de decisión en terceros. Corremos el riesgo de atribuir potestades exorbitantes que más tarde sea difícil recuperar.

Este sistema dificulta el control al controlador quien en muchas ocasiones se convierte no solo en regulador y regulado, con los posibles riesgos que ello supone, sino también en controlador y controlado. Este problema requiere la delimitación precisa, por parte del legislador y la Administración Pública, del ámbito de la autorregula-

---

42 Carrillo Donaire, J.A., *op. cit.*, p. 254.

43 Carrillo Donaire, J.A., *op. cit.* p. 255.

ción privada y el establecimiento también de una especie de control de puntos críticos en los procesos de autorregulación privada[44].

La remisión a estas normas técnicas de carácter privado, así como la intensificación de las colaboraciones público-privadas en la gestión de los riesgos del progreso modula las relaciones clásicas de poder entre el Estado y la sociedad pudiendo llegar al sometimiento del primero frente a quienes se encuentran en posesión del conocimiento experto científico-técnico.

Pese a este complejo contexto, el Derecho no deja de tener un espacio esencial en lo que se refiere al tratamiento jurídico del riesgo, en su reconocimiento, valoración y gestión. No debemos olvidar que es el Derecho quien ha de seleccionar las referencias y criterios técnicos que permitan identificar el riesgo; definir los niveles de riesgo tolerable y no tolerable mediante la ponderación de los bienes jurídicos que entran en colisión en cada caso; y adoptar decisiones ante el riesgo antijurídico (medidas de reacción o de protección) con garantía procedimental.

IV. LA AUTORREGULACIÓN EN LA PANDEMIA: LA ACTUACIÓN DE LA ORGANIZACIÓN MUNDIAL DE LA SALUD COMO MECANISMO *PSEUDOAUTORREGULATORIO*

1. La OMS como mecanismo pseudoautorregulatorio

La pandemia del COVID-19 ha puesto a prueba la capacidad de respuesta de la comunidad internacional frente a un riesgo global extremo. Sanahuja atribuye la gravedad de la crisis acontecida, en gran parte, a la crisis que experimenta la globalización desde la crisis económica de 2008 a causa de un altísimo nivel de interdependencia y conectividad no acompañado de los instrumentos y mecanismos de prevención, gestión y control de los riesgos globales propios de dicha interdependencia, y de la ausencia de una gobernanza global legítima y eficaz[45].

---

44 Esteve Pardo, J., "Ciencia y Derecho ante los riesgos para la salud", *op.cit.*, p. 148.

45 Sanahuja, J.A., *op.cit.*, p. 29.

La gobernanza global de la salud radica esencialmente en la OMS quien asume desde su constitución en 1948 la coordinación para contener amenazas sanitarias como parte de su mandato. Así se regula en el Reglamento Sanitario Internacional (en adelante RSI) de 2005, norma internacional de obligado cumplimiento en la que se define el sistema de seguridad sanitaria internacional. El bajo nivel de implementación y cumplimiento de esta norma por parte de los Estados condicionó, en gran medida, la respuesta inmediata al brote que se convirtió en pandemia[46]. Como ya hemos adelantado, debemos preguntarnos si la respuesta que puede ofrecer este organismo frente a riesgos como el Covid-19 es suficiente, efectiva y completa, si su capacidad ejecutiva es bastante y si goza de los recursos y presupuesto necesarios.

La OMS según su constitución se vincula con las Naciones Unidas como uno de los organismos especializados de conformidad con lo dispuesto en el artículo 57 de la Carta de las Naciones Unidas[47]. Si atendemos a la estricta descripción de autorregulación dada por Esteve Pardo puede que los informes, normas o recomendaciones emitidas por la OMS no encajen estrictamente en alguna de las notas que él atribuye al fenómeno autorregulatorio, aunque sí en su mayoría.

Es cierto que la OMS no es un actor privado, sin embargo, tampoco puede calificarse como estrictamente público puesto que alrededor de dos tercios de su financiación procede de entidades privadas. Si atendemos a su estructura y funcionamiento podemos comprobar que su labor se desempeña esencialmente apoyada en el conocimiento experto —rasgo característico de los mecanismos autorregulatorios— sobre cuestiones sanitarias, científicas, médicas...Esta idea se refleja y evidencia tanto en el número como en la extensa labor de los científicos y técnicos que la integran, como en el apoyo, asesora-

---

46 Real Instituto Elcano, *La salud global en la agenda internacional: lecciones de la pandemia para un nuevo papel de España en el mundo ARI 14/2022*, de 21 de febrero de 2022.

47 Constitución de la Organización Mundial de la Salud, adoptada por la Conferencia Sanitaria Internacional, celebrada en Nueva York del 19 de junio al 22 de julio de 1946, firmada el 22 de julio de 1946 por los representantes de 61 Estados y entró en vigor el 7 de abril de 1948.

miento y cooperación científica o técnica que le proporcionan los denominados Centros Colaboradores[48].

Observamos aquí un claro ejemplo de gobernanza donde actores públicos (Estados) y privados (instituciones científicas) colaboran bajo el marco de un organismo internacional especializado con el fin de dar respuesta a un interés social global como es la salud pública y a un riesgo concreto como fue la pandemia. Comparten objetivos, intercambian información, poseen recursos mancomunados y cooperan técnicamente.

Los Centros Colaboradores cooperan con la OMS en diversas actividades, como la recopilación de datos para la elaboración de informes, la organización de reuniones o la formulación de directrices. Podríamos calificar estos actos como resultados de este mecanismo *pseudoautorregulatorio* que claramente producen efectos públicos y que en la pandemia fueron especialmente tomados como referencia por los Estados.

Como característica propia de la autorregulación también podemos hacer referencia al proclamado, pero también cuestionado, carácter independiente de la OMS. Ello se materializa en la prevalencia del interés de la promoción de la salud frente a los intereses propios de los Estados, aunque también es cierta la crítica que subyace en torno a su independencia respecto de quienes la financian.

En este organismo podemos observar rasgos propios de instrumentos autorregulatorios normativos en las funciones de normalización técnica que se le atribuyen en los apartados k), s), t) y u) del artículo 2 de su Constitución donde se mencionan labores como la proposición de convenciones, acuerdos, reglamentos y recomendaciones referentes a asuntos de salubridad internacional; el establecimiento y la revisión de la nomenclatura internacional de las enfermedades, de causas de muerte y de las prácticas de salubridad pública; el establecimiento de normas uniformes de diagnóstico; y el

---

48 Organización Panamericana de la Salud, *Guía para los Centros Colaboradores de la OMS*. Washington, D.C, 2017. Disponible en: https://cdn.who.int/media/docs/default-source/about-us/guide-for-who-collaborating-centres-2017-es.pdf?sfvrsn=9120347_6 [consulta realizada el 26 de julio de 2023]

desarrollo, establecimiento y promoción de normas internacionales con respecto a productos alimenticios, biológicos, farmacéuticos y similares.

Históricamente la OMS ha colaborado con la sociedad científica internacional en tareas de normalización técnica como es el caso de los productos alimentarios o farmacéuticos. Esta labor atendió en su momento tanto a la necesidad de facilitar el desarrollo del comercio y la intercambiabilidad de productos; la armonización de especificaciones técnicas y la elevación de los niveles de seguridad[49].

En las funciones atribuidas a la OMS en el apartado q) del artículo 2 de su Constitución también podemos observar rasgos propios de instrumentos autorregulatorios declarativos al encomendársele la labor de suministrar información, consejo y ayuda en el campo de la salud.

Los referidos instrumentos normativos y declarativos no tienen un carácter jurídico vinculante, sin embargo, sus efectos públicos son manifiestos al ser tomados como referencia por los poderes públicos de los Estados. Este carácter no vinculante se desprende de la redacción de sus documentos. Si tomamos como muestra alguno de los documentos elaborados por la OMS con motivo de la gestión de la pandemia, encontramos referencias como "medidas esenciales que las instancias normativas nacionales y subnacionales pueden aplicar…" o "este documento pretende ayudar a guiar la respuesta de la sanidad pública a la COVID-19 a nivel nacional y subnacional"[50]. En estas alusiones podemos observar claramente el carácter potestativo de las mismos.

Cabe resaltar la labor que la OMS desplegó en la pandemia Covid-19 donde su labor de autorregulación normativa fue de gran relevancia. Fueron numerosos los documentos que semana a semana eran emitidos como estrategias de actuación, protocolos, recomen-

---

49 Darnaculleta i Gardella, M., *op.cit.*, pp. 148-150.

50 Ambas alusiones las podemos encontrar en el documento:
Organización Mundial de la Salud, *Reseña normativa de la OMS: Pruebas de detección de la COVID-19 14 de septiembre de 2022*, Ginebra, 2022. Disponible en: https://www.who.int/es/publications/i/item/WHO-2019-nCoV-Policy_Brief-Testing-2022.1 [consulta realizada el 25 de julio de 2023]

daciones u orientaciones[51]. Podemos invocar como ejemplo numerosos documentos como las primeras orientaciones provisionales dadas a los laboratorios y otros interesados que participaban en las pruebas de laboratorio a los pacientes que se ajustaban la definición de caso sospechoso, publicadas el 17 de enero de 2020[52] o el protocolo de investigación de los primeros casos y sus contactos directos (FFX) de la enfermedad por Coronavirus 2019 (COVID-19), publicado el 20 de febrero de 2020[53].

Muestra de esta autorregulación normativa son también las reseñas normativas[54] que compendian los documentos que describen medidas esenciales que las instancias normativas nacionales y subnacionales podían aplicar en los ámbitos siguientes: pruebas de detección de la COVID-19, manejo clínico de la COVID-19, logro de las metas de vacunación contra la COVID-19, mantenimiento de las medidas de prevención y control de las infecciones (PCI) por el virus de la COVID-19 en los establecimientos de salud, fomento de la confianza mediante la comunicación de riesgos y la participación comunitaria, y gestión de la infodemia relativa a la COVID-19.

En consecuencia, y tras todos los argumentos que acabamos de exponer, podemos reconocer este carácter *pseudoautorregulador* de la OMS, sin embargo, debemos preguntarnos si este resulta suficiente para hacer frente a una crisis global y sistémica de la envergadura

---

51 World Health Organization, *Strategic Preparedness, Readiness and Response Plan to end the Global Covid-19 Emergency in 2022*, Geneva, 2002. Disponible en: https://apps.who.int/iris/rest/bitstreams/1416547/retrieve [consulta realizada el 25 de julio de 2023]

52 Organización Mundial de la Salud, *Pruebas de laboratorio para el nuevo coronavirus de 2019 (2019-nCoV) en casos sospechosos de infección en humanos Orientaciones provisionales 17 de enero de 2020*, Ginebra, 2020. Disponible en: https://apps.who.int/iris/bitstream/handle/10665/330861/9789240001237-spa.pdf [consulta realizada el 25 de julio de 2023]

53 Organización Mundial de la Salud, *Protocolo de investigación de los primeros casos y sus contactos directos (FFX) de la enfermedad por Coronavirus 2019 (COVID-19)*, Ginebra, 2020. Disponible en: https://www.who.int/docs/default-source/coronaviruse/covid-19-master-ffx-protocol-v2-sp-web.pdf?sfvrsn=7ad940f_8 [consulta realizada el 25 de julio de 2023]

54 Página web de la OMS: https://www.who.int/es/emergencies/diseases/novel-coronavirus-2019/covid-19-policy-briefs [consulta realizada el 26 de julio de 2023]

que alcanzó la pandemia de Covid-19 o hubiera sido necesario un mecanismo de gobernanza global con una mayor capacidad y fuerza ejecutiva.

2. *La respuesta de la OMS frente a la pandemia*

La labor de coordinación y liderazgo llevada a cabo por la OMS frente a la pandemia, criticada en reiteradas ocasiones por su lentitud, resulta incuestionable. Todos los documentos y protocolos a los que acabamos de aludir se convirtieron en referencia para los Estados, científicos, médicos, quienes en la mayoría de los casos los tomaron en consideración otorgándoles autoridad pues el conocimiento experto sobre la cuestión era escaso.

Sin embargo, al preguntarnos si su respuesta logró ser suficiente, efectiva y completa, son muchas las carencias que aparecen debido, en esencia, a su insuficiente capacidad ejecutiva y al bajo nivel de recursos económicos con el que cuenta. También a la falta de mecanismos sancionadores con la que obligar al cumplimiento de sus normas vinculantes y a la inexistencia de mecanismos que permitan exigir responsabilidad patrimonial derivada de su actuación.

La OMS carece de competencias ejecutivas y capacidad para desplegar funciones de asistencia propias de la soberanía estatal. Entre sus cometidos destacamos generar y difundir conocimiento experto, generar estadísticas comparables y proponer normas cuya aplicación y aplicación efectiva depende de los Estados —rasgos propios de los mecanismos autorregulatorios como ya hemos avanzado—. Sin embargo, debemos preguntarnos si los elevados niveles de interdependencia y el carácter global de la sociedad internacional requieren una gobernanza multilateral con una mayor capacidad de respuesta, competencias y recursos[55].

Este carácter potestativo tiene como consecuencia que en 2019 poco más de la mitad de los países miembros había implementado

---

55 Huang, Y. y Meltzer G., "Reforming the World Health Organization", en Parker, R. y García, J. (Eds.), *Routledge Handbook on the Politics og Global Health*, Londres, Routledge, 2019, pp. 135-149.

los mecanismos de respuesta frente a una pandemia de características similares a las que luego tendría el SARS-Cov-2, según lo dispuesto en el informe llevado a cabo por la Junta de Vigilancia Mundial de la Preparación[56]. El informe elaborado por Fineberg en 2014, en el que se analizaba la respuesta de la comunidad internacional, en concreto de la OMS y de los Estados, a la gripe porcina de 2009, concluía que "el mundo estaba mal preparado para responder a una pandemia gripal severa o a cualquier emergencia similar global, sostenida y que amenazara la salud pública"[57].

También cabe tener en cuenta —para valorar el delicado y difícil papel que desempeña la OMS— la denominada "paradoja de la prevención", término acuñado por Christian Drosten[58]. Esta consiste en que la adopción temprana de medidas preventivas estrictas puede ser criticada de exagerada mientras que la adopción tardía de estas o su carácter más laxo puede ser calificada de insuficiente. También es necesario tener en cuenta el riesgo que conlleva actuar en un contexto de elevada incertidumbre científica y adoptar decisiones cuyas consecuencias tienen un alto coste tanto económico como político.

Comentábamos que otra de las causas principales de la insuficiente capacidad de respuesta de la OMS radica en sus escasos recursos económicos, por lo que cabe hacer hincapié en el reducido tamaño de su presupuesto. El presupuesto bienal para los años 2020-2021 —elaborado en mayo de 2019— era de 4.842 millones de dólares[59], aproximadamente la mitad del presupuesto destinado por la Generalitat Valenciana al área de sanidad para el año 2023. Las vías principales de financiación que tiene la OMS[60] son, por una parte, las cuotas de afiliación de los Estados Miembros —denominadas contribucio-

---

56 Junta de Vigilancia Mundial de la Preparación, *Un mundo en peligro: informe anual sobre preparación mundial para las emergencias sanitarias*, Organización Mundial de la Salud, Ginebra, 2019.

57 Fineberg, H., "Pandemic preparedness and Response-Lessons from the H1N1 Influenza of 2009", *The New England Journal of Medicine*, núm. 370, 2014, p. 1336.

58 Asesor del gobierno alemán de Ángela Merkl.

59 https://apps.who.int/iris/bitstream/handle/10665/330077/WHO-PRP-19.1-spa.pdf

60 Página web de la OMS: https://www.who.int/es/about/accountability/budget [consulta realizada el 26 de julio de 2023]

nes señaladas— y, por otra parte, las contribuciones voluntarias de los Estados Miembros y de otros asociados.

Las primeras consisten en un porcentaje del PIB de cada Estado acordado por la Asamblea General de las Naciones Unidas y aprobado por los Estados Miembros bienalmente en la Asamblea Mundial de la Salud —órgano superior jerárquico de la OMS—. Las contribuciones señaladas no alcanzan el 20% del presupuesto total.

El 80% restante se financia a través de las contribuciones voluntarias que proceden de Estados Miembros, organizaciones de Naciones Unidas, organizaciones intergubernamentales, fundaciones filantrópicas y sector privado. De este porcentaje únicamente el 4, 1% tiene el carácter de contribuciones voluntarias básicas de naturaleza flexible que son aquellas no ligadas a ningún tipo de condición. En ellas la OMS tiene libertad para elegir en qué y cómo emplearlas. En el 95,9% restante la organización se ve condicionada por los proyectos y condiciones más o menos estrictas que establecen sus contribuyentes. Este sistema de financiación provoca que sus líneas o planes de acción se encuentren condicionados por las prioridades particulares de los donantes externos, conflictos de interés e inestabilidad presupuestaria debido al carácter voluntario de las donaciones.

V. CONCLUSIONES

Tras exponer el concepto de riesgo que emplea Beck como elemento vertebrador de la sociedad actual y contrastar sus características con el riesgo de pandemia y con los rasgos de los riesgos generados por el Covid-19, podríamos categorizar la pandemia Covid-19 como riesgo y, en cualquier caso, como escenario generador de riesgos.

La noción de gobernanza surge como nuevo modelo de gobierno que viene a dar respuesta a un contexto social, económico y jurídico caracterizado, entre otras cuestiones, por la incapacidad del Estado para hacer frente a riesgos globales como pandemias, terrorismo internacional o el cambio climático. La gobernanza se caracteriza por la interdependencia y colaboración de los actores públicos y privados en la resolución de cuestiones de interés social y elaboración de políticas públicas, así como por la transición de un modelo de gobierno estatal jerárquico a un modelo horizontal basado en redes de cooperación entre actores.

En ella cabe resaltar el papel destacado de los actores privados, especialmente a través de instrumentos y mecanismos autorregulatorios, cuya relevancia radica en los efectos públicos que provocan sus resultados y actos —normas técnicas, informes, recomendaciones, directrices, códigos éticos— al ser tomados en cuenta como referencia y, en ocasiones, asumidos como propios por los poderes públicos. Cabe mencionar el importante impacto que ello provoca en el funcionamiento de las Administraciones Públicas y el desempeño de las funciones que tradicionalmente venían desempeñando como es el caso de la actividad administrativa de intervención.

La crisis generada por la pandemia Covid-19 —dado su carácter global y sistémico, la ausencia de conocimiento experto, medidas de prevención y recursos— desbordó tanto al Estado como a la comunidad internacional y puso en evidencia las carencias de unos y otros. El Estado se vio limitado, esencialmente, por la complejidad científica, la falta de conocimiento experto previo y por el carácter global de este riesgo, sin embargo, gozaba de instrumentos jurídicos con los que adoptar medidas de obligado cumplimiento.

La OMS como organismo de gobernanza global competente en materia de salud en el que se reflejan numerosos rasgos atribuibles a los mecanismos autorregulatorios —su base en el conocimiento experto, su pretendida independencia respecto de los Estados en materia de salud pública, su colaboración con actores privados en labores como la obtención de datos, generación de informes, directrices, recomendaciones y protocolos y el efecto público de estos— tampoco fue capaz de ofrecer una respuesta y gestión suficiente y eficaz. Ello se atribuye, principalmente, a su insuficiente capacidad ejecutiva, al bajo nivel de recursos económicos con el que cuenta, a la falta de mecanismos sancionadores con los que obligar al cumplimiento de sus normas vinculantes y a la inexistencia de mecanismos que permitan exigir responsabilidad patrimonial derivada de su actuación.

Esta situación condujo a la búsqueda de una necesaria colaboración entre los distintos niveles de gobernanza —internacional, regional y nacional— con el fin de completar las carencias de este mecanismo *pseudoautorregulatorio* con la capacidad ejecutiva y económica de los Estados y otras organizaciones internacionales como la UE, y viceversa.

Cada uno de estos actores trató de cubrir con sus competencias aquellos espacios donde el resto no llegaba. En consecuencia, ante crisis de este nivel son necesarios mecanismos de gobernanza global con una mayor capacidad y fuerza ejecutiva que la que pueden facilitar los mecanismos autorregulatorios que carecen de fuerza ejecutiva y potestad sancionadora. Resulta imprescindible la revisión y redefinición de la relación de interdependencia entre la OMS y los Estados con el fin de incrementar el nivel de preparación y respuesta ante futuras pandemias.

BIBLIOGRAFÍA

1. Doctrina

Aguilar Villanueva, L., *Gobernanza y Gestión Pública*, FCE, México, 2006.

Auby, J.B., "Le droit administratif dans la société du risque: quelques réflexions", Rapport public 2005: jurisprudence et avis de 2004. Responsabilité et socialisation du risque, La Documentation française, 2005.

Beck, U. *La sociedad del riesgo mundial. En busca de la seguridad perdida*, Paidós, Barcelona, 2008.

Beck, U., "La politique dans la société du risque", *Revue du MAUSS*, núm. 17, 2001, pp. 376-392.

Beck, U., *La sociedad del riesgo. Hacia una nueva modernidad*, Paidós, Barcelona, 1998.

Beck, Ulrich. *La irresponsabilidad organizada*, Biblioteca Omegalfa, 2020.

Bueno Campos, E., *Dirección Estratégica de la Empresa*, Ediciones Pirámide, Madrid, 1996.

Carrillo Donaire, J.A., "Derecho, técnica y riesgo: el principio de precaución medioambiental", *Revista de Fomento Social*, núm. 71, 2016, pp. 247-259.

Cassese, S., *La Globalización jurídica*, Instituto Nacional y de Administración Pública y Marcial Pons, Madrid-Barcelona, 2006.

Conde, C., "La transferencia del buen gobierno; organizaciones internacionales y reforma institucional en los países en desarrollo", *IX Congreso del CLAD sobre Reforma del Estado y de la Administración Pública*, Madrid, 2004.

Darnaculleta i Gardella, M., *Autorregulación y derecho público. La autorregulación regulada*, Marcial Pons. Ediciones Jurídicas y Sociales, Madrid, 2005.

Díaz Perilla, V., "El derecho administrativo frente a la teoría de la sociedad del riesgo de Ülrich Beck", *Revista General de Derecho Administrativo*, núm. 57, 2021.

Esteve Pardo, J. *Autorregulación. Génesis y efectos*, Aranzadi, Navarra, 2002.

Esteve Pardo, J. *Técnica, riesgo y Derecho. Tratamientos del riesgo tecnológico en el Derecho ambiental*, Ariel, Barcelona, 1999.

Esteve Pardo, J., "Ciencia y Derecho ante los riesgos para la salud", *Documentación Administrativa*, núm. 265-266, enero-agosto 2003, pp. 137-150.

Fineberg, H., "Pandemic preparedness and Response-Lessons from the H1N1 Influenza of 2009", *The New England Journal of Medicine*, núm. 370, 2014, pp. 1335-1342.

Galindo, J., "El concepto de riesgo en las teorías de Ulrich Beck y Niklas Luhmann", *Revista Acta Sociológica*, vol. 67, mayo-agosto, 2015, pp. 141-164.

Huang, Y. y Meltzer G., "Reforming the World Health Organization", en Parker, R. y García, J. (Eds.), *Routledge Handbook on the Politics og Global Health*, Routledge, Londres, 2019, pp. 135-149.

Kooiman, J. "Gobernar en Gobernanza", *Instituciones y desarrollo*, núm. 16, pp. 171-194.

Mayntz R., "El Estado y la sociedad civil en la gobernanza moderna", *Revista del Centro Latinoamericano de Administración para el Desarrollo, Reforma y Democracia*, núm. 21, 2001, pp. 1-8.

Mayntz, R. "Nuevos desafíos de la teoría de la gobernanza", *Instituciones y desarrollo*, núm. 16, 2000, pp. 171-194.

Morata, F., *Gobernanza Multinivel en la Unión Europea*, Tirant lo Blanch, Valencia, 2004.

Morcillo Moreno, J., "Una crisis marcada por la globalización: intervención, desregulación y autorregulación regulada", en Blasco Esteve, A. (Coord.), *El Derecho público de la crisis económica. Transparencia y sector público. Hacia un nuevo derecho administrativo*, Instituto Nacional de Administración Pública, Madrid, 2012, pp. 445-458.

Olvera Porcel, F. y Ojeda García, R. "Gobernanza y descentralización estatal: regionalismo y localismo en la teoría de las atribuciones estatales", en Vázquez García R., *Teorías actuales sobre el Estado contemporáneo*, Universidad de Granada, Granada, 2011, pp. 39-71.

Prats, J., *De la burocracia al management, del management a la gobernanza*, Instituto Nacional de la Administración Pública, Madrid, 2005.

Sanahuja, J.A., "COVID-19: riesgo, pandemia y crisis de gobernanza", *Anuario CEIPAZ 2019-2020*, núm. 12, 2020, pp. 27-54.

Stuhldreher, A., "Interregionalismo y gobernanza gobal", *Revista CIDOB d'Afers Internacional*, núm. 60, pp. 119-145.

2. *Normas e informes*

Banco Mundial, *El África subsahariana de la crisis al desarrollo sostenible. Una perspectiva de largo plazo*, 1989

Banco Mundial, *Gobernance and Development*, 1992.

Constitución de la Organización Mundial de la Salud, firmada el 22 de julio de 1946.

Dictamen del Comité Económico y Social Europeo sobre el tema "Autorregulación y corregulación en el marco legislativo de la Unión Europea" (Dictamen de iniciativa) (2015/C 291/05) 4/9/2015)

Junta de Vigilancia Mundial de la Preparación, *Un mundo en peligro: informe anual sobre preparación mundial para las emergencias sanitarias*, Organización Mundial de la Salud, Ginebra, 2019.

Organización Mundial de la Salud, *Protocolo de investigación de los primeros casos y sus contactos directos (FFX) de la enfermedad por Coronavirus 2019 (COVID-19)*, Ginebra, 2020.

Organización Mundial de la Salud, *Pruebas de laboratorio para el nuevo coronavirus de 2019 (2019-nCoV) en casos sospechosos de infección en humanos Orientaciones provisionales 17 de enero de 2020*, Ginebra, 2020.

Organización Panamericana de la Salud, *Guía para los Centros Colaboradores de la OMS*, Washington, D.C., 2017.

World Health Organization, *Strategic Preparedness, Readiness and Response Plan to end the Global Covid-19 Emergency in 2022*, Geneva, 2002.

La vigilancia administrativa automatizada en la sociedad post-coronavirus

JUAN MARÍA MARTÍNEZ OTERO
Profesor Titular. Departamento de Derecho Administrativo y Procesal de la Universidad de Valencia
Correo electrónico: marojua9@uv.es

I. INTRODUCCIÓN: HIPERVIGILAR PARA PROTEGER[1]

La pandemia del coronavirus ha actuado como agente precipitador de muchos cambios sociales, que se avizoraban ya en la segunda década del presente siglo y se hicieron realidad de forma vertiginosa, ante las exigencias impuestas por la gestión de la enfermedad. Entre estos cambios, ocupa un lugar destacado la incorporación y generalización en las rutinas administrativas de poderosos instrumentos tecnológicos y digitales. En efecto, aun cuando a finales de la década precedente la digitalización de las Administraciones públicas era un proceso ya iniciado, su avance ha experimentado una aceleración casi exponencial desde enero de 2020, fecha en que se detectó en España el primer positivo por SARS-CoV-2.

El proceso de digitalización de la Administración es complejo y afecta a todas sus dimensiones, potestades y formas de actuación[2]. Baste pensar en la obligación de relacionarse con la Administración de forma electrónica que tienen determinados administrados des-

---

1 Capítulo redactado en el marco del Proyecto “Derechos y garantías públicas frente a las decisiones automatizadas y el sesgo y discriminación algorítmicas” (PID2022-136439OB-I00) financiado por el Ministerio de Ciencia e Innovación.

2 Cfr. Danaculleta Gardella, M. M.: “Rasgos del Derecho Administrativo contemporáneo”, *Tratado de Derecho administrativo*, vol. I (Coords. J. M. Rodríguez de Santiago, G. Doménech Pascual y L. Arroyo Jiménez), Marcial Pons, Madrid, 2021, p. 406.

de el año 2015; las obligaciones de transparencia y publicidad activa, mediante portales web accesibles y debidamente actualizados; el tránsito de los expedientes en papel a expedientes electrónicos; o la realidad del teletrabajo, que progresivamente va generalizándose en muchas de las administraciones españolas.

Uno de los ámbitos de actuación administrativa en que la digitalización se muestra más prometedora es el de la vigilancia sobre aquellas actividades de los particulares que puedan resultar peligrosas para los intereses generales. De entrada, es preciso subrayar que la incorporación al aparato supervisor del Estado de diferentes medios técnicos y automáticos no representa ninguna novedad. Los radares de velocidad en las carreteras, por ejemplo, llevan funcionando al servicio de la seguridad vial desde hace más de cincuenta años. Lo que sí representa una novedad, sin embargo, es la capacidad intensiva y extensiva que esta vigilancia pública puede alcanzar en nuestras sociedades, habida cuenta la potencia de los instrumentos tecnológicos que se vienen desarrollado en los últimos años[3].

En este sentido, durante la lucha contra la pandemia de coronavirus hemos asistido a una demostración de hasta dónde puede llegar el control de los poderes públicos cuando recurren a herramientas de supervisión digital y automatizada. Sin ánimo de exhaustividad, nos permitimos enumerar algunos ejemplos de esta "hipervigilancia" administrativa que se ha desarrollado en la gran mayoría de latitudes.

Como es sabido, una de las medidas estrella para luchar contra la propagación de la enfermedad consistió en el desarrollo de aplicaciones de móvil capaces de geolocalizar a los usuarios, con el fin de trazar sus

---

[3] Una cata de diferentes ámbitos en que la Administración viene utilizando instrumentos tecnológicos al servicio de la policía y la supervisión puede consultarse en: Fuertes, M.: "Reflexiones ante la acelerada automatización de actuaciones administrativas", *Revista Jurídica de Asturias*, núm. 45, 2022, pp. 107 y ss. Entre muchos ejemplos, la autora destaca los sistemas de reconocimiento de huellas dactilares; programas que coadyuvan a comprobar la fiabilidad de las denuncias; otros dirigidos a luchar contra el blanqueo de capitales y el fraude fiscal; herramientas utilizadas para detectar situaciones en que la competencia aparece distorsionada o en que se utiliza información privilegiada en el mercado de valores; o sistemas que permiten examinar la veracidad de los *curricula* presentados en determinados concursos.

interacciones y advertir de posibles contactos con personas contagiadas. En los países de nuestro entorno cultural dichas aplicaciones —diseñadas con todo tipo de garantías para salvaguardar los datos personales de los usuarios— fueron de instalación voluntaria y no llegaron a generalizarse; en países orientales, por el contrario, la instalación se impuso de forma obligatoria, y su funcionamiento no se rodeó de excesivas garantías en cuanto a la anonimización de los datos de sus usuarios[4].

Junto con estas aplicaciones, diferentes países han empleado otras formas tecnológicas de control, con una gran incidencia en la intimidad de las personas. Veamos tan solo tres ejemplos como botón de muestra. En diciembre de 2021 Corea del Sur anunció la puesta en marcha de un sistema de reconocimiento facial para identificar personas contagiadas de covid-19 y vigilar sus movimientos. El sistema, que empleaba diez mil cámaras de vigilancia, se implementó en la ciudad de Buncheon, con la finalidad declarada de reducir el trabajo de los agentes humanos que venían dedicándose a dicha supervisión[5]. Israel, por su parte, aprobó a comienzos de 2020 el rastreo de personas contagiadas mediante sus teléfonos móviles a través de un software del servicio secreto Shin Bet[6]. En Francia, en mayo de 2020 la policía de París recurrió a drones para controlar que no se produjeran reuniones no autorizadas durante el desconfinamiento[7].

---

4 Sobre las garantías que pueden rodear estas aplicaciones, resulta de interés: Roig Batalla, A.: "Garantías frente a las aplicaciones de rastreo de contagios en situaciones de pandemia", *Teoría y Realidad Constitucional*, núm. 48, 2021, pp. 527-542. En China, hasta diciembre de 2022 fue obligatoria la instalación de una aplicación de estas características. Cfr. "China abandona la 'app' de rastreo en su relajación de los controles de COVID", *Euronews*, 13 de diciembre de 2022. Disponible en: https://es.euronews.com/2022/12/13/salud-coronavirus-china (última visita: 8.05.2023).

5 Cfr. "South Korea using AI-powered facial recognition to identify Covid cases", *ITNews Asia*, 19 de diciembre de 2021. Disponible en: https://www.itnews.asia/news/south-korea-using-ai-powered-facial-recognition-to-identify-covid-cases-574246 (última visita: 8.05.2023).

6 Cfr. "Israel recurre al espionaje para vigilar los movimientos de los infectados por coronavirus", *El País*, 17 de marzo de 2020. Disponible en: https://elpais.com/sociedad/2020-03-17/israel-recurre-al-espionaje-para-vigilar-los-movimientos-de-los-infectados-por-coronavirus.html (última visita: 8.05.2023).

7 El Consejo de Estado Francés ordenó la cesación de esta vigilancia en su decisión 440442-44045, de 18 de mayo de 2020.

Con un perfil menos espectacular que las medidas anteriormente mencionadas, la obligación de mostrar el "pasaporte covid" para acceder a todo tipo de establecimientos y medios de transporte colectivo también supuso una medida de vigilancia muy incisiva, sobre todo por el hecho de exigir su control a un sinfín de responsables de comercios y establecimientos —normalmente, mediante lectores de códigos QR—, que conformaron una red de control de una capilaridad desconocida hasta la fecha.

Aunque el escenario de la pandemia ha sido ciertamente excepcional, y sin perjuicio de que algunas de las medidas de vigilancia previamente apuntadas fueron declaradas inconstitucionales *a posteriori* por diversos órganos jurisdiccionales[8], la forma de gestionar dicha situación ha evidenciado que el poder de vigilancia de la Administración puede alcanzar cotas formidables, inconcebibles hace apenas diez o quince años[9].

En este contexto, el presente capítulo pretende abordar las garantías que se vienen proponiendo para que la utilización de sistemas automatizados de supervisión por parte de la Administración se realice de forma equilibrada y respetuosa con los derechos de las personas vigiladas. Para encuadrar debidamente la cuestión, el capítulo parte de una presentación sobre las potestades de vigilancia e inspección. A continuación, se señalan de forma sucinta cuáles son las ventajas y los inconvenientes de la supervisión automatizada. Finalmente, la parte central del estudio versa sobre las garantías que deben presidir

---

8 Cfr. "El Supremo de Israel veta el rastreo masivo del servicio de espionaje a los móviles de los contagiados", *El País*, 1 de marzo de 2021. Disponible en: https://elpais.com/sociedad/2021-03-01/el-supremo-de-israel-veta-el-rastreo-masivo-del-servicio-de-espionaje-a-los-moviles-de-los-contagiados.html (última visita: 23.05.2023).

9 Aunque en nuestro entorno cultural estamos lejos de un control así, resulta oportuno referirse aquí al sistema de crédito social chino, un sistema digital experimental de control, registro y puntuación basado en datos, que clasifica y evalúa a individuos, funcionarios, empresas, organizaciones y asociaciones. De dicha evaluación se derivan penalizaciones y ventajas, por ejemplo, en el acceso a préstamos o servicios públicos. Sobre el potencial totalitario de dicho sistema profundiza García Sánchez, M. D.: "*Big brother*, ¿ciencia ficción o realidad?", *Ius et Scientia*, núm. 8-1, 2022, pp. 11 y ss.

la vigilancia administrativa automatizada a fin de conciliar todos los derechos e intereses que en ella se sustancian.

El capítulo toma como punto de partida y referencia la vigilancia administrativa en el contexto de la pandemia del coronavirus, pero pretende ofrecer reflexiones de más largo aliento, aplicables a contextos de carácter menos excepcional.

II. TRASCENDENCIA DE LAS POTESTADES ADMINISTRATIVAS DE VIGILANCIA E INSPECCIÓN

En un icónico trabajo de 1949, el profesor Jordana de Pozas distinguía tres formas básicas de actuación administrativa: la policía, el servicio público y el fomento[10]. En este esquema, la función de policía podría definirse como aquella forma de actividad administrativa dirigida a la protección de los intereses públicos que se caracteriza por el uso de la coacción y la imposición de limitaciones a la actividad de los particulares[11].

Dependiendo del momento en que se despliegue, la policía administrativa puede ser preventiva o represiva. La policía preventiva se concreta en medidas de ordenación y de control, mediante la imposición de límites y obligaciones y el establecimiento de sistemas de supervisión[12]; la represiva, por su parte, se concreta en la tramitación de procedimientos sancionadores con el fin de castigar los incumplimientos del marco jurídico vigente.

---

10 Jordana de Pozas, L.: "Ensayo de una teoría del fomento en el Derecho administrativo", *Revista de estudios políticos*, núm. 48, 1949, pp. 41-54. La principal virtud de este trabajo consistió en superar exposiciones meramente descriptivas del Derecho Administrativo positivo y agrupar las más dispares formas de intervención en unos cuantos arquetipos inspirados en gran medida en la doctrina italiana y francesa (Presutti y Bonard, especialmente).

11 Villar Ezcurra, J. L.: "Los cauces de la intervención administrativa", *Don Luis Jordana de Pozas. Creador de Ciencia Administrativa*, Universidad Complutense de Madrid, Madrid, 2000, p. 284.

12 Cfr. Sánchez Morón, M.: *Derecho Administrativo. Parte General*, Tecnos, Madrid, 2018, (14ª), pp. 666 y ss.

Las potestades de vigilancia e inspección pueden caracterizarse así como medidas de policía preventiva y de control[13]. Estas potestades permiten a su titular llevar a cabo determinadas actividades orientadas a verificar la conformidad con el Derecho de una actividad llevada a cabo por otros individuos[14]. En caso de disconformidad, la Administración puede exigir la cesación de la conducta o el resultado ilegal, así como incoar el correspondiente procedimiento sancionador.

Es oportuno hacer notar que la eficacia del ordenamiento jurídico depende, en gran medida, de la existencia de un buen aparato controlador, lo que ha propiciado el desarrollo de un vasto catálogo de instrumentos de supervisión en manos de la Administración[15].

La vigilancia administrativa contribuye al respeto del ordenamiento jurídico de tres maneras. En primer lugar, previene incumplimientos normativos, toda vez que los ciudadanos, al saber que existen controles por parte de las autoridades, tienden a adecuar su conducta a los estándares contenidos en las normas[16]. En segundo

---

13 En el presente trabajo emplearemos de forma flexible los conceptos de vigilancia, supervisión, control e inspección, todos ellos englobados en la tradicional función de policía administrativa. Una propuesta de perfilado de cada uno de ellos puede consultarse en: Parejo Alfonso, L.: *La vigilancia y la supervisión administrativas*, Tirant lo Blanch, Valencia, 2016, pp. 211 y ss.

14 Doménech Pascual, G.: "¿Mejor antes o después? Controles públicos previos versus controles públicos posteriores", *Papeles de economía española*, núm. 151, 2017, p. 48. Actualmente, las potestades de vigilancia e inspección se atribuyen de forma genérica a la Administración pública en el artículo 4.2 LRJSP, en los siguientes términos: "Las Administraciones públicas velarán por el cumplimiento de los requisitos previstos en la legislación que resulte aplicable, para lo cual podrán, en el ámbito de sus respectivas competencias y con los límites establecidos en la legislación de protección de datos de carácter personal, comprobar, verificar, investigar e inspeccionar los hechos, actos, elementos, actividades, estimaciones y demás circunstancias que fueran necesarias".

15 Junto a la finalidad de vigilancia, la recopilación de información por parte del poder público también se orienta a la racionalización de la acción de gobierno, como recuerda Rivero Ortega, R.: "Gestión pública inteligente, innovación e información: oportunidades y riesgos del *Big data* administrativo", *Presupuesto y Gasto Público*, núm. 86, 2017, p. 143.

16 Bermejo Vera, J.: "La Administración inspectora", *Revista de Administración Pública*, núm. 147, 1998, p. 48; y también: Cotino Hueso, L.: "Hacia la transparencia 4.0: el uso de la inteligencia artificial y *big data* para la lucha contra el fraude y la co-

lugar, la vigilancia permite reprimir los incumplimientos legales que se detectan, abriendo la puerta a la aplicación régimen sancionador correspondiente[17]. Por último, e independientemente de las sanciones que se puedan imponer, la detección de incumplimientos legales permite al poder público exigir el restablecimiento del orden legal vulnerado, suprimiendo la situación de peligro o lesión de los intereses públicos que el incumplimiento de la norma genera[18].

Ejemplifiquemos estas tres finalidades en el contexto de la pandemia. Si la obligación de quedarse confinado en casa es supervisada en un municipio por una decena de policías locales que patrullan las calles, previsiblemente muchos ciudadanos optarán por quedarse en su domicilio, aunque tengan la tentación de salir a la calle. Aquel vecino que ignore la cuarentena y salga a la calle sin un motivo justificado, en caso de ser descubierto probablemente será sancionado, lo que contribuirá a reforzar la eficacia de la norma. Finalmente, el ciudadano que incumple y sale a la calle, tras ser descubierto y denunciado, será obligado a volver a su casa, de modo que se suprime el peligro para la salud pública que su libre deambular por las calles podría generar.

En resumen, cabe concluir que las actividades de supervisión administrativa revisten una gran trascendencia a la hora de garantizar el respeto al ordenamiento jurídico y, por ende, de salvaguardar los diversos intereses públicos reconocidos por las leyes. En efecto, de nada serviría contar con el marco normativo más afinado y justo que quepa concebir si el respeto al mismo no es supervisado por autoridad alguna. Y ello porque, aunque la vigilancia y la sanción administrativas no constituyen ni la única ni la principal razón para respetar las leyes, resultan un medio irrenunciable en algunos casos[19].

---

rrupción y las (muchas) exigencias constitucionales", *Repensando la Administración digital y la innovación pública* (coord. C. Ramió), INAP, Madrid, 2021, p. 174.

17 Esta punición, como es sabido, tiene a su vez una finalidad preventiva, tanto especial como general, ya que la persona que es castigada probablemente se lo piense dos veces antes de volver a infringir el ordenamiento; al tiempo que el resto de la ciudadanía, al observar que incumplir las normas tiene consecuencias negativas, "escarmentará en cabeza ajena".

18 Cfr. Fernández Ramos, S.: *La actividad administrativa de inspección*, Comares, Granada, 2002, pp. 21 y ss.

19 Sobre los motivos que impulsan a las personas a respetar las normas, resulta de especial interés: Friedman, L. M.: *Impact*, Harvard University Press, Cambridge,

III. LA SUSTITUCIÓN DE AGENTES HUMANOS POR INSTRUMENTOS AUTOMATIZADOS DE SUPERVISIÓN: PROMESAS Y PELIGROS

Una vez expuesta la importancia del aparato supervisor de la Administración, corresponde abordar la cuestión de cómo distribuir las tareas de vigilancia entre agentes humanos e instrumentos automatizados. Y ello porque, como hemos apuntado en la introducción, la posibilidad de sustituir la tradicional vigilancia humana por una vigilancia tecnológica y automatizada cada día es más plausible. Sin ánimo de agotar una cuestión ciertamente compleja, a continuación compendiamos los principales argumentos a favor y en contra de dicha sustitución.

1. Argumentos a favor de la automatización del control administrativo

La primera ventaja del control automatizado es, indudablemente, la eficiencia. Y ello porque en la mayoría de los casos el recurso a medios tecnológicos de supervisión —ya sean radares, algoritmos, cámaras o aplicaciones de móvil— permite abaratar enormemente los costes de la vigilancia. Este ahorro de costes no resulta un argumento menor, toda vez que permite a los poderes públicos destinar esos recursos a la consecución de otros intereses públicos o bien reducir la presión fiscal sobre la ciudadanía[20]. Además, la supervisión automatizada a menudo resulta más eficiente también para el sujeto vigilado, que no tiene que padecer las inconveniencias de controles llevados a cabos por seres humanos, tales como la necesidad de detener su vehículo, mostrar documentación o recibir agentes de la autoridad en las dependencias de su empresa o establecimiento[21]. Así, por ejem-

2016. El autor agrupa estos motivos en tres grandes grupos: premios y castigos; presión social; y conciencia personal. Pues bien, cuando ni la presión social ni la conciencia personal tienen fuerza suficiente, los premios y castigos del poder público cobran una importancia mayor.

20 Cortés, Ó.: "Algoritmos y algunos retos jurídico-institucionales para su aplicación en la Administración Pública", *Revista Vasca de Gestión de Personas y Organizaciones Públicas*, núm. 18, 2020, p. 56.

21 Cfr. Capdeferro Villagrasa, Ó.: "Obligaciones sujetas a control administrativo automatizado", *IDP. Internet, Derecho y Política*, núm. 37, 2023, p. 4.

plo, un sistema automatizado de lectura de matrículas que controla el acceso a una zona de bajas emisiones en el casco urbano no tiene necesidad de detener los vehículos, con las molestias o atascos que ello puede ocasionar.

Un segundo argumento en favor de la supervisión automatizada es el de su eficacia, principio del quehacer administrativo expresamente rcconocido en el artículo 103 de la Constitución[22]. En efecto, muchas tareas de supervisión las realizan más eficazmente las máquinas que las personas, en la medida en que pueden realizar cálculos más precisos a una velocidad mucho mayor, y no sienten distracciones ni fatiga[23]. En esta misma línea, no se debe perder de vista que las personas que infringen la ley frecuentemente se sirven de instrumentos tecnológicos muy sofisticados, de modo que si la Administración pretende realizar una supervisión eficaz no puede renunciar a emplear medidas de detección proporcionales, de similar calibre[24]. Todavía respecto de la eficacia del control, la supervisión automatizada abre la puerta a la posibilidad de convertir muchos controles que hasta el momento eran aleatorios —sobre un porcentaje de los sujetos obligados por la norma— en controles generales, realizados sobre todos y cada uno de los sujetos obligados. Esta sustitución implica un cambio cualitativo en el ámbito de la supervisión pública:

---

22 Sobre la dimensión constitucional de la eficacia y la eficiencia administrativas, resulta de interés: Goerlich Peset, J. M.: "Decisiones administrativas automatizadas en materia social: algoritmos en la gestión de la Seguridad Social y en el procedimiento sancionador", *Labos*, vol. 2, núm. 2, 2021, p. 35.

23 Capdeferro Villagrasa, Ó.: "Urbanismo y corrupción en la era de la inteligencia artificial", *El derecho, la ciudad y la vivienda en la nueva concepción del desarrollo urbano: desafíos transnacionales y transdisciplinarios de la gobernanza en la Nueva Agenda Urbana* (Coord. J. Ponce Solé), Atelier, Barcelona, 2019, p. 201. Por ejemplo, una aplicación debidamente programada puede controlar que miles de personas confinadas están respetando las medidas de cuarentena que se les han impuesto, tarea sencillamente imposible de realizar con el número de efectivos humanos con los que cuenta la Administración.

24 Como apunta Rivero, "las organizaciones criminales utilizan cada vez medios más sofisticados para perpetrar los delitos, de manera que un atraso tecnológico de la policía concedería demasiada ventaja a intereses capaces de causar un gran daño". Rivero Ortega, R.: "Algoritmos, inteligencia artificial y policía predictiva en el Estado vigilante", *Revista General de Derecho Administrativo*, núm. 62, 2023, p. 3.

si con los controles humanos la posibilidad de ser descubierto era una mera probabilidad, con los automatizados se convierte en una certeza, lo que invita a presumir que el grado de cumplimiento de la norma será prácticamente absoluto[25].

Una tercera ventaja de la vigilancia automatizada radica en su mayor neutralidad. Mientras los agentes de carne y hueso están condicionados por sus experiencias, preferencias y sesgos personales, los instrumentos de control tecnológico trabajan mediante el análisis de datos, que por su propia naturaleza son objetivos. Esta "objetividad" de las máquinas parece idónea para aplicar las normas de forma totalmente neutral, con abstracción de la raza, nacionalidad o aspecto del sujeto inspeccionado y sin la contaminación de posibles conflictos de interés[26]. A estas alturas de desarrollo tecnológico ya hemos tomado conciencia de que ciertos instrumentos de control automatizado también pueden tener sesgos discriminatorios, que pueden provenir tanto de su propio diseño —por los sesgos de los programadores— como de los datos con los que se les "alimenta". En cualquier caso, en la medida en que los sesgos de los instrumentos automatizados sean más escasos o superficiales que aquellos que padecemos los agentes humanos, sigue siendo razonable presentar como una ventaja la neutralidad de la vigilancia automatizada[27].

---

25 Como subraya Cotino, "el incremento de efectividad y eficacia se percibe por los potenciales inspeccionados y lleva a un mayor cumplimiento normativo". Cotino Hueso, L.: "Hacia la transparencia 4.0…", op. cit., p. 174.

26 En efecto, "una de las principales ventajas de la inteligencia artificial es su capacidad de realizar el ideal burocrático perfecto del principio de legalidad: una aplicación de las normas indistinta de las preferencias subjetivas de los operadores llamados a conectar y hechos y Derecho vigente". Rivero Ortega, R.: "Algoritmos, inteligencia artificial…", op. cit., p. 15. En sentido similar, Fuertes, M.: "Reflexiones ante la acelerada automatización…", op. cit., p. 112.

27 En esta línea argumental, Huergo señala que "la insistencia en los sesgos algorítmicos puede resultar excesiva si se piensa en las alternativas (es decir, en las decisiones puramente humanas)". Huergo Lora, A.: "Gobernar con algoritmos, gobernar los algoritmos", *El Cronista del Estado Social y Democrático de Derecho*, núm. 100, 2022, p. 85.

2. *Argumentos en contra de la automatización del control administrativo*

Existe una prolija literatura que analiza los problemas de la progresiva sustitución del control humano por un control de carácter automatizado. Ante la imposibilidad de compendiar aquí todos ellos, nos contentamos con presentar los seis problemas que nos resultan más inquietantes, que son precisamente los que se pretenden sortear con las garantías que se expondrán en el siguiente epígrafe.

El primer motivo de recelo respecto de la vigilancia automatizada gira en torno a la protección de la intimidad y los datos personales de los administrados[28]. Como es sabido, los mecanismos de supervisión cada día son más poderosos y penetrantes, y un uso poco moderado de los mismos puede convertir en una reliquia del pasado analógico los derechos reconocidos en el artículo 18 CE[29].

Una supervisión excesivamente generalizada puede suponer, en segundo lugar, una merma considerable de la espontaneidad y la libertad individuales. Como es sabido, cuando una persona piensa que puede estar siendo observada actúa como si efectivamente lo estuviera, lo que condiciona su forma de comportarse en sociedad y, por consiguiente, su derecho al libre desarrollo de la personalidad, reconocido en el artículo 10 CE[30].

La consideración conjunta de los dos motivos anteriores, referidos a los ciudadanos individualmente considerados, nos lleva a una tercera amenaza de la hipervigilancia, esta vez de carácter más colectivo. Y esta no es otra que su potencial para construir sociedades frías, poco cohesionadas, en las que reine la desconfianza. Existen muchas razones para respetar una norma: el reconocimiento de su legitimidad, el respeto a la opinión de la mayoría, la voluntad de convivir, la

---

[28] A título ejemplificativo, sobre el equilibrio entre policía administrativa y protección de datos personales durante la pandemia, puede consultarse: Arenas Ramiro, M.: "Nuevas tecnologías y retos para la protección de datos personales en Europa: el rastreo de contactos durante la pandemia por COVID-19", *Confluencias*, núm. 23-2, 2021, pp. 99-117.

[29] Cfr. Rivero Ortega, R.: "Gestión pública inteligente…", op. cit., p. 150.

[30] Como apunta García Sánchez, "el hecho de sentirnos constantemente observados ya supone una coacción de la propia libertad individual". García Sánchez, M. D.: "*Big brother*, ¿ciencia ficción o realidad?", op. cit., p. 32.

presión del grupo, el miedo al castigo...[31] En función de los valores imperantes en cada sociedad y grupo social, el respeto a la norma se asentará en diverso grado en una o en varias de estas razones. Pues bien, si se establecen sistemas de vigilancia demasiado extensivos y capilares, se corre el riesgo de dar un excesivo protagonismo a la amenaza del castigo, erosionando otros motivos de cumplimiento de la norma que contribuyen a generar sociedades más colaborativas, donde los ciudadanos desarrollan un mayor sentido de la dependencia mutua y la corresponsabilidad[32].

Un cuarto problema de la supervisión automatizada se relaciona con el derecho de los administrados a conocer los motivos de las decisiones públicas, lo que ha dado en llamarse su "explicabilidad"[33]. Esta explicabilidad está íntimamente relacionada con el derecho a una Administración transparente, que resulta a su vez esencial para legitimar el ejercicio del poder. La aplicación automática de normas, la invisibilidad y opacidad de ciertos instrumentos de control, la complejidad de algunas operaciones algorítmicas en que se fundamentan decisiones que afectan a los administrados... pueden estar construyendo una Administración demasiado abstracta y lejana, difícilmente entendible para los ciudadanos.

Muy unido a lo anterior, también se ha subrayado la despersonalización que la vigilancia automatizada comporta, en la medida en que la misma suprime la interacción entre el administrado y el agente de la autoridad[34]. Una supervisión "maquinal" adolece de la empatía necesaria para aplicar la norma con equidad y para asistir al ciudadano durante el procedimiento administrativo, lo que puede redundar en

---

31 Friedman, L. M.: *Impact*, op. cit.

32 Cfr. Amoedo-Souto, C.-A.: "Vigilar y castigar el confinamiento forzoso", *El Cronista del Estado Social y Democrático de Derecho*, núm. 86-87, 2020, p. 68.

33 Un estudio sobre esta cuestión puede consultarse en: Cotino Hueso, L.: "Transparencia y explicabilidad de la inteligencia artificial y compañía (comunicación, interpretabilidad, inteligibilidad, auditabilidad, testabilidad, comprobabilidad, simulabilidad...). Para qué, para quién y cuánta", *Transparencia y explicabilidad de la inteligencia artificial*, Tirant lo Blanch, Valencia, 2022, pp. 29-70.

34 Entre otros, se refiere a este problema Goerlich Peset, J. M.: "Decisiones administrativas automatizadas...", op. cit., p. 34.

un ejercicio de potestades administrativas injusto y arbitrario[35]. Además, la despersonalización erosiona el principio de contradicción y amenaza con diluir la responsabilidad de la Administración, ante la dificultad de identificar a las personas responsables de ciertas decisiones que ha tomado un instrumento tecnológico.

Finalmente, algunos autores han alertado sobre la multiplicación de poder de la Administración que estos instrumentos posibilitan[36]. Si una de las finalidades del Derecho Administrativo es encontrar un justo equilibrio entre las potestades administrativas —conferidas para servir de forma eficaz los intereses públicos— y las garantías de los administrados, la progresiva implementación de poderosísimos mecanismos tecnológicos de control debería ir acompañada del establecimiento de nuevas garantías de protección de los administrados, a fin de evitar la silenciosa creación de un Leviatán estatal que todo lo ve y ante el cual del ciudadano —como en una distopía orwelliana— resulta absolutamente transparente[37].

---

35 La importancia de la empatía en un Estado digitalizado ha sido destacada recientemente por: Ranchordás, S.: "Empathy in the Digital Administrative State", *Duke Law Journal*, núm. 71, 2022, pp. 1341-1389. En cuanto a la equidad, el Tribunal Supremo ha señalado que "pretende humanizar y flexibilizar la aplicación individualizada de las normas jurídicas cuando el resultado de su estricta observancia, en el contexto de las singulares circunstancias concurrentes, pueda resultar contrario a otros principios o valores del ordenamiento jurídico", por lo que aparece como un valioso corrector de la generalidad de la Ley. Cfr. STS 6481/2013, Sala 3ª, de 19 de diciembre, F.J. 6º.

36 Así, Boix Palop, A.: "Transparencia en la utilización de inteligencia artificial por parte de la Administración", *El Cronista del Estado Social y Democrático de Derecho*, núm. 100, 2022, pp. 92-93. Como señala Capdeferro en tono aséptico, uno de los principales puntos de interés de la vigilancia automatizada "es que permite establecer nuevas obligaciones en el ordenamiento jurídico que de otro modo no se habrían podido imponer de forma efectiva, por la imposibilidad de controlar de forma adecuada su cumplimiento". Capdeferro Villagrasa, Ó.: "Obligaciones sujetas…", op. cit., p. 6. La cuestión que queda en el aire es si los poderes públicos van a hacer un uso proporcionado o exorbitante de dicha nueva posibilidad.

37 Esta vigilancia, como apunta Lassalle, se justificará en el utopismo ilusionante de construir sociedades sin ilegalidad y sin incertidumbre, con la "premisa de que quien nada tiene que ocultar, nada tiene que temer, pues el orden y la previsión están para proteger el bienestar de los que viven normalizados dentro del *status quo* digital". Lassalle, J. M.: *Ciberleviatán*, Arpa, Barcelona, 2019, p. 85.

III. GARANTÍAS JURÍDICAS QUE DEBEN RODEAR LA VIGILANCIA AUTOMATIZADA

Una vez presentadas las promesas y riesgos de la progresiva sustitución de agentes humanos por instrumentos automatizados en las tareas de supervisión de la Administración, a continuación realizamos un repaso por las principales medidas que se han propuesto a fin de rodear el uso de estos poderosos instrumentos de garantías que protejan los derechos e intereses legítimos de los ciudadanos.

Este conjunto de garantías —novedosas unas, de larga raigambre otras— pueden entenderse derivadas del principio de buena Administración, recogido explícitamente en el artículo 41 de la Carta de Derechos Fundamentales de la Unión Europea (en adelante, CDFUE)[38].

1. Transparencia

El artículo 3.1.c de la Ley 40/2015, de 1 de octubre, de Régimen Jurídico del Sector Público (en adelante, LRJSP), consagra el principio de transparencia en la actuación de la Administración pública.

Esta transparencia no es un principio absoluto, y en ocasiones resulta necesario exceptuarla. Piénsese por ejemplo en ciertas cuestiones relativas a la lucha contra el terrorismo o a las relaciones diplomáticas. Pues bien, el ejercicio de las potestades de vigilancia e inspección también necesita una cierta opacidad para resultar mínimamente eficaz. Y ello porque para cumplir sus funciones la supervisión administrativa debe ser hasta un cierto punto sorpresiva, aleatoria y opaca[39]. Ni las redadas policiales ni las visitas de los inspectores se hacen públicas con antelación, como es natural[40]. En este

---

38 Valero encuentra en este principio de buena Administración el fulcro sobre el que asentar el resto de garantías asociadas al control de la inteligencia artificial en la actividad administrativa. Cfr. Valero Torrijos, J.: "Las garantías jurídicas de la inteligencia artificial en la actividad administrativa desde la perspectiva de la buena administración", *Revista Catalana de Dret Públic*, núm. 58, 2019, pp. 82-96.

39 Cfr. Rivero Ortega, R.: "Algoritmos, inteligencia artificial...", op. cit., p. 18.

40 Como apunta Cotino, si la persona investigada sabe "qué variable, en qué proporción y de qué forma inciden en la probabilidad de ser investigada, esta podría alterar su comportamiento y no para cumplir con la norma, sino

sentido, el hecho de que la supervisión automatizada revista una cierta opacidad —referida al cuándo y al cómo se vigila— no resulta una anomalía.

Sea de ello lo que fuere, tampoco resulta proporcional justificar un total sigilo en relación con la forma en que la Administración ejerce sus funciones de vigilancia, ya que dicha capa de misterio podría encubrir —y propiciar— formas de control abusivas.

Por consiguiente, resulta necesario encontrar el justo medio entre una cierta opacidad que garantice la efectividad de los controles y una cierta transparencia que permita a la ciudadanía saber qué y cómo se controla, aunque sea en términos relativamente generales. Esta transparencia viene referida, por supuesto, a la norma que prevé la supervisión automatizada, así como a otros extremos, como al tipo de herramienta de control que se utiliza, a los datos que el instrumento recaba o puede tomar en consideración, a la autoridad pública que supervisa el control del instrumento, etc[41].

2. *Motivación*

Una de las garantías más importantes frente a la actuación de la Administración es el derecho de los administrados a conocer la motivación de las decisiones públicas que les conciernen. Este derecho —reconocido en el artículo 41.2.c CDFUE y 35 de nuestra Ley 39/2015, de 1 de octubre, de Procedimiento Administrativo Común (en adelante, LPAC)— resulta crucial tanto para legitimar la actuación de la Administración como para posibilitar el derecho al recurso[42].

---

para modificar esas variables (lo que se ha llamado *gaming the algorithm*)". Cotino Hueso, L.: "Hacia la transparencia 4.0...", op. cit., p. 191.

41 Sobre el particular, resulta de interés Boix Palop, A.: "Transparencia en la utilización...", op. cit., pp. 90-105.

42 Como recuerdan García de Enterría y Fernández, "el único poder que la Constitución acepta como legítimo en su concreto ejercicio ha de ser, pues, el que se presente como resultado de una voluntad racional, el que demuestre en cada caso que cuenta con razones justificativas. El simple *porque sí* queda, de este modo, formal y solemnemente erradicado de nuestro sistema jurídico-político". Y prosiguen: "esta inexcusable obligación constitucional de aportar razones justificativas de todas y cada una de las decisiones de los poderes públicos, que,

Cuando la Administración utiliza herramientas o sistemas automatizados para supervisar obligaciones y ejercer potestades administrativas regladas, la motivación de las decisiones no suele constituir un problema[43]. Pensemos en un radar de carretera que detecta un exceso de velocidad de un vehículo; o en una hipotética aplicación móvil que detecta que un ciudadano ha roto un cierre perimetral en un contexto de pandemia. En ambos casos, la eventual sanción que de esos hechos pueda derivarse está plenamente motivada.

Mayores dudas presenta la aplicación de sistemas automáticos como apoyo al ejercicio de potestades discrecionales, ya que en estos supuestos la motivación de las decisiones puede no resultar tan evidente. En estos casos, la Administración deberá explicitar los motivos que le llevan a decantarse por una determinada decisión, para lo que —con frecuencia— tendrá que ser capaz de explicar cómo funciona el instrumento automatizado. Cuando dicho instrumento esté plenamente "predeterminado" por los programadores, la explicación no resultará difícil, ya que bastará con exponer la lógica a la que responde el sistema. Ahora bien, cuando la Administración recurra a algoritmos de caja negra o a sistemas de inteligencia artificial que utilicen *machine learning*, la explicación puede resultar difícil o imposible, ya que los propios instrumentos evolucionan y siguen su propia lógica, que en ocasiones resulta inexplicable para el propio programador[44]. En estos casos, el derecho a conocer la motivación de la decisión administrativa resulta amenazado, y con él, tanto el derecho al recurso como una poderosa fuente de legitimidad de la actuación administrativa, como ha quedado dicho[45].

---

como es obvio, se hace particularmente intensa en el caso de los actos discrecionales (...) establece ya un primer nivel de distinción entre lo discrecional y lo arbitrario". García de Enterría, E. y Fernández, T.-R.: *Curso de Derecho Administrativo*, vol. I, Civitas-Thomson Reuters, Cizur Menor, 2017 (18ª), p. 525.

43 Cfr. Fuertes, M.: "Reflexiones ante la acelerada automatización...", op. cit., p. 114.

44 Cfr. Ponce Solé, J.: "Inteligencia artificial, Derecho Administrativo y reserva de humanidad: algoritmos y procedimiento administrativo debido tecnológico", *Revista General de Derecho Administrativo*, núm. 50, 2019, p. 7.

45 Como apunta Soriano, "la falta de transparencia de los sistemas algorítmicos dificulta el control general de legalidad de los programas empleados en la toma de decisiones automatizadas y limita la posibilidad que los individuos afectados

¿Qué hacer entonces para garantizar el derecho de los administrados a conocer la motivación de los actos que les afecten? La doctrina ha respondido de diversas formas a esta pregunta. Sin perjuicio de otras propuestas que abordamos de inmediato —al hablar del derecho al recurso o de la reserva de humanidad— cabe mencionar la de considerar los algoritmos verdaderos reglamentos, a fin de extender sobre ellos las exigencias y garantías para la aprobación e impugnación de este tipo de normas; o la de prohibir el uso por parte de la Administración de algoritmos de caja negra, cuando de dichas herramientas puedan derivarse consecuencias gravosas para los administrados[46].

3. Derecho al recurso ante una persona humana

Nuestro ordenamiento jurídico reconoce el derecho de los administrados a impugnar las decisiones de la Administración mediante diferentes recursos, tanto en vía administrativa como contenciosa[47]. Como hemos tenido ocasión de señalar, una premisa fundamental para poder interponer recursos es la de conocer los motivos subyacentes a las decisiones de la Administración, a fin de poder contrastarlos jurídicamente[48].

Este derecho al recurso reviste una particular importancia respecto de aquellas decisiones automatizadas, adoptadas mediante instrumentos de vigilancia y ponderación tecnológicas sin intervención de agentes humanos. Y ello por diversos motivos: de un lado, porque los

---

tienen de impugnar los resultados obtenidos. Resulta altamente complejo argumentar que una decisión es errónea si se desconoce su lógica subyacente". Soriano Arnanz, A.: "Decisiones automatizadas: problemas y soluciones jurídicas. Más allá de la protección de datos", *Revista de Derecho Público: Teoría y Método*, núm. 3, 2021, p. 94.

46 Boix Palop, A.: "Los algoritmos son reglamentos. La necesidad de extender las garantías propias de las normas reglamentarias a los programas empleados por la Administración para la adopción de decisiones", *Revista de Derecho Público: Teoría y Método*, núm. 1, 2020, pp. 223-269.

47 Estos recursos se regulan, como es sabido, en Capítulo II del Título V LPAC; y en los Títulos III y siguientes de la Ley 29/1998, de 13 de julio, reguladora de la Jurisdicción Contencioso-administrativa.

48 Sánchez Morón, M.: *Derecho Administrativo...*, op. cit., p. 549.

instrumentos automáticos en ocasiones cometen errores en los que nunca incurriría un agente humano[49]; de otro, porque muchas veces ni la supervisión ni la aplicación de las normas deben ser operaciones puramente binarias, frías y automáticas, sino que deben dar entrada a consideraciones de proporcionalidad y equidad que los instrumentos tecnológicos no están en disposición de realizar[50]. Pensemos en un ciudadano que durante un confinamiento vulnera las medidas de cuarentena para llevar comida a su abuelo enfermo. Quizá un sistema de vigilancia automatizada podrá alertar de la infracción o incluso tramitar directamente una multa, y probablemente es bueno que así sea. En cualquier caso, reconocer al sujeto sancionado el derecho a exponer ante otra persona humana la situación concreta que le llevó a infringir la norma —en este caso, la situación de postración de un familiar— resulta una garantía necesaria para dotar a la norma de la debida flexibilidad. Esta flexibilidad, lejos de menoscabar la eficacia de la norma, permite aplicarla con equidad, lo que contribuye a su legitimidad y coadyuva a su mejor cumplimiento[51].

---

49 Como explica Capdeferro, estos errores pueden dar lugar a "sanciones insólitas", como la impuesta por un radar a una mujer por circular a 700 km/h con un Ford Focus; o a los titulares de vehículos que entraron en la zona de bajas emisiones cargados sobre una grúa. Cfr. Capdeferro Villagrasa, Ó.: "Obligaciones sujetas…", op. cit., p. 9.

50 Ponce Solé, J.: "Inteligencia artificial, Derecho Administrativo…", op. cit., p. 29. A este respecto, resulta pertinente traer a colación ciertas afirmaciones referidas a la policía administrativa contenidas en el primer manual de Derecho Administrativo publicado en nuestro país, allá por 1842. "Las atribuciones de las autoridades encargadas en esta parte del orden público [la policía] son las de una magistratura de beneficencia y protección, que más que ninguna otra exige deferencias, atenciones y obsequios hacia las personas con quienes tenga que tratar. Severidad con el crimen, indulgencia con el descuido o la flaqueza, respeto a la inocencia, miramientos con cuantos lleguen a invocar su justicia o su favor; tal debe ser la divisa de la policía". Ortiz de Zúñiga, M.: *Elementos de Derecho Administrativo*, Tomo II, Imprenta y librería de Sanz, Granada, 1842, p. 33. Juzgue el lector si los instrumentos automatizados a los que nos venimos refiriendo superan el listón establecido para la policía administrativa por nuestro primer tratadista.

51 Sea de ello lo que fuere, dar un peso excesivo a consideraciones de equidad "encierra dos peligros. Para empezar, dicha potestad puede permitir que la Administración se desvincule aun más de la Ley, así como debilitar el principio de igualdad, en la medida en que dichas consideraciones de equidad obligan a operar sobre la base de diferenciaciones *ad casum* cada vez más por-

Por todo ello, reconocer el derecho al recurso ante un agente de carne y hueso resulta trascendental, ya que implica dar entrada en la toma de decisiones a una persona humana con una experiencia, perspectiva y prudencia de las que los instrumentos automatizados adolecen.

4. Reserva de humanidad y derecho a ser asistido y oído durante el procedimiento

Frente a una policía administrativa totalmente automatizada y despersonalizada, un sector de la doctrina ha propuesto la idea de establecer una "reserva de humanidad" para el ejercicio de ciertas potestades públicas. De algún modo, igual que el artículo 9.2 del EBEP establece una reserva de funciones que implican el ejercicio de potestades públicas en favor de los funcionarios, estos autores plantean la posibilidad de excluir el recurso a instrumentos automatizados para la toma de ciertas decisiones administrativas, ya sea por su componente discrecional o por su particular relevancia[52].

Una reserva de este tipo se contiene, por ejemplo, en artículo 22.1 del Reglamento General de Protección de Datos de la Unión Europea (en adelante, RGPD), cuyo tenor literal dispone que "todo interesado tendrá derecho a no ser objeto de una decisión basada únicamente en el tratamiento automatizado, incluida la elaboración de perfiles, que produzca efectos jurídicos en él o le afecte significativamente de modo similar".

Esta reserva de humanidad permite garantizar dos derechos de larga tradición en nuestra normativa procedimental.

En primer lugar, el derecho a la asistencia durante el procedimiento, que se desprende de una serie de principios generales del quehacer administrativo reconocidos en el artículo 3.1 LRJSP —como la claridad

---

menorizadas". Schmidt-Assmann, E.: *La Teoría General del Derecho administrativo como sistema*, INAP-Marcial Pons, Madrid, 2003, pp. 89-90.

52 Ponce aboga por establecer una "reserva de humanidad" para el ejercicio de potestades discrecionales en: Ponce Solé, J.: "Reserva de humanidad y supervisión humana de la Inteligencia artificial", *El Cronista del Estado Social y Democrático de Derecho*, núm. 100, 2022, pp. 58-67.

y proximidad a los ciudadanos o la buena fe y la confianza legítima— y que actualmente se encuentra reconocido como un derecho del interesado en el artículo 53.1.f LPAC. En el ámbito de la supervisión administrativa, la doctrina ha subrayado que los agentes de la administración tienen una verdadera función instructiva o pedagógica[53]. En efecto, la presencia de agentes humanos en los procedimientos de control e inspección permite instruir y asesorar a los administrados de forma personal, tareas que las máquinas no siempre pueden hacer igual de bien[54].

Junto con ello, la reserva de humanidad contribuye a garantizar el principio contradictorio del procedimiento administrativo, satisfaciendo el derecho de participación de los interesados (arts. 3.1.c LRJ-SP y 53.1.e LPAC). El artículo 41 CDFUE formula esta garantía como el "derecho a ser oído", lo que apunta a la presencia de un agente humano en el proceso de toma de decisiones administrativas, toda vez que los instrumentos automatizados, por mucho que puedan recabar datos o simular escucha, *stricto sensu* no pueden oír.

5. *Identificación del responsable*

Otra de las garantías tradicionales de los procedimientos administrativos al uso es el derecho del administrado a "identificar a las autoridades y al personal al servicio de las Administraciones públicas bajo cuya responsabilidad se tramiten los procedimientos" (art. 53.1.b LPAC)[55]. Esta garantía es una conquista frente a un ejercicio

---

53 Sobre esta finalidad, véase Fernández Ramos, S.: *La actividad administrativa de inspección*, op. cit., pp. 98 y ss.; o Bermejo Vera, J.: "La Administración inspectora", op. cit., p. 45.

54 Como ha destacado Fernández Ramos en relación con la potestad de inspección, "es cada vez más evidente que para obtener un nivel aceptable de cumplimiento de la legislación es preciso complementar la labor represiva con una actividad positiva de información y persuasión, pues la explicación del sentido, de la significación y del alcance de las normas constituye el medio más idóneo para reconducir a sus dictados la actuación de los interesados". Fernández Ramos, S.: *La actividad administrativa de inspección*, op. cit., pp. 99-100.

55 Este derecho puede asociarse a dos de los principios de la actuación administrativa reconocidos en el artículo 3.1 LRJSP: el de transparencia y el de responsabilidad por la gestión pública. Los responsables del procedimiento se identifican en el artículo 20.1 LPAC.

del poder público amparado por el anonimato y el secreto, que fácilmente se desliza hacia el abuso y la corrupción, como ha narrado magistralmente Kafka en algunas de sus más célebres novelas.

Pues bien, algunos autores han advertido del riesgo de que el creciente empleo de instrumentos tecnológicos de supervisión y decisión —particularmente, el uso de sistemas autónomos, cuya programación inicial va evolucionando— implique una paulatina disolución de la responsabilidad de los titulares de los órganos administrativos y agentes públicos, ya que el peso de las decisiones cada vez gravita más sobre dichos instrumentos[56]. En efecto, encomendar a herramientas tecnológicas ciertas funciones desanuda la conexión entre competencia y responsabilidad, en la medida en que el titular de la competencia puede no saber o entender cómo o por qué un programa informático realiza ciertas tareas que repercuten esencialmente en su ámbito de decisión[57].

A esta preocupación viene a dar una cumplida respuesta el artículo 41 LRJSP, cuando en su apartado 2 señala: "en caso de actuación administrativa automatizada deberá establecerse previamente el órgano u órganos competentes, según los casos, para la definición de las especificaciones, programación, mantenimiento, supervisión y control de calidad y, en su caso, auditoría del sistema de información y de su código fuente. Asimismo, se indicará el órgano que debe ser considerado responsable a efectos de impugnación".

A pesar de su generalidad, la previsión del artículo 41.2 resulta satisfactoria a efectos de las relaciones entre Administración y administrado. La cuestión pendiente de resolver es la de la ulterior responsabilidad por errores en la supervisión o en las decisiones de los instrumentos automáticos de control. ¿Puede la Administración dirigirse contra el programador o proveedor del sistema automático y exigirle, en su caso, la acción de regreso? ¿Y qué decir respecto de la responsabilidad por actuaciones realizadas

---

56 Como apunta Rivero, "en el marco normativo actual, existe un riesgo real de despersonalización del responsable. El uso de algoritmos puede ser la coartada perfecta que favorezca la imposibilidad de localizar al infractor". Rivero Ortega, R.: "Algoritmos, inteligencia artificial...", op. cit., p. 21.

57 Cfr. Soriano Arnanz, A.: "Decisiones automatizadas...", op. cit., p. 95.

por sistemas de *machine learning*, en las que es el propio programa el que "aprende" de forma autónoma sin concurso de su creador? ¿Quién debe soportar el "riesgo residual" que el uso de dichos instrumentos genera: el empresario que los desarrolla, quien los comercializa, la Administración que los emplea o el administrado? Son cuestiones relevantes, a las que el ordenamiento deberá ofrecer una cumplida respuesta.

6. *Supervisión de los sistemas automatizados*

A fin de garantizar el buen funcionamiento de las Administraciones públicas —de sus órganos, servicios, unidades y negociados— el ordenamiento jurídico-administrativo ha ido desarrollando diferentes sistemas de supervisión interna, como son los cuerpos de interventores, la inspección general de servicios o las agencias antifraude. Estos sistemas responden a la necesidad de controlar el buen funcionamiento cotidiano de la Administración, y pretenden adelantarse a otros controles más contundentes, ya sean internos —sistema de recursos— o externos —la vía contenciosa, fundamentalmente.

La peculiaridad y complejidad de algunos controles automatizados invita a establecer sistemas específicos de evaluación previa, supervisión y auditoría a fin de garantizar que sirven adecuadamente a los fines para los que fueron incorporados y que respetan los límites legales que el ordenamiento les impone. Como con cualquier avance tecnológico, estos sistemas de supervisión automatizada deberán ir siendo afinados mediante el sistema de ensayo y error, lo que contribuirá a depurar su funcionamiento para que sirvan mejor a los intereses generales. Esta tarea de ajuste precisa de una monitorización continua que advierta errores y disfunciones y permita adecuar el sistema a los estándares previstos por las normas.

En este sentido, la doctrina más cualificada ha propuesto diferentes sistemas de auditoría, que van desde la creación de un cuerpo específico de funcionarios dedicados a esta tarea, pasando por el establecimiento de sistemas de autorregulación técnica o la publicación de los códigos fuente, hasta la creación de una agencia europea con competencias al respecto[58].

Independientemente de la fórmula o fórmulas que se vayan adoptando, parece claro que entre las garantías del administrado frente a los mecanismos de vigilancia automatizada debe ocupar un lugar destacado el establecimiento de fórmulas de supervisión y ajuste de dichos mecanismos.

7. *Tratamiento de datos*

La vigilancia automatizada a la que venimos refiriéndonos permite a la Administración reunir una cantidad ingente de datos de los administrados. Estos datos pueden ser de muy diversa índole y merecer una protección jurídica muy diversa, desde la más estricta —como datos de carácter personal particularmente sensibles— hasta la más laxa —como datos de una empresa incluidos en un registro público.

Sin ánimo de analizar esta cuestión en profundidad —extremo que excedería con mucho el propósito del presente estudio—, sí que resulta preciso advertir sobre la necesidad de que la Administración realice un tratamiento de los datos que recaba y obran en su poder que sea proporcionado a la gravedad del interés público que con el tratamiento pretende proteger[59].

Ello implicará, al menos, tres limitaciones. En primer lugar, la de no recabar más datos que aquellos estrictamente necesarios para el fin que justifica su captación. Así, por ejemplo, si una cámara de vigilancia se instala para controlar el acceso a una zona de bajas emisio-

---

58 Algunas de estas propuestas pueden consultarse en: Ponce Solé, J.: "Inteligencia artificial, Derecho Administrativo…", op. cit., pp. 42 y ss.; Fuertes, M.: "Reflexiones ante la acelerada automatización…", op. cit., pp. 118 y ss.; Soriano Arnanz, A.: "Decisiones automatizadas…", op. cit., pp. 117 y ss.; Cerrillo i Martínez, A.: "Com obrir les caixes negres de les administracions públiques? Transparència i rendició de comptes en l'ús dels algoritmes", *Revista catalana de dret públic*, núm. 58, pp. 22 y ss.; y Boix Palop, A.: "Transparencia en la utilización…", op. cit., pp. 102 y ss.

59 Así se desprende tanto del artículo 18.4° CE como del artículo 3.2 LRJSP.

nes, la cámara no debería registrar más datos que los de la matrícula, a fin de verificar si dicho vehículo puede entrar en esa zona. Junto con ello, y para no incurrir en una desviación de poder, los datos recabados deberían emplearse exclusivamente para la finalidad para la que fueron recogidos. Volviendo al ejemplo anterior, la grabación de matrículas no debería utilizarse para sancionar vehículos que no tengan vigente la Inspección Técnica de Vehículos o no hayan abonado el impuesto de circulación, ya que la instalación de las cámaras se justificó en la protección del medio ambiente, y no de la seguridad vial o la legalidad tributaria. Finalmente, la Administración no debería conservar los datos más tiempo del estrictamente necesario, lo que exigirá ágiles medidas de borrado o anonimización de los datos, a fin de minimizar el riesgo de posteriores tratamientos ilícitos o de brechas de seguridad que pongan en peligro esos datos[60].

Junto con ello y en sintonía con los límites anteriormente expuestos, también resulta necesario poner coto al posible intercambio de datos entre Administraciones públicas, para evitar que los poderes públicos manejen un volumen desmesurado de información sobre los ciudadanos, que puede convertirles en "ciudadanos transparentes"[61]. A este respecto, conviene no perder de vista las previsiones contenidas en el artículo 155 LRJSP que, haciéndose eco del RGPD, impone una serie de límites al intercambio de datos de los administrados entre Administraciones y a su ulterior utilización.

El respeto al conjunto de garantías apenas esbozado debería estar sujeto a un escrutinio público continuado, que podría encomendarse a la Agencia Estatal de Protección de Datos, cuyo estatus de autoridad administrativa independiente la sitúa en una posición de privilegio para supervisar con independencia el respeto a la legalidad vigente por parte de las diferentes entidades del sector público.

---

60 Sobre el uso y la destrucción de los datos recabados, véase: Cotino Hueso, L.: "Hacia la transparencia 4.0…", op. cit., p. 185.

61 Sobre esta cuestión, resulta de interés la Sentencia del Tribunal de Distrito de la Haya de 5 de febrero de 2020, sobre la utilización de un sistema de inteligencia artificial para detectar fraudes en ayudas sociales en Países Bajos. La *ratio decidenci* para declarar ilegal dicho sistema fue precisamente que el mismo realizaba un tratamiento desproporcionado —por excesivo— de los datos personales de los administrados.

IV. CONCLUSIONES

La gestión de la pandemia del coronavirus a nivel global nos ha permitido tomar una mayor conciencia del formidable grado de penetración que ciertos instrumentos de supervisión administrativa automatizada pueden alcanzar.

Sin resultar una novedad, el recurso a estos medios de vigilancia viene experimentando una aceleración progresiva, lo que invita a cuestionarse el grado en que queremos que los mismos sustituyan a policías e inspectores de carne y hueso.

Tras repasar las principales ventajas en inconvenientes de la vigilancia automatizada, hemos procurado subrayar qué garantías jurídicas deberían rodear la utilización de estos instrumentos, a fin de preservar ciertos principios y derechos profundamente arraigados en nuestro ordenamiento jurídico-administrativo, que hasta la fecha han resultado esenciales para equilibrar el ejercicio eficaz de las potestades públicas con los derechos de los administrados.

La velocidad del avance tecnológico y un cierto sesgo tecnófilo a menudo dificultan un debate multidisciplinar y sosegado sobre las oportunidades y peligros que comporta la incorporación a las rutinas administrativas de novedosos y eficaces instrumentos técnicos.

En el ámbito de la vigilancia administrativa dicho debate nos parece particularmente importante, ya que en él se dirimen importantísimos derechos e intereses, tanto privados como públicos. Que la Administración debe vigilar eficazmente el respeto de la legalidad vigente es indudable. Ahora bien, ni la forma ni la intensidad de dicho control resultan indiferentes, y cuando la forma resulta inadecuada y la intensidad excesiva, el riesgo de totalitarismo —quizá blando, quizá invisible— se filtra por las rendijas del siempre amenazado Estado democrático de Derecho.

BIBLIOGRAFÍA

Amoedo-Souto, C.-A.: "Vigilar y castigar el confinamiento forzoso", *El Cronista del Estado Social y Democrático de Derecho*, núm. 86-87, 2020, pp. 66-77.

Arenas Ramiro, M.: "Nuevas tecnologías y retos para la protección de datos personales en Europa: el rastreo de contactos durante la pandemia por COVID-19", *Confluencias*, núm. 23-2, 2021, pp. 99-117.

Bermejo Vera, J.: "La Administración inspectora", *Revista de Administración Pública*, núm. 147, 1998, pp. 39-58.

Boix Palop, A.: "Los algoritmos son reglamentos. La necesidad de extender las garantías propias de las normas reglamentarias a los programas empleados por la Administración para la adopción de decisiones", *Revista de Derecho Público: Teoría y Método*, núm. 1, 2020, pp. 223-269.

Boix Palop, A.: "Transparencia en la utilización de inteligencia artificial por parte de la Administración", *El Cronista del Estado Social y Democrático de Derecho*, núm. 100, 2022, pp. 90-105.

Capdeferro Villagrasa, Ó.: "Urbanismo y corrupción en la era de la inteligencia artificial", *El derecho, la ciudad y la vivienda en la nueva concepción del desarrollo urbano: desafíos transnacionales y transdisciplinarios de la gobernanza en la Nueva Agenda Urbana* (Coord. J. Ponce Solé), Atelier, Barcelona, 2019, pp. 193-208.

Capdeferro Villagrasa, Ó.: "Obligaciones sujetas a control administrativo automatizado", *IDP. Internet, Derecho y Política*, núm. 37, 2023, pp. 1-14.

Cerrillo i Martínez, A.: "Com obrir les caixes negres de les administracions públiques? Transparència i rendició de comptes en l'ús dels algoritmes", *Revista catalana de dret públic*, núm. 58, 2019, pp. 13-28.

Cortés, Ó.: "Algoritmos y algunos retos jurídico-institucionales para su aplicación en la Administración Pública", *Revista Vasca de Gestión de Personas y Organizaciones Públicas*, núm. 18, 2020, pp. 54-63.

Cotino Hueso, L.: "Hacia la transparencia 4.0: el uso de la inteligencia artificial y *big data* para la lucha contra el fraude y la corrupción y las (muchas) exigencias constitucionales", *Repensando la Administración digital y la innovación pública* (coord. C. Ramió), INAP, Madrid, 2021, pp. 169-196.

Cotino Hueso, L.: "Transparencia y explicabilidad de la inteligencia artificial y *compañía* (comunicación, interpretabilidad, inteligibilidad, auditabilidad, testabilidad, comprobabilidad, simulabilidad…). Para qué, para quién y cuánta", *Transparencia y explicabilidad de la inteligencia artificial*, Tirant lo Blanch, Valencia, 2022, pp. 29-70.

Danaculleta Gardella, M. M.: "Rasgos del Derecho Administrativo contemporáneo", *Tratado de Derecho administrativo*, vol. I (Coords. J. M. Rodríguez de Santiago, G. Doménech Pascual y L. Arroyo Jiménez), Marcial Pons, Madrid, 2021, pp. 375-441.

Doménech Pascual, G.: "¿Mejor antes o después? Controles públicos previos versus controles públicos posteriores", *Papeles de economía española*, núm. 151, 2017, pp. 47-62.

Fernández Ramos, S.: *La actividad administrativa de inspección*, Comares, Granada, 2002.

Friedman, L. M.: *Impact*, Harvard University Press, Cambridge, 2016.

Fuertes, M.: "Reflexiones ante la acelerada automatización de actuaciones administrativas", *Revista Jurídica de Asturias*, núm. 45, 2022, pp. 105-124.

García de Enterría, E. y Fernández, T.-R.: *Curso de Derecho Administrativo*, vol. I, Civitas-Thomson Reuters, Cizur Menor, 2017 (18ª).

García Sánchez, M. D.: "*Big brother*, ¿ciencia ficción o realidad?", *Ius et Scientia*, núm. 8-1, 2022, pp. 9-34.

Goerlich Peset, J. M.: "Decisiones administrativas automatizadas en materia social: algoritmos en la gestión de la Seguridad Social y en el procedimiento sancionador", *Labos*, vol. 2, núm. 2, 2021, pp. 22-42.

Huergo Lora, A.: "Gobernar con algoritmos, gobernar los algoritmos", *El Cronista del Estado Social y Democrático de Derecho*, núm. 100, 2022, pp. 80-89.

Jordana de Pozas, L.: "Ensayo de una teoría del fomento en el Derecho administrativo", *Revista de estudios políticos*, núm. 48, 1949, pp. 41-54.

Lassalle, J. M.: *Ciberleviatán*, Arpa, Barcelona, 2019.

Parejo Alfonso, L.: *La vigilancia y la supervisión administrativas*, Tirant lo Blanch, Valencia, 2016.

Ponce Solé, J.: "Inteligencia artificial, Derecho Administrativo y reserva de humanidad: algoritmos y procedimiento administrativo debido tecnológico", *Revista General de Derecho Administrativo*, núm. 50, 2019, pp. 1-52.

Ponce Solé, J.: "Reserva de humanidad y supervisión humana de la Inteligencia artificial", *El Cronista del Estado Social y Democrático de Derecho*, núm. 100, 2022, pp. 58-67.

Ortiz de Zúñiga, M.: *Elementos de Derecho Administrativo*, Tomo II, Imprenta y librería de Sanz, Granada, 1842.

Ranchordás, S.: "Empathy in the Digital Administrative State", *Duke Law Journal*, núm. 71, 2022, pp. 1341-1389.

Rivero Ortega, R.: "Gestión pública inteligente, innovación e información: oportunidades y riesgos del *Big data* administrativo", *Presupuesto y Gasto Público*, núm. 86, 2017, pp. 141-152.

Rivero Ortega, R.: "Algoritmos, inteligencia artificial y policía predictiva en el Estado vigilante", *Revista General de Derecho Administrativo*, núm. 62, 2023, pp. 1-22.

Roig Batalla, A.: "Garantías frente a las aplicaciones de rastreo de contagios en situaciones de pandemia", *Teoría y Realidad Constitucional*, núm. 48, 2021, pp. 527-542.

Sánchez Morón, M.: *Derecho Administrativo. Parte General*, Tecnos, Madrid, 2018 (14ª).

Schmidt-Assmann, E.: *La Teoría General del Derecho administrativo como sistema*, INAP-Marcial Pons, Madrid, 2003.

Soriano Arnanz, A.: "Decisiones automatizadas: problemas y soluciones jurídicas. Más allá de la protección de datos", *Revista de Derecho Público: Teoría y Método*, núm. 3, 2021, pp. 85-127.

Villar Ezcurra, J. L.: "Los cauces de la intervención administrativa", *Don Luis Jordana de Pozas. Creador de Ciencia Administrativa*, Universidad Complutense de Madrid, Madrid, 2000, pp. 287-307.

Valero Torrijos, J.: "Las garantías jurídicas de la inteligencia artificial en la actividad administrativa desde la perspectiva de la buena administración", *Revista Catalana de Dret Públic*, núm. 58, 2019, pp. 82-96.